本书承蒙
厦门大学国学研究院
资助出版

朱子学年鉴

(2011—2012)

朱子学会　编

厦门大学出版社
XIAMEN UNIVERSITY PRESS
国家一级出版社
全国百佳图书出版单位

《朱子学年鉴》
编 委 会

曹海东（华中师范大学文学院）

彭永捷（中国人民大学哲学院）

彭国翔（北京大学哲学系）

曾　亦（同济大学人文学院哲学系）

谢晓东（厦门大学哲学系）

翟奎凤（吉林大学哲学社会学院）

蔡振丰（台湾大学中国文学系）

戴鹤白（法国西巴黎大学中国语言与中国文化系）

藤井伦明（台湾师范大学东亚学系）

《朱子学年鉴》编辑部主任：朱人求
《朱子学年鉴》执行编辑：　王玲莉

编辑说明

  《朱子学年鉴》是朱子学会主办的文献性、资料性学术年刊。2011—2012卷为创刊号,力求如实反映2011—2012年朱子学界的研究现状,让广大专家、学者和读者更全面、更深刻地了解和把握当今朱子学研究的重大事件、重要问题和主要趋向。

  《朱子学年鉴》2011—2012卷主要内容有:"特稿"栏目选登了清华大学国学院院长陈来教授和台湾政治大学中文系陈逢源教授的文章,前者探讨了朱熹的阴阳变化观,后者分析了朱熹《四书章句集注》。"朱子学研究新视野"栏目推介了陈来教授的《朱子思想中的四德论》、朱杰人教授的《世俗化的朱子:朱子学术的世俗关怀及其时代意义》、刘述先教授的《朱子与儒家的精神传统》、黄俊杰教授的《全球化时代朱子"理一分殊"说的新意义与新挑战》、吴震教授的《敬只是此心自做主宰处——关于朱熹"敬论"的几个问题》、朱汉民教授等的《朱熹对〈大学〉"明明德"的诠释》、蔡方鹿教授等的《朱熹的子学思想及其特征和地位》、乔清举教授的《论朱子的理气动静问题》。"全球朱子学研究述评"栏目比较详细地梳理了近两三年美国、欧洲、韩国、日本、台湾朱子学的研究现状,介绍了目前全球朱子学研究的最新进展。"朱子学书评"栏目选刊了对吾妻重二教授的《朱熹〈家礼〉实证研究》、田浩先生的《旁观朱子学》、秦家懿教授的《朱熹的宗教思想》三部著作的书评。"朱子学研究论著"、"朱子学研究硕博士论文荟萃"、"朱子学界概况"、"朱子学动态"、"资料辑要"等栏目尽可能全面地展示2011—2012年朱子学研究领域的最新成果和学术动态。

  在编辑过程中,编辑部对有关信息进行了反复核实,但其中难免会有疏漏、不足,我们恳请专家、学者和广大读者批评指正。需要说明的是,鉴于本刊的特点,本卷对所转载或摘登以及被数字出版物收录的相关文献均不再另付稿酬。

  《朱子学年鉴》2011—2012卷的编辑出版得到了海内外朱子学界学者、有关科研机构和高校的鼎力支持,谨此表示诚挚的谢忱!

《朱子学年鉴》编辑部
2013年6月

目　录

朱子学书评

朱子学研究论著

学术专著

朱子学研究硕博士论文荟萃

博士论文

硕士论文

朱子学界概况

学者简介

朱子学研究机构

朱子学研究重大课题

朱子学动态

朱子学会议信息

朱子学研讨会综述

资料辑要

发 刊 词

全球化视野中的朱子学

朱人求

中国哲学发展到宋明理学,开创了一个别开生面意义非凡的精神世界,以朱子为代表的理学和以阳明为代表的心学汇集成蔚为大观的两大思潮。朱子又以其真知睿见和"致广大,尽精微"、"综罗百代"的恢宏格局而成为"蓄水池"式的集大成者,他的思想不仅统治了南宋以后元明清近 800 年的中国,而且影响到整个东亚世界,并演化为东亚世界的统治意识形态。换句话说,早在 800 年前,朱子思想积极参与了东亚思想一体化进程,此时的朱子已经是世界化的朱子。而今,全球化已成为我们的生存方式,全球化视域中的朱子学又是怎样的一幅文化图景呢?

研究中国哲学需要一种什么样的眼光? 中国朱子学会名誉会长、中华朱子学会会长、清华大学国学院院长陈来先生给予我们一个经典的回答:"中国本位,世界眼光。"立足中国,放眼世界,积极参与全球学术界的对话与交锋,这是每一位中国学者都应深刻铭记和积极践行的学术准则,早已世界化的朱子学研究尤应如此。放眼全球,我们欣喜地看到,在每一次朱子学国际会议上来自美国、日本、港台和中国大陆的朱子学研究专家济济一堂,共同探讨朱子学的哲学与方法,心性与工夫,伦理、知识与死生,道学的演变,东亚朱子学,政治、实践与史学,经典与文献批评等论题,话题的丰富,方法的多元,对话的层次与学科的碰撞,达到了前所未有的高度。

目前,朱子学研究的全球化早已成为一个既成事实。以朱子"道统"为例,朱子最早正式提出"道统"理论,朱子哲学中的道统问题十是成为全球朱子学关注的热点话题。陈荣捷先生认为,朱子道统是哲学化的道统,这一真知卓识得到了众多学者的认同。唐君毅、牟宗三先生认为,中国文化学术思想的大归趋即所谓道统之相传。余英时先生曾引钱穆先生的说法,认为宋明儒家的道统观念首先由韩愈提出,显然来自禅宗,整个文化大传统即是道统。刘述先先生指出,钱穆这一说法对于朱子之建立道统缺乏相应的理解。禅宗的确是单传的道统,但儒家根本不采取这样的方式,由古代圣王转移到孔孟程朱,重心已自觉地由君道转移到师道,发明本心,修德讲学,教化百姓,弘扬斯学,这才是道统的核心,它强调的是知识分子的自觉担当。也正是在此意义上,狄百瑞先生把道统表达为"道之重新把握"(the Repossession of the Way)。这说明,宋儒认为只有历史、文化、政治、社会、经济的关注是不够的,必回返心性的源头,才能担承道统。由此可见,对宋儒来说,尽管内圣—外王是连续体,但实际上无法切割,互为先后,但就根源来说,必是以内圣为主,外王为辅,这里不存在余英时所谓的"哥白尼的回转"。朱子道统的建构,影响深远,但他的道统观一直受到严重的误解,必须加以澄清。朱子道统的十六字心传"人心惟危,道心惟微,惟精惟一,允执厥中"源出《尚书·大禹谟》,清儒阎若璩考证为伪作,似乎动摇了道统的基础。刘述先借鉴田立克(Paul Tillich)的说法,分别"耶稣学"(Jesusology)的考据与"基督学"(Christology)的信仰,指出,朱子建立道统属于信仰层面,不是考证可以推翻的。有关耶稣其人的考证缺乏确定性,但耶稣基督钉十字架为人类赎罪之后复活的信仰是绝对的。同样,三皇五帝的传说缺乏确定性,"危、微、精、一"的心传对道学者而言也是绝对的。刘先生高屋建瓴,就朱子"道统"观与全球汉学界积极对话交锋,进一步深化了对朱子"道统"的认识。美国学者田浩先生则发出批评的声音,他强调:自 12 世纪 80 年代初,朱子深思熟虑,开始把道学变得狭窄。如果我们仍旧只是简单地接受或一味地肯定朱子对道学的重建的作用,会继续阻碍我们深刻认识宋代的哲学和政治。有的学者还注意到朱子之前和朱子之后的道统观。德国特里尔大学苏费翔(Christian Soffel)仔细爬梳了"道统"一词的来源。近来出土一篇刻于 698 年的唐代墓志铭——《大周故处士前兖州曲阜县令盖府君墓志铭并序》中就出现了"道统"一词。北宋李若水(1093—1127)的《上何右丞书》、刘才邵(1086—1158)的《乞颁圣学下太学札子》、南宋李流谦(1123—1176)的《上张和公书》都早于朱子使用"道统"一词。武夷山朱子研究中心方彦寿研究员指出,书院是朱子传播道统论的主要途径,而宋元建版图书则是另一重要传播媒介。《事林广记》,这部来自民间"非主流媒体"的日用类书,从晚宋一直流行到元明,为朱子道统论做了旷日持久跨越三朝的宣传,为此学说向民间普及提供了广阔的空间。全球学者运用不同的方法、从不同的视角对朱子"道统"问题的多元解读不仅丰富了我们对道统问题的认知,也极大地促进了全球朱子学研究的对话与沟通。

今天,朱子学研究的国际队伍也日益壮大。这股热潮不仅仅限于朝鲜、韩国、日本等东亚国家,在北美、欧洲等地,朱子学的研究也日益精进,各个国家的朱子学研究都在不同程度上拓宽了新儒学的研究领域,这充分说明了朱子学的研究已是一种超越国界、超越历史的学术活动。来自国界地域不同的诸多朱子学研究专家倾力发掘有关朱子文本和史实中所包蕴的问题及意义,拓宽了朱子学研究的视野,深化了朱子学的内涵,为中华文化在全世界的传播起到了至关重要的作用。

朱子学是行动的哲学,实践的哲学。朱子学在东亚世界的实践主要包括在韩国和日本等国的政治实践和教育实践,通过文治教化影响东亚世界的社会文化生态。在韩国、日本、越南等东亚国家学术文化和社会文明发展的历史上,以程朱理学为核心的宋代新儒学影响深远。宋代儒学文化传至东亚各国,与各国的学术思想和民族文化相融合,形成了所谓的"儒学文化圈",这都说明了朱子学在东亚民族之间的文化交流和传播中,起到了重要作用,对东亚文明的形成和发展,具有卓越的贡献。不同国家、不同族群、不同视域的朱子学研究为全球朱子学的深化与拓展提供了许多新的视角,也为中华文化在全世界的传播起到至关重要的作用。我们认为,只有朱子学的普及和推广真正落实为一种全球化的生活方式,这才是真正意义上的朱子学的全球化。

立足于当代与未来,全球化需要什么样的朱子学?朱子学的精神怎样参与人类精神的建构？这是全球化时代每一位朱子学研究者必须直面的问题。首先，我们必须厘清朱子学中的开放性元素与封闭性元素，厘清朱子学的精神实质，朱子学中哪些思想真正关切我们生命的痛痒，至今仍然与我们的生命息息相关。也许，我们可以进一步思考和发掘朱子"全体大用"、"理一分殊"、书院教育、身心修炼、家礼、关爱弱势群体的社会关怀、文化谱系的承传等的现代意义。

　　什么是精神？精神一般与物质或肉体相对应，意味着"心"或"魂"，故高度的心态能力，表示存在于个别事物根底的普遍性，也用来表示对基本事物的思考模式。朱子学的精神，指朱子的学问、思想的本质、终极的意义。日本楠本正继博士认为，朱子"在动态事象的内部深处思考其静态要素，此乃宋代文化之精神，进一步而言，此点亦触及到汉民族的根本性格。""全体大用"之思想是朱子思想的中心，在思想史上具有极其重要的意义。所谓"全体"就是心中包涵所有的道理，所谓"大用"就是人心自然能应接万事万物。楠本正继指出："全体大用思想乃源于所谓：虽然存在于相对的时空中，同时却也要求绝对，并不断试图在人世中，实践此种绝对的人类精神之必然要求，此思想的意义全然在此。"台北"中央研究院"刘述先先生强调，当代精神儒学的复兴必须注重对朱子"理一分殊"的阐发，以面对"全球地域化"的挑战。刘述先新儒学思想贯穿着"理一分殊"的方法论原则。"理一分殊"是宋明理学家使用的一个基本范畴，朱子把它发展到了一个新的高度。多年来刘述先对此范畴高度重视，并进行了创造性的阐释，把它看成是一种广义的方法论原则，试图解决当前中西方文化所面临的一元主义与多元主义的紧张与冲突，从而为传统与现代的结合，以及中西方文化的会通架起一座桥梁。刘先生指出，宋明理学是一种新的儒学，为回应佛、道的挑战，实现天道、性命相贯通，是宋明理学的共识。朱子的核心价值理念，就是四个字："理一分殊"，形象化地说，就是"月印万川"。他认为如果能对"理一分殊"作出崭新的解释，对于世界伦理的建构应可作出一定的贡献。我们今天提倡理一分殊，在内涵上不同于朱子，但在精神上却是自觉地继承朱子，并作出进一步的发挥。与西方的历史对较，中国基本没有宗教战争，这充分显示儒家的开放性格，足以为今日世界借鉴之用。由西方的科技、工业化革命所造成的翻天覆地的剧变所触及的危机，传统的道德伦理到了今天已无法维持下去，重建道德伦理成为当务之急。朱子为回应佛学的挑战，重点强调的是分殊，而我们今天恰恰要倒过来，强调的是"理一"，在各自保持各民族各种文化的自身特点的基础上"求同"。所以他提出要在"理一分殊"规约的指引下，重建道德伦理，这个方向，就是"存异求同"。

　　"全体大用"和"理一分殊"的精神还必须在实践上予以落实，这也是"致知"与"力行"的关系。"致知"兼指格物致知，朱子尤指通过格物穷理，达到对"天理"的认识。"力行"则指知识的实行和道德的践履。有了"全体大用"和"理一分殊"的精神指引，朱子学在应接万事万物之中游刃有余。这一切充分体现在朱子书院教化、身心修炼、家礼实践、社仓制度的社会关怀等理论与实践之中，它们不仅在历史上闪耀着璀璨的光芒，而且照亮了全球化时代的人文、社会与生活世界。

　　书院教育的推广。书院是儒家文化的一种载体，它"以诗书为堂奥，以性命为丕基，以礼义为门路，以道德为藩篱"（王会厘等：《问津院志·艺文·问津书院赋》）。在传授知识的同时，书院尤其重视道德教化，重视以德性为主的教化是书院教育的独特性。朱子是南宋书院教育运动的中坚与旗帜,终其一生,他以极大的热情投入到了书院建设之中。据方彦寿统计,南宋书院运动中,与朱子直接有关的书院有40所,其中创建书院4所,修复书院3所,在20所书院讲学,为7所书院撰记、题诗,为6所书院题词、题额。另外,他年轻时读书以及成名后讲学等经行过化之地,后人建有27所书院,以为纪念。以上合计有67所,相关书院数量之多,远远在同时代各位道学大师之上,其对于南宋书院运动的贡献,由此可见一斑。朱子的《白鹿洞书院揭示》集中体现了朱子书院教化的理念。《白鹿洞书院揭示》,又名《白鹿洞书院学规》、《白鹿洞书院教条》、《朱子教条》,由朱子制订。1180年(淳熙七年),白鹿洞书院重建落成,身为南康军长官,朱子高兴地率领同僚和书院师生举行开学典礼,升堂讲说《中庸》首章,并取圣贤教人为学之大端,作为书院师生共同遵守的学规,这就是著名的《白鹿洞书院揭示》。朱子强调:"父子有亲,君臣有义,夫妇有别,长幼有序,朋友有信。右五教之目。尧舜使契为司徒,敬敷五教,即此是也。学者学此而已。"(《朱文公文集》卷七四)《揭示》首先以儒家的"五伦"立为"五教之目",将传统的伦理纲常作为为学的目标,并强调"学者学此而已"。它有力地证明了这种道德教化精神正是传统书院的首要精神。朱子指出,尧舜时代之"敬敷五教",也就是实施道德教化,即用《尚书》标举的人伦教化于民众。它表明,书院的教育目标不仅仅在士人个人的道德修养,还有传道济民的更高诉求,它是一个由道德、伦理、济世三者组成的共同体,相对于科举学校之学来说,体现出一种很特殊的浸透了道学教育理念的书院精神。朱子书院教化尤其重视"知行合一",注重道德的践履。他接着说:"而其所以学之序,亦有五焉,其列如左:博学之,审问之,慎思之,明辨之,笃行之。右为学之序。学、问、思、辨四者,所以穷理也。若夫笃行之事,则自修身以至于处事接物,亦各有要,其列如左:言忠信,行笃敬。惩忿窒欲,迁善改过。右修身之要。正其义不谋其利,明其道不计其功。右处事之要。己所不欲,勿施于人。行有不得,反求诸己。右接物之要。"(《朱文公文集》卷七四)笃行、修身、处事、接物,无不显示出强烈的道德实践的倾向。笃行是博学、审问、慎思、明辨四项认知的归宿,即把外在的求知转化为内在的生命,在生命中生根发芽,然后在生命实践中展开落实。这样一来,书院之"学"就落实到了现实的人伦世界,而践履人伦则成为"为学"的终极目标。为了达到这一终极目标,我们必须做到知行合一,即做到"穷理"和"笃行"的合一。也就是说,穷理和笃行构成"为学"的两大部分。《白鹿洞书院揭示》只是蜻蜓点水般提及学、问、思、辨,而把浓墨重彩涂抹在"修身"、"处事"、"接物"等"笃行"事务上,把知识的获得与身心修炼弥合得天衣无缝,这是典型的道学家的教化理念,足见朱子书院教化的经世关怀。《白鹿洞书院揭示》既是书院精神的象征,也是儒家文化精神的高度凝聚,影响久远。1194年(绍熙五年),朱子任潭州知州重建岳麓书院,将《揭示》移录其中,史称《朱子教条》,传于湖湘。《揭示》最终超越了个体书院的精神生长,成为天下书院共同遵守的准则,成为"历史上教育之金规玉律"。1241年(淳祐元年),宋理宗皇帝视察太学,手书《白鹿洞书院学规》赐示诸生。其后,或摹写,或刻石,或模仿,遍及全国书院及地方官学。于是,一院之"揭示",遂成天下共遵之学规。而随着中国书院制度之推广,它又东传朝鲜、日本,不仅当年奉为学规,至今仍影响深远。

身心的修炼。注重德性的养成,重视生命的教育,重视心灵的塑造,是朱子书院教化的首要理念,也是朱子理学的一贯主张。注重身心的修炼是朱子书院教化的精髓,它对当代大学教育启迪良多。对抗科举利诱，反对场屋俗学，是以朱子为代表的南宋道学家的长期任务，也一直是书院自别于官学的努力所在。1166 年（乾道二年），张栻在《潭州重修岳麓书院记》中提出了以"造就人才，以传斯道而济斯民"的道学教育理想，以匡正科举追名逐利之失，认为"天理人欲，同行异情，毫厘之差，霄壤之缪，此所以求仁之难，必贵于学以明之"。后来，陈傅良在《潭州重修岳麓书院记》中把它归结为"治心修身之要"，并予以重申。朱子作《衡州石鼓书院记》时，也给予肯定，并作了一些补充，其称："若诸生之所以学"者，"则昔者吾友张子敬夫所以记岳麓者语之详矣"。并把"治心修身"的方法补充为"养其全于未发之前，察其几于将发之际，善则扩而充之，恶则克而去之"（《朱文公文集》卷七九）。就这样，朱子将科举功名置换成了天理人欲、治心修身、未发、将发等等道学话语，希望将危害士人的利禄之心，融化消解于道学教化之中。朱子甚至主张"人且逐日把身心来体察一遍"（《朱子语类》卷九八）以发现和回归自己纯然至善的人性。1740 年（乾隆五年），郑之侨作《鹅湖学规说》，再次重申了朱子"治心修身"的书院教化理念。鹅湖书院以"志于道，据于德；依于仁，游于艺"为学规，郑之侨引用朱子的注解来进一步阐释："朱子云：此章言人之为学当如此也。……之侨谨按：古人读书必以立品为要，而立品之道莫大于修身。欲修身，又必涵养德性，栽培人心。"（郑之侨：《鹅湖讲学会编》卷一）在这里，朱子期望通过书院教化来修身养性，从而提升心灵的品质。这种"身心的修炼"本质上是一种"哲学的修炼"，即把道学转化为一种普遍的生活方式。当代大学教育应积极从中吸取养分，把自己从纯粹知识的训练转化到对整体生命的关怀上来，尤其是对心灵和德性的养成教育上来。大学教育的目的不仅仅满足于知识的传输和培养，相比较而言，德性的充实、人格的完善、心灵的满足则是更为重要的东西。

　　朱子家礼的实践。朱子集理学之大成，构建了以性理学说为核心的形而上的理学体系。但他同样关注与重视"天理"与"人心"的联结与过渡，重视"天理"对形而下的世俗社会的影响与干预。在他看来，"礼"就是进行这种影响和干预的最有力的手段。《家礼》一书确实是朱子将其理学思想应用于庶民，影响于草根，深入到社会的最基本细胞——家庭的一个社会实践。朱子礼学建构与实践对宋元以降的中国及其东亚社会产生了深远的影响。朱子《家礼》影响了元朝以降的中华帝国晚期很多社会仪式的实践活动，反映了儒家的家礼观。根据朱子编修《家礼》的成功经验，华东师范大学朱杰人先生尝试对朱子《家礼》"婚礼"作现代化的改造。其目的是为了求证：一，时至今日朱子《家礼》是否仍有生命力；二，面对西风席卷，西俗泛滥，中华传统社会礼俗被全盘西化的社会现实，代表本土文化和传统的儒家婚俗，是否可以对全盘西化发起一次挑战，以寻得中华文化自我救赎的一席之地。2009 年 12 月 5 日，朱杰人的儿子朱祁在上海西郊宾馆举行了一场现代版的朱子婚礼，婚礼办得精彩纷呈，美轮美奂，收到意想不到的效果，尤其是在年轻人中引起极大反响。这场婚礼的成功说明，时至今日，朱子婚礼依然具有强大的生命力，它的复活是完全可能和可以预期的。中华传统的礼俗文化，完全可以在现代化的进程中、在西俗铺天盖地的压迫下找到自己的位置和发展的空间。田浩（Hoyt Cleveland Tillman）先生指出，朱杰人还原了朱子婚礼仪式并使之现代化，这些努力只是复兴和普及儒家家礼的第一步；他更希望看到的是，在当代中国文化复兴的某一天，这些礼仪会作为传统的精华而重获施行。值得一提的是，台湾和福建的民间婚礼基本遵从《朱子家礼》，郑志明先生还在台湾推广朱子丧礼，韩国和中国大陆对朱子祭礼都十分重视,每年九月十五日(朱子诞辰纪念日),韩国和中国大陆都会举行隆重的朱子祭礼仪式。与此关联的是以家族为核心的民间文化的勃兴壮大,家谱文化、祠堂文化、宗亲论坛等日益兴盛,方式也多种多样,这些文化实践活动起到了捍卫根深蒂固的传统信仰的作用,它也有力证明了朱子家礼茂盛的生命力。

社仓制度的社会关怀。社仓制度,系南宋朱子首创一种民间储粮和社会救济制度。绍兴二十年(1150年),朱子好友魏元履在建阳县创立社仓,魏元履的初衷主要在于安定灾年地方秩序,防止灾民暴乱。孝宗乾道四年(1168年),建宁府(今福建建瓯)大饥。当时在崇安(今福建武夷山)开耀乡的朱子同乡绅刘如愚向知府借常平米600石赈贷饥民,仿效"成周之制"建立五夫社仓。"予惟成周之制,县都皆有委积,以待凶荒。而隋唐所谓社仓者,亦近古之良法也,今皆废矣。独常平义仓尚有古法之遗意,然皆藏于州县,所恩不过市井情游辈,至于深山长谷力穑远输之民,则虽饥饿濒死而不能及也。"(《建宁府崇安县五夫社仓记》,《朱文公文集》卷七七)社仓由官府拨给常平米为贩本,春散秋偿,每石米收取息米二斗,歉收息减半,大荒年免除,当息米收到相当于本米之后,仅收耗米三升,此后即以息米作贷本,原米纳还官府,"依前敛散,更不收息"。至淳熙八年(1181年),朱子创建的五夫社仓已积有社仓米3100石,并自建仓库贮藏。这一年朱子将《社仓事目》上奏,"颁其法于四方",予以推广。孝宗颁布的《社仓法》作为封建社会后期一个以实际形式存在的社会救济制度,实是当时的一项政治进步制度。淳熙九年(1182年)六月八日,朱子又发布《劝立社仓榜》,勉励当地几个官员积极支持社仓的行动,他们或者用官米或者用本家米,放入社仓以资给贷。夸他们心存恻隐、惠及乡闾,出力输财,值得嘉尚。重申建立社仓的意义是"益广朝廷发政施仁之意,以养成闾里睦姻任恤之风"(《劝立社仓榜》,《朱文公文集》卷九九)。很显然,朱子设立社仓制度的根本目的仍然是要实现儒家政治思想中的仁政。这也表明,朱子的社仓除了救荒之外,也有保护贫民尤其是"深山长谷,力穑远输之民"的意义。在官府的推动下,朱子的社仓制度成为一个民间自我管理的社会救济制度。社仓制度既是朱子恤民思想的具体体现,也是朱子民本思想在实践中的一座丰碑,它也充分体现了朱子全体大用、视民如子、天下一家的淑世情怀。正是通过身心—家—国—天下的一体建构,朱子理学的精神关切也从自我扩充到家族、国家和整个世界。

"问渠那得清如许,为有源头活水来。"在全球化背景下,中国思想文化积极参与全球文明对话、积极参与人类精神的重构,朱子学是其中不可或缺的活水源头。全球化时代是一个文化多元的时代,也是一个文化自觉的时代。每一个民族文化只有积极参与全球对话、自觉地融入全球化的浪潮中才能自立于世界民族之林,才能获得全球文化的主导权。文化自觉源于我们对自己民族文化的过去、现在和未来的关切,尤其是对时代问题、对当下现实的深切思考。展望未来的朱子学研究,畅想未来的朱子学研究,我们满怀信心、同心协力、奋发图强。正是在此背景下,中国朱子学会创办了《朱子学年鉴》,直面全球化朱子学研究,积极发掘朱子学和儒学的智慧,广泛介绍全球朱子学研究的最新成果和相关信息,努力为广大朱子学及中国哲学研究者展示最为全面的全球朱子学研究图景,努力把《朱子学年鉴》办成全球朱子学研究者热爱的学术家园,成为全球朱子学学者与广大中国传统文化爱好者相互联系的纽带。"旧学商量加邃密,新知培养转深沉。"未来的路很长很长,我们坚信,通过全球朱子学者不断地"商量"和"培养",未来朱子学研究必将大放光彩。

特　稿

朱熹的阴阳变化观

陈 来

一、两端相对

阴阳的学说是中国古典哲学辩证思维的主要理论形式之一,在这个问题上不仅气本论思想家作了许多深入的阐发,理本论哲学家也作出了自己的理论贡献。

朱熹十分强调阴阳的普遍性。他指出:"阴阳无处无之,横看竖看皆可见。横看则左阳而右阴,竖看则上阳而下阴。仰手为阳,覆手则为阴。向明处则为阳,背面处则为阴。《正蒙》云:'阴阳之气'循环迭至,聚散相荡,升降相求,絪蕴相糅,相兼相制,欲一之不能。盖谓是也。"[1]朱熹继承了张载"阴阳两端"和二程"无独有对"的思想,并把阴阳对立统一的思想作了更加充分的发挥。

在朱熹讲学的语录中,几乎到处都可以看到他对阴阳的普遍性的强调。他说:"无一物不有阴阳乾坤,至于至微至细,草木禽兽,亦存牝牡阴阳。"[2]"只就身上体看,才开眼,不是阴,便是阳,密拶拶在这里,都不着得别物事。不是仁,便是义;不是刚,便是柔,只自家要做向前,便是阳,才收退,便是阴,意思才动便是阳,才静便是阴。未消别看,只是一动一静便是阴阳。"[3]"天地之间无往而作阴阳,一动一静,一语一默,皆是阴阳之理。"[4]"一物上

又自各有阴阳,如人之男女,阴阳也。逐人身上,又各有这血气,血阴而气阳也。如昼夜之间,昼阳而夜阴也。而昼自午后又属阴,夜阴自子后又属阳。"[5]这些论述通俗易懂,无须作进一步的解释。他还指出:"天地之化,包括无外,运行无穷,然其所以为实,不越乎一阴一阳两端而已。其动静屈伸、往来阖辟、升降浮沉之性,虽未尝一日不相反,然亦不可一日而相无也。"[6]阳代表一切前进、上升、运动、刚健、光明、流动的方面,阴代表一切后退、下降、静止、柔顺、晦暗、凝固的方面,一切事物,大至天地,小至草木,无不具有正反两方面的相互作用,这两方面的相互作用是宇宙及万物的本性。朱熹关于对立面及其相互作用、相互渗透的思想显然接受了张载的许多影响。

朱熹也发展了二程关于"对"的讨论。他说:"一便对二,形而上便对形而下。然就一言之,一中又自有对,且如眼前一物,便有背有面,有上有下,有内有外,二又各自为对。虽说'无独必有对',然独中又自有对,且如棋盘路两两相对,末梢中间只空一路,若似无对,然此一路对了三百六十路,所谓一对万,道对器也。"[7]这是强调,"对"不只是指两个不同事物或现象的对立,每一个统一体自身中都有对立面,所以说一中自有对,独中自有对。根据这个思想,事物的矛盾不仅是一种外在的对立,也

是一种内在的对立统一,这个思想显然把阴阳对立思想推进了一步。

朱熹指出:"……东之与西,上之与下,以至于寒暑、昼夜、生死,皆是相反而相对也,天地间物未尝无相对者。"[8]相反相对既然是宇宙的普遍现象,也就是表明相反相对是宇宙的普遍规律。他指出:"有高必有下,有大必有小,皆是理必当如此,如天之生物,不能独阴,必有阳;不能独阳,必有阴,皆是对。这对处,不是理对。其所以有对者,是理合当恁地。"[9]在朱熹论阴阳对立的字里行间,常常充溢着一种由于体认到宇宙真理的兴奋,正如程颢所表达的那种同样的心情:"每中夜以思,不知手之舞之,足之蹈之也!"

二、阴阳交变

朱熹对于阴阳对立学说的发展还表现在他提出了"交易"和"变易"的观念。朱熹提出,"某以为'易'字有二义:有变易,有交易。"[10]"变易"是指事物的运动过程是一个对立面不断更替的循环过程,"交易"是指事物的构成都是对立面的交合及相互作用。朱熹说:"阴阳有个流行底,有个定位底。'一动一静,互为其根',便是流行底,寒暑往来是也。'分阴分阳,两仪立焉',便是定位底,天地上下四方是也。'易'有两义,一是变易,便是流行底;一是交易,便是对待底。"[11]根据这个思想,宇宙间的对立统一,从纵的过程来说,正像昼夜更替,寒暑往来。从这个方面看,阴阳二气只是一气,气的运动如磁场的变化,它的过程是一个阴阳交替的循环过程。在这个过程中,阳气运行到极点就会转化为阴气,阴气运行到极点又转化为阳气。

宇宙的对立统一,从横的方面看,一切事物包括宇宙本身都是阴阳对立的统一体。从这个方面看,有东便有西,有南便有北,有男便有女。这种阴阳对立称之为定位底,表明这种对立面有相对的固定性,然而这种对立面又是相互交合,相互作用的。

阴阳的变易又称为流行、推行、循环;阴阳的交易又称为对待、相对、定位。朱熹认为,只有从这两个方面同时理解阴阳的学说,才能全面地把握宇宙的辩证法。

朱熹的语录中记载:"或问一故神,曰:一是一个道理,却有两端,用处不同。譬如阴阳,阴中有阳,阳中有阴,阳极生阴,阴极生阳,所以神化无穷。"[12]阴中有阳、阳中有阴指阴阳的交易,阴极生阳、阳极生阴指阴阳的变易。正是阴阳的这两方面的对立统一造成了宇宙神妙无穷的变化和运动。对立面既是相互渗透的,又是相互转化的。从而定位的对待不是僵死的固定的;流行的循环在不断地否定中运动。朱熹对阴阳显然有着辩证的理解。

三、体用对待而不相离

和二程一样,朱熹也是重视"形而上"与"形而下"的区分的。在他看来,凡是具体的东西总是形而下的,抽象的原理、本质、规律才是形而上的。朱熹说:"形以上底虚,浑是道理。形以下底实,便是器。"[13]虚表示形而上的东西是一种感性的具体存在。在亚里士多德的哲学中曾提出"两种实体"的理论,认为个体事物是第一实体,一般性的东西是第二实体。在朱熹哲学中则认为前者是形下之器,后者是形上之理,他还认为,在两者之间有体用之分,不能认为形上形下都是体或本体。如他说:"至于形而上下,却有分别,须分得此是体,彼是用,方说得一源。分得此是象,彼是理,方说得无间。"[14]

在中国古代哲学中,体用的范畴有多

种意义。朱熹也说:"见在底便是体,后来生底便是用。此身是体,动作处便是用。天是体,'万物资始'处便是用。地是体,'万物资生'处便是用。就阳言,则阳是体,阴是用;就阴言,则阴是体,阳是用。"[15] 就是说,体用可以用来区分本原的和派生的,实体和作用。体用作为用以把握世界的范畴,也有相对性。然而,和其他理学家一样,朱熹哲学中的"体"主要指事物内隐不可见的形而之理,"用"则是指见诸事物的、理的各种表现。

关于"体用"的规定朱熹进一步提出了一些补充前人的原则,这主要是:

"体一而用殊"[16],体既然是事物深微的本质、原理,它就是一般的、普遍的,而用作为理的外在表现则然是个别的、万殊的、具体的。

"体用"无先后,朱熹说:"有体则有用,有用则有体,不可分先后说。"[17] 体用有则同有,无则皆无,两者没有发生学上的关系,没有时间上的先后,朱熹曾举例说,好像耳和听,两者没有先后。

"体用"二而一,朱熹常说,体用是二,是两物,这是说体与用不是一个对象有两个名称,体和用是事物客观存在的两个不同方面。"体用自殊,安得不为二"。[18] 体用如果本来是同一的,也就谈不上"一源"和"无间"了。另一方面,体用又是统一的,"体用亦非判然各为一事"[19],在这个意义上,体用又是一物,是一物的不同方面。

体用不相离,朱熹指出:"体用之所以名,政以其对待而不相离也。"[20] 体用作为一种对立统一的关系,互为存在的前提,互为存在的条件,离开对方而独立存在的体和用是不可想象的,也就不成其为体或用了。

朱熹极为推崇程颐"体用一源,显微无间"的名言。他进一发挥说:"体用一源,显微无间,盖自理而言,则即体而用在其中,所谓一原也。自象而言,则即显而微不能外,所谓无间也。"[21] 这是用体中有用、用中有体来发展程颐的思想,虽然朱熹的思想是从其理本论出发,但体现出他对体用的一些辩证的理解。

此外,朱熹还主张体用是有层次的,他说:"大抵体用无尽时,只管恁地移将去。如自南而视北,则北为北,南为南。移向北立,则北中又自有南北。体用无定,这处体用在这里,那处体用在那里,这道理尽无穷。……分明一层了又一层。"[22] 这是说在一定的条件下,体或用,每一方面都可以进一步自身区分中体用,这几乎是一个无穷的一分为二的层次体系。

以上这些思想,充分表现出朱子在宇宙观、方法论上的辩证思维,这些思想既是对北宋道学辩证思维的继承和发展,也对后世理学的宇宙观和方法论产生了重大的影响,对中华民族的思维方式也发生了不容忽视的影响。

注　释

[1]《朱子语类》卷九十四。

[2]《朱子语类》卷六十五。

[3]《朱子语类》卷六十五。

[4]《朱子语类》卷六十五。

[5]《朱子语类》卷六十五。

［6］《朱文公文集》卷七十六《金华潘集序》。

［7］《朱子语类》卷九十五。

［8］《朱子语类》卷六十二。

［9］《朱子语类》卷九十五。

［10］《朱子语类》卷六十五。

［11］《朱子语类》卷六十五。

［12］《朱子语类》卷九十八。

［13］《朱子语类》卷七十五。

［14］《朱文公文集》卷四十八《答吕子约》。

［15］《朱子语类》卷六。

［16］《朱子语类》卷二十七。

［17］《朱子语类》卷七十六。

［18］《朱文公文集》卷三十五《答吕伯恭》。

［19］《朱文公集》卷三十三《答吕伯恭》。

［20］《朱文公文集》卷三十三《答吕伯恭》。

［21］《朱文公文集》卷三十《答汪尚书》。

［22］《朱子语类》卷二十二。

（作者单位：清华大学国学院）

"其味深长,最宜潜玩"
——朱熹《四书章句集注》叮咛之分析*

陈 逢 源

> 语道深惭话一场,感君亲切为宣扬。
> 更将充扩随钩索,意味从今积渐长。
>
> ——朱熹《次韵择之听话》

一、前言

朱熹遍注群书,于四书用力尤深,从"集义"到"集注"[1],又从"集注"到"章句",完成《四书章句集注》。内容胪列诸家,间附己意,更有诸多个人参酌咀嚼,揣摩圣人气象心得,尤其反省前代儒学发展,对于经注体例饶富反省,以《集注》与《或问》相参,说明"去取之意"[2],即是化解体例局限的一种尝试。然而朱熹最后以《四书章句集注》为依归[3],云:"《集注》尽撮其要,已说尽了,不须更去注脚外又添一段说话。只把这个熟看,自然晓得,莫枉费心去外面思量。"[4]由繁归简,已有定见,按核《朱子语类》云:

《集注》乃《集义》之精髓。

……诸朋友若先看《集义》,恐未易分别得,又费工夫。不如看《集注》,又恐太易了。这事难说。不奈何,且须看《集注》教熟了,可更看《集义》。《集义》多有好处,某却不编出者,这处却好商量,却好子细看所以去取之意如何。须是看得《集义》,方始无疑。某旧日只恐《集义》中有未晓得义理,费尽心力,看来看去,近日方始都无疑了。

……且说《精义》是许多言语,而《集注》能有几何言语!一字是一字。其间有一字当百十字底,公都把做等闲看了。

……因论《集义论语》,曰:"于学者难说。看众人所说七纵八横,如相战之类,于其中分别得甚妙。然精神短者,又难教如此。只教看《集注》,又皆平易了,兴起人不得。"[5]

朱熹兼纳并蓄,融铸调和,已具方向,只是反复锤炼,朱熹希望给予最精准的内容,却又恐读者轻忽而过,所谓"太易了"、"兴起人不得"、"等闲看了",繁简之间,诠释为难。笔者从"章句"与"集注"两种既同又异的形式中,分出《四书章句集注》有"文字音读"、"校正文字"、"出处典故"、"名物说解"、"字义训诂"、"说解语义"、"引据印

---
* 本文为台湾国科会计划部分成果,计划编号为:NSC 98-2410-H-004-155-MY2。

证"、"间附己见"、"综整旨趣"、"标示章旨脉络"等十项诠释层次[6]，了解朱熹注解细节，从而发现朱熹说解经文语意，掺有义理方面的阐发，间附己见之中，又有附入章旨脉络的看法，形式上兼有注疏之体，内容融铸训诂与义理，兼摄既广，思考细腻。比对前人说解，以往执着文字本义，并未切合语意者，经由朱熹斟酌调整，文字更为通畅合宜；以往诠释冗杂拗曲之处，经由朱熹梳理简化，阅读更为方便，藉由体例分析，得见朱熹关注之深，以及诠释之密。只是以往论述所及，集中于朱熹辑录前贤语录，如何参酌"义理"，建构体系，留意注解与引据关联。然而回归《四书章句集注》，朱熹于注解之中，突破体例之局限，以叮咛语气，提醒后世读者注意方向，细心之处，反映朱熹作为经典"读者"的心得，期许后世"读者"更深入的思考，尤其屡屡可见"学者必由是而学焉"、"学者宜尽心焉"、"学者所当深戒"、"学者宜详味之"、"读者所宜深体而默识也"的话语，提醒读者用心，饶富情感，或者慨叹经文义理无穷，申明"其味深长，当熟玩之"、"其味深长，最宜潜玩"、"其反复丁宁示人之意，至深切矣，学者其可不尽心乎"，殷殷叮嘱，深有期许，甚至部分未标示提醒，却超乎诠释分际，抒发心得所在，特殊论述方式，推究渊源，乃是朱熹承袭义理讲论模式，化为经注文字的尝试[7]。在经典与个人、个人与读者之间，朱熹扮演解人角色，于注解体例之外，展现与经典深刻"对话"内容。

朱熹《四书章句集注》丰润的注解样态，乃是突破体例限囿的结果，将注解视同文本（text），关注视角改变，转向读者思考[8]，也就可以察觉朱熹深有经典与后世读者间中介角色的自觉。相对于注解对于经典的解读，引据对于前贤意见的融摄消化，朱熹有时会从注者化身为读者，甚至成

为指引后世读者的引导者，以超乎注解语气的诠释文字，间杂于注解与引据之间，抒发个人心得，并且从中安排阅读的"符码"，召唤后世有以继起的情怀，藉以透露出对"预期读者"（intended reader）的深深期待[9]。可见《四书章句集注》应有多层次的阅读，诚如朱熹所云："某那《集注》都详备，只是要人看无一字闲。那个无紧要闲底字，越要看。自家意里说是闲字，那个正是紧要字。"[10]笔者以往梳理朱熹的注解，考查引据来源，主要留心诠释者与经典间"互为主体性"（inter-subjectivity）的关系[11]，从而证成四书价值。但分析注解之余，往往得见朱熹饶富情感的指引文字，提示重点，反复申明，于读者生发指示与影响[12]。只是前人研究重点，往往集中于经注符应的考察，或是理学话语的梳理，成果丰硕，固不殆言，但对于朱熹对于后人充满提醒的话语，似乎尚未有整理的成果，为求明晰，以"叮咛"话语作为探究方向，全面梳理《四书章句集注》内容，摘录分析，从类型之中，得见朱熹化解歧出的努力，响应经典结构之观察，以及回归圣人思考的结果，期许深入于"闲字"当中，还原朱熹思考，了解用心所在。

二、化解歧出之处

朱熹兼融义理与训诂，对于义理歧出之处，深加致意，此为用心所在，也是成就所在[13]。《朱子语类》云："读书，须是看着他那缝隙处，方寻得道理透彻。若不见得缝隙，无由得入。看见缝隙时，脉络自开。"[14]从缝隙处寻求道理，此为朱熹学术成就关键，朱注《论语·学而篇》"吾日三省吾身"章云：

> 传，谓受之于师。习，谓熟之于己。曾子以此三者日省其身，有则改

之,无则加勉,其自治诚切如此,可谓得为学之本矣。而三者之序,则又以忠信为传习之本也。[15]

朱熹对于曾子修身之法多所关注,乃是依据循孔门之传的线索而来,按核何晏《论语集解》云:"言凡所传之事,得无素不讲习而传之"[16],重点是所传之业,而朱熹关注所及,乃是曾子所受之业,从己而出,与己之所受,角度相反,但比较其中,从孔子至曾子,"师"与"己"乃是道统成立之关键,朱熹显然更重视"业"的神圣性,以此说解,曾子日日行之,自然更有理据,可见朱熹于前人注解,饶有辨证之思考。其次,"为人谋"、"与朋友交"以及"传"三者乃曾子"三省"之事,然而朱熹却特别指出"而三者之序,则又以忠信为传习之本也",不仅强调有序,更标举"忠信"为修养自省的核心,分别之中,有其一贯之处,按核《论语·里仁篇》"吾道一以贯之"章,曾子曰:"夫子之道,忠恕而已矣。"朱注云:

> 夫子之一理浑然而泛应曲当,譬则天地之至诚无息,而万物各得其所也。自此之外,固无余法,而亦无待于推矣。曾子有见于此而难言之,故借学者尽己、推己之目以著明之,欲人之易晓也。盖至诚无息者,道之体也,万殊之所以一本;万物各得其所者,道之用也,一本之所以万殊。以此观之,一以贯之之实可见矣。[17]

"忠信"与"忠恕"稍有不同,但"曾子有见于此而难言之",可以解释此乃曾子"推"之结果,"忠恕"只是方便之说,至道浑然,然而"自治诚切",归之于"己",遂有契合之处。前者朱熹引谢良佐之言"诸子之学,皆出于圣人,其后愈远而愈失其真。独曾子之学,专用心于内,故传之无弊,观于子思、孟子可见矣。"[18]后者引程子之言"圣人教人各因其才,吾道一以贯之,惟曾子为能达此,

孔子所以告之也。曾子告门人曰:'夫子之道,忠恕而已矣',亦犹夫子之告曾子也。"[19]同样指出道统相传的线索,圣学内容,在道体的境界与修养的工夫之间,必须统合说解,以求一致,朱熹并且以"理一分殊"的架构,言明两者乃体用之分,于是"至诚无息"与"万物各得其所"遂有融铸于一的说法,而"至诚无息"正是《中庸》所揭示之境界,朱熹于《中庸章句》篇题下云:

> 此篇乃孔门传授心法,子思恐其久而差也,故笔之于书,以授孟子。其书始言一理,中散为万事,末复合为一理,"放之则弥六合,卷之则退藏于密",其味无穷,皆实学也。善读者玩索而有得焉,则终身用之,有不能尽者矣。[20]

由"理一"而"分殊",又由"分殊"而归之"理一",朱熹于工夫之处,高举境界,提示方向,对于道体内容,则申明修养,强调"实学",孔子、曾子、子思、孟子相传之线索,指引之心法,也就有具体的内容。朱熹是以经典参证的方式,串贯义理,然而于体用之间,未敢轻忽一方,圣人揭示一贯之道,曾子提示之内容,乃至于后学依循的方向,遂有完整的论述内容,数则注解内容,相互关联,虽然迂回曲折,但道理深刻绵长,诠释之细腻,于此可见。事实上,"理一分殊"正是朱熹从学李侗获致之启发[21],也是"道南"一系重要法门,朱熹尝试建构施用于人伦之间,而上应天理道体的义理体系,萦之于心,援以思考,终于从兼采儒释,到归本于儒,确立一生学术门径,于其理学成立之关键,也成为诠释四书最重要的义理依据[22]。朱熹藉此弥平形上与形下之区别,化解体、用分歧,揭示儒学宏大境界,也提醒修养不可违弃,期许读者终身"玩索而有得",乃是朱熹一生思索的心得,而于曾子三省之内涵,孔子一贯之旨,乃至于《中庸》

旨趣所在,遂有融铸调和,义理贯通的说法。事实上,四书镕铸,义理衔接,乃是浩大工程,朱熹由分而合,已具体系,只是细节之处,仍有剔之未尽之处[23]。但相较于引据内容,朱熹于分歧中,细加推敲,得见一贯之义,无疑是四书得以成立,形构经典最重要的关键,思之既久,于文字之中,也就多有提醒。

此外,朱熹高悬儒学境界,对于孔门之间,观察细腻,《论语·述而篇》"子温而厉"章,朱注云:

> 人之德性本无不备,而气质所赋,鲜有不偏,惟圣人全体浑然,阴阳合德,故其中和之气见于容貌之间者如此。门人熟察而详记之,亦可见其用心之密矣。抑非知足以知圣人而善言德行者不能也,故程子以为曾子之言。学者所宜反复而玩心也。[24]

朱熹于乾道五年(1169 年)"己丑之悟"确立了"中和"之解,从"性"为"未发","心"为"已发",至"心"具众理,兼有"已发"与"未发",学术从"道南"至"湖湘",又从"湖湘"融铸"道南","已发"、"未发"不是"心"、"性"之别,而是"情"、"性"之分,终于确立工夫法门[25]。此一思索,乃是朱熹重要之学术进程,也是一生追寻二程所获致的成果,推究精微,对于圣人与凡人之间,遂有分判的标准,有趣的是朱熹引程子之言为证,认为能够巧妙形容孔子"温而厉"、"威而不猛"、"恭而安"中和之气见于容貌者,只有曾子才有如此的见识,虽然有"想当然尔"的疑虑,但揣摩其间,朱熹乃是有意彰显圣人气象,以及孔门得传线索,相同的观察,见于《论语·先进篇》"吾与点"章,朱注云:

> 曾点之学,盖有以见夫人欲尽处,天理流行,随处充满,无少欠缺。故其动静之际,从容如此。而其言志,则又

不过即其所居之位,乐其日用之常,初无舍己为人之意。而其胸次悠然,直与天地万物上下同流,各得其所之妙,隐然自见于言外。视三子之规规于事之末者,其气象不侔矣,故夫子叹息而深许之。而门人记其本末而加详焉,盖亦有以识此矣。[26]

按核《朱子语类》潘植引《集注》作"曾点之学,有以见乎日用之间,莫非天理流行之妙,日用之间,皆人所共"[27],乃是以胡宏"天理人欲,同行异情"的说法,在日用之间诠释此一境界,然今本作"人欲尽处,天理流行"、"静动之际,从容如此",扬弃人欲之私,展现人生的自在从容,于日用之间,获致天地万物同流的坦然满足,相对于浑囵描述,朱熹分出进程,由未发而及已发,凸显涵养的作用,诠释更进一层,说解更为明白,章末引程子之言:

> 曾点,狂者也,未必能为圣人之事,而能知夫子之志。故曰浴乎沂,风乎舞雩,咏而归,言乐而得其所也。孔子之志,在于老者安之,朋友信之,少者怀之,使万物莫不遂其性。曾点知之,故孔子喟然叹曰:"吾与点也。"[28]

标举孔子之志以及曾点相应之处、细节之处,乃是提醒学者追求曾点境界之余,也应了解孔子的志向,《朱子语类》载黄义刚、林夔孙所录云:

> 某尝说,曾晳不可学。他是偶然见得如此,夫子也是一时被他说得恁地也快活人,故与之。今人若要学他,便会狂妄了。他父子之学正相反。曾子是一步一步踏着实地去做,直到那"参乎! 吾道一以贯之。"曾子曰:"唯。"方是。……曾晳不曾见他工夫,只是天资高后自说著。如夫子说:"吾党之小子狂、简,斐然成章,不知所以裁之",这便是狂、简。如庄、列之徒,

皆是他自说得恁地好，所以夫子要归裁正之。若是不裁，只管听他恁地，今日也浴沂咏归，明日也浴沂咏归，却做个甚么合杀！[29]

曾点气象宏阔，固然可喜，但也可能有流于"狂、简"的缺失[30]，在工夫与境界之间，朱熹并不认可空悬之境界，强调由"分殊"以见"理一"，否则"今日也浴沂咏归，明日也浴沂咏归"，又有何成就，言之简洁明白，曾皙与曾参父子之间，似乎也就有分判的依据。重视工夫的思考，见于《论语·颜渊篇》"克己复礼"章，朱注云：

> 盖心之全德，莫非天理，而亦不能不坏于人欲。故为仁者必有以胜私欲而复于礼，则事皆天理，而本心之德复全于我矣……颜渊闻夫子之言，则于天理人欲之际，已判然矣，故不复有所疑问，而直请其条目也。非礼者，己之私也。勿者，禁止之辞。是人心之所以为主，而胜私复礼之机也。私胜，则动容周旋无不中礼，而日用之间，莫非天理之流行矣。[31]

以天理、人欲之分，来说明"礼"之为用，尝试于"日用之间"得见"天理之流行"，人心虽出于天理，然而一有所偏，不免陷于人欲，从而确立工夫作用[32]，朱熹并且于经文诠释之外，特别补缀程子视、听、言、动四箴，于修养有更具体的描述，其云：

> 愚按：此章问答，乃传授心法切要之言。非至明不能察其几，非至健不能致其决。故惟颜子得闻之，而凡学者亦不可以不勉也。程子之箴，发明亲切，学者尤宜深玩。[33]

孔颜乐处本是北宋儒学最核心议题[34]，朱熹于《论语·雍也篇》"贤哉！回也"章引程子云："昔受学于周茂叔，每令寻仲尼颜子乐处，所乐何事？"[35]《论语·述而篇》"饭疏食"章引程子云："须知所乐者何事。"[36]

朱注保留北宋以来儒者对此之关注[37]，然而针对孔门最重要弟子颜渊，朱熹从天理人欲之辨，深化孔子指引的义涵，视、听、言、动成为孔门相传之重要心法，程子以己证之，不仅得其精彩，也成为朱熹缩合修养工夫与历史传承，建构二程遥接孔门之传的重要线索。朱熹揭示儒学究竟，完成义理贯串工作，言"仁"，《论语·颜渊篇》"仲弓问仁"章，针对"出门如见大宾，使民如承大祭。己所不欲，勿施于人"，朱注按语曰：

> 愚按：克己复礼，乾道也；主敬行恕，坤道也。颜、冉之学，其高下浅深，于此可见。然学者诚能从事于敬恕之间而有得焉，亦将无己之可克矣。[38]

朱熹分别颜、冉，于高下之间，得见孔子因材施教的安排，所谓"乾道"、"坤道"，按核《朱子语类》朱熹以"刚健勇决"、"杀贼工夫"以及"平稳做去"、"防贼工夫"来形容[39]，说法有异，却有共同趋向，同指去除私意，全其心德的过程，朱熹特别留意殊异之中，孔子用意所在，于人生行事，遂有依循方向。相较于此，《论语·颜渊篇》"司马牛问仁"章，朱注云：

> 愚谓牛之为人如此，若不告之以其病之所切，而泛以为仁之大概语之，则以彼之躁，必不能深思以去其病，而终无自以入德矣。故其告之如此。盖圣人之言，虽有高下大小之不同，然其切于学者之身，而皆为入德之要，则又初不异也。读者其致思焉。[40]

朱熹认为"其言也切"乃是"药病"之言，孔子于门人切身指引，自然有不同的说法，相对于铺排"仁德"境界，更着力于分出孔门弟子的高下，尝试于分歧之中，得其究竟。因此，朱熹特别留意孰得其传的线索，《论语·宪问篇》"莫我知也夫"章，朱注云：

> 不得于天而不怨天，不合于人而不尤人，但知下学而自然上达。此但

自言其反己自修，循序渐进耳，无以甚异于人而致其知也。然深味其语意，则见其中自有人不及知而天独知之妙。盖在孔门，惟子贡之智几足以及此，故特语以发之。惜乎其犹有所未达也！[41]

孔子深究道体之精微，指引于"人不及知而天独知之妙"，可惜子贡未达于此，同样之观察，见于《论语·卫灵公篇》"一以贯之"章，朱注按语云：

愚按：夫子之于子贡，屡有以发之，而他人不与焉。则颜曾以下诸子所学之浅深，又可见矣。[42]

子贡乃孔门当中最具声势与影响力的弟子[43]，但朱熹接受尹焞"孔子之于曾子，不待其问而直告之以此，曾子复深论之曰'唯'。若子贡则先发其疑而后告之，而子贡终亦不能如曾子之唯也"的说法[44]，孔子对于曾子与子贡的指引，细节不同，反应有异，显示子贡对于孔子学术的体会恐未及于曾子。此一见解，也反应于《论语·阳货篇》"予欲无言"章，朱注云：

四时行，百物生，莫非天理发见流行之实，不待言而可见。圣人一动一静，莫非妙道精义之发，亦天而已。岂待言而显哉？此亦开示子贡之切，惜乎其终不喻也。[45]

天理流行，圣道精微，有言语之外的境界，朱熹掌握诠释细节，体会日深，对于孔门弟子，甚至分出两系，《论语·子张篇》朱注于篇章题下云：

此篇皆记弟子之言，而子夏为多，子贡次之。盖孔门自颜子以下，颖悟莫若子贡；自曾子以下，笃实无若子夏。故特记之详焉。[46]

朱熹建立孔子、曾子、子思、孟子圣贤相传之系谱，也于孔门当中分出"颖悟"、"笃实"两系，从颜渊、曾子以下确立子贡、子夏的地位，对于孔子所传遂有更为清楚的了解，不仅可以解读《论语》载录情形，针对门人论述，也有分判的视野，《论语·子张篇》"子夏之门人问交"章，朱注云：

子夏之言迫狭，子张讥之是也。但其所言亦有过高之病。盖大贤虽无所不容，然大故亦所当绝；不贤固不可以拒人，然损友亦所当远。学者不可不察。[47]

孔门弟子劝勉切磋，乃是相期于道的常态，子张不满意子夏，并不代表子张更切近孔子之道，两人各有所偏，于此可见。朱熹反复辨认，尝试掌握孔门之间弟子传承线索，探究真义所在，朱熹纠弹义理之偏，似乎也在情理之中[48]，例如《论语·子张篇》"大德不踰闲"章，朱注引吴棫云："此章之言，不能无弊。学者详之。"[49]批评子夏言之有过。《论语·子张篇》"丧致乎哀而止"章，朱注云："愚按：'而止'二字，亦微有过于高远而简略细微之弊。学者详之。"[50]批评子游陈义过高。朱熹对于孔门弟子，不仅诠释章句旨趣，也推究其中高下，提醒读者留意细节，用心所在，辨析入微，《朱子语类》载：

圣门日用工夫，甚觉浅近。然推之理，无有不包，无有不贯，及其充广，可与天地同其广大。故为圣，为贤，位天地，育万物，只此一理而已。常人之学，多是偏于一理，主于一说，故不见四旁，以起争辨。圣人则中正和平，无所偏倚。[51]

某向时也杜撰说得，终不济事。如今方见得分明，方见得圣人一言一字不吾欺。只今六十一岁，方理会得恁地。若或去年死，也则枉了。自今夏来，觉见得才是圣人说话，也不少一个字，也不多一个字，恰恰地好，都不用一些穿凿。[52]

朱熹从孔学究竟的推寻,进而及于弟子高下的检讨,于"中正和平"之际,揣摩圣人精神,《论语·卫灵公篇》"师冕出"章,朱注云:"圣门学者,于夫子之一言一动,无不存心省察如此。"[53]个人义理体证日深,经注事业纯熟,终于厘清孔门系谱,对于推究儒学究竟,化解义理歧出,串贯四书之脉络,更具自信,感慨所在,甚至认为"不少一个字"、"不多一个字","若或去年死,也则枉了",对于圣道之欣悦与钦羡,可以想见。

朱熹于《四书章句集注》化解歧出之处,还包括圣与凡之间的差距,如《论语·述而篇》"叶公问孔子于子路"章,朱注云:

> 未得,则发愤而忘食;已得,则乐之而忘忧。以是二者俛焉日有孳孳,而不知年数之不足,但自言其好学之笃耳。然深味之,则见其全体至极,纯亦不已之妙,有非圣人不能及者。盖凡夫子之自言类如此,学者宜致思焉。[54]

圣人深造有得,言语浑融自然,朱熹揣摩精神,推究言外之旨,于此发凡起例,标明圣人谦以示人的情怀。相同之例,如《论语·述而篇》"盖有不知而作之者"章,朱注:"孔子自言未尝妄作,盖亦谦辞,然亦可见其无所不知也。"[55]圣道崇高,所言却谦下,在圣与凡之间,建构诠释分际,指引了解的原则。

三、结构性的观察

化解歧出之余,朱熹也开展经文结构性的观察,《朱子语类》有一段追忆文字,云:

> 某往年在同安日,因差出体究公事处,夜寒不能寐,因看得子夏论学一段分明。后官满,在郡中等批书,已遣行李,无文字看,于馆人处借得《孟子》一册熟读,方晓得"养气"一章语脉。当时亦不暇写出,只逐段以纸签签之云,此是如此说。签了,便看得更分明。后来其间虽有修改,不过是转换处,大意不出当时见。[56]

回归于经典,从字词而及于段落,诠释经文旨趣,扩及于语脉分析,关注所及,乃是经文本身的结构问题,《孟子》文字辞气纵横,反复辨证,读法自然不同于《论语》,此为朱熹重要的阅读进程,检核《孟子·公孙丑上》"养气"一章,朱注分出三段,确实如同《朱子语类》所言"签了,便看得分明",兹列举如下:

> 此一节,公孙丑之问。孟子诵告子之言,又断以己意而告之也。告子谓于言有所不达,则当舍置其言,而不必反求其理于心;于心有所不安,则当力制其心,而不必更求其助于气,此所以固守其心而不动之速也。孟子既诵其言而断之曰:彼谓不得于心而勿求诸气者,急于本而缓其末,犹之可也;谓不得于心而不求诸心,则既失于外,而遂遗其内,其不可也必矣。然凡曰可者,亦仅可而有所未尽之辞耳。若论其极,则志固心之所之,而为气之将帅;然气亦人之所以充满于身,而为志之卒徒者也。故志固为至极,而气即次之。人固当敬守其志,然亦不可不致养其气。盖其内外本末,交相培养。此则孟子之心所以未尝必其不动,而自然不动之大略也。……

> 公孙丑复问孟子之不动心所以异于告子如此者,有何所长而能然,而孟子又详告之以其故也。知言者,尽心知性,于凡天下之言,无不有以究极其理,而识其是非得失之所以然也。浩然,盛大流行之貌。气,即所谓体之充者。本自浩然,失养故馁,惟孟子为善

养之以复其初也。盖惟知言，则有以明夫道义，而于天下之事无所疑；养气，则有以配夫道义，而于天下之事所无惧，此其所以当大任而不动心也。告子之学，与此正相反。其不动心，殆亦冥然无觉，悍然不顾而已尔。……

此公孙丑复问而孟子答之也。陂，偏陂也。淫，放荡也。邪，邪僻也。遁，逃避也。四者相因，言之病也。蔽，遮隔也。陷，沉溺也。离，叛去也。穷，困屈也。四者亦相因，则心之失也。人之有言，皆本于心。其心明乎正理而无蔽，然后其言平正通达而无病；苟为不然，则必有是四者之病矣。即其言之病，而知其心之失，又知其害于政事之决然而不可易者如此。非心通于道，而无疑于天下之理，其孰能之？彼告子者，不得于言而不肯求之于心；至为义外之说，则不免于四者之病，其何以知天下之言而无所疑哉？[57]

分量既多，迥异于注解文字，细究其中，朱熹重新梳理公孙丑与孟子应对脉络，从陈述告子之言，分判孟子异于告子之处，至阐明孟子胜出原因，分出三节，层次井然，以"理"分出"言"、"心"、"气"之关系，从而确立"志"、"气"交养的工夫，了解"知言"、"养气"之究竟，以及"心"与"言"相应的情形，复杂之辨证，遂有清晰的理路，告子胶固于心，冥然无觉，至于孟子之心却是"未尝必其不动，而自然不动"，细节之间，同中有异，孟子善养以复其初，知言于"天下之事无所疑"，养气于"天下之事无所惧"，工夫所在，方足以当大任而不动心，否则言病心失，害于政事，影响至深，所以告子未能"知言"，所谓之"不动心"乃是皮毛工夫而已。而"凡曰可者，亦仅可而有所未尽之辞耳"，"可"有未尽之处，更是训诂文字之余，从语

脉辞气所推究的了解，至于"尽心知性，于凡天下之言，无不有以究极其理，而识其是非得失之所以然也"，正是朱熹思索儒学工夫的重要方向，按核《孟子·尽心上》"尽其心者"章，朱注云：

心者，人之神明，所以具众理而应万事者也。性则心之所具之理，而天又理之所从以出者也。人有是心，莫非全体，然不穷理，则有所蔽而无以尽乎此心之量。故能极其心之全体而无不尽者，必其能穷夫理而无不知者也。既知其理，则其所从出，亦不外是矣。以《大学》之序言之，知性则物格之谓，尽心则知至之谓也。……愚谓尽心知性而知天，所以造其理也；存心养性以事天，所以履其事也。不知其理，固不能履其事；然徒造其理而不履其事，则亦无以有诸己矣。知天而不以殀寿贰其心，智之尽也；事天而能修身以俟死，仁之至也。智有不尽，固不知所以为仁，然智而不仁，则亦将流荡不法，而不足以为智矣。[58]

从"心"得其"性"，由"性"见其"理"，成为朱熹思索形上道德依据[59]，唯有仁、智之极，才能达致天理流行之境；事、理兼行，个人生命才能充足圆满，"尽心"、"知性"工夫所在，可以印证穷理之诉求。朱熹求其周全而深厚，唯恐有所偏失，讨论既详，并非说解经文旨趣而已，更在于阐释个人修养心得，此一架构也成为朱熹思考《大学》"格物补传"的基础，云：

盖人心之灵莫不有知，而天下之物莫不有理，惟于理有未穷，故其知有不尽也。是以《大学》始教，必使学者即凡天下之物，莫不因其已知之理而益穷之，以求至乎其极。至于用力之久，而一旦豁然贯通焉，则众物之表里精粗无不到，而吾心之全体大用无不

明矣。[60]

四书义理通贯，所谓即物穷理，乃是由"心"及见，符合"尽心"、"知性"的进程，所以"即凡天下之物"，是"因已知之理而益穷之"，工夫是在"心"、"性"思考下进行，朱熹《答江德功二》自述其历程"自十五、六时知读是书，而不晓格物之义，往来于心，余三十年。"[61]三十余年的思考，斟酌再三，前人分析朱熹"格物致知"有不同发展阶段：第一阶段是"丙戌之悟"以前，守"中和旧说"，心性之论尚未明朗，格物乃是日用事物之间，明是非，审可否，求取道理所在。第二阶段由丙戌至己丑，乃是"中和新说"之后，强调"涵养须是敬，进学则在致知"，所以穷理致知，包括读书明理，审度是非，更应留意存养、扩充的工夫，以推究义理之知，安排小学阶段的涵养工夫，强调洒扫应对进退之间，有其形上之价值。第三阶段是完成《大学章句》时期，以"明明德"为中心讲"格物致知"，所以"格物"是去人欲、存天理、存心养性的过程，内容包括之前各段的体会，然而坚持"心德"之"明"，更可见"理"之纯粹[62]。几经转折，承之于前，又新变于后，前人误解朱学有外驰之失，支离之病，显然是轻忽朱熹学术进程，也未能深究朱熹诠释细节的结果。事实上，将"格物"归于"明德"，代表思考"心"、"性"义理已具自信，更是朱熹开展《孟子》结构性阅读策略所获致的重要心得，此于《孟子·告子上》性善之辨一段，分出孟子与告子分歧之处，可以一窥其要，朱注云：

> 性者，人生所禀之天理也。……告子言人性本无仁义，必待矫揉而后成，如荀子性恶之说也。……
>
> 告子因前说而小变之，近于扬子善恶混之说。……
>
> 生，指人物之所以知觉运动者而言。告子论性，前后四章，语虽不同，

然其大指不外乎此，与近世佛氏所谓作用是性者略相似。……

> 愚按：性者，人之所得于天之理也；生者，人之所得于天之气也。性，形而上者也；气，形而下者也。人物之生，莫不有是性，亦莫不有是气。然以气言之，则知觉运动，人与物若不异也；以理言之，则仁义礼智之禀，岂物之所得而全哉？此人之性所以无不善，而为万物之灵也。告子不知性之为理，而以所谓气者当之，是以杞柳湍水之喻，食色无善无不善之说，纵横缪戾，纷纭舛错，而此章之误乃其本根。所以然者，盖徒知知觉运动之蠢然者，人与物同；而不知仁义礼智之粹然者，人与物异也。孟子以是折之，其义精矣。……
>
> 自篇首至此四章，告子之辩屡屈，而屡变其说以求胜，卒不闻其能自反而有所疑也。此正其所谓不得于言勿求于心者，所以卒于卤莽而不得其正也。[63]

此乃《孟子》"性善"最关键之文字，"知言"之为要，于此可见，朱熹以厘清语脉的阅读策略，检讨应对关系，分析论述层次，分出"如荀子性恶之说"、"近于扬子善恶混之说"、"与近世佛氏所谓作用是性者略相似"三层，得见"告子之辩屡屈"，由外趋内，论旨渐受影响的过程，不仅了解孟子与告子"性论"争议之所在，差异之间，也厘清自先秦以降荀子、扬雄，甚至佛教论性观点的偏失，从而确立孟子"性善"真确不移的成就，虽是章句注解，却也回应自先秦以来性论的误解，孟子胜出于告子，固不待言，然而于朱熹诠释之下，也廓除秦汉以来诸多歧出之见，有此观察，进孟子而退荀子，遂有彰显的自信，此乃孟子地位成立关键，也是朱熹道统论述最具意义的主张。[64]对于纷

扰胶着之处，朱熹以形上为理，形下为气，区分孟子与告子论性层次不同，知觉运动是人与物同，仁义礼智为人所独有，善从人性而出，理、气同出而有别，告子以气说性，并不能彰性之价值。朱熹承继北宋二程、张载性、气主张，遂有清楚分判的标准，《孟子·告子上》"为此诗者，其知道乎"章，朱注引程子、张载之言，得见观念启发，云：

> 程子曰："性即理也，理则尧、舜至于涂人一也。才禀于气，气有清浊，禀其清者为贤，禀其浊者为愚。学而知之，则气无清浊，皆可至于善而复性之本，汤、武身之是也。孔子所言下愚不移者，则自暴自弃之人也。"又曰："论性不论气，不备；论气不论性，不明，二之则不是。"张子曰："形而后有气质之性，善反则天地之性存焉。故气质之性，君子有弗性者焉。"愚按：程子此说才字，与《孟子》本文小异。盖孟子专指其发于性者言之，故以为才无不善；程子兼指其禀于气者言之，则人之才固有昏明强弱之不同矣，张子所谓气质之性是也。二说虽殊，各有所当，然以事理考之，程子为密。盖气质所禀虽有不善，而不害性之本善；性虽本善，而不可以无省察矫揉之功，学者所当深玩。[65]

从二程之思考，化解经典本身的歧出，《孟子·尽心上》"尧、舜，性之也；汤、武，身之也"[66]，圣圣相承，门径有异，但无碍于成圣；清浊不同，其理则一，复性乃至于善，所谓"下愚不移"，并不是性有亏欠，而是自暴自弃，背离天理，由气可以说明人事之不齐，言理则有形上的依据，应然与实然之间，二程归纳出性、气相须相待，二者必须配合而言，张载更从先后关系说明气质之性与天地之性同生异质，于此确立性善内涵与工夫方向，"善反"才是关键，朱熹援取

北宋诸儒辨析成果，虽然于"才"之说明，二程明显与孟子角度有所不同，但细节歧出，无碍于理、气架构的了解，朱熹并且提醒人固然要有本体为善的自觉，但也要有留意于工夫的了解，融通体用，兼备周到，于此可见，朱熹援取前贤意见，取用融铸，《朱子语类》载录朱熹于此之反省云：

> 孟子言性，只说得本然底，论才亦然。荀子只见得不好底，扬子又见得半上半下底，韩子所言却是说得稍近。盖荀、扬说既不是，韩子看来端的见有如此不同，故有三品之说。然惜其言之不尽，少得一个"气"字耳。程子曰："论性不论气，不备；论气不论性，不明。"盖谓此也。

> 孟子未尝说气质之性。程子论性所以有功于名教者，以其发明气质之性也。以气质论，则凡言性不同者，皆冰释矣。退之言性亦好，亦不知气质之性耳。

> 道夫问："气质之说，始于何人？"曰："此起于张、程。某以为极有功于圣门，有补于后学，读之使人深有感于张、程，前此未曾有人说到此。……诸子说性恶与善恶混。使张、程之说早出，则这许多说话自不用纷争。故张、程之说立，则诸子之说泯矣。因举横渠：'形而后有气质之性。善反之，则大地之性存焉。故气质之性，君子有弗性者焉。'又举明道云：'论性不论气，不备；论气不论性，不明，二之则不是。'……"[67]

"气质之说"出于程、张思考的结果，然而此一创造性的诠释，遂能分判历来偏失所在，朱熹明白指出虽然不是出于孟子所言，却足以了解孟子所言的意义与价值，深化文本诠释，获致义理之思考，诠释《孟子》，又补充《孟子》，从而确立性善说的真确不可

移,所以朱熹深叹二程、张载"有功于名教"、"有功于圣门",遥相契合,宋儒得以遥承孟子绝学,乃是朱熹澄清误解,获致"释回增美"的结果[68],按语"二说虽殊,各有所当,然以事理考之,程子为密",乃是思之再三,反复辨证的心得。相同的观察,《孟子·离娄下》"禹恶旨酒而好善言"章以下,朱注串贯其中,云:

> 此承上章言舜,因历叙群圣以继之;而各举其一事,以见其忧勤惕厉之意。盖天理之所以常存,而人心之所以不死也。……

> 此又承上章历叙群圣,因以孔子之事继之;而孔子之事莫大于《春秋》,故特言之。……

> 此又承上三章,历叙舜、禹,至于周、孔,而以是终之。其辞虽谦,而其所以自任之重,亦有不得而辞者矣。[69]

从禹、汤、文王、武王、周公而下,得见圣人忧勤惕厉之思,孔子申以《春秋》之义,孟子言私淑孔子之志,朱熹于各章之间,串贯线索,观察所及,圣圣相承的安排,已具"道统"雏形,孔子继之,孟子自任,成为朱熹深有体会的内容,思之既深,朱熹于《孟子》最后一章,同样师其手法,附入一段程颐所撰"明道先生"墓之序文,圣贤相传,朱熹以"明道先生"接续其后,表彰二程有以继之的成就,铺排孟子之下,"道统"复传的线索,朱熹并非解释经文而已,更在于穿透历史,彰显其中精神,云:

> 愚按:此言,虽若不敢自谓已得其传,而忧后世遂失其传,然乃所以自见其有不得辞者,而又以见夫天理民彝不可泯灭,百世之下,必将有神会而心得之者耳。故于篇终,历序群圣之统,而终之以此,所以明其传之有在,而又以俟后圣于无穷也,其指深哉![70]

朱熹于《孟子》获致启示,更响应其中的期待,甚至于其中也安排相应的线索,藉以深化儒者有以继起,慨然承担的情怀,"天理民彝"终不可泯,"群圣之统"已有"道统"论述的模式,朱熹重新构组线索,《四书章句集注》具有圣人心法的暗示,遂有召唤人心的力量。朱熹甚至跨越本文限囿,贯串四书,于孔、孟之间,补入曾子、子思,《孟子·离娄上》"是故诚者,天之道也"章,朱注云:

> 此章述《中庸》孔子之言,见思诚为修身之本,而明善又为思诚之本。乃子思所闻于曾子,而孟子所受乎子思者,亦与《大学》相表里,学者宜潜心焉。[71]

由《孟子》而得见与《中庸》、《大学》相互联系,彼此参酌贯串,"道统"线索更为明朗,由孔子、曾子而及子思、孟子,四书一脉相承。朱熹结构性的思考,使朱熹原典的注解工作,进而成为追究圣人精神的事业,也就无怪乎深致叮咛,期许读者多加留意。

四、回归圣人的思考

朱熹剖析细节,掌握儒学义理核心,从而揣摩文字,厘清脉络,注解工作更深一层,有关圣人精神的了解更具自信,留下诸多推究话语,《孟子·告子下》"礼与食孰重"章,朱注云:"此章言义理事物,其轻重固有大分,然于其中,又各自有轻重之别。圣贤于此,错综斟酌,毫发不差,固不肯枉尺而直寻,亦未尝胶柱而调瑟,所以断之,一视于理之当然而已矣。"[72]《孟子·尽心上》"孔子登东山而小鲁"章,朱注云:"此章言圣人之道大而有本,学之者必以其渐,乃能至也。"[73]《孟子·尽心下》"逃墨必归于杨"章,朱注云:"此章见圣人之于异端,距之甚严,而于其来归,待之甚恕。距之严,故人知彼说之为邪;待之恕,故人知此道之可反,仁之至,义之尽也。"[74]朱熹以生命体证,思索既深,遂能了解圣人于疑似之间的思考,于进程的关注,以及彼我分际的掌握,其中艳羡与赞叹,出于衷心之感动,《朱子语类》载:

> 圣人言语如千花,远望都见好。须端的真见好处,始得。须着力子细看上。工夫只在子细看上,别无术。
>
> 圣人言语皆枝枝相对,叶叶相当,不知怎生排得恁地齐整。今人只是心粗,不子细穷究。若子细穷究来,皆字字有着落。[75]

所谓"枝枝相对,叶叶相当",正是朱熹穷究经典,从阅读中所获致的心得,圣人言语之力量,形构缜密的义理结构,细究之后的着落,无疑是祛除歧异,建构脉络观察之后的结果,朱熹甚至留意孟子对圣人的揣摩心得,圣圣相承,于心相通,《孟子·万章上》"舜往于田"章,朱注云:

> 孟子推舜之心如此,以解上文之意。极天下之欲,不足以解忧;而惟顺于父母,可以解忧。孟子真知舜之心哉!……此章言舜不以得众之所欲为己乐,而以不顺乎亲之心为己忧。非圣人之尽性,其孰能之?[76]

《孟子·尽心上》"舜之居深山之中"章,朱注云:

> 居深山,谓耕历山时也。盖圣人之心,至虚至明,浑然之中,万理毕具。一有感触,则其应甚速,而无所不通,非孟子造道之深,不能形容至此也。[77]

廓除人生于世的名利欲望,唯求心之所安,然而一闻善言,一见善行,则沛然莫之能御,圣人如此,也唯有孟子能知之,《孟子·尽心上》"霸者之民"章,朱注云:

> 君子,圣人之通称也。所过者化,身所经历之处,即人无不化,如舜之耕历山而田者逊畔,陶河滨而器不苦窳也。所存者神,心所存主处便神妙不测,如孔子之立斯立、道斯行、绥斯来、动斯和,莫知其所以然而然也。是其德业之盛,乃与天地之化同运并行,举一世而甄陶之,非如霸者但小小补塞其罅漏而已。此则王道之所以为大,而学者所当尽心也。[78]

申明君子德化之盛,分判王、霸之别,圣人坚持所在,乃是求其为大,道之纯粹与崇高,学者必须尽心追寻,其间不容丝毫委曲虚假,细节所在,朱熹对于后世期许深矣。而此一思考也成为与陈亮争辩王霸的重要依据,对于功利主义有更深的反省[79],朱熹崇信孟子,乃是反复辨证思考的结果[80],《孟子·滕文公上》"夫仁政,必自经界始"章,朱注云:

> 愚按:"丧礼"、"经界"两章,见孟子之学,识其大者。是以虽当礼法废坏之后,制度节文不可复考,而能因略以致详,推旧而为新;不屑屑于既往之迹,而能合乎先王之意,真可谓命世亚圣之才矣。[81]

对于孟子推崇至极,朱熹甚至于《孟子序说》引程子曰:"未敢便道他是圣人,然学已到至处。"于下云:"愚按:至字,恐当作圣字。"[82]朱熹一生追寻二程,然而于此救正调整,还给予孟子圣人的地位,唐代以来"孟子升格运动"[83],北宋的孟学争议[84],于此遂有最终的答案。朱熹体会既深,"经界"成为晚年推行之工作[85],"不屑屑于既往之迹,而能合乎先王之意"更是引导朱熹超越性思考的重要依据,遥契前圣,寄予来者,朱熹展开更深一层的建构方向,重点在于检视圣人精神所在,提醒阅读的细节,其中牵涉复杂,朱熹巧为安排,《四书章句集注》创造性的诠释,遂有细腻的思考,此于朱熹《大学章句序》云:"虽以熹之不敏,亦幸私淑而与有闻焉。顾其为书犹颇放失，是以忘其固陋，采而辑之，闲亦窃附己意，补其阙略，以俟后之君子。极知僭越，无所逃罪，然于国家化民成俗之意、学者修己治人之方，则未必无小补云。"[86]《中庸章句序》云："然后此书之旨，支分节解、脉络贯通、详略相因、巨细毕举，而凡诸说之同异得失，亦得以曲畅旁通，而各极其趣。虽于道统之传，不敢妄议，然初学之士，或有取焉，则亦庶乎行远升高之一助云尔。"[87]于文献放失，诸说歧出之中，期以有助于后学思考，敢于陈述一己融铸之心得，知我、罪知，朱熹有其承担之志，无法尽释其理据，以及蓄积的体会，转为叮咛与提醒，用心所在，寄望开启后人遥相共感的理解。例如《大学章句》说明结构"右经一章，盖孔子之言，而曾子述之。其传十章，则曾子之意而门人记之也。旧本颇有错简，今因程子所定，而更考经文，别为序次如左"下，朱注云：

> 凡传文，杂引经传，若无统纪，然文理接续，血脉贯通，深浅始终，至为精密。熟读详味，久当见之，今不尽释也。[88]

《中庸章句》分出三十三章，于第三十三章下朱注云：

> 子思因前章极致之言，反求其本，复自下学为己谨独之事，推而言之，以驯致乎笃恭而天下平之盛。又赞其妙，至于无声无臭而后已焉。盖举一篇之要而约言之，其反复丁宁示人之意，至深切矣，学者其可不尽心乎！[89]

《大学》于分别经、传时说明，《中庸》于分章之后提醒，圣人义理深密，言语严整，于脉络之中，深有蕴藉，期许后人之余，也回应心中"完型"样态，遂有不断的尝试。《大学》以经统传，分释"三纲八目"；《中庸》分出三十三章，首章为"一篇之体要"，推究用

意，皆有提纲挈领，明其体系的作用，朱熹并非仅是提出不同以往的章句段落，而是标举"三纲八目"，阐明"性"、"道"、"教"，作为全篇脉络的关键，纲举目张，具有义理显豁的效果。

为求明晰，朱熹甚至援取《论衡》"圣人作其经，贤人造其传"概念[90]，彰显圣贤相传属性，经、传之分，成为《四书章句集注》最为特殊的安排。"三纲"、"八目"为"孔子之言，而曾子述之"之"经"，以下系以"曾子之意而门人记之也"之"传"，《大学》主旨于"经"中具现，四书有其精神，只是平天下、治国、齐家、修身、正心、诚意各章皆具，唯有"格、致"有缺，"三纲"、"八目"架构已具，却无核心工夫，关键性的阙如，形成体系的重大瑕疵，于此已非指出阙文即可解决，事有不得已，朱熹另作补传云：

> 闲尝窃取程子之意以补之曰："所谓致知在格物者，言欲致吾之知，在即物而穷其理也。盖人心之灵莫不有知，而天下之物莫不有理，惟于理有未穷，故其知有不尽也。是以大学始教，必使学者即凡天下之物，莫不因其已知之理而益穷之，以求至乎其极。至于用力之久，而一旦豁然贯通焉，则众物之表里精粗无不到，而吾心之全体大用无不明矣。此谓物格，此谓知之至也。"[91]

以二程之意，补传一百三十四字，作为义理核心所在，朱熹申明"格物"意义，并不是悬空寻理，而是人伦日用间，随事即物的体会，不仅用以印证"理一分殊"从"分殊"以见"理一"的进路，沟通内圣、外王，儒学人间事业终于完成，于是从三纲而至八目，格物、致知、诚意、正心、修身、齐家、治国、平天下，由己而人，由小而大，由内而外，层次井然。"格物"成为儒学基础，也是最为核心的工夫，只是于此过程，朱熹仅言"窃取

程子之意"，取用之间，细节无法厘清，所幸《大学或问》保留朱熹援取二程线索，依其内容，主要强调"格物致知所以当先而不可后"、"格物致知所当用力之地，与其次第功程"与"涵养本原之功，所以为格物致知之本"三项重点，分别针对格致的关键地位、操持之内容以及其重要性撮举二程意见，文字颇长，难以逐录，但融铸二程言论的努力，却是真确可见[92]，显然朱熹于四书获致的超越性的研读方法，也施用于征引之间，直言"虽不能尽用程子之言，然其指趣要归，则不合者鲜矣"[93]，显见征引已从文字之"迹"，进而捕捉其"意"，形塑略其形迹而达其精神的体会，使《大学》结构更为完整，也确立二程遥契道统地位，清儒胡渭云："前后次第，秩然不紊，所谓枝枝相对，叶叶相当。"[94]朱熹改本确实使《大学》一篇结构井然，体系更为明晰，朱熹追寻圣人精神，穷究经典，一生体会，于补传中获致论述根源，虽是自作，却是融铸前人的结果，用心所在，超乎言诠的心得，只能要求读者熟读详味，虽然使《大学》改本成为宋明以来最复杂难解的议题[95]，然而按核朱熹反复锻练，甚至临终之前仍为《大学》改作苦思不已[96]，追寻圣人之念，驱策不已，朱熹自承"据某而今自谓稳矣。只恐数年后又见不稳，这个不由自家。"[97]说明随着历练不同，体会不同，境界与时而进。所谓"吾道之所寄不越乎言语文字之间"[98]，必须从言语文字思索圣人的启发，才能契合于道，朱熹揣摩细节，不敢轻忽，尤其对于圣人开示成德之方，更是思之再三，《论语·宪问篇》"古之学者为己"章，朱注云：

愚按：圣贤论学者用心得失之际，其说多矣，然未有如此言之切而要者。于此明辨而日省之，则庶乎其不昧于所从矣。[99]

《中庸章句》"大哉圣人之道"章，朱注云：

尊德性，所以存心而极乎道体之大也。道问学，所以致知而尽乎道体之细也。二者修德凝道之大端也。不以一毫私意自蔽，不以一毫私欲自累，涵泳乎其所已知，敦笃乎其所已能，此皆存心之属也。析理则不使有毫厘之差，处事则不使有过不及之谬，理义则日知其所未知，节文则日谨其所未谨，此皆致知之属也。盖非存心无以致知，而存心者又不可以不致知。故此五句，大小相资，首尾相应，圣贤所示入德之方，莫详于此，学者宜尽心焉。[100]

朱熹留意圣人开示之方向，在于操持之际，不能为私意所蔽，唯有存乎其大，尽乎其细，存心、致知兼行，方能达致其境，"尊德行"与"道问学"之辨，乃是朱、陆学术根本分歧处，相较于陆九渊"既不知尊德性，焉有所谓道问学"[101]立乎其大的坚持，朱熹采取综纳的思考，云：

大抵子思以来，教人之法，惟以"尊德性"、"道问学"两事为用力之要。今子静所说，专是"尊德性"之事，而熹平日所论，却是道问学上多了。所以为彼学者，多持守可观，而看得义理全不子细，又别说一种杜撰道理，遮盖不肯放下；而熹自觉虽于义理上不敢乱说，却于紧要为己为人上，多不得力。今当反身用力，去短集长，庶几不堕一边耳。[102]

朱熹尝试去短集长，更具反省之念，前人往往藉此分判两人高下，标举儒学"尊德性"无可取代之价值。[103]但回归经典本身，相较于陆象山强调进程，饶富自信，朱熹尝试形塑进程与境界兼具的体系，建构"尊德性"与"道问学"融铸一贯的脉络，内涵周备详实，规模更为宏大，却仍唯恐有所不足。

按核《中庸》"尊德性而道问学,致广大而尽精微,极高明而道中庸。温故而知新,敦厚以崇礼",朱注强调"大小相资,首尾相应","尊德性"与"道问学"既非独立相斥的概念,也非由彼而此之进程,而是相互含融,彼此证成,所以朱熹申明"非存心无以致知,而存心者又不可以不致知",既无违逆"尊德性"之崇高价值,又强调"道问学"之不可或缺,两相为用,兼取而进,圣人开示之境界,既广大,又精微,思考早已更深一层,义理无所偏缺,方能垂范后世而无弊,朱熹参详文字内涵,进而参悟文外之旨,从化解歧义,建立脉络,进而回归圣人,融铸条贯,厘清脉络,思考诸多转折,所见更为深邃,义理更为缜密,必须了解朱熹一生学术进程,又须梳理《四书章句集注》论述的细节,彼此取证,前后参考,方能得其真解,朱熹《答胡季随二》云:

> 熹于《论》、《孟》、《大学》、《中庸》,一生用功,粗有成说。然近日读之,一、二大节目处,犹有谬误,不住修削,有时随手又觉病生。以此观之,此岂易事?若只恃一时聪明才气,略看一过,便谓事了,岂不轻脱自误之甚耶!吕伯恭尝言"道理无穷,学者先要不得有自足心",此至论也,幸试思之。[104]

朱熹《答潘端叔二》云:

> 义理无穷,精神有限,又不知当年圣贤如何说得如此稳当精密,无些渗漏也。[105]

以至勤之力,坚固执着,用心如斯,谦下至此,一生义理思考,已难一一呈现,从经注工作而及于圣人事业,朱熹从推寻儒学精神,进而及于启发后人,是以寄语于后,勉以"尽心"、"详味",祈求千载之知音,慨然承担,《四书章句集注》肌理条贯,义理丰盈,于此可得见矣。

五、结　论

朱熹遍注群经,从训诂而及义理,汇整北宋诸儒之思考,参酌汉、唐诸儒之成就,上而及于圣人精神之掌握,最终回归于经典本身,《四书章句集注》是朱熹思以垂范后世之成就,期许既高,一生以之,乃是人所共知之事,说解之余,深有寄托。事实上,期许读者深究玩索,乃北宋诸儒讲论之用语,检视二程语录,云:

> 读书要玩味。
>
> 《孟子》"养气"一篇,诸君宜潜心玩索,须是实识得,方可。
>
> 《中庸》之书,其味无穷,极索玩味。[106]

第一则出于明道,第二、三则为伊川,玩索乃是二程讲论时提醒用语,强调经典内化学习,指点门人关注所在,两段文字不仅为朱熹所承继,并且成为思考四书义理关键,此于《读论语孟子法》已可得见:

> 程子曰:"学者须将《论语》中诸弟子问处便作自己问,圣人答处便作今日闻,自然有得。虽孔、孟复生,不过以此教人。若能于《语》、《孟》中深求玩味,将来涵养成甚生气质!"
>
> 程子曰:"凡看《语》、《孟》,且须熟读玩味。须将圣人言语切己,不可只作一场话说。人只看得二书切己,终身尽多也。"[107]

朱熹援取二程文字,再现孔门讲论场景,强调应答之间,读者切己思考,可以改变气质,获致涵养的提升,朱熹将此体会,化为注解术语,于歧出之处,指引方向,于脉络之中,形塑圣人精神,总结融铸训诂,穷究义理之后的结果,朱熹用以申明体会,使用频率更甚于二程。朱熹提醒读书要玩味有得,也常用以训勉门人,撮举如下:

读书之法，先要熟读。须是正看背看，左看右看。看得是了，未可便说道是，更须反覆玩味。

读书，且就那一段本文意上看，不必又生枝节。看一段，须反覆看来看去，要十分烂熟，方见意味，方快活，令人都不爱去看别段，始得。人多是向前趱去，不曾向后反覆，只要去看明日未读底，不曾去紬绎前日已读底。须玩味反覆，始得。用力深，便见意味长；意味长，便受用牢固。又曰："不可信口依希略绰说过，须是心晓。"

大抵为学老少不同：年少精力有余，须用无书不读，无不究竟其义。若年齿向晚，却须择要用功，读一书，便觉后来难得工夫再去理会；须沉潜玩索，究极至处，可也。盖天下义理只有一个是与非而已。是便是是，非便是非。既有着落，虽不再读，自然道理浃洽，省记不忘。譬如饮食，从容咀嚼，其味必长；大嚼大咽，终不知味也。

读书着意玩味，方见得义理从文字中迸出。[108]

玩味是从文句理解更深一层的结果，咀嚼经典，既专注又超越，唯有反覆着力，义理方能浃洽于身，朱熹深究字句，梳理脉络，进而及于体证融铸，于文字之中，与圣人精神遥相契合。因此于修养之处，勉以尽心；于境界气象，叮咛玩索；于疑义进程，多所提醒，经典阅读成为儒学深化工夫，心

领神会，学不在于外，而在于内，《四书章句集注》屡屡叮咛，深致提醒，正是此一思考的结果，撮举观察，归纳如下：

一、朱熹《四书章句集注》引据之余，往往融铸体会，一抒个人心得，文字之间，深致叮咛，遂使诠释有感人力量。

二、朱熹化解歧异，对于工夫与境界、圣与凡之间，建立观察，形塑儒门之传的线索，提醒后人继承，道统论述于此得见。

三、朱熹从文字而及于脉络，建构孟子性论价值，标举二程学术地位，体会既深，儒学内涵之所归，成为一生追索的方向。

四、朱熹反复追寻，深究文字内涵，参悟文外之旨，义理无所偏缺，遂有衷心之感动，四书经典价值，于朱熹推究中证成。

五、从经注工作而及于圣人事业，《四书章句集注》义理衔接，体系已具，朱熹遂以读者的心情，寄语于叮咛，祈求千载知音，详味思考，期许也有同样丰盈的感动。

朱熹《四书章句集注》突破体例限囿，展现丰富的思考，化解歧异，于道统关切最深，于工夫用力最多，建构儒学境界之余，犹恐义理有所偏失，于是转化讲论用语，提醒反复参详，留意细节，如果未能平心静气，无法了解朱熹从文字而入，又从文字而出，追寻道统的努力，回归朱注原本，提醒更仔细地阅读，一窥用心所在，只是文字散见于注解之间，内容稍涉琐碎，旁伸所及，无法全面检讨，言之未竟，尚祈博雅君子有以谅之。

注　释

[1] 王懋竑纂订：《宋朱子年谱》，台湾商务印书馆 1987 年版。"四年丁酉，四十八岁，夏六月，《论孟集注》《或问》成，下云：'先生既编次《论孟集义》，又作《训蒙口义》，既而约其精粹妙得本旨者为《集注》，又疏其所以去取之意为《或问》。然恐学者转而趋薄，故《或问》之书未尝出以示人。时书肆有窃刊行者，亟请于县官追索其板，故惟学者私传录之'。"（第 65 页）朱熹撰，陈俊民校编《朱子文集》第八册卷八十一"跋"《书语孟要义序后》云："熹顷年编次此书，锓版建阳，学者传之久矣。后细考之，程、张诸先生说，尚

或时有所遗脱,既加补塞,又得毗陵周氏说四篇,有半于建阳陈焞明仲,复以附于本章。豫章郡文学南康黄某商伯见而悦之,既以刻于其学,又虑夫读者疑于详略之不同也,属熹书于前序之左,且更定其故号'精义'者曰'要义'云。"(第4022页)束景南撰《朱熹前四书集注考》(从《四书集解》到《四书集注》)云:"盖朱熹早年之作多致力广搜先儒之说而成一编,收罗宏富,细大不捐,欲为以后作精注简解准备材料,故其早年之作多称为'集解',如《孟子集解》、《大学集解》、《毛诗集解》等,朱熹此注《论语》之书,据其自叙,名为《论语集解》,亦与内容相符。"收入氏著《朱熹佚文辑考》(江苏古籍出版社1991年版),第601页。案:近人束景南以朱熹撰作习惯,统称为"集解",然不论是"精义"、"要义"、"集义",名称屡屡改易,正代表朱熹一段思索的过程。

[2]《四库全书总目》卷三十五"《四书或问》三十九卷"提要云:"朱子既作《四书章句集注》,复以诸家之说,纷错不一,因设为问答,明所以去取之意,以成此书。……并录存之,其与《集注》合者,可晓然于折衷众说之由,其于《集注》不合者,亦可知朱子当日,原多未定之论,未可以《语录》、《文集》,偶摘数语,即为不刊之典矣。"(第722~723页)《集注》去取之意,见于《或问》,可以了解朱熹诠释确实有关乎体例架构的安排。

[3]黎靖德编:《朱子语类》卷一百五"论自注书",其云:"先生说《论语或问》不须看。请问,曰:'支离。'"第2630页。

[4]黎靖德编:《朱子语类》卷十九"《论》《孟》纲领",文津出版社1986年版,第438页。

[5]黎靖德编:《朱子语类》卷十九"《论》《孟》纲领",第439~440页。

[6]参见拙撰:《集注与章句:朱熹四书诠释的体例与方向》,《朱熹与四书章句集注》,台湾里仁书局2006年版,第199~218页。

[7]朱熹:《孟子集注》卷三《公孙丑上》"自生民以来"一章,引程子曰:"孟子此章,扩前圣所未发,学者所宜潜心而玩索也。"《四书章句集注》,第235页。朱熹援取二程语录,从应答之间,转为经注文字,叮咛关注之语,也成为朱熹申明个人心得经常使用语汇。

[8]伊利莎白·弗洛恩德(Elizabth Freund)撰,陈燕谷译:《读者反应理论批评》,台湾骆驼出版社1994年版,第2页。

[9]拉比诺维兹(Peter J. Rabinowitz)撰,王金凌、廖栋梁译:《无尽的回旋:读者取向的批评》,收入张双英、黄景进主编《当代文学理论》,台北市合森文化事业公司1991年版,第141页。

[10]黎靖德编:《朱子语类》卷十九"《论》《孟》纲领",第437~438页。

[11]黄俊杰:《从儒家经典诠释史观点论解经者的"历史性"及其相关问题》,收入氏撰《东亚儒学史的新视野》,台北市喜玛拉雅基金会2001年版,第61页。拙撰:《序论——经典阅读的反省与思索》,《朱熹与四书章句集注》,第12~13页。

[12]按:朱熹指引读者阅读策略,对于后世小说评点,饶富启发作用,朱熹于文本与读者之间,建立沟通桥梁,成为明清书评家仿效的对象。萧启斌:《"通作者之意,开览者之心"——金圣叹评点《水浒》美学思想初探》,《广东培正学院学报》第10卷第2期(2010年6月),第56页。

[13]拙撰:《义理与训诂:朱熹四书章句集注之征引原则》,《朱熹与四书章句集注》,第271~274页。

[14]黎靖德编:《朱子语类》卷十"读书法上",第162页。

[15]朱熹:《论语集注》卷一《学而篇》,《四书章句集注》,第48页。

[16]何晏集解,邢昺疏:《论语注疏》卷一《学而篇》,《十三经注疏》本,艺文印书馆1985年版,第6页。

[17]朱熹:《论语集注》卷二《里仁篇》,《四书章句集注》,第72页。

[18]朱熹:《论语集注》卷一《学而篇》,《四书章句集注》,第48页。

[19]朱熹:《论语集注》卷二《里仁篇》,《四书章句集注》,第72页。

[20] 朱熹：《中庸章句》，《四书章句集注》，第17页。

[21] 钱穆：《朱子新学案》第三册归纳朱熹获之于延平者有三：一是须于日用人生上融会，一是须看古圣经义，又一为理一分殊，所难不在理一处，乃在分殊处。台北三民书局1982年版，第35页。

[22] 黎靖德编：《朱子语类》卷四十九。载朱熹追忆同安主簿时，下乡夜听杜鹃啼叫，苦读《论语》，思量"子夏之门人小子"章。弟子胡泳于下注云："泳续检寻《集注》此章，乃是程子诸说，多是明精粗本末，分虽殊而理则一；似若无本末，无小大。独明道说君子教人有序'等句分晓。乃是有本末小大，在学者则须由下学乃能上达，惟圣人合下始终皆备耳。此是一大统会，当时必大有所省，所恨愚闇不足以发师诲耳。"第1211页。束景南撰《朱熹年谱长编》（华东师范大学出版社2001年版）系此事于绍兴二十六年（1156年），次年朱熹致书李侗问学。第205～225页。从往见李侗，至正式从学，可见"理一分殊"乃是朱熹从儒释兼采，至弃佛崇儒思考的起点，也是心折于李侗之处，自此方向已定，更进于精微。参见拙撰《从"理一分殊"到"格物穷理"：朱熹四书章句集注之义理思惟》，《朱熹与四书章句集注》，第344页。

[23] 清儒毛奇龄撰《四书改错》针对朱熹注解矛盾之处，多有批判，参见拙撰：《毛西河四书学之研究》，台湾花木兰文化出版社2010年版，第67～69页。

[24] 朱熹：《论语集注》卷四《述而篇》，《四书章句集注》，第102页。

[25] 参见拙撰：《从"理一分殊"到"格物穷理"：朱熹四书章句集注之义理思惟》，《朱熹与四书章句集注》，第345～350页。

[26] 朱熹：《论语集注》卷六《先进篇》，《四书章句集注》，第130页。

[27] 黎靖德编：《朱子语类》卷四十《先进篇》下，第1031页。

[28] 朱熹：《论语集注》卷六《先进篇》，《四书章句集注》，第131页。

[29] 黎靖德编：《朱子语类》卷四十《先进篇》下，第1032页。

[30] 参见杨儒宾：《孔颜乐处与曾点情趣》，收入黄俊杰主编《东亚论语学——中国篇》，台湾大学出版中心2009年版，第19页。

[31] 朱熹：《论语集注》卷六《颜渊篇》，《四书章句集注》，第131～132页。

[32] 相较于朱熹确立工夫之作用，清儒则留意"身之私欲"的解释，无法通读上文"克己复礼"与下文"为仁由己"之"己"，于是从训诂的质疑，转为"人性"与"人欲"义理的讨论，参见艾尔曼撰《作为哲学的考据：清代考证学中的观念转型》中有关颜元、李塨、戴震论点的分析（《经学·科举·文化史》，中华书局2010年版，第113～116页）。然而按核朱注之例，"己"原不用注解，言之为"谓"，乃有特指之意，朱熹是以"偏"、"全"化解"克己复礼"与下文"为仁由己"诠释歧出的问题，从而以"礼"来对治人欲之私。

[33] 朱熹：《论语集注》卷六《颜渊篇》，《四书章句集注》，第132页。

[34] 李煌明：《宋明理学中的"孔颜之乐"问题》云："最早直接提出这个问题的人则是宋初的周敦颐。他曾要二程'寻颜子、仲尼乐处，所乐何事'，此后，'孔颜之乐'问题才成为一直贯穿于整个宋明理学发展始终的一个重要问题。"云南人民出版社2006年版，第5页。

[35] 朱熹：《论语集注》卷三《雍也篇》，《四书章句集注》，第87页。

[36] 朱熹：《论语集注》卷四《述而篇》，《四书章句集注》，第97页。

[37] 孔、颜乐处为北宋诸儒关切议题，触发所在，溯及孔子四十七代孙孔宗翰任胶西太守，访求颜渊故居，浚井建亭，名公巨卿纷纷撰诗题记，"颜乐"成为关注焦点，见孔元措撰《孔氏祖庭广记》卷九载"熙宁间，尝构亭井之北，曰'颜乐亭'，士大夫闻之，如司马温公、二苏辈二十余人，或以诗，或以文，或以歌颂，皆揭以牌。"台湾商务印书馆1966年版，第98页。

[38] 朱熹：《论语集注》卷六《颜渊篇》，《四书章句集注》，第133页。

[39] 黎靖德编：《朱子语类》卷四十一《颜渊篇》上，第1072、1073页。

[40] 朱熹：《论语集注》卷六《颜渊篇》，《四书章句集注》，第133页。

[41] 朱熹：《论语集注》卷七《宪问篇》，《四书章句集注》，第157页。

[42]朱熹:《论语集注》卷八《卫灵公篇》,《四书章句集注》,第 162 页。

[43]参见拙撰:《瑚琏之器的子贡》,收入蔡信发主编《孔子弟子言行传》(下册),台北万卷楼图书公司 2010 年版,第 1 页。

[44]朱熹:《论语集注》卷八《卫灵公篇》,《四书章句集注》,第 161~162 页。

[45]朱熹:《论语集注》卷九《阳货篇》,《四书章句集注》,第 180 页。

[46]朱熹:《论语集注》卷十《子张篇》,《四书章句集注》,第 188 页。

[47]朱熹:《论语集注》卷十《子张篇》,《四书章句集注》,第 188 页。

[48]拙撰:《圣与凡之间——孔门弟子轶事传说》,《东华汉学》第九期(2009 年 6 月),第 116 页。

[49]朱熹:《论语集注》卷十《子张篇》,《四书章句集注》,第 190 页。

[50]朱熹:《论语集注》卷十《子张篇》,《四书章句集注》,第 191 页。

[51]黎靖德编:《朱子语类》卷八"总论为学之方",第 130 页。

[52]黎靖德编:《朱子语类》卷一〇四"自论为学工夫",第 2621~2622 页。

[53]朱熹:《论语集注》卷八《卫灵公篇》,《四书章句集注》,第 169 页。

[54]朱熹:《论语集注》卷四《述而篇》,《四书章句集注》,第 98 页。

[55]朱熹:《论语集注》卷四《述而篇》,《四书章句集注》,第 99 页。

[56]黎靖德编:《朱子语类》卷一〇四"自论为学工夫",第 2615 页。

[57]朱熹:《孟子集注》卷三《公孙丑上》,《四书章句集注》,第 230~233 页。

[58]朱熹:《孟子集注》卷十三《尽心上》,《四书章句集注》,第 349 页。

[59]按:牟宗三撰《中国哲学的特质》有关"人性"分出《中庸》、《易传》"宇宙论的进路"以及《孟子》"道德的进路",台湾学生书局 1983 年版,第 59~74 页。朱熹显然是以孟子心论性的进路,完成四书义理体系。

[60]朱熹:《大学章句》,《四书章句集注》,第 6~7 页。

[61]朱熹撰,陈俊民校编:《朱子文集》第五册,卷四十四《答江德功二》,台北市德富文教基金会 2000 年版,第 1968 页。

[62]金春峰:《朱熹哲学思想》第四章"格物致知说",台北东大图书公司 1998 年版,第 157~159 页。

[63]朱熹:《孟子集注》卷十一《告子上》,《四书章句集注》,第 325~327 页。

[64]参见拙撰:《从"政治实践"到"心性体证":朱熹注〈孟子〉的历史脉络》,《东吴中文学报》第 20 期(2010 年 10 月),第 162~163 页。

[65]朱熹:《孟子集注》卷十一《告子上》,《四书章句集注》,第 329 页。

[66]朱熹:《孟子集注》卷十三《尽心上》,《四书章句集注》,第 358 页。

[67]黎靖德编:《朱子语类》卷四"人物之性气质之性",第 70 页。

[68]钱穆:《朱子新学案》(《钱宾四先生全集》第十一册)"朱子评程氏门人"云:"朱子学问与年俱进,乃能由二程而识破程门诸子之病失所在,复能由《论》、《孟》、《学》、《庸》四书而矫纠二程所言之亦有疏误。释回增美,以之发扬二程之传统,诚朱子在当时学术界一大勋绩也。"台北联经出版事业公司 1998 年版,第 217 页。钱穆先生以"释回增美"来说明朱熹宗奉二程,并不是谀佞而无是非,对于二程学术尊仰回护,彰显精义之余,也纠其违失,二程学术反而更增光彩,同样诠释方式,也施于《孟子》,其思考与诠释于此可见。

[69]朱熹:《孟子集注》卷八《离娄下》,《四书章句集注》,第 294~295 页。

[70]朱熹:《孟子集注》卷十四《尽心下》,《四书章句集注》,第 377 页。

[71]朱熹:《孟子集注》卷七《离娄上》,《四书章句集注》,第 282 页。

[72]朱熹:《孟子集注》卷十二《告子下》,《四书章句集注》,第 339 页。

[73]朱熹:《孟子集注》卷十三《尽心上》,《四书章句集注》,第 356 页。

［74］朱熹：《孟子集注》卷十四《尽心下》，《四书章句集注》，第 371 页。

［75］黎靖德编：《朱子语类》卷四"读书法上"，第 172 页。

［76］朱熹：《孟子集注》卷九《万章上》，《四书章句集注》，第 303 页。

［77］朱熹：《孟子集注》卷十三《尽心上》，《四书章句集注》，第 353 页。

［78］朱熹：《孟子集注》卷十三《尽心上》，《四书章句集注》，第 352～353 页。

［79］田浩（Hoyt Cleveland Tillman）：《朱熹的思惟世界》第七章"朱熹与陈亮"，台北允晨文化实业公司 1996 版，第 274～287 页。以及刘述先：《朱子哲学思想的发展与完成》，台北学生书局 1995 版，第 369～382 页。

［80］参见朱熹撰，陈俊民校编：《朱子文集》卷七三《读余隐之尊孟辨》，第 3645～3695 页。束景南《朱熹年谱长编》系之于绍熙三年（1192 年）所作，华东师范大学出版社 2001 年版，第 1085 页。

［81］朱熹：《孟子集注》卷五《滕文公上》，《四书章句集注》，第 257 页。

［82］朱熹：《孟子序说》，《四书章句集注》，第 199 页。

［83］徐洪兴撰：《论唐宋间的"孟子升格运动"》（上）、（下），《孔孟月刊》32 卷 3 期（1993 年 11 月），第 9～16 页、32 卷 4 期（1993 年 12 月），第 36～44 页。

［84］陈逢源：《从"政治实践"到"心性体证"：朱熹注〈孟子〉的历史脉络》，《东吴中文学报》，第二十期（2010 年 11 月），第 133～163 页。

［85］束景南：《朱子大传》第十八章"南下临漳"，商务印书馆 2003 年版，第 844～856 页。

［86］朱熹：《大学章句序》，《四书章句集注》，第 2 页。

［87］朱熹：《中庸章句序》，《四书章句集注》，第 15～16 页。

［88］朱熹：《大学章句》，《四书章句集注》，第 4 页。

［89］朱熹：《中庸章句》，《四书章句集注》，第 40 页。

［90］王充：《论衡》之《书解篇》云："圣人作其经，贤人造其传，述作者之意，采圣人之志，故经须传也。"《新编诸子集成》第七册，台北世界书局 1983 年版，第 276 页。

［91］朱熹撰：《大学章句》，《四书章句集注》，第 6～7 页。

［92］按核朱熹撰，黄珅校点：《大学或问》，《四书或问》，见朱杰人等主编《朱子全书》第六册，上海古籍出版社、安徽教育出版社 2002 年版，第 524～526 页。内容分别为《二程全书》（日本京都中文出版社 1979 年版）卷 19，第 143～144 页，皆为伊川语。第二项朱熹言十条，其实是九条，分别为卷十九，第 145 页，伊川语；卷十八，第 140 页，伊川语；卷二，第 54 页，二先生语；卷十六，第 124 页，伊川语；卷十六，第 124 页，伊川语；卷十九，第 158 页，伊川语；卷十九，第 148 页，伊川语；卷八，第 87 页，二先生语；卷十八，第 136 页，伊川语。第三项有五条，分别为卷二十四，第 206 页，伊川语；卷四，第 69 页，伊川语；卷十九，第 145 页，伊川语；卷三十一，第 269 页，伊川语；卷二十八，第 232 页，伊川语。其中二先生语仅有二条，其余皆是伊川语，只是卷十六列为"伊川先生语"，但《朱晦翁编辑遗书目录》下注云："或云明道先生语"，第 12 页。辑录愈多，愈难分判，厘清明道、伊川，显然并不容易，但核其所出，朱熹言有所据，于此可证。参见拙撰：《纵贯抑或横摄——朱熹〈学庸章句〉二程语录征引之分析》，收入《第六届中国经学研究会全国学术研讨会论文集》，台北辅仁大学中文系 2009 年版，第 261～296 页。

［93］朱熹撰，黄珅校点：《大学或问》，《四书或问》，第 524～526 页。

［94］胡渭：《大学翼真》卷三，《景印文渊阁四库全书》第 208 册，台湾商务印书馆 1986 年版，第 949 页。

［95］参见李纪祥：《两宋以来大学改本之研究》，台湾学生书局 1988 年版，第 355 页。

［96］不著撰人：《两朝纲目备要》卷六"三月甲子朱熹卒"下云："先是庚申熹脏腑微利，……辛酉改《大学》诚意"一章，此熹绝笔也。是日午刻暴下，自此不复出书院……。"《景印文渊阁四库全书》第三二九册，台湾商务印书馆 1986 年版，第 778 页。

[97] 黎靖德编:《朱子语类》卷十四《大学》一,第 257 页。

[98] 朱熹:《中庸章句序》,《四书章句集注》,第 15 页。

[99] 朱熹:《论语集注》卷七《宪问》,《四书章句集注》,第 155 页。

[100] 朱熹:《中庸章句》,《四书章句集注》,第 35～36 页。

[101] 陆九渊:《象山语录》卷一,上海古籍出版社 1992 年版,第 4 页。

[102] 朱熹撰,陈俊民校编:《朱子文集》第六册,卷五十四《答项平父二》,第 2550 页。

[103] 陈来:《朱熹哲学研究》云:"实际上,二人对'尊德性'、'道问学'的理解并不相同。陆以尊德性即是存心、明心,是认识真理的根本途径,道问学只是起一种辅助巩固的作用,而在朱熹看来,尊德性一方面要以主敬养得心地清明,以为致知提供一个主体的条件;另一方面对致知的结果加以涵泳,所谓"涵泳于所已知"(《中庸章句》二十七章)。因此,认识真理的基本方法是'道问学','尊德性'则不直接起认识的作用。"(台北文津出版社 1990 年版,第 384 页)牟宗三:《从陆象山到刘蕺山》云:"吾尝以李、杜喻朱、陆。朱子如杜甫,是'万景皆实'。象山如李白,是'万景皆虚'。……本体论的存有之平铺,敬贯动静,涵养于未发,察识于已发,步步收敛凝聚贞定其心气所之平铺,而非是本心直贯之平铺也。象山万景皆虚,是以本心之虚明穿透一切,以本心之沛然成就一切,故通体透明,亦全体是实事实理也。此是道德践履之创造,本体论的直贯之实现之平铺也。此是虚以成实,而非如朱子之实以达虚也。虚以成实重生化,实以达虚重静涵。……此是朱子重后天工夫以学圣所特别彰著之横列形态,而非孔孟立教之直贯形态也(以直贯横,非无横也)。而象山则直承此直贯形态而立言,故尤近于孔孟也(此自形态言,当然不自造诣境界言)。"(台湾学生书局 1990 年版,第 98～99 页)从"尊德性"、"道问学"二元分立之角度,抑或"横列"、"直贯"工夫进路之差别,往往欣赏陆象山直截的趣味,然而回归原典"君子尊德性而道问学",两者兼至,并无偏废,朱熹体现周备之思考,似乎更符合原旨的内涵。

[104] 朱熹撰,陈俊民校编:《朱子文集》第五册,卷五十三"书"《答胡季随二》,第 2509 页。

[105] 朱熹撰,陈俊民校编:《朱子文集》第五册,卷五十"书"《答潘端叔二》,第 2264 页。

[106] 朱熹编,程颢、程颐原撰:《二程全书》卷十五,第 113 页;卷十九,第 157 页,卷十九,第 168 页。

[107] 朱熹:《读论语孟子法》,《四书章句集注》,第 44 页。

[108] 黎靖德编:《朱子语类》卷十"读书法上",第 165、167、169～170、173 页。

附记:本篇原作《"其味深长,最宜潜玩"——朱熹〈四书章句集注〉叮咛之分析》,发表于政治大学中文系第 113 场经常性学术研讨会(2012 年 5 月 25 日)。

(作者单位:台湾政治大学中国文学系)

朱子学研究新视野

朱子思想中的四德论

陈　来

　　朱子思想中有关四德以及五常的讨论,以往受到的关注不多。事实上,朱子有关四德五常的思想对后来的哲学、特别是明代哲学的讨论影响甚大。本文就朱子在四德五常方面的论述,以《朱子语类》的资料为主,作一梳理,并加以分析,藉以了解朱子学德目论或德性理论的结构和意义。

一、北宋道学论四德

　　“四德”本指乾之四德“元亨利贞”,“四德”统称源出《周易·文言传》,所谓“君子行此四德者,故曰:乾,元亨利贞”。“五常”即“仁义礼智信”,本于孟子,汉儒始用“五常”的概念。北宋以来,道学的讨论中开始把二者加以联结,而在后来的宋明理学发展中仁义礼智也往往被称为四德。汉以来的思想中,元亨利贞属天道,仁义礼智属人道。天道的四德和人道的四德,二者的关系在道学中渐渐成为重要的论题。

　　周敦颐在《通书》中说:“‘乾道变化,各正性命’,诚斯立焉。纯至善者也。故曰:‘一阴一阳之谓道,继之者善也,成之者性也。’元、亨,诚之通;利、贞,诚之复。大哉易也,性命之源乎!”[1]元亨利贞在《周易》本指天道而言,周敦颐虽然还没有把元亨利贞与仁义礼智联系起来,但开始把元亨利贞与本属人道的“诚”联系起来,这也是有意义的。而且,他还表现出把元亨利贞

看作一个流行的过程,并用“通”、“复”来把这一过程截分为两个阶段,元亨属于“通”的阶段,利贞属于“复”的阶段。按朱子的解释,元亨是万物资始,利贞是各正性命;前者是造化流行,后者是归藏为物。这种用类似“流行”的观念来解释易之四德的性质与联系,是有示范意义的。

　　程明道则最重视四德中的“元”与五常中的“仁”的对应,言“万物之生意最可观,此元者善之长也,斯所谓仁也。人与天地一物也,而人特自小之,何耶?”[2]明确肯定“元”就是“仁”。这就把宇宙论的范畴和道德论的范畴连接起来,互为对应,从一个具体的方面把天和人贯通起来,使道德论获得了宇宙论的支持,也使宇宙论具有了贯通向道德的含义。“‘生生之谓易’,是天之所以为道也。天只是以生为道,继此生理者,即是善也。善便有一个元底意思。‘元者善之长’,万物皆有春意,便是‘继之者善也’。”[3]善是继承了天道的生生之理而来的,所以善体现了元的意思,元即是善的根源。“‘乾元者,始而亨者也。利贞者,性情也。’性情犹言资质体段。亨毒化育皆利也。不有其功,常久而不已者,贞也。诗曰:‘维天之命,于穆不已’者,贞也。”[4]于是,在道学中,德性概念不再是纯粹道德哲学的概念,同时也具有宇宙论的意谓或根源。

　　二程已经把四德和五常联系起来讨

论,如伊川《程氏易传》的《乾》卦卦辞注:"元亨利贞谓之四德。元者万物之始,亨者万物之长,利者万物之遂,贞者万物之成。"[5] 又解释《乾》卦彖辞"大哉乾元"句说:"四德之元,犹五常之仁,偏言则一事,专言则包四者。"[6] 又如伊川言:"读易须先识卦体。如乾有元亨利贞四德,缺却一个,便不是乾,须要认得。"[7]"自古元不曾有人解仁字之义,须于道中与他分别五常,若只是兼体,却只有四也。且譬一身:仁,头也;其他四端,手足也。至如易,虽言'元者善之长',然亦须通四德以言之。至如八卦,易之大义在乎此,亦无人曾解来。"[8] 他认为元必须通四德而言,仁必须通五常而言,兼体是指元可以兼亨利贞,仁可以兼义礼智信。这些地方都是以四德和五常并提,把它们看成结构相同的事物。

二程又说:"孟子将四端便为四体,仁便是一个木气象,恻隐之心便是一个生物春底气象,羞恶之心便是一个秋底气象,只有一个去就断割底气象,便是义也。推之四端皆然。此个事,又着个甚安排得也?此个道理,虽牛马血气之类亦然,都怎备具,只是流形不同,各随形气,后便昏了佗气"。[9] 这里所说的"气象",就是后来朱子所说的"意思",即一个道德概念的精神、取向及一个价值概念在形象上的表达。这种讲法认为每一道德概念都有其"气象"、"意思",即都有其蕴涵并洋溢的特定气息、态度,如说仁有春风和气的气象(意思),义有萧肃割杀的气象(意思),等。这个讲法很特别,讲一个道德德目的实践所发散的"气",这种德气论的讲法得到了朱子四德论的继承和发展。

二、论道与德

《朱子语类》卷六收录了朱子论"仁义礼智等名义"的讲学语录,名义即名之义,在这里指道德概念的意义。为集中和简便起见,本文以下主要使用该卷的资料进行分析。

朱子把传统德目置于"理"的概念下进行讨论,首先是关于一理与五常的关系:

> 问:既是一理,又谓五常,何也?
> 曰:谓之一理亦可,五理亦可。以一包之则一,分之则五。问分为五之序。
> 曰:浑然不可分。节。[10]

这是用理一分殊的模式处理五常与理一的关系:一方面五常的仁义礼智信五者都是理,仁是理,义是理,礼智信皆是理;但另一方面五常的理是分殊的理,不是理一的理,是具体的理,不是普遍的理。就理一和五常的发生关系来说,五常是由理一所分出来的,这就是"分之则五"。就理一和五常的逻辑关系说,理一可以包含五常,这就是"以一包之则一"。总之,仁义礼智信五常是五种分殊之理,是作为理一的天理在具体事物不同方面的表现。当然,朱子在另外的讨论中也提出,偏言之仁,其中也含具其他各常之理,[11] 这种提法体现了太极论的思维,此处不拟详论。

在理学中,"理"在哲学概念体系中占有最重要的地位,也是涵盖性最大的概念,但理学的体系仍然需要"道"和"德"这些传统道德概念:

> 问:"仁与道如何分别?"曰:"道是统言,仁是一事。如'道路'之道,千枝百派,皆有一路去。故《中庸》分道德曰,父子、君臣以下为天下之达道,智仁勇为天下之达德。君有君之道,臣有臣之道。德便是个行道底。故为君主于仁,为臣主于敬。仁敬可唤做德,不可唤做道。"榦(以下兼论德)。[12]

道和仁的关系也如理一分殊的关系,道是统言当然之则,仁只是一事之德。所以仁是德，但不是道。在这里朱子下了一个定义："德便是行道底"，这就是说德是用来践行道德原则的内在德性。

> 至德、至道：道者，人之所共由；德者，己之所独得。盛德、至善：盛德以身之所得而言，至善以理之极致而言。诚、忠、孚、信：一心之谓诚，尽己之谓忠；存于中之谓孚，见于事之谓信。端蒙。[13]

如果分析起来，孚存于中，是德性；信见于事，是德行。道是人所共由，即道是指客观普遍的法则，德是指一个人特有的品质，至善是理的极致。用"得"或"得之于身"来申释德，这是源自先秦的传统，即德者得也。

就心性论而言，朱子认为："存之于中谓理，得之于心为德，发见于行事为百行。节。"[14]此言分析最明：理是存之于中的，即心之所具的；德是得之于心的，是心的一种品质、属性；行是见之于行事的行为。不过仁义礼智之为理，是人之性，存于心中；仁义礼智又是德，是得之于心的。这两者如何安顿衔接？朱子的名言"仁者心之德，爱之理也"，就仁是爱之理说，爱是情，仁作为性理是情的内在根据，这是清楚的。但就仁者心之德说，仁既然已经是理，理和心之德是什么关系？情之理，心之德，是同是异？从朱子的这些表述看来，情之理不等于心之德，是说仁既是存之于中的情之理，也是得之于心的心之德，既是性，也是心，而这二者并不是一回事。这样看来，四德有性理和心德的不同用法。

朱子又说："德是得于天者，讲学而得之，得自家本分底物事。节。"[15]存于中是性理，这应当是清楚的。在理学思想中，德性作为品质，是属心还是属性？抑或是用心、性以外的概念来表达？理学有没有品质概念？从这段所说看，如果说德是得自于天的，那就是性；如果说德是"讲学而得

之"，则不是性，只能是作为心之品质的德，这里的"德"就是品质、德性的概念。

三、意思与气象

朱子讲五常，因为要与乾之四德对应，往往仅举仁义礼智，而不及信。这不仅是要把人之四德与天之四德相对，也与朱子对信的定位及五常与五行对应的思想有关。朱子认为信如五行之土，信只是证实仁义礼智的实有，这个说法与先秦两汉的思想是不同的。

下面来看朱子论仁义礼智的意思与气象，"意思"在这里具有字义解释的意义，但不是定义式的解释，而是一种价值含义的解释。

> 吉甫问："仁义礼智，立名还有意义否？"曰："说仁，便有慈爱底意思；说义，便有刚果底意思。声音气象，自然如此。"直卿云："六经中专言仁者，包四端也；言仁义而不言礼智者，仁包礼，义包智。"方子。节同。佐同。[16]

仁义作为价值概念，其本身带有价值的意味，意思、气象都是指价值概念含蕴和发显的价值气息。可见，人道四德的"意思"，是指德目的价值蕴涵，是属于道德哲学的讨论。仁的"意思"是慈爱温和，义的"意思"是刚毅果断，如此等等。

朱子又说："生底意思是仁，杀底意思是义，发见会通是礼，深藏不测是智。节。"[17]这里所谓生的意思是指宇宙间生命、生生的意思，本属宇宙论，但在朱子这里，宇宙论的意思和道德论的意思可以互通互换，如说仁的意思是生，也可以说生的意思是仁，仁和生成为相互说明的概念；又如义是杀的意思，也可以说杀的意思是义，等等。生与仁的连接是道学的一大发明，到朱子则将此种连接扩大，把仁义礼智通

通和自然世界的属性连接起来,使仁义礼智更加普遍化,即具有宇宙论的普遍意义。这可以说是一种天人合一思维的体现。

> 蜚卿问:"仁恐是生生不已之意。人唯为私意所汩,故生意不得流行。克去己私,则全体大用,无时不流行矣。"曰:"此是众人公共说底,毕竟紧要处不知如何。今要见'仁'字意思,须将仁义礼智四者共看,便见'仁'字分明。如何是义,如何是礼,如何是智,如何是仁,便'仁'字自分明。若只看'仁'字,越看越不出。"曰:"'仁'字恐只是生意,故其发而为恻隐,为羞恶,为辞逊,为是非。"曰:"且只得就'恻隐'字上看。"道夫问:"先生尝说'仁'字就初处看,只是乍见孺子入井,而怵惕恻隐之心盖有不期然而然,便是初处否?"曰:"怎地靠着他不得。大抵人之德性上,自有此四者意思:仁,便是个温和底意思;义,便是惨烈刚断底意思;礼,便是宣著发挥底意思;智,便是个收敛无痕迹底意思。性中有此四者,圣门却只以求仁为急者,缘仁却是四者之先。若常存得温厚底意思在这里,到宣著发挥时,便自然会宣著发挥;到刚断时,便自然会刚断;到收敛时,便自然会收敛。若将别个做主,便都对副不着了。此仁之所以包四者也。"问:"仁即性,则'性'字可以言仁否?"曰:"性是统言。性如人身,仁是左手,礼是右手,义是左脚,智是右脚。"道夫。[18]

仁是生生不已的思想,从北宋道学如明道强调以来,把仁和宇宙流行的趋向打通,扩大了仁学的范围,加深了对仁的理解。朱子在此基础上强调,仁的理解也要结合义礼智一起来看。但朱子也指出,以仁为生意,是通向宇宙论的说法,不是价值论的说法,不是德性论的说法。朱子指出,仁义礼智是人之德性,这里所用的"德性"应当与朱子一般所用的"性"有所不同,而接近心,即心之德。所以朱子主张"常存得温厚底意思在这里",这里的"存得"、"在这里",应当不仅指性,而且指心之德性,即心中常存温厚的意思。

至于四德的意思,照这里所说,仁是温和的意思,义是惨烈刚断的意思,礼是宣著发挥的意思,智是收敛的意思。以礼的意思为"宣著发挥",与前面一条所说"发见会通"是一致的;以智的意思为"收敛",与前面所说的"深藏不测"也是一致的。这种"意思"的说法,与单纯的"理"或"性理"的说法,还是有差别的。

总之,意思说是朱子四德论的一个特色,值得进一步讨论。当然,朱子不仅讨论仁义礼智四德,也讨论元亨利贞四德。朱子曾说:"元亨利贞本非四德,但为大亨而利于正之占耳,《乾》卦之《彖传》、《文言》乃借为四德,在他卦,尤不当以德论也。"[19]朱子认为《周易》本文的元亨利贞只是占辞,没有道德意义,但《彖传》和《文言》把元亨利贞发挥为四德,这已不是《周易》的《乾》卦经文的本义了。但《彖传》和《文言》发挥的四德,在后来的哲学讨论中越来越有意义,成为易学哲学史在宇宙论方面的重要讨论,为后世的宇宙论提供了基本的模式。

四、生气流行

朱子四德论的另一个重要特点是贯彻了"生气流行"的观念来理解四德:

> 郑问:"仁是生底意,义礼智则如何?"曰:"天只是一元之气。春生时,全见是生;到夏长时,也只是这底;到秋来成遂,也只是这底;到冬天藏敛,

也只是这底。仁义礼智割做四段,一个便是一个;浑沦看,只是一个。"淳。[20]

这是说,天地之间只是一气流行,这个一气流行又称一元之气。一元之气就是从整体上看,不分别阴阳二气。一气是流行反复的:"流行"即不断运行,"反复"是说流行是有阶段的、反复的,如一年四季不断流行反复。四季分开来看,每个不同;连接起来看,则只是一元之气流行的不同阶段。朱子认为,仁义礼智的关系也是如此:分别来看,仁义礼智各是一个道德概念;连接起来看,仁义礼智都是仁,都是作为生意的仁在不同阶段的表现。

所以,朱子又说:"仁,浑沦言,则浑沦都是一个生意,义礼智都是仁;对言,则仁与义礼智一般。淳。"[21]就分别来说,与义礼智相区别的"仁"是生意,"生意"即生生不息之倾向;而就整体来说,仁义礼智都是仁的表现,都是生生之意的不同阶段、不同方面的表现。

"仁有两般:有作为底,有自然底。看来人之生便自然如此,不待作为。……大凡人心中皆有仁义礼智,然元只是一物,发用出来,自然成四派。如破梨相似,破开成四片。如东对著西,便有南北相对;仁对著义,便有礼智相对。以一岁言之,便有寒暑;以气言之,便有春夏秋冬;以五行言之,便有金木水火土。且如阴阳之间,尽有次第。大寒后,不成便热,须是且做个春温,渐次到热田地。大热后,不成便寒,须是且做个秋叙,渐次到寒田地。所以仁义礼智自成四派,各有界限。仁流行到那田地时,义处便成义,礼、智处便成礼、智。且如万物收藏,何尝休了,都有生意在里面。如谷种、桃仁、杏仁之类,种著便生,不是死物,所

以名之曰仁,见得都是生意。如春之生物,夏是生物之盛,秋是生意渐渐收敛,冬是生意收藏。"又曰:"春夏是行进去,秋冬是退后去。正如人呵气,呵出时便热,吸入时便冷。"明作。[22]

仁是生意,有流行。"元只是一物",这里指仁;"发用出来,自然成四派",指仁义礼智。朱子认为天地间事物都是如此,一元流行,而自然形成几个次第界限,如气之流行便成春夏秋冬,木之流行便成金木水火土,循环往复。冬至一阳来复,生意又复发起,生长收藏,不断循环。仁之流行,循着四个阶段往复不断,不管仁的流行所形成的仁义礼智四阶段与生物流行自然成春夏秋冬四季如何对应一致,仁作为生意流行的实体,已经不是静而不动的理、性了。

那么,仁是生意,仁是不是生气呢?上面引用的陈淳录的材料只是把仁义礼智与一元之气的流行加以类比,认为仁相当于一元生气,两者的结构是完全一样的,还没有说明仁是生气。

下面的材料则更进了一步。

问:"仁是天地之生气,义礼智又于其中分别。然其初只是生气,故为全体。"曰:"然。"问:"肃杀之气,亦只是生气?"曰:"不是二物,只是敛些。春夏秋冬,亦只是一气。"可学。[23]

分别来看,春是生气,冬是肃杀之气,但春夏秋冬,只是一气流行的不同阶段;以冬之肃杀而言,冬季的肃杀之气并不是与春季开始的生气不同的另一种气,只是生气运行到此阶段,有所收敛。照这里的答问来看,朱子不仅认为仁是生意,也肯定仁是生气;不仅仁是生气,仁义礼智全体也是生气。在这个意义上朱子也采用二程"专言之则包四者"的说法,说仁包义礼智(信),只是他已赋予仁包四者以生气流行的意义。从理论上来分析,如果仁是生气流行,

这个仁就不能是理,不能是性,而近于生气流行的总体了。在心性论上,这样的仁就接近于心体流行的总体了。只是,朱子并没有把这一思想彻底贯彻到心性论。

《朱子语类》又载:

> 蜚卿问:"仁包得四者,谓手能包四支可乎?"曰:"且是譬喻如此。手固不能包四支,然人言手足,亦须先手而后足;言左右,亦须先左而后右。"直卿问:"此恐如五行之木,若不是先有个木,便亦自生下面四个不得。"曰:"若无木便无火,无火便无土,无土便无金,无金便无水。"道夫问:"向闻先生语学者:'五行不是相生,合下有时都有。'如何?"曰:"此难说,若会得底,便自然不相悖,唤做一齐有也得,唤做相生也得。便虽不是相生,他气亦自相灌注。如人五脏,固不曾有先后,但其灌注时,自有次序。"久之,又曰:"'仁'字如人酿酒:酒方微发时,带些温气,便是仁;到发到极热时,便是礼;到得熟时,便是义;到得成酒后,却只与水一般,便是智。又如一日之间,早间天气清明,便是仁;午间极热时,便是礼;晚下渐叙,便是义;到夜半全然收敛,无些形迹时,便是智。只如此看,甚分明。"道夫。[24]

这也是用酿酒的过程和一日早晚的过程,来类比说明四德是流行的不同阶段。这样一来,仁义礼智四德不再只是道德的德目,而变为与元亨利贞四德一样,也是自然之德,仁义礼智也可以用来描述自然流行的阶段变化。在这个意义上,仁义礼智四德也自然化了,仁义礼智与元亨利贞的同一,导致自然与社会节度的混一。值得注意的是,这里所说的"灌注"即流住、流行,指五行之气自相灌注,灌注的次序便是五行展开的次序。朱子这里所说,也意味着仁义

礼智四德与五行之气一样,是按一定的灌注次序展开的。只是,这里四德展开的次序是仁礼义智,而不是仁义礼智,这是需要加以说明的。把仁义礼智四德类比于五行之气的流行灌注,这本身就具有一种特殊的意义,显示出气的思维对朱子四德论的影响。

当然,在朱子的论述中,酿酒和一日早晚的例子,不如一年四季变化更为常用:

> 只如四时:春为仁,有个生意;在夏,则见其有个亨通意;在秋,则见其有个诚实意;在冬,则见其有个贞固意。在夏秋冬,生意何尝息!本虽凋零,生意则常存。大抵天地间只一理,随其到处,分许多名字出来。四者于五行各有配,惟信配土,以见仁义礼智实有此理,不是虚说。又如乾四德,元最重,其次贞亦重,以明终始之义。非元则无以生,非贞则无以终,非终则无以为始,不始则不能成终矣。如此循环无穷,此所谓'大明终始'也。"大雅。[25]

这样来看,自然流行的节度,总是生、长、遂、成,不断循环往复;与生、长、遂、成四个阶段相对应,便是元、亨、利、贞四德,四德分别是生、长、遂、成各自阶段的性质、属性、性向,也可以说是每个阶段的德性。照朱子看来,与生、长、遂、成相对应的属性、德性,既可以说是元、亨、利、贞,也可以说是仁、义、礼、智,这两个说法是一致的。这无异于说,仁义礼智在这里是自然属性的范畴。这就把仁义礼智自然化、宇宙论化了,这样的仁义礼智就不仅有道德的意义,也具有宇宙论的意义。要强调的是,当朱子把仁义礼智作为自然化的范畴时,绝不表示作为自然化了的仁义礼智与作为人道的仁义礼智概念已经根本不同,已经是两回事;不,在朱子哲学,自然化的仁义礼智

与人道的仁义礼智仍然具有内在的一致性,只是用法与意义有广有狭而已。

所以,朱子更断言仁义礼智便是元亨利贞:"仁义礼智,便是元亨利贞。若春间不曾发生,得到夏无缘得长,秋冬亦无可收藏。泳。"[26]这就把仁义礼智之间的关系看成与元亨利贞同样的流行,这在无形之中使仁义礼智在一定程度上也变成为具有宇宙论流行意义的实体——气。而这里的元亨利贞也不能说只是性了。

《朱子语类》:"问:'元亨利贞有次第;仁义礼智因发而感,则无次第。'曰:'发时无次第,生时有次第。'佐。"[27]"发时无次第"是指恻隐羞恶辞让是非情感发生是没有一定次序的,"生时有次第"是指仁义礼智作为生气流行具有一定的先后次序。按学生的提问,元亨利贞的次序即春夏秋冬的流行次序,是实际流行的次第,而仁义礼智都是由感而发,不一定有固定的次序。这样,二者不就是不一致了吗?学生所说的仁义礼智还是局限于性情的仁义礼智,而朱子所说的流行的仁义礼智已不限于性情之发,"生时有次第"就是指作为生气流行的仁义礼智有其次序。这些都再次体现了四德具有生气流行的意义。当然,在最低的程度上,也可以说"生时有次第"包含着仁义礼智四者在逻辑上的次序。

> 仁所以包三者,盖义礼智皆是流动底物,所以皆从仁上渐渐推出。仁智、元贞,是终始之事,这两头却重。如坎与震,是始万物、终万物处,艮则是中间接续处。[28]

说"义礼智皆是流动底物",即是把仁义礼智看作流行的事物,而流行是一个过程,一个渐渐起伏变化的过程;这一无尽的过程是由一系列不断延伸的单元所组成,每个单元都由开始、中间、结束构成内部三个阶段,或由生、长、遂、成构成内部四个阶段。

一方面,每个单元的后续阶段都是由开始阶段渐渐衍生出来的;另一方面,每个单元中开始的阶段和终结的阶段更为重要。

> 味道问:"仁包义礼智,恻隐包羞恶、辞逊、是非,元包亨利贞,春包夏秋冬。以五行言之,不知木如何包得火金水?"曰:"木是生气。有生气,然后物可得而生;若无生气,则火金水皆无自而能生矣,故木能包此三者。"时举[29]

元是生气,元包亨利贞;仁是生意,仁包义礼智;木是生气,木包火金水。于是四德、五常、五行三者被看成是同一生气流行的不同截面而已。至于五常中的信、五行中的土,在这种看法中都被消解了实体意义,而起保障其他四者为实存的作用。这是另外的问题,不在这里讨论。

朱子说:

> "仁"字须兼义礼智看,方看得出。仁者,仁之本体;礼者,仁之节文;义者,仁之断制;知者,仁之分别。犹春夏秋冬虽不同,而同出于春:春则生意之生也,夏则生意之长也,秋则生意之成也,冬则生意之藏也。自四而两,两而一,则统之有宗,会之有元,故曰:"五行一阴阳,阴阳一太极。"又曰:"仁为四端之首,而智则能成始而成终;犹元为四德之长,然元不生于元而生于贞。盖天地之化,不禽聚则不能发散也。仁智交际之间,乃万化之机轴。此理循环不穷,吻合无间,故不贞则无以为元也。"又曰:"贞而不固,则非贞。贞,如板筑之有干,不贞则无以为元。"又曰:"文言上四句说天德之自然,下四句说人事之当然。元者,乃众善之长也;亨者,乃嘉之会也。嘉会,犹言一齐好也。会,犹齐也,言万物至此通畅茂盛,一齐皆好也。利者,义之和处

也；贞者，乃事之桢干也。'体仁足以长人'，以仁为体，而温厚慈爱之理由此发出也。体，犹所谓'公而以人体之'之'体'。嘉会者，嘉其所会也。一一以礼文节之，使之无不中节，乃嘉其所会也。'利物足以和义'，义者，事之宜也；利物，则合乎事之宜矣。此句乃翻转，'义'字愈明白，不利物则非义矣。贞固以贞为骨子，则坚定不可移易。"铢。[30]

与中年的仁说不同，后期朱子更强调对仁的理解要合义礼智三者一起看，而这种四德兼看的方法要求与四季的看法相参照。如春夏秋冬四季不同，但夏秋冬都出于春起的生意，四季都是生意流行的不同阶段，即生、长、成、藏。本来，元亨利贞是生长收藏的性，不就是生长收藏的过程，而在这里，仁义礼智不像是性，而成了流行总体和过程本身。与四季类似，仁是仁的本体，礼是仁的节文，义是仁的断制，知是仁的分别，四德都出于仁，是仁的由始至终的不同阶段。于是，仁义礼智作为人事之当然，与元亨利贞作为天德之自然，成为完全同构的东西。虽然朱子并没有说人事四德即来源于自然天德，但他把这些都看成天地之化的法则或机轴。虽然生意流行与生气流行不一定就是一回事，但整体上看，两种说法应是一致的。

朱子下面的话讲得很有意味：

"今日要识得仁之意思是如何。圣贤说仁处最多，那边如彼说，这边如此说，文义各不同。看得个意思定了，将圣贤星散说体看，处处皆是这意思，初不相背，始得。……人之所以为人，其理则天地之理，其气则天地之气。理无迹，不可见，故于气观之。要识仁之意思，是一个浑然温和之气，其气则天地阳春之气，其理则天地生物之心。

今只就人身己上看有这意思是如何。才有这意思，便自恁地好，便不恁地干燥。……这不是待人旋安排，自是合下都有这个浑全流行物事。此意思才无私意间隔，便自见得人与己一，物与己一，公道自流行。须是如此看。孔门弟子所问，都只是问做工夫。若是仁之体段意思，也各各自理会得了。今却是这个未曾理会得，如何说要做工夫！且如程先生云：'偏言则一事，专言则包四者。'上云：'四德之元，犹五常之仁。'恰似有一个小小底仁，有一个大大底仁。'偏言则一事'，是小小底仁，只做得仁之一事；'专言则包四者'，是大大底仁，又是包得礼义智底。若如此说，是有两样仁。不知仁只是一个，虽是偏言，那许多道理也都在里面；虽是专言，那许多道理也都在里面。"致道云："如春是生物之时，已包得夏长、秋成、冬藏意思在。"曰："春是生物之时，到夏秋冬，也只是这气流注去。但春则是方始生荣意思，到夏便是结里定了，是这生意到后只渐老了。"贺孙曰："如温和之气，固是见得仁。若就包四者意思看，便自然有节文，自然得宜，自然明辨。"曰："然。"贺孙。[31]

朱子在这里特别强调要从气观仁，从气识仁，这种观、识是要把握仁的"意思"，而仁的意思就是"一个浑然温和之气"。朱子强调，这一浑然温和之气并非仅仅是仁的道德气息，而是指出此气就是天地阳春之气。值得注意的是，朱子也并非只是纯粹从气观仁，也同时从理观仁，故说了"其气则天地阳春之气"后，即说"其理便是天地生物之心"。浑然温和之气之中有理，此理即天地生物之心。人的存在本来是理气合一、浑然流行的，而现实的人必须自觉地在自己身上体现这种浑然流行,培养此种德性。如果在自家身上能体现这种仁的意思,使这个意思遍润己身,这个意思便能无间隔地流行于人己人物之间。如叶贺孙和赵致道所言,温和之气可以见仁,而温和之气的流行(流注)自然有节文(礼),自然得宜(义),自然明辨(智)。

> 或问《论语》言仁处。曰:"理难见,气易见。但就气上看便见,如看元亨利贞是也。元亨利贞也难看,且看春夏秋冬。春时尽是温厚之气,仁便是这般气象。夏秋冬虽不同,皆是阳春生育之气行乎其中。故'偏言则一事,专言则包四者'。如知福州是这个人,此偏言也;及专言之,为九州安抚,亦是这一个人,不是两人也。故明道谓:'义礼智,皆仁也。若见得此理,则圣人言仁处,或就人上说,或就事上说,皆是这一个道理。'正叔云:'满腔子是恻隐之心。'"曰:"仁便是恻隐之母。"又曰:"若晓得此理,便见得'克己复礼',私欲尽去,便纯是温和冲粹之气,乃天地生物之心。其余人所以未仁者,只是心中未有此气象。《论语》但云求仁之方者,是其门人必尝理会得此一个道理。今但问其求仁之方,故夫子随其人而告之。…… 南升。(疑与上条同闻。)[32]

照这里所说,天地生发之理是看不见的,但可以就天地之生气来看,元亨利贞是气,是可见的;更容易看的是四季,春夏秋冬便是气的流行。在这里,四季的四个阶段的更换不是最重要的,四季中贯通的生育之气才是最重要的。这个生气便是仁。这里所说的"私欲尽去,便纯是温和冲粹之气",显然是指人的身心而言:朱子认为,这种人在私欲尽去后达到的温和之气,也就是天地生物之心、天地生物之气,这是以人合天的状态。这些都体现了朱子以温和之气为仁的思想。

可见,在朱子哲学中,仁义礼智四德不仅仅是性理,在不同的讨论中,四德也具有其他的意义,如与存于中不同的心德说,如意思说所表达的道德信息说,如宇宙论意义的生气流行说,等。就天地造化而言,仁既是理,也是气;就人心性命而言,仁既是性,也是心。虽然仁的这几层意义是不同的,但它们之间不一定是互相否定的,而是可以共存的。

总之,上述仁论与四德论的讨论,使得朱子思想中心、性、气的关系不再像以前人们所理解的那么简单,其中包含的哲学意义值得作更深入的探讨。朱子的这些思想,使我们得以了解朱子不仅发挥继承了伊川的理学思想,也与明道的仁学思想有其内在的联系。对朱子仁学的思想,以往整体研究不够,需要更深入地分疏和诠释。从一定的意义上来看,朱子的哲学思想体系可以从两个基本方面来呈现:一是理学,一是仁学。从理学的体系去呈现朱子哲学,是我们以往关注的主体;从仁学的体系去呈现朱子思想,以往甚少。如果说理气是二元分疏的,则仁在广义上是包括理气的一元总体。在这一点上,说朱子学总体上是仁学,比说朱子学是理学的习惯说法,也许更能凸显其儒学体系的整体面貌。

注　释

[1]《通书·诚上第一》。

[2]《遗书》十一。

[3]《遗书》二上。

[4]《遗书》十一。

[5]《二程集》第三册,中华书局1981年版,第695页。

[6]《二程集》第三册,第697页。

[7]《遗书》十九。

[8]《遗书》十五。

[9]《遗书》二下。

[10]《朱子语类》卷六,中华书局1986年版,第100页。

[11] 参见《朱子语类》卷六有关论述。

[12]《朱子语类》卷六,第100~101页。

[13]《朱子语类》卷六,第101页。

[14]《朱子语类》卷六,第101页。

[15]《朱子语类》卷六,第101页。

[16]《朱子语类》卷六,第105~106页。

[17]《朱子语类》卷六,第107页。

[18]《朱子语类》卷六,第110页。

[19]《朱子文集》卷六十。

[20]《朱子语类》卷六,第107页。

[21]《朱子语类》卷六,第107页。

[22]《朱子语类》卷六,第112~113页。

[23]《朱子语类》卷六,第107页。

[24]《朱子语类》卷六,第110~111页。

[25]《朱子语类》卷六,第105页。

[26]《朱子语类》卷六,第107页。

[27]《朱子语类》卷六,第107页。

[28]《朱子语类》卷六,第107页。

[29]《朱子语类》卷六,第108页。

[30]《朱子语类》卷六,第109页。

[31]《朱子语类》卷六,第111~112页。

[32]《朱子语类》卷六,第112页。

（原载《哲学研究》2011年第1期，作者单位:清华大学国学院）

朱子四德说续论

陈　来

在《朱子思想中的四德论》一文中,我们主要是利用《朱子语类》卷六《仁义礼智等名义》的资料来说明朱子的关于仁义礼智四德(以及与之关联的元亨利贞四德)的思想。[1]这里,我们依据《晦庵先生朱文公文集》(下简称《文集》)、《朱子语类》(下简称《语类》)的其他材料来进一步讨论其四德说,主要使用《文集》中的《元亨利贞说》、《周礼三德说》、《仁说》、《玉山讲义》及相关讨论,以及《语类》及《周易本义》论《易·乾卦》的资料。

一

《晦庵先生朱文公文集》卷六七有《元亨利贞说》,文云:

> 元亨利贞,性也;生长收藏,情也。以元生、以亨长、以利收、以贞藏者,心也。仁义礼智,性也;恻隐、羞恶、辞让、是非,情也。以仁爱、以义恶、以礼让、以智知者,心也。性者,心之理也;情者,心之用也;心者,性情之主也。程子曰:"其体则谓之《易》,其理则谓之道,其用则谓之神",正谓此也。又曰:"言天之自然者,谓之天道;言天之付与万物者,谓之天命",又曰:"天地以生物为心",亦谓此也。[2]

《元亨利贞说》写于朱子四十二岁前后,属

于其前期思想。朱子当时以元亨利贞四者为性,与生长收藏相对待;这和以仁义礼智为性、以恻隐羞恶辞让是非为情,是相对应的也是一致的。元亨利贞是天地之性,天地之化以天地之性为根据,而实现生长收藏的过程。同理,仁义礼智是人之性,人心之动以人之性为根据,而发出恻隐羞恶辞让是非的情感。这种分析体现了朱子当时对性情之辨的重视。在这种话语中,元亨利贞只是性,与生长收藏的现实过程被严格分别开来,生长收藏相当于情,也就是用。

不久,朱子又有《仁说》之作,其中说:

> 天地以生物为心者也,而人物之生又各得夫天地之心以为心者也,故语心之德,虽其总摄贯通、无所不备,然一言以蔽之,则曰仁而已矣,请试详之。盖天地之心,其德有四,曰元亨利贞,而元无不统;其运行焉,则为春夏秋冬之序,而春生之气无所不通。故人之为心,其德亦有四,曰仁义礼智,而仁无不包;其发用焉,则为爱恭宜别之情,而恻隐之心无所不贯。故论天地之心者,则曰乾元坤元,则四德之体用不待悉数而足;论人心之妙者,则曰仁人心也,则四德之体用亦不待遍举而该。盖仁之为道,乃天地生物之心,即物而在,情之未发而此体已具,情之既发而其用不穷,诚能体而存之,则众

善之源、百行之本莫不在是,此孔门之教所以必使学者汲汲于求仁也。……此心何心也? 在天地则块然生物之心,在人则温然爱人利物之心,包四德而贯四端者也。[3]

依朱子这里的看法,仁是"人心"之德,元亨利贞是"天地之心"之德,这是明确把仁和元、亨、利、贞都作为"德"。就心之德作为性而言,"元"包"亨利贞",这是从体上来看的。朱子还认为,四季运行是天地之化的过程,是用,而天地之德则是运行过程的内在根据。从天地运行的大用着眼,春生之气贯通于春夏秋冬的有序连接,无所不通。如果从人的方面看,就心之德言,"仁"包"义礼智";就四德的发用言,恻隐贯通于爱恭宜别四种情感。在这种论述中,春生之气相当于恻隐,都属用的层面,在这个意义上,运行、流行是就"用"言,而仁义礼智或元亨利贞是"体",是"性",是无所谓流行的。既然性无所谓流行,这说明前期朱子思想在性情体用之辨的意识主导下,不采用"流行"一类的观念解释四德。我们在前文已说明,以"流行"的观念解释四德关系,见于朱子后期思想,而"运用流行"的哲学观念,本质上,是和气的哲学思维分不开的。从哲学上看,还应当注意的是,在性和情两者的分析之外,还有一种总体的了解,这就是所谓"以元生、以亨长、以利收、以贞藏者,心也",心不是本性、体,也不是过程、用,而是包涵体用的、存在与活动的总体。

二

《文集》卷七四有《玉山讲义》,是朱子晚年六十五岁经过江西玉山时所作,其中论述了四德说。此讲义可分为三部分,其第一部分云:

时有程珙起而请曰:"《论语》多是说仁,《孟子》却兼说仁义。意者夫子说元气,孟子说阴阳,仁恐是体,义恐是用。"先生曰:"孔孟之言有同有异,固所当讲。然今且当理会何者为仁? 何者为义? 晓此两字义理分明,方于自己分上有用力处,然后孔孟之言有同异处可得而论。如其不晓,自己分上元无工夫,说得虽工,何益于事? 且道如何说个'仁义'二字底道理? 大凡天之生物,各付一性。性非有物,只是一个道理之在我者耳。故性之所以为体,只是'仁义礼智信'五字,天下道理不出于此。韩文公云'人之所以为性者五',其说最为得之。却为后世之言性者多杂佛老而言,所以将'性'字作知觉心意看了,非圣贤所说'性'字本指也。"[4]

程珙的问题很有意思,他说孔子只说仁,不说仁义,因为孔子说仁是讲元气;而孟子说仁义,是讲阴阳二气。这个讲法其实合于朱子晚年以仁为生气流行贯通四者的思想。程珙还把仁义的关系理解为体用的关系。朱子认为他讲的不分明,强调"仁义"二字的前提先要从人性论上去理解。天赋予每个所生之物一个道理,人身得到的这个道理便是性,性的内容就是仁义礼智信五者。所以这五种都是人性的道理。就五者都是人性的内容而言,彼此并无体用的关系,在这个意义上,不能说仁是体、义是用。

其第二部分云:

五者之中,所谓信者是个真实无妄底道理,如仁义礼智皆真实而无妄者也,故"信"字更不须说,只"仁义礼智"四字于中各有分别,不可不辨。盖仁则是个温和慈爱底道理,义则是个断制裁割底道理,礼则是个恭敬撙节底道理,智则是个分别是非底道理。凡此四者具于人心,乃是性之本体。方其未发,漠然无形象之可见;及其发而为用,则仁者为恻隐,义者为羞恶,礼者为恭敬,智者为是非,随事发见,各有苗脉,不相淆乱,所谓情也。故孟子曰:"恻隐之心,仁之端也;羞恶之心,义之端也;恭敬之心,礼之端也;是非之心,智之端也。"谓之端者,犹有物在中而不可见,必因其端绪发见于外,然后可得而寻也。盖一心之中,仁义礼智各有界限,而其性情体用又自各有分别,须是见得分明。[5]

"仁是温和慈爱的道理",道理即理,道理之在我者即性,说明这里是把"仁"作为理看待的。所谓温和慈爱的道理,与《四书章句集注》所说"仁者爱之理"[6]的意思相通,也就是说,"仁"是发为慈爱的内在根据。慈爱是已发而为用的,属于发见的层次;仁则是体,是未发的层次。义、礼、智皆然。仁义礼智之间的分别,亦表现在他们各自的发见不同,仁发为慈爱,义发为断制,礼发为恭敬,智发为是非。"仁"是发为慈爱的根据道理,"义"是发为断制的根据道理,"礼"是发为恭敬的根据道理,"智"是发为是非的根据道理。但朱子晚年并不简单直截地说仁是恻隐之理,义是羞恶之理,礼是恭敬之理,智是是非之理,而常常说"仁是个温和慈爱底道理","义则是个断制截割底道理"等,表示朱子的这种"道理"的表述还是有其特殊意义,这就是,朱子这时已经常常用"意思说"来表达其四德说了(详见前文)。此外,在这种说法中,朱子所体现的态度是即用明体、即用论体、不可离用说体,这与体用分析的说法有别。

第三部分云:

　　然后就此四者之中又自见得"仁义"两字是个大界限。如天地造化,四序流行,而其实不过于一阴一阳而已。于此见得分明,然后就此又自见得"仁"字是个生底意思,通贯周流于四者之中。仁固仁之本体也,义则仁之断制也,礼则仁之节文也,智则仁之分别也。正如春之生气贯彻四时,春则生之生也,夏则生之长也,秋则生之收也,冬则生之藏也。故程子谓"四德之元犹五常之仁,偏言则一事,专言则包四者",正谓此也。孔子只言仁,以其专言者言之也,故但言仁而仁义礼智皆在其中。孟子兼言义,以其偏言者言之也,然亦不是于孔子所言之外添入一个"义"字,但于一理之中分别出来耳。其又兼言礼智,亦是如此。盖礼又是仁之着,智又是义之藏,而"仁"之一字未尝不流行乎四者之中也。若论体用亦有两说,盖以仁存于心而义形于外言之,则曰"仁,人心也;义,人路也",而以仁义相为体用。若以仁对恻隐、义对羞恶而言,则就其一理之中又以未发、已发相为体用。若认得熟、看得透,则玲珑穿穴、纵横颠倒无处不通,而日用之间,行着习察,无不是着功夫处矣。"[7]

这里就用了"意思说",强调仁是生的意思,即仁作为"生意"的思想。朱子认为仁之生意通贯周流于仁义礼智四者之中,初看起来,仁之生意贯通的讲法似是指仁的普遍性,而以四者为特殊性;其实这种"通贯周流"的讲法与普遍性体现为特殊性的思维还是有所不同的,要言之,"通贯周流"是气论的表达方式。分别而言,仁是仁之生意的本体的表现,义是仁之生意表现为断制的阶段,礼是仁之生意的节文,智是仁之生意表现为分别。朱子认为,这正如春之生气贯彻四时之中一样,朱子用这种周流贯通之气的流行论,发挥了程颢的生意说与程颐仁"包"四德的观念,使得"仁"也成为或具有流行贯通能力的实体。这样的仁,既不是内在的性体,又不是外发的用,而是兼体用而言的了。气论的思维在这里也明显发生作用。这些就与前期的思想有所不同了。朱子的这一思想与程珛所提的"仁是元气"说在本质上是一致的,但元气不如生气说得更清楚,"元气"必须落在"生"字上讲,这是二程到朱子的仁说所一直强调的。关于礼是仁之著,智是义之藏的说法,以及仁义的体用问题,我们将在后面结合《语类》再予讨论。

由此可见,《玉山讲义》主要包含两个思想,一个是四德与四端的未发已发说,一个是仁之生意流行于四德说。在稍后答陈器之书中,朱子复述了这两点,并对"对立成两"、"仁智终始"等问题做了进一步阐述。

三

《文集》卷五八载《答陈器之问玉山讲义》,该信可分为四节,其开首言:

> 性是太极浑然之体,本不可以名字言,但其中含具万理,而纲领之大者有四,故命之曰仁、义、礼、智。孔门未尝备言,至孟子而始备言之者,盖孔子时性善之理素明,虽不详著其条而说自具。至孟子时,异端蜂起,往往以性为不善,孟子惧是理之不明而思有以明之,苟但曰浑然全体,则恐其如星之秤、无寸之尺,终不足以晓天下,于是别而言之,界为四破,而四端之说于是而立。[8]

这是解释为什么孔子不必讲四端,而孟子必须讲四端。朱子指出,从整体上看,性即太极;如果从具体内容上看,性具众理;性

中的众理以仁义礼智四者为主,孟子发明四端之说即是发明仁义礼智之性,是为了更好地证明性善说。此为第一节。

> 盖四端之未发也,虽寂然不动,而其中自有条理,自有间架,不是儱侗都无一物,所以外边才感,中间便应。如赤子入井之事感,则仁之理便应,而恻隐之心于是乎形。如过庙、过朝之事,感则礼之理便应,而恭敬之心于是乎形。盖由其中间众理浑具,各各分明,故外边所遇,随感而应,所以四端之发,各有面貌之不同,是以孟子析而为四,以示学者,使知浑然全体之中而粲然有条若此,则性之善可知矣。然四端之未发也,所谓浑然全体,无声臭之可言,无形象之可见,何以知其粲然有条如此?盖是理之可验,乃依然就他发处验得。凡物必有本根,性之理虽无形,而端的之发最可验。故由其恻隐,所以必知其有仁;由其羞恶,所以必知其有义;由其恭敬,所以必知其有礼;由其是非,所以必知其有智。使其本无是理于内,则何以有是端于外?由其有是端于外,所以必知有是理于内,而不可诬也。故孟子言:"乃若其情,则可以为善矣,乃所谓善也。"是则孟子之言性善,盖亦溯其情而逆知之耳。[9]

此为第二节。性虽然是太极,但其中自有条理,即包含仁义礼智各不同的理。这些理本来是内在心中的,当一定的外事来感时,一定的理便有所应,于是便有四端之发。与性情对言的已发未发说有所不同,这里强调从已发到未发需要"外感"作为媒介、中介。如赤子入井之事"感",则仁之理便"应",而恻隐之心于是乎"形"。"感—应—形"的分别和联系是与朱子"心具众理而应万事"的思想一致的。朱子在这里强

调性中自有条理,不同的外感引起不同的性理的响应,从而表达出不同的情。朱子论心的思想在前期注重已发未发,后期更重视具众理而应万事。由外证内,以情证性,溯用知体,这是朱子立足于四端而证明四德的方法。

> 仁义礼智既知得界限分晓,又须知四者之中仁义是个对立底关键。盖仁,仁也,而礼则仁之著;义,义也,而智则义之藏。犹春夏秋冬虽为四时,然春夏皆阳之属也,秋冬皆阴之属也。故曰:"立天之道,曰阴与阳;立地之道,曰柔与刚;立人之道,曰仁与义。"是知天地之道不两则不能以立,故端虽有四,而立之者则两耳。仁义虽对立而成两,然仁实贯通乎四者之中,盖"偏言则一事,专言则包四者"。故仁者仁之本体,礼者仁之节文,义者仁之断制,智者仁之分别,犹春夏秋冬虽不同而同出乎春,春则春之生也,夏则春之长也,秋则春之成也,冬则春之藏也。自四而两,自两而一,则"统之有宗,会之有元"矣。故曰:"五行一阴阳,阴阳一太极。"是天地之理固然也。[10]

朱子指出,天地之道不两则不能以立,"两"就是对立的两个要素,就是说任何事物,其内部都必有两个对立的要素,事物才能存在。从这个意义来说,四端中应有两个使整体得以存在的要素,这两个要素就是仁和义。在这种理解下,仁和礼归于仁,礼是仁的显发;义和智归于义,智是义的退藏。这个思想我们在后面还会提到。朱子又指出,仁和义对立而成两,符合事物存在发展的辩证法,但四者又贯通着"一","一"使事物获得整体性和连续性,这个一就是仁。四归于二,二归于一,于是仁成为四者最终统一的根源。这是第三节。

> 仁包四端而智居四端之末者,盖冬者藏也,所以始万物而终万物者也。智有藏之义焉,有终始之义焉,则恻隐、羞恶、恭敬是三者皆有可为之事,而智则无事可为,但分别其为是为非尔,是以谓之藏也。又恻隐、羞恶、恭敬皆是一面底道理,而是非则有两面,既别其所是,又别其所非,是终始万物之象,故仁为四端之首而智则能成始能成终,犹元气虽四德之长,然元不生于元而生于贞,盖由天地之化,不翕聚则不能发散,理固然也。仁智交际之间,乃万化之机轴,此理循环不穷,吻合无间。程子所谓"动静无端,阴阳无始"者,此也。[11]

这最后一节是讲智的意义,由于朱子把四德的关系看成是流行终始的关系,于是不仅突出了仁,也突出了智。朱子认为元亨利贞流行不已,贞是前一个过程的结束,又孕育了新的过程开始,故言元生于贞。朱子认为仁义礼智和元亨利贞相同,贞元之际与仁智之际相同,智和贞一样,具有成终成始的地位,仁智之交,就是旧的流行结束而新的流行开始。《语类》也说:

> 又如乾四德,元最重,其次贞亦重,以明终始之义。非元则无以生,非贞则无以终,非终则无以为始,不始则不能成终矣。如此循环无穷,此所谓"大明终始"也。大雅。[12]

这种四德论的讲法是由于把仁义礼智与元亨利贞完全对应所引起的,宇宙论的元亨利贞模式深刻影响了他对仁义礼智四德的理解。在这一节中,还有一点值得注意,此即把"元"说为"元气"。于是,朱子对于元或仁的说法,越来越不就性、理而言,而更多就具有生成形态的气而言了。

第二节所说的已发未发,涉及仁义体用的问题。前面说到,《玉山讲义》的第三部分言："若论体用亦有两说，盖以仁存于心而义形于外言之，则曰'仁，人心也；义，人路也'，而以仁义相为体用。若以仁对恻隐义对羞恶而言，则就其一理之中又以未发、已发相为体用。若认得熟、看得透，则玲珑穿穴、纵横颠倒无处不通，而日用之间，行著习察，无不是著功夫处矣。"仁义礼智四德作为性理，为未发，为体；恻隐羞恶四端为情，为已发，为用。分言之，仁为体而恻隐为用，义为体而羞恶为用，这就是已发未发相为体用。朱子亦认为，孟子所说仁人心，义人路，则是以仁存于心，义形于外而言，是另一种体用的对待。

四

《文集》卷六七有《周礼三德说》，该文虽然不是讨论四德之说，但其中讨论周礼三德说涉及的对德、行的理解也值得注意。文之开首云：

> 或问：师氏之官，以三德教国子，一曰至德，以为道本；二曰敏德，以为行本；三曰孝德，以知逆恶。何也？曰：至德云者，诚意正心、端本清源之事；"道"则天人性命之理、事物当然之则、修身齐家治国平天下之术也。敏德云者，强志力行、畜德广业之事；"行"则理之所当为，日可见之迹也。孝德云者，尊祖爱亲，不忘其所由生之事；知逆恶，则以得于己者笃实深固，有以真知彼之逆恶，而自不忍为者也。（至德以为道本，明道先生以之；敏德以为行本，司马温公以之；孝德以知逆恶，则赵无愧、徐仲车之徒是已。）凡此三者，虽曰各以其材品之高下、资质之所宜而教之，然亦未有专务其一而可以为成人者也，是以列而言之，以见其

相须为用而不可偏废之意。盖不知至德，则敏德者散漫无统，固不免乎笃学力行而不知道之讥。然不务敏德而一于至，则又无以广业，而有空虚之弊。不知敏德，则孝德者仅为匹夫之行，而不足以通于神明。然不务孝德而一于敏，则又无以立本，而有悖德之累。是以兼陈备举而无所遗，此先王之教所以本末相资、精粗两尽而不倚于一偏也。[13]

"三德"、"三行"之说出于《周礼·地官·师氏》："以三德教国子，一曰至德，以为道本；二曰敏德，以为行本；三曰孝德，以知逆恶。教三行：一曰孝行，以亲父母；二曰友行，以尊贤良；三曰顺行，以事师长。"[14] 这是古代德行论的早期表达。

朱子对三德、三行作了明确的哲学的、伦理学的解说。在朱子看来，以三种德行教国子，至德是指心而言，是关于正心诚意的内心修养。所谓至德以为道本，是说至德是掌握性命之理、践行当然之则、实行治国平天下之术的根本与基础，突出了德性对哲学理解、道德实践、政治施行的根本意义，强调心德是道术的根本基础。强志力行，即《礼记·儒行》第一条所说的强学力行；一切行为都是由心志而发，人能强化心志，力行理所当为，使心志在行为事迹上表现出来，这是敏德。所谓敏德以为行本，是指由心志落实到行为是德行的一般特性。照朱子的这个说法，从德行论来看，可以说正心诚意是根本的德行，称为至德；强志力行是一般意义的德行，称为敏德；尊祖爱亲是专指孝的特殊德行，称为孝德。三德可以说区别了根本德行、一般德行、特殊德行。

以三德教国子，说明这是一种道德教育，其目的是培养成人。但把国子培养为成人，必须使他们同时培养三德，不可偏专

其中之一。朱子认为三德互相补充、互相需要,"未有专务其一而可以为成人者也",也就是说三德具有统一性。没有至德,敏德只能笃行,而没有方向,不能知"道";没有敏德,至德就会流于空洞,无法具体落实,也无法拓宽事业;不落实到孝德,敏德就失去基础。至德是方向,敏德是分殊,孝德是基础。

其又曰:教三行:一曰孝行,以亲父母;二曰友行,以尊贤良;三曰顺行,以事师长。何也?曰:德也者,得于心而无所勉者也;行则其所行之法而已。盖不本之以其德,则无所自得,而行不能以自修;不实之以其行,则无所持循,而德不能以自进。是以既教之以三德,而必以三行继之,则虽其至末至粗亦无不尽,而德之修也不自觉矣。然是三者,似皆孝德之行而已,至于至德、敏德,则无与焉。盖二者之行,本无常师,必协于一,然后有以独见而自得之,固非教者所得而预言也。唯孝德则其事为可指,故又推其类而兼为友顺之目以详教之,以为学者虽或未得于心,而事亦可得而勉,使其行之不已而得于心焉,则进乎德而无待于勉矣。况其又能即是而充之,以周于事而溯其原,则孰谓至德、敏德之不可至哉!或曰:三德之教,大学之学也;三行之教,小学之学也,乡三物之为教也亦然,而已详。[15]

三德之教和三行之教,涉及对德与行的分别。在对教三行的解释上,朱子解释了什么是德、行,他说"德也者,得于心而无所勉者也;行则其所行之法而已"。这是说,"德"是得于心的状态或性质,"行"是对规范的实行。朱子认为,德和行互相支持、互相连接,不以内心之德为本,就达不到自得,行为也不能自修;心之德不落实在行为

表现出来,心难以持循,心德也不能进步。朱子也指出,人有时未得于心,但能勉而行之,在这种状态下不能说德在心中。但如此勉而行之,久而久之,合乎道德的行为的不断实行便可使人达到"得于心",即促使德在心中形成,这时的行为便是从心中之德出发,不待勉强了。这是朱子对德性形成的一种看法。

朱子还说过:

耳之德聪,目之德明,心之德仁,且将这意去思量体认。泳。[16]

聪、明是耳目的根本属性,仁是心的根本属性,德即指根本属性而言。

百行皆仁义礼智中出。节。[17]

百行是行为,仁义礼智是本性,这是强调一切行为都是发自于内在的本性,也体现了朱子德性论强调性理的特色。

五

《周易·说卦》云:"立天之道,曰阴与阳;立地之道,曰柔与刚;立人之道,曰仁与义。"[18]此后,儒学思想家常常依此思路,努力把仁义与阴阳、刚柔对应起来,以建立宇宙论的统一性说明。

问仁义礼智体用之别。曰:"自阴阳上看下来,仁礼属阳,义智属阴;仁礼是用,义智是体。春夏是阳,秋冬是阴。只将仁义说,则春作夏长,仁也;秋敛冬藏,义也。若将仁义礼智说,则春,仁也;夏,礼也;秋,义也;冬,智也。仁礼是敷施出来底,义是肃杀果断底,智便是收藏底。如人肚脏有许多事,如何见得!其智愈大,其藏愈深。正如《易》中道:'立天之道,曰阴与阳;立地之道,曰柔与刚;立人之道,曰仁与义。'解者多以仁为柔,以义为刚,非

也。却是以仁为刚，义为柔。盖仁是个发出来了，便硬而强；义便是收敛向里底，外面见之便是柔。"僴。[19]

理学倾向于把"阴阳"作为普遍的哲学分析方法。按照这种分析，如果把仁义礼智四者归为阴阳两类，那么仁义礼智四者之中，何者为阳，何者为阴？朱子的主张是，仁和礼属于阳，义和智属于阴。在他看来，以流行的次序而言，是仁、礼、义、智，也就是仁相当于春，礼相当于夏，义相当于秋，智相当于冬。因此若要把四德分为阴阳的话，仁、礼为阳，义、智为阴；正如要把一年四季分为阴阳的话，以春夏为阳，以秋冬为阴。反过来说，如果把四季分为仁义二者，则以春夏为仁，以秋冬为义。这种思维是汉代以来阴阳气论的影响下形成的。

不过，这样一来，仁、礼、义、智的次序便和习惯所用的仁、义、礼、智的顺序有所不同了，朱子回答学生的疑问：

> 问："孟子说仁义礼智，义在第二；《太极图》以义配利，则在第三。"曰："礼是阳，故曰亨。仁义礼智，犹言东西南北；元亨利贞，犹言东南西北。一个是对说，一个是从一边说起。"夔孙。[20]

按朱子的理解，如同一个圆圈，顺着圆圈的次序是流行的次序，即仁、礼、义、智的排序。以流行言，仁对应元，礼对应亨，义对应利，智对应贞。如果不顺着圆圈，而以南北相对，东西相对，这样的次序就不是流行的次序，而是对待的次序，这就是仁、义、礼、智的排序。

> 问："'元亨利贞'，《乾》之四德；仁义礼智，人之四德。然亨却是礼，次序却不同，何也？"曰："此仁礼义智，犹言春夏秋冬也；仁义礼智，犹言春秋夏冬也。"铢。[21]

这也是说明四德有两种排序。仁、礼、义、

智的顺序是合乎元气流行的自然次序，这样的元亨利贞、仁义礼智都是被用气的流行来刻划的东西了，也就成为他所说的"流行之统体"了。

中国哲学中与"阴阳"分析相配合的是"刚柔"的分析。按上面的说法，仁属于阳，义属于阴，那么仁义与刚柔又如何对应呢？在一般人看来，仁有柔软的意思，应当属柔，不应当属刚，而朱子却认为仁应当属刚，不属于柔。如其晚年《答董叔重》书论此最明：

> （董问）阴阳以气言，刚柔则有形质可见矣。至仁与义，则又合气与形而理具焉。然仁为阳刚，义为阴柔，仁主发生，义主收敛，故其分属如此。或谓杨子云"君子于仁也柔，于义也刚"，盖取其相济而相为用之意。
>
> （朱答）仁体刚而用柔，义体柔而用刚。[22]

汉代的扬雄以仁为柔，以义为刚，这是讲得通的。而朱子与之不同，这种不同主要是来自朱子从宇宙生化论讲四德，主张以发生论仁，以收敛论义，由于是以收敛为阴柔，所以便以发生为阳刚了。仁是发生原则，故仁属阳刚。值得注意的是，董铢在这里提出"仁义"是"合气与形而理具焉"，按这个说法，仁、义似乎不仅仅是性理，而是实存的气形统一整体或总体，其中具有理。当然，也可以说理气合而后生人，而有仁义礼智之性。这个说法应该是顺就朱子的说法而来，故朱子没有加以评论。

朱子曾与袁枢反复辨析阴阳刚柔之义，其《答袁机仲》书云：

> 凡此崎岖反复，终不可通，不若直以阳刚为仁、阴柔为义之明白而简易也。盖如此，则发生为仁，肃杀为义，三家之说皆无所悟，肃杀虽似乎刚，然实天地收敛退藏之气，自不妨其为阴

柔也。

……又读来书,以为不可以仁义礼智分四时,此亦似太草草矣。夫五行五常五方四时之相配,其为理甚明而为说甚久,非熹独于今日创为此论也。[23]

这里朱子自己界定得很清楚,发生为刚,肃杀为柔,肃杀收敛退藏应属于阴柔,义为肃杀退藏,故当属于阴柔。故阳刚为仁,阴柔为义。

而朱子的这一说法,遭到了不少质疑,引发了朱子与这些质疑的辩难。如其《答袁机仲别幅》云:

……来喻以东南之温厚为仁、西北之严凝为义,此《乡饮酒义》之言也。然本其言虽分仁义,而无阴阳柔刚之别,但于其后复有阳气发于东方之说,则固以仁为属乎阳,而义之当属乎阴,从可推矣。来谕乃不察此而必欲以仁为柔、以义为刚,此既失之,而又病夫柔之不可属乎阳、刚之不可属乎阴也,于是强以温厚为柔、严凝为刚。又移北之阴以就南,而使主乎仁之柔;移南之阳以就北,而使主乎义之刚,其于方位气候悉反易之,而其所以为说者,率皆参差乖迕而不可合。又使东北之为阳、西南之为阴,亦皆得其半而失其半。愚于图子已具见其失矣。盖尝论之:阳主进而阴主退,阳主息而阴主消,进而息者其气强,退而消者其气弱,此阴阳之所以为柔刚也。阳刚温厚居东南,主春夏,而以作长为事;阴柔严凝居西北,主秋冬,而以敛藏为事。作长为生,敛藏为杀,此刚柔之所以为仁义也。以此观之,则阴阳刚柔仁义之位岂不晓然?而彼杨子云之所谓"于仁也柔,于义也刚"者,乃自其用处之末流言之,盖亦所谓阳中之阴、阴

中之阳,固不妨自为一义,但不可以杂乎此而论之尔。[24]

袁枢并不反对仁为阳,义为阴,但反对以仁为刚,以义为柔,而主张温厚为柔,严凝为刚,故仁为柔为阳,义为刚为阴。朱子坚持仁属于阳刚,义属于阴柔,阳刚主生长,阴柔主敛藏。他认为杨雄所说的"于仁也柔,于义也刚",不是从本体上说的,而是从发用上说的,所以朱子主张"仁体刚而用柔,义体柔而用刚",认为这样就可以全面地解决这个问题了。朱子又说:

前书所论仁义礼智分属五行四时,此是先儒旧说,未可轻诋。今者来书虽不及之,然此大义也,或恐前书有所未尽,不可不究其说。盖天地之间,一气而已,分阴分阳,便是两物,故阳为仁而阴为义。然阴阳又各分而为二,故阳之初为木为春为仁,阳之盛为火为夏为礼,阴之初为金为秋为义,阴之极为水为冬为智。盖仁之恻隐方自中出,而礼之恭敬则已尽发于外,义之羞恶方自外入,而智之是非则已全伏于中,故其象类如此,非是假合附会。若能默会于心,便自可见。"元亨利贞",其理亦然。《文言》取类,尤为明白,非区区今日之臆说也。五行之中,四者既各有所属,而土居中宫,为四行之地、四时之主,在人则为信、为真实之义,而为四德之地、众善之主也。五声五色五臭五味五藏五虫,其分放此。盖天人一物,内外一理,流通贯彻,初无间隔。若不见得,则虽生于天地间,而不知所以为天地之理,虽有人之形貌,而亦不知所以为人之理矣。故此一义切于吾身,比前数段尤为要紧,非但小小节目而已。[25]

照此说法,天地一气,分阴分阳,阳为仁、阴为义;阳中又分为二,即春仁和夏礼;阴中

亦分为二，即秋义和冬智。一气分为阴阳，并无先后，而阳再分为二，春仁在先，夏礼在后；阴之分二亦然，秋义在先，冬智在后，这是一气流行的次序。而人性的仁义礼智之间及其发作为情，并无先后。总之，论元亨利贞、仁义礼智都不能离开一气阴阳四时五行这些宇宙论要素，从而使得元亨利贞、仁义礼智也成为与一气阴阳纠缠在一起的流行实体了。

六

朱子《周易本义》论元亨利贞四德：

> 盖尝统而论之。元者，物之始生，亨者，物之畅茂，利则向于实也，贞则实之成也。实之既成，则其根蒂脱落，可复种而生矣，此四德之所以循环而无端也。然而四者之间，生气流行，初无间断，此元之所以包四德而统天也。[26]

这是把元亨利贞四德作为"物"的发生成长的不同阶段来理解的，同时，又说明这四个连续无间段的流行，是生气流行，元就是生气，所以四者的连续流行就是体现了"元"贯通四者而作为天道的统一性。

> 以"生"字说仁，生自是上一节事。当来天地生我底意，我而今须要自体认得。泳。[27]

当来即当初。以生说仁，把生作为天地间的普遍原理，这是"人生而静以上"事，即生化论属于宇宙论之事，不是人生论之事。因此宇宙论对于人生论来说是"上一节事"。人之生亦接受天地之生理，人生而静以下此生理即体于人而为仁之理，而人生的目标就是要体认从天地接受的生意生理，因为这是人的生命的根源。

《语类》卷六八论乾卦四德：

文王本说"元亨利贞"为大亨利正，夫子以为四德。梅藁初生为元，开花为亨，结子为利，成熟为贞。物生为元，长为亨，成而未全为利，成熟为贞。节。[28]

这是以元亨利贞为生长成熟，而不是以元亨利贞为性。

> 致道问"元亨利贞"。曰："元是未通底，亨、利是收未成底，贞是已成底。譬如春夏秋冬，冬夏便是阴阳极处，其间春秋便是过接处。"恪。[29]

这是以元亨利贞为生长成熟之外，又以元亨利贞对应春夏秋冬。

> 《乾》之四德，元，譬之则人之首也；手足之运动，则有亨底意思；利则配之胸脏；贞则元气之所藏也。又曰："以五脏配之尤明白，且如肝属木，木便是元；心属火，火便是亨；肺属金，金便是利；肾属水，水便是贞。"道夫。[30]

这是以元亨利贞对木火金水。这就使元亨利贞成为更普遍的模式了。

> "元亨利贞"，譬诸谷可见，谷之生，萌芽是元，苗是亨，穟是利，成实是贞。谷之实又复能生，循环无穷。德明。[31]

这也是以物之生长遂成体现元亨利贞。以上都是以元亨利贞为物之形态或阶段。

以物之生长收藏说元亨利贞四德之义，始于程伊川，朱子亦明言之：

> "元亨利贞"，理也；有这四段，气也。有这四段，理便在气中，两个不曾相离。若是说时，则有那未涉于气底四德，要就气上看也得。所以伊川说："元者，物之始；亨者，物之遂；利者，物之实；贞者，物之成。"这虽是就气上说，然理便在其中。伊川这说话改不得，谓是有气则理便具。所以伊川只恁地说，便可见得物里面便有这理。

若要亲切,莫若只就自家身上看,恻隐须有恻隐底根子,羞恶须有羞恶底根子,这便是仁义。仁义礼智,便是元亨利贞。孟子所以只得恁地说,更无说处。仁义礼智,似一个包子,里面合下都具了。一理浑然,非有先后,元亨利贞便是如此,不是说道有元之时,有亨之时。渊。[32]

有这四段,即指生长遂成四个阶段,朱子在这里以生长遂成四阶段为气,而以元亨利贞为生长遂成的现实过程所体现和依据的理。按前面所述多见以元亨利贞为气这类的说法,而以元亨利贞四德为理,以生长收藏四段为气,此说似不多见。照这个说法,以生长遂成说元亨利贞,是就气上说,而理在气中。但朱子特别强调,程颐不从理上说元亨利贞,而从物上说,并没有错,他甚至声称程颐此说不可更改,认为讲气讲物,理便在其中了。此中理气的分析是很清楚的。这里所说的从气上看或从物上看的思想,不是从性、从理、从体上看,而都是近于从总体上看的方法。

> "元亨利贞"无断处,贞了又元。今日子时前,便是昨日亥时。物有夏秋冬生底,是到这里方感得生气,他自有个小小元亨利贞。渊。[33]

这里又把元亨利贞说成四阶段连接循环,元是生气发生的阶段。元之前是贞,贞之后是元,循环无间断处。

> 气无始无终,且从元处说起,元之前又是贞了。如子时是今日,子之前又是昨日之亥,无空阙时。然天地间有个局定底,如四方是也;有个推行底,如四时是也。理都如此。元亨利贞,只就物上看亦分明。所以有此物,便是有此气;所以有此气,便是有此理。故《易传》只说"元者,万物之始;亨者,万物之长;利者,万物之遂;贞

者,万物之成"。不说气,只说物者,言物则气与理皆在其中。伊川所说四句自动不得,只为"遂"字、"成"字说不尽,故某略添字说尽。高。[34]

"局定底"与"推行底",与朱子说《易》的方法"定位底"和"流行底"的分别相近,显然,元亨利贞是属于"流行底"道理。由于伊川论元亨利贞是指"物"之生、长、遂、成言,故朱子说元亨利贞"就物上看亦分明",他甚至认为《易传》也是就"万物"而言四德,就万物之生长遂成的阶段言元亨利贞。这种"就物上说"的方法并没有忽视理和气,因为言物则气和理皆在其中。这似乎是说,元亨利贞四德的论法可以有三种,物上说的方法如生长遂成说,气上说的方法如春夏秋冬说,理上说的方法即元亨利贞说。这三者不是互相排斥的,而是互相补充说明的。

朱子又说:

> 以天道言之,为"元亨利贞";以四时言之,为春夏秋冬;以人道言之,为仁义礼智;以气候言之,为温凉燥湿;以四方言之,为东西南北。节。[35]

这就把元亨利贞之理更普遍化了,就天道言,即就宇宙普遍法则而言,是元亨利贞;这样普遍法则理一而分殊,有不同的体现,如在四时体现为春夏秋冬,在人道体现为仁义礼智,在气候体现为温凉燥湿,在四方体现为东南西北。温凉燥湿又说为温热凉寒:"温底是元,热底是亨,凉底是利,寒底是贞。"[36]这实际上是用四季的气候变化循环说元亨利贞。在这个意义上,元亨利贞如同理一分殊,已经成为一种论述模式。

"四德之元,犹五常之仁,偏言则一事,专言则包四者。"此段只于《易》"元者善之长"与《论语》言仁处看。……"元者,善之长也",善之首也。"亨者,嘉之会也",好底会聚也。义

者,宜也,宜即义也;万物各得其所,义之合也。"干事",事之骨也,犹言体物也。看此一段,须与《太极图》通看。贺孙。[37]

《文言传》对元亨利贞的解释是就人事道德上说,朱子具体解释了什么是善之长,什么是嘉之会,什么是义之合,什么是事之干,但朱子对元亨利贞的解释并不是按这种方式进行的。朱子强调,根据二程的说法,对"元"的理解要与"仁"联系一起、贯通在一起。

> 光祖问"四德之元,犹五常之仁,偏言则一事,专言则包四者"。曰:"元是初发生出来,生后方会通,通后方始向成。利者物之遂,方是六七分,到贞处方是十分成,此偏言也。然发生中已具后许多道理,此专言也。恻隐是仁之端,羞恶是义之端,辞逊是礼之端,是非是智之端。若无恻隐,便都没下许多。到羞恶,也是仁发在羞恶上;到辞逊,也是仁发在辞逊上;到是非,也是仁发在是非上。"问:"这犹金木水火否?"曰:"然。仁是木,礼是火,义是金,智是水。"贺孙。[38]

按朱子的解释,元是初发生,则这就不是从理上看,而是从气上看或从物上看。其次,发生后必然向会通发展,会通后必然向成熟发展。就四个阶段的不同展开说,这是"偏言"的角度。就四个阶段贯穿着作为统一性的"元"而言,这是"专言"的角度。专言包四者,朱子的解释是,一方面,元中具亨利贞许多道理,亨利贞都是元的发现的不同形态,同理,仁不仅发在恻隐,羞恶、辞让、是非都是仁之发。

《语类》又载:

> 曾兄亦问此。答曰:"元者,乃天地生物之端。《乾》言:'大哉乾元!万物资始。至哉坤元!万物资生。'乃知

元者,天地生物之端倪也。元者生意;在亨则生意之长,在利则生意之遂,在贞则生意之成。若言仁,便是这意思。仁本生意,乃恻隐之心也。苟伤着这生意,则恻隐之心便发。若羞恶,也是仁去那义上发;若辞逊,也是仁去那礼上发;若是非,也是仁去那智上发。若不仁之人,安得更有义礼智!"卓。[39]

元是生物的发端,元是生意的开始,亨是生意的长,利是生意的遂,贞是生意的成。于是生长遂成就是"生意"的生长遂成。这都不是从理上看的方法,也说明,四德的意义在朱子思想中并不仅仅是理。

《周易本义》云:

> "元者,善之长也,亨者,嘉之会也,利者,义之和也,贞者,事之干也"。元者,生物之始,天地之德莫先于此,故于时为春,于人则为仁,而众善之长也。亨者,生物之通,物至于此,莫不嘉美,故于时为夏,于人则为礼,而众美之会也。利者,生物之遂,物各得宜,不相妨害,故于时为秋,于人则为义,而得其分之和。贞者,生物之成。实理具备,随在各足,故于时为冬,于人则为智,而为众事之干。干,木之身,枝叶所依以立者也。"君子体仁足以长人,嘉会足以合礼,利物足以和义,贞固足以干事。"以仁为体,则无一物不在所爱之中,故足以长人。嘉其所会,则无不合礼。使物各得其所利,则义无不和。贞固者,知正之所在而固守之,所谓知而弗去者也,故足以为事之干。[40]

> "大哉乾乎,刚健中正,纯粹精也"。刚以体言,健兼用言;中者,其行无过不及;正者,其立不偏;四者,乾之德也。纯者,不杂于阴柔。粹者,不杂于邪恶。盖刚健中正之至极而精者,

又纯粹之至极也。或疑乾刚无柔,不得言中正者,不然也。天地之间,本一气之流行,而有动静耳。以其流行之统体而言,则但谓之乾而无所不包矣;以其动静分之,然后有阴阳刚柔之别也。[41]

元既是生物之始,又是天地之德,作为生物之始,亦体现为四时之春;作为天地之德,亦体现为人道之仁。可见,元亨利贞四德既是论生物过程与阶段,又是论天地之德,于是既体现为四时春夏秋冬,又体现为人道的仁义礼智。"流行之统体"就是兼体用的变易总体,元亨利贞是此一统体不同流行的阶段及其特征。

虽然可以说,对于四德而言,朱子的讨论包含了三种分析的论述,即"从理看","从气看","从物看"。但总起来看,应当承认,朱子的思想中不断发展出一种论述的倾向,就是不再把元亨利贞仅仅理解为理,而注重将其看作兼赅体用的流行之统体的不同阶段,如将其看作元气流行的不同阶段。由于天人对应,于是对仁义礼智的理解也依照元亨利贞的模式发生变化,即仁义礼智不仅仅是性理,也被看作生气流行的不同发作形态。这导致朱子的四德论在其后期更多地趋向"从气看"、"从物看"、从"流行之统体"看,使得朱子的哲学世界观不仅有理气分析的一面,也有流行统体的一面,而后者更可显现出朱子思想的总体方向。

注　释

[1] 陈来:《朱子思想中的四德论》,《哲学研究》2011 年第 1 期。

[2]《晦庵先生朱文公文集》卷 67,《朱子全书》(23),上海古籍出版社、安徽教育出版社 2002 年版,第 3254 页。以下简称《全书》。

[3]《文集》卷 67,《全书》(23),第 3279～3280 页。

[4]《文集》卷 74,《全书》(24),第 3588 页。

[5]《文集》卷 74,《全书》(24),第 3588～3589 页。

[6]《四书章句集注·论语集注》卷 1,中华书局 1983 年版,第 48 页。

[7]《文集》卷 74,《全书》(24),第 3589～3590 页。

[8]《答陈器之问〈玉山讲义〉》,《文集》卷 58,《全书》(23),第 2778 页。

[9]《文集》卷 58,《全书》(23),第 2779 页。

[10]《文集》卷 58,《全书》(23),第 2779～2780 页。

[11]《文集》卷 58,《全书》(23),第 2780 页。

[12]《朱子语类》卷 6,中华书局,1986 年,第 105 页。

[13]《文集》卷 67,《全书》(23),第 3261～3262 页。

[14]《周礼注疏》卷 14,《十三经注疏本》,中华书局 1980 年版,第 730 页。

[15]《文集》卷 67,《全书》(23),第 3262～3263 页。

[16]《朱子语类》卷 6,第 114 页。

[17]《朱子语类》卷 6,第 107 页。

[18]《周易正义》卷 9,《十三经注疏本》,第 93～94 页。

[19]《朱子语类》卷 6,第 106 页。

[20]《朱子语类》卷 6,第 108 页。

[21]《朱子语类》卷 68,第 1691 页。

[22]《文集》卷 51,《全书》(22),第 2374 页。

[23]《文集》卷38,《全书》(21),第1670～1671页。

[24]《文集》卷38,《全书》(21),第1673页。

[25]《文集》卷38,《全书》(21),第1674页。

[26]《周易本义·象上传》,《全书》(1),第90～91页。

[27]《朱子语类》卷6,第115页。

[28]《朱子语类》卷68,第1688页。

[29]《朱子语类》卷68,第1689页。

[30]《朱子语类》卷68,第1689页。

[31]《朱子语类》卷68,第1689页。

[32]《朱子语类》卷68,第1689页。字下点为笔者所加。下同。

[33]《朱子语类》卷68,第1689页。

[34]《朱子语类》卷68,第1689～1690页。

[35]《朱子语类》卷68,第1690页。

[36]《朱子语类》卷68,第1690页。

[37]《朱子语类》卷68,第1690～1691页。

[38]《朱子语类》卷68,第1691页。

[39]《朱子语类》卷68,第1691页。

[40]《周易本义·文言传》,《全书》(1),第146页。

[41]《周易本义·文言传》,《全书》(1),第149页。

(原载《中华文史论丛》2011年第4期,作者单位:清华大学国学院)

世俗化的朱子：朱子学术的世俗关怀及其时代意义

——以"礼"学为例

朱 杰 人

余英时先生在他的大著《朱熹的历史世界》中说："在一般哲学史或理学史的论述中，我们通常只看到关于心、性、理、气等等观念的分析与解说。至于道学家的政治思想与政治活动，则哲学家往往置之不论，即使在涉及他们的生平时也是如此。"[1]他指出，这一现象带来的一个后果是造成了一种"普遍的印象"，即儒学进入南宋以后便转而内向了，即儒学的重点在"内圣"而不是在"外王"。但是，余先生认为，事实并非如此，他认为以朱熹和陆九渊为代表的南宋理学家们"念兹在兹的仍然是追求'外王'的实现"，他们转向"内圣"主要是为"外王"的实现做准备的。

八年以后(2008 年)，余先生在为田浩先生的著作《朱熹的思维世界》(增订版)所作的序中，对以上观点又作了一次详细的阐释。他说：

> 作者在"祈祷文"一章的结尾处，特别强调朱熹的"使命感"，并清楚地指出："在朱熹的思想中，社会关怀——理论上的实践——是首要的。"这正是我在《朱熹的历史世界》(允晨，2003 年)一书中所展开的基本论旨之一。中国史在宋代进入了一个新的阶段，政治、社会、宗教、经济等各方面都发生了重要的变动。"士"阶层乘势跃起，取得了新的政治社会地位。这一阶层中的少数精英(elites)更以政治社会的主体自居，而发展出"以天下为己任"的普遍意识。这便是作者所说的"使命感"。他们的"使命感"主要体现在儒家的整体规划上面，即借"回向三代"之名，全面地重建新秩序。根据"儒者在本朝则美政，在下位则美俗"的古训，他们首先以朝廷为中心，发动全面的政治革新，所以庆历、熙宁变法相继出现。但地方性或局部性的社会、道德秩序的推行也同时展开，故有义庄、族规、乡约、书院的创建。张载"有意于三代之治"，但从朝廷回到关中之后，立即在本乡以"礼"化"俗"，发生了深远的影响。这为"在下则美俗"提供了一个具体的事例。无论在朝野，士的"使命感"在南宋依然十分旺盛，朱熹便是一个最有代表性的典型。他在政治上向往王安石"得君行道"的机遇，所以期待晚年的孝宗可以成为他的神宗，重新掀起一场"大更改"运动。绍熙五年(1194 年)他立朝四十日便是为了领导朝廷上的理学集团推行改革(即所谓"孝宗末年之政")。但在奉祠禄或外任时他则转而致力于地方上局部秩序的重建，如设立社仓、书院，以及重订吕氏乡约之类。不仅朱熹如此，同时的陆九渊、张栻、吕祖谦等也无不如此。现在本书作者通过"祈祷文"的专题研究，也进一步发现"政治、

社会关怀"在朱熹思想中居于"首要的"位置,和我的整体观察恰好可以互相印证,我当然有闻空谷足音的喜悦。[2]

余英时、田浩师徒二人,都不约而同地关注朱子对现实社会政治的关怀,绝不是偶然的,他们的结论实质上是对朱子理学思想及其学术抱负的再发现,是对朱子一生学术活动与社会政治、文化实践的全面考察与完整的呈现。这一发现再次提醒我们,对理学、理学家的认识决不能停留在形而上的层面。正如余先生指出,他们的"内圣"是为"外王"做准备的,他们的学术关怀,最终还是指向社会、人心和组成这个物质和精神世界的芸芸众生,关注着世俗社会。

而礼学,正是朱子学术世俗关怀最集中和典型的表现。

(一)

什么是"礼"? 朱子认为,"礼"即"理",礼是天理的外在形式,"礼"与"理"是互为表里的。他说:"礼者,天理之节文,人事之仪则。"[3]他认为"礼"与"理"的主要区别是,"理"是形而上的,是一种无形无迹的观念形态,而"礼"则是形而下的、可见、可行、可凭据的实践形态。他说:"礼即理也,但谓之理,则疑若未有形迹之可言。制而为礼,则有品节文章之可见矣。"[4]他进一步解释说:"所以礼谓之'天理之节文'者,盖天下皆有当然之理。今复礼,便是天理。但此理无形无影,故作此礼文,画出一个天理与人看,教有规矩可以凭据,故谓之'天理之节文'。"[5]有学生问朱子,"礼"之所以叫做"礼"而不谓之"理",是不是因为"礼"是实在的、具体的、有可以落实的地方? 朱子回答说:"只说理,却空去了。这个礼,是那天理节文,教人有准则处。"[6]

朱子又认为,礼是"人事之仪则",也就是说,礼是人们行为处世及处理人际关系的行为准则、道德规范和礼仪制度。朱子在解释《孟子》"博学而详说之,将以反说约也"时说:"何谓约? 礼是也。"[7]他认为,礼就是约。什么是约呢? 他说就是"上自朝廷,下达闾巷,其仪品有章,动作有节。"[8]约,有二层含义,一为"要",一为"约束"。要就是主要的原则、规范,而这些原则规范是用来约束人的行为举止的。细察朱子在各种场合使用"约"字的情况,可以发现,他有时用第一义,有时用第二义,而更多的时候则二种含义兼而有之。在解释孔子"博我以文,约我以礼"时,他先引用侯氏曰:"博我以文,致知格物也。约我以礼,克己复礼也。"[9]再引胡氏曰:"惟夫子循循善诱,先博我以文,使我知古今,达事变,然后约我以礼,使我尊所闻,行所知。"[10]这里约的主要含义在"要"、在"知"——即原则、规范。在解释"君子博学于文,约之以礼,亦可以弗畔矣夫"时,他说:"君子学欲其博,故于文无不考;守欲其要,故其动必以礼。如此,则可以不背于道矣。"[11]并引程子曰:"博学于文而不约之于礼,必至于汗漫。博学矣,又能守礼而由于规矩,则亦可以不畔道矣。"[12]这里他强调的是约的"约束"之义。所以,他说,有君臣关系,就必然有君臣相处的原则、规范;有夫妇关系,就必然会有夫妇相处的原则、规范;父子、朋友、师长莫不如此,这就是礼。

朱子的理学思想,特别重视礼的实行和执行。他认为,既然礼具有天理的本质及其规范性,那么,践履就是天理在现实生活中得以实现的唯一途径。所以,他认为,"礼者,履也,谓昔之诵而说者,至是可践而履也。"[13]他认为,礼的践履是第一性的。

古代未必有礼经(文字),他指出:"然古礼非必有经,盖先王之世,上自朝廷,下达闾巷,其仪品有章,动作有节,所谓礼之实者,皆践而履之矣。故曰'礼仪三百,威仪三千,待其人而后行',则岂必简策而后传哉!"[14]他还特别强调"知崇礼卑",指出,践履礼,不能好高骛远,更不能厌弃礼的卑微与琐碎,礼正是在日常生活的各种细节中体现出来的。惟其如此,才能够"成性存存,而道义出矣"[15]。

在朱子庞大的理学体系中,礼学占据极其重要的位置。朱子集理学之大成,构建了以性理学说为核心的形而上的理学体系。但是,他同样关注与重视"天理"与"人心"的连接与过渡,重视"天理"对形而下的世俗社会的影响与干预。在他看来,"礼"就是进行这种影响和干预的最有力的手段。所以他说:"礼者,天理之节文,人事之仪则也。"他的学生兼女婿黄榦对此解释说:"盖自天高而地下,万物散殊,礼之制已存乎其中矣……人禀五常之性以生,则礼之体始具于有生之初。形而为恭敬辞逊,著而为威仪度数,则又皆人事之当然而不容已也。圣人因人情而制礼,既本于天理之正。隆古之世,习俗醇厚,亦安行于是理之中。世降俗末,人心邪僻,天理埋晦,于是始以礼为强世之具矣。先儒取其施于家者,著为一家之书,为斯世虑至切也。晦庵朱先生以其本末详略犹有可疑,斟酌损益,更为《家礼》。务从本实,以惠后学。盖以天理不可一日而不存,则是礼亦不可一日而或缺也。先生教人,自格物、致知、诚意、正心以修其身,皆所以正人心复天理也。则礼其可缓与?"在他看来,理与礼互为表里,理,是管人的内心——心性;礼是管人的行为——节文。理与礼的结合,就实现了一个文明人所必须具备的由内而外的天衣无缝的塑造。他认为,礼是理的"事"化

和"物"化,"礼"中自然包含着"理"。他把这比喻为形和影的关系。

在一次与学生讨论《论语·子路》"卫君待子为政"章时,学生问他"何以谓之'事不成则礼乐不兴?'"朱子回答说:"'事不成'以事言;'礼乐不兴'以理言。盖事不成,则事上都无道理了,说甚礼乐!"[16]学生又问:"此是礼乐之实,还是礼乐之文?"朱子说:"实与文元相离不得。譬如影便有形,要离那形说影不得。"[17]又说:"事不成,如何得有礼乐耶?""事若不成,则礼乐无安顿处。"[18]

理蕴含在礼中,礼表现在"事"、"物"中。

(二)

朱子不是一个空头理论家,他生活在理性的象牙塔的顶端,但他的目光始终关注着世俗社会和现实政治,他是一个具有社会抱负和历史使命感的知识分子。他之所以关注礼学,一个很重要的原因是,他把"礼"视为改造社会、重塑社会秩序和移风易俗的重要工具。

他认为,"礼"之为用,一个重要的功能是规范"秩序",这秩序包括人伦之序、君臣之序及各种社会关系之序。他说:"礼是有序,乐是和乐。"[19]"大凡事须要节之以礼,和之以乐。事若不成,则礼乐无安顿处。礼乐不兴,则无序不和。"[20]"礼乐只是一件物事,安顿得齐齐整整,有次序,便是礼。"[21]朱子有很多与友人的书信讨论"礼",讨论的问题非常具体,如论庙室之向与座位的方向,如讨论丧礼的服制,这些仪式、形式、服饰,在朱子的眼中体现了一个"序"字。他认为,礼仪是社会秩序的物化、形式化,不能乱,一乱就失序了,而失序则

必然导致社会结构的瓦解和动荡。

钱穆先生在《朱子新学案》中说:"盖礼之传世,在上则为典章制度,在下则为风俗教化。朱子所用力者,实欲汇通义理考据,溯往古之旧文,应当前之实用。其议丧服,议庙祧,皆当时朝廷大典礼,而亦有关教化之大,固非区区徒为钩沉炫博,媚古专经之比。至其为古经定制,非一字不可增损,而汉儒之学有补世教,此又非徒争程门义理为直接孔孟传统者所与知。亦非清儒专意尊汉抑宋,惟尚文字考据者所能测。至于议礼而遭忌逐,党禁之祸因此而起。治史者于此,可知在朱子当时,礼学仍为治国立政宣教化民一要项,非可用今人眼光忖测。"[22]绍熙五年(1194 年)邵因刻张栻的《三家礼范》于长沙郡学,朱子为作跋,曰:"呜呼,礼废久矣!士大夫幼而未尝习于身,是以长而无以行于家。长而无以行于家,是以进而无以议于朝廷,施于郡县;退而无以教于闾里,传之子孙,而莫或知其职之不修也。长沙郡博士邵君因得吾亡友敬夫所次《三家礼范》之书,而刻之学宫,盖欲吾党之士相与深考而力行之,以厚彝伦而新陋俗,其意美矣。"[23]朱子于此明确揭示"礼"对于移风易俗的重要作用。按《三家礼范》今佚,据朱子之跋语可以推知其为"家礼"一类著作。朱子对"家礼"、"乡约"、"乡仪"一类著作非常重视,他多次为此类著作写序作跋并鼓励刊刻广为发行。这是因为他明白,此类民间之"礼"书,具有十分有效的"厚彝伦而新陋俗"的作用。据束景南《朱熹年谱长编》考订,淳熙二年(1175 年),朱子始作《家礼》,同年修订《祭仪》,作《增损吕氏乡约》,为《蓝田吕氏乡约》、《蓝田吕氏乡仪》作跋。乾道元年至九年(1169—1173 年)修订《祭仪》。如此密集地修礼、论礼是事出有因的,是朱子初任地方官以后对民间风俗、风气作深入考察而

有了切身体验后,对整顿礼制,推行礼制之迫切性所作出的学术反应。

(三)

绍兴二十三年(1153 年)7 月,朱子赴任同安主簿,这是他一生中的第一个地方官职。到任以后,他除了大力整顿县学外,上书"申严婚礼"曰:

> 窃惟礼律之文,婚姻为重,所以别男女、经夫妇,正风俗而防祸乱之原也。访闻本县自旧相承,无婚姻之礼,里巷之民贫不能聘,或至奔诱,则谓之引伴为妻,习以成风。其流及于士子富室,亦或为之,无复忌惮。其弊非特乖违礼典、渎乱国章而已,至于妒媚相形,稔成祸衅,则或以此杀身而不悔。习俗昏愚,深可悲悯。[24]

朱熹同时作《民臣礼议》,建议朝廷颁布州县予以实行。同安主簿的地方官经历,使朱子对民间习俗的混乱、迷失与糜烂有了非常深刻的了解,他说:"臣窃观今日天下之势,如人之有重病,内自心腹,外达四肢,盖无一毛一发不受病者。"[25]他把"振举纲维、变化风俗"列为"今日之急务"。正是出于对现实社会风气败坏的担忧,所以,朱子在编修礼书时作出了十分有针对性的安排。

宋廷南迁以后,由于退守仓皇,北宋时代长期积累而成的各种礼仪制度都受到了极大的破坏,连年的战争又使统治者无暇重拾礼制,于是民间邪教、淫祠趁虚而入,占领了本应属于儒学传统的各种祭礼及婚丧仪式。尤其是佛、道两教在民间传播影响之大,已对儒学的传统构成了极大的威胁。朱子在《乞增修礼书状》中揭示了这种情况:"今州郡封域不减古之诸侯,而封内

名山大川未有望祭之礼，其有祠庙，亦是民间所立，淫诬鄙野，非复古制。顾乃舍其崇高深广、能出云雨之实，而伛偻拜伏于土木偶人之前，以求其所谓滋养润泽者，于义既无所当，又其牲牢器服一切循用流俗亵味燕器，欲礼又无所稽。至于有山川而无祠庙者，其岁时祈祷，遂不复祭于山川，而反求诸异教淫祠之鬼。此则尤无义理，而习俗相承，莫知其谬。"[26]所以，他要求朝廷镂版颁降《政和五礼新仪》，并称此举乃"化民善俗之本，天下幸甚"。[27]

在朱子的时代，另一种社会风气也是令朱子十分警惕的，那就是奢靡之风。绍熙五年（1194年），上《乞讨论丧服札子》论嫡孙承重之服，主张应"以布衣布冠视朝听政，以代太上皇帝躬执三年之丧"。而用"漆纱浅黄之服，不唯上违礼律，无以风示天下，且将使寿皇已革之弊去而复留，已行之礼举而复坠。"[28]所以，他希望宁宗能够"明诏礼官稽考礼律，预行指定，其官吏军民男女方丧之礼，亦宜稍为之制，勿使过为华靡"。[29]

此乃宫廷奢靡，而民间奢靡之风同样令朱子十分忧虑。朱子《家礼·通礼》章全引司马光《居家杂仪》，其第一条即告诫曰：

> 凡为家长，必谨守礼法，以御群子弟及家众。分之以职，授之以事，而责其成功。制财用之节，量入以为出，称家之有无以给，上下之衣食，及吉凶之费，皆有品节，而莫不均一。裁省冗费，禁止奢华。[30]

"亲迎"章，朱子保留了司马光《书仪》中之"铺房"，这是自北宋时已形成的一种民间习俗，即在亲迎前一日，女方派人到男方家中陈设新房，并将陪嫁之物陈列展示。这是古礼中所没有的内容，但民间已非常普及，故司马光的《书仪》中予以保留，但规定："床榻荐席桌椅之类，婿家当具之，毡褥

帐幔衾绸之类女家当具之。所张陈者，但毡褥帐幔帷幕之类应用之物，其衣服、袜履等不用者，皆锁之箧笥。"[31]这正是为了避免当时竞相奢华，互相攀比之陋习。朱子《家礼》亦保留了司马光的内容，语言则更简洁和明确："世俗谓之铺房。然所张陈者，但毡褥帐幔帷幙应用之物，其衣服镶之箧笥，不必陈也。"[32]接着，朱子又引用了司马光的一大段议论曰："文中子曰：'婚娶而论财，夷虏之道也。'夫婚姻者，所以合二姓之好，上以事宗庙，下以继后世也。今世俗之贪鄙者，将娶妇，先问资装之厚薄；将嫁女，先问聘财之多少。至于立契约云，某物若干某物若干，以求售其女者，亦有既嫁而复欺绐负约者，是乃驵侩卖婢鬻奴之法，岂得谓之士大夫婚姻哉？其舅姑既被欺绐，则残虐其妇，以摅其忿，由是爱其女者，务厚其资装，以悦其舅姑者，殊不知彼贪鄙之人，不可盈厌，资装既竭，则安用汝女哉？于是质其女以责货于女氏，货有尽而责无穷，故婚姻之家往往终为仇雠矣。是以世俗生男则喜，生女则戚，至有不举其女者，用此故也。然则议婚姻有及于财者，皆勿与为婚姻可也。"[33]这真是一段振聋发聩的高论。从司马光的时代到朱子的时代，跨度长达一个多世纪，但从北宋到南宋，社会竞靡的风气依然不见改观，故朱子作《家礼》，不得不再次引用前贤之论，以警示时人。

（四）

余英时先生在其大著《朱熹的历史世界》中反复强调了宋代士阶层政治意识的觉醒及其以"天下为己任"的历史自觉性，而秩序的重建则是贯穿于宋代理学从发生、发展到壮大全过程的永恒主题。他指

出，张载"有意三代之治，但他的着手点却是本乡以'礼'化'俗'，即所谓'纵不能行之天下，犹可验之一乡'"。"吕氏兄弟在张载逝世之年（1077 年）正式建立著名的'乡约'，便是继承其师'验之一乡'的遗志。范仲淹首创'义庄'这一事实，则更进一步说明士大夫重建秩序的理想同样可以'验之一族'。'义庄'与'乡约'同是地方性的制度，也同具有以'礼'化'俗'的功能。他们同时出现在 11 世纪中叶，表示士大夫已明确地认识到：'治天下'必须从建立稳定的地方制度开始。这本是儒家的老传统，即所谓'儒者在本朝则美政，在下位则美俗'。但北宋士大夫所面对的是一个转变了的社会结构，他们不得不设计新的制度来重建儒家秩序，无论是王安石的新法、吕氏'乡约'或范氏'义庄'，虽有全国性与地方性之异，都应作如是观。所以分析到最后，宋代从中央到地方的许多革新活动，背后都有一股共同的精神力量，这便是当时所谓'以天下为己任'。朱熹释张载《西铭》'吾其体，吾其性'说：'有我去承当之意。'总之，宋代的'士'以政治、社会的主体自居，因而显现出高度的责任意识，这是无法否认的。"[34]

如果说，张载者流是在一乡一村做着理学家们的以"礼"化"俗"的社会实践的话，那么王安石则是希望通过君主的支持而进行一场全国性的化俗之运动。他的"变法"主张，其实就是一个不满于社会现实政治、文化、经济秩序的儒者试图变易旧法而改造社会的变革实验。其实，王安石欲行改革，起初朝野上下的有识之士都是认可的。"新法之行，诸公实共谋之，虽明道先生不以为不是。盖那时也是合变时节。"[35]可见，当时的社会现实，是到了不变不行的时候。"合变时节"一词，正说明了易风移俗已成了社会进步与发展的必由

之路。但是他的改革以失败告终。究其原因，朱子认为除了王安石性格上的问题外，最主要的是他的"学术不正"。他说："王荆公遇神宗，可谓千载一时，惜乎渠学术不是，后来直坏到恁地。"[36]他认为，王安石的问题是对儒学的传统及其内涵，没有一个正确和完整的理解，用他的话来说就是"见道理不透彻"。"先生论荆公之学所以差者，以其见道理不透彻。因云：'洞视千古，无有见道理不透彻而所说所行不差者。但无力量做得来，半上落下底，则其肤浅。如庸医不识病，只胡乱下那没紧要底药，便不至于杀人。若荆公辈，他硬见从那一边去，则如不识病证，而便下大黄、附子底药，便至于杀人。'"[37]王安石的失败，给了朱子以反面的教育，他体悟出一场大的社会变革，必须有一个正确的理论的指导，所以，他从儒学的基本经典入手，加以思辨地、深入地和形而上的研究，构筑了一套完整的理学体系。就"礼"学而言，他在建构自己的"礼"学体系时，首先下大力气研究的是儒学关于"礼"的基本经典——"三礼"，及其三者之关系。他认为，《周礼》为礼乐之纲领，《仪礼》乃礼之本经，《礼记》乃《仪礼》之义疏。当他理顺了三礼之间的关系时，他意识到《仪礼》是礼之经，于是转而深研《仪礼》，花了毕生精力予以整理、注释，《仪礼经传通解》便是他心血的结晶。其子朱在曰："先君所著《家礼》五卷、《乡礼》三卷、《学礼》十一卷、《邦国礼》四卷、《王朝礼》十四卷，今刊于南康道院。其曰《经传通解》者凡二十三卷，盖先君晚岁之所亲定，是为绝笔之书。"[38]正因为有了对儒家"礼"学经典的深入与整体的把握，所以他能游刃有余地、因时制宜地、与时俱进地制定出《家礼》等新礼书。

历时三百余年的宋朝，由于战乱频仍，似乎始终处于不停地"稳定—变革—战

争—稳定—变革—战争"的循环之中。从大环境看,有宋一朝,稳定时间短,而战争(或准战争)时间长。而一旦社会稍趋稳定,那些有志于社会改革和重建儒学政治社会秩序的知识分子便会发出改革的呼声并付诸实践,从庆历新政到王安石变法再到南宋理学的大兴,无不印证了这一规律。而几乎绵延于南宋朝始终的一场声势浩大的理学运动,则是贯穿于整个宋代社会改良与儒家秩序重建运动中最具影响力的。其之所以最具影响力,除了因为以朱子为代表的儒学理论体系已达到了当时不可逾越的思想与学术高度外,还因为,朱子注意到了形而下的世俗的向度,这一向度使他的理论能深植于民间和草根,以致成为中国人生命与思维方式的组成部分而影响中国社会长达八百余年。

余　论

笔者认为,朱子的学术,绝不仅仅是一种"文本的儒学",而是一种"行动的儒学"。所谓行动的儒学,就是说,这种理论,并不仅仅是供把玩的、研究的、推演的、思辨的,而是除此之外还应该实行的、践履的。

朱子是中国古代复兴儒学的最伟大和最成功的思想家。他重视"天理"对世俗社会的影响与干预。在他看来,儒家的礼仪就是把天理与人世间进行对接和过渡的最好方式。他把"礼"看作是对"理"的践履。如果"理"是"知",那么,"礼"就是行。同时他又强调礼对人的约束作用,他认为,人只有"动必以礼",才能"不背于道"。朱子强调内容与形式的结合,使内容与形式互为表里,这使他的理学体系成为一个严整和周密的系统,同时也使理学的理论能够起到反哺社会、维护和规范社会秩序的作用。

今天当我们仔细地回顾和研究朱子的学术之路,我们不能不说,他的理论、思想、方法依然对当今中国社会具有深刻的启迪与借鉴作用。

中国大陆改革开放30余年来,取得了经济高速发展的世界奇迹。但是,中华民族的伟大复兴并不会因为经济的复兴而自然实现,它还必须依赖于文化的复兴。而文化的复兴,其中很重要的一个方面就是以儒家文化为核心的传统文化的复兴。其中"礼"学的复兴,则更具有现实的迫切性。

改革开放以后,国门大开,中国社会对外来文化(主要是以美国为代表的西方文化)采取了不加甄别地全盘开放与照单全收的态度,以致西方文化如水银泻地般渗入中国社会的各种肌体。由此而带来的严重后果是传统道德的迷失与基本行为规范的缺位。现在中国人被西方人诟病最甚的"不诚信"、造假,即是传统道德迷失的最集中的表现。现代中国人被西方人指为"不文明"的"粗鲁"、"野蛮",则是中国传统的基本行为规范缺位的必然后果。所以,我们要重拾传统(请注意,不是"重建")、回归传统,这"传统"就是中国的"礼"。

近年来,中国大陆提倡"和谐",之所以倡导和谐,当然是因为不和谐,实际上,"和谐"背后反映的恰恰是社会秩序混乱。提倡和谐,实质上就是要重建合理的、科学的和稳定的社会秩序。这一社会诉求,也许正可以从以朱子为代表的"礼"学复兴的社会实践中汲取教益。

西方文化对中国本土文化的冲击是全方位的,其中民间习俗的被西化与被边缘化是一个十分严重的问题。面对西风席卷、西俗泛滥、中华传统的社会礼俗被全盘西化的社会现实,代表本土文化和传统的儒家"礼仪"完全可以从朱子"礼"学的精神宝库中获得武器以对全盘西化发起挑战,从而夺得中华文化自我救赎的一席之地。

社会的和谐离不开民众素养的培育与养成。中国经过"文化大革命"的"洗礼",民族素养严重滑坡,以俗为美,以粗野为高雅,以鄙陋为文明,几乎成了整个社会的正常风气。此外,中国社会千百年来由儒家"礼俗"养育而成的各种社会规范,如尊师重教,如敬老爱幼,如礼让为先,如尊卑有序,如父慈子孝,如夫妇有别等等均被当作封建意识形态之病患而破坏殆尽。所以,如何提升全民族的文明素质,实在是当今中国社会非常迫切要解决的大事。社会规范是社会大众共同认可而自觉遵守的约定俗成,一个社会的成熟与否,这种约定俗成的社会规范是其主要的内涵。中国社会经过几千年的发展,好不容易有了一种被世人称为"礼仪之邦"的社会约定俗成,可惜被一旦毁弃,而如今要恢复它,谈何容易。朱子曰:"礼不难行于上,而欲其行于下者难也。"[39]就是看到了礼之成俗之难,这需要长时间地不懈地推行、实施和潜移默化。

这也许正是我们今天来讨论朱子"礼"学的现时代意义。

注　释

[1] 余英时:《朱熹的历史世界》,北京三联书店 2004 年版,第 11 页。

[2] 田浩:《朱熹的思维世界》(增订版),江苏人民出版社 2009 年版,第 2～3 页。

[3] 朱熹:《晦庵先生朱文公文集》卷 60,收入朱杰人等主编《朱子全书》(修订本)第 23 册,上海古籍出版社、安徽教育出版社 2010 年版,第 2894 页。

[4] 朱熹:《晦庵先生朱文公文集》卷 60,第 2893 页。

[5] 朱熹:《朱子语类》卷 42,收入朱杰人等主编《朱子全书》(修订本)第 15 册,上海古籍出版社、安徽教育出版社 2010 年版,第 1494 页。

[6] 朱熹:《朱子语类》卷 41,收入朱杰人等主编《朱子全书》(修订本)第 15 册,上海古籍出版社、安徽教育出版社 2010 年版,第 1454 页。

[7] 朱熹:《晦庵先生朱文公文集》卷 74,收入朱杰人等主编《朱子全书》(修订本)第 24 册,上海古籍出版社、安徽教育出版社 2010 年版,第 3585 页。

[8] 朱熹:《晦庵先生朱文公文集》卷 74,第 3585 页。

[9] 朱熹:《论语集注》,收入朱杰人等主编《朱子全书》(修订本)第 6 册,上海古籍出版社、安徽教育出版社 2010 年版,第 142 页。

[10] 朱熹:《论语集注》,第 142 页。

[11] 朱熹:《论语集注》,第 117 页。

[12] 朱熹:《论语集注》,第 117 页。

[13] 朱熹:《晦庵先生朱文公文集》卷 74,收入朱杰人等主编《朱子全书》(修订本)第 24 册,上海古籍出版社、安徽教育出版社 2010 年版,第 3585 页。

[14] 朱熹:《晦庵先生朱文公文集》卷 74,第 3586 页。

[15] 朱熹:《书晦庵先生家礼后》,收入朱杰人等主编《朱子全书》(修订本)第 7 册,上海古籍出版社、安徽教育出版社 2010 年版,第 949 页。

[16] 朱熹:《朱子语类》卷 43,收入朱杰人等主编《朱子全书》(修订本)第 15 册,上海古籍出版社、安徽教育出版社 2010 版,第 1519 页。

[17] 朱熹:《朱子语类》卷 43,收入朱杰人等主编《朱子全书》(修订本)第 15 册,上海古籍出版社、安

徽教育出版社 2010 版,第 1519 页。

[18] 朱熹:《朱子语类》卷 43,第 1519 页。

[19] 朱熹:《朱子语类》卷 43,第 1519 页。

[20] 朱熹:《朱子语类》卷 43,第 1519 页。

[21] 朱熹:《朱子语类》卷 43,第 1519 页。

[22] 钱穆:《朱子新学案》第 4 册,台北三民书局 1989 年版,第 147 页。

[23] 朱熹:《晦庵先生朱文公文集》卷 83,收入朱杰人等主编《朱子全书》(修订本)第 24 册,上海古籍出版社、安徽教育出版社 2010 年版,第 3920 页。

[24] 朱熹:《晦庵先生朱文公文集》卷 20,收入朱杰人等主编《朱子全书》(修订本)第 21 册,上海古籍出版社、安徽教育出版社 2010 年版,第 896 页。

[25] 朱熹:《晦庵先生朱文公文集》卷 11,收入朱杰人等主编《朱子全书》(修订本)第 11 册,上海古籍出版社、安徽教育出版社 2010 年版,第 590 页。

[26] 朱熹:《晦庵先生朱文公文集》卷 20,收入朱杰人等主编《朱子全书》(修订本)第 21 册,上海古籍出版社,安徽教育出版社 2010 年版,第 932～933 页。

[27] 朱熹:《晦庵先生朱文公文集》卷 20,第 930 页。

[28] 朱熹:《晦庵先生朱文公文集》卷 14,收入朱杰人等主编《朱子全书》(修订本)第 20 册,上海古籍出版社,安徽教育出版社 2010 年版,第 686 页。

[29] 朱熹:《晦庵先生朱文公文集》卷 14,第 686 页。

[30] 朱熹:《家礼》卷 1,收入朱杰人等主编《朱子全书》(修订本)第 7 册,上海古籍出版社,安徽教育出版社 2010 年版,第 880～881 页。

[31] 文渊阁四库全书电子版,香港迪志文化出版有限公司 2008 年版。

[32] 朱熹:《家礼》卷 3,收入朱杰人等主编:《朱子全书》(修订本)第 7 册,上海古籍出版社、安徽教育出版社 2010 年版,第 897 页。

[33]《家礼》卷 3,第 897～898 页。

[34] 余英时:《朱熹的历史世界》,三联书店 2004 年版,第 219～220 页。

[35] 朱熹:《朱子语类》卷 130,收入朱杰人等主编《朱子全书》(修订本)第 18 册,上海古籍出版社、安徽教育出版社 2010 年版,第 4035 页。

[36] 朱熹:《朱子语类》卷 130,收入朱杰人等主编《朱子全书》(修订本)第 18 册,上海古籍出版社、安徽教育出版社 2010 年版,第 4034 页。

[37] 朱熹:《朱子语类》卷 130,第 4036 页。

[38] 朱熹:《乞修三礼劄子》,收入朱杰人等主编《朱子全书》(修订本)第 2 册,上海古籍出版社、安徽教育出版社 2010 年版,第 26 页。

[39] 朱熹:《晦庵先生朱文公文集》卷 69,收入朱杰人等主编《朱子全书》(修订本)第 23 册,上海古籍出版社、安徽教育出版社 2010 年版,第 3352 页。

(原载《展望未来的朱子学研究——朱子学会成立大会暨朱子学与现代跨文化意义国际学术研讨会论文集》,厦门大学出版社 2012 年版,作者单位:华东师范大学古籍所)

朱子与儒家的精神传统

刘 述 先

通过当代新儒家的努力，儒家不再被误解为仅是一俗世伦理，这一传统被归入世界精神传统系列就是一个明证。[1]"儒家"（Confucianism）一词歧义甚多。我提议分别开三个不同而互相关联的面相来讨论：精神的儒家（spiritual Confucianism）、政治化的儒家（politicized Confucianism）与民间的儒家（popular Confucianism）。很自然地，我主要的关注集中在儒家精神的大传统方面。牟宗三先生首先提出儒家哲学三个大时代的说法，由杜维明广布于天下，我也认同这一说法。2005年香港中文大学新亚书院邀请我回去做第十八届钱宾四先生学术文化讲座，我讲的正是："论儒家哲学的三个大时代"，抒发我自己对先秦儒学、宋（元）明儒学、现代新儒学的诠释与理解。[2]

先秦儒学最关键性的人物是孔子，他并不是儒家传统的创始者，他继承的是周文。但到春秋时代，周文疲弊，礼教不兴，他为礼找到内在的根源，所谓"克己复礼为仁"[3]。生命以仁为终极关怀，这开启了儒家内圣的道路。孔子透过具体的行事因材施教给门徒以指引，表面上看来不成体系，其实"吾道一以贯之。"曾子的阐释是："夫子之道，忠恕而已矣。"[4]朱熹《四书集注》谓："尽己之谓忠，推己之谓恕"，大体得之。孔子学问的核心是"为己之学"。中国缺少近代西方式的个人主义（individualism），

但绝非不重视个体。除了推己及人之外，还强调："下学而上达，知我者其天乎！"[5]天是超越的层面，在过去一直未受到充分的重视和讨论。表面上看，孔子的"天"也可以理解成为人格神，但与亚伯拉罕传统（犹太教、基督宗教、伊斯兰教）的上帝不同，不显意志，也不创造奇迹。孔子的"无言之教"是一真正的突破，他说："天何言哉？四时行焉，百物生焉，天何言哉？"[6]天在这里已完全没有人格神的特征，但又不可以把天道化约为自然运行的规律。孔子一生对天敬畏，他说："君子有三畏：畏天命，畏大人，畏圣人之言。小人不知天命而不畏也，狎大人，侮圣人之言。"[7]小人怕的是上天的震怒，爱的是上天的眷顾，故多避祸祈福的举动，对默运的天道不只没有感应，还加以排斥。但孔子加以扭转，天是无时无刻不以默运的方式在宇宙之中不断创造的既内在而超越的精神力量，也是一切存在价值的终极根源。

孟子继承孔子的思想，牟宗三先生说：孟子的思想纲领是"仁义内在，性由心显"，大体得之。孟子道性善，他说的是"本性"，这又是一个突破。由恻隐之心这样"本"的呈现，不只可以接上内在的本性，还可以通往超越的天道。所谓尽心、知性、知天，我们所以能够知天，正因为我们生命的根源来自上天的禀赋。但荀子却回到"生之谓性"的老传统，主张性恶，与孟子缺乏交集，

讲的是经验现实的层面,又主张自然的天论,完全失落了超越的层面,所以被宋儒摒弃在"道统"以外。但荀子讲"化性起伪",也认为人有巨大的可能性。他隆礼、传经,对儒家传统也作出了巨大的贡献。[8]宋儒又从《小戴礼记》抽出《大学》与《中庸》两篇,与《论语》《孟子》组成四书,对后世造成了深远的影响。《大学》讲三纲领:明德、亲民、止于至善;八条目:格、致、诚、正、修、齐、治、平,为后世"内圣外王"的理想竖立了一个大体的准绳。《中庸》是儒家典籍中最富有哲学意味的一篇,前半讲未发、已发的修养工夫,致中和,天地位,万物育;后半集中在"诚"的体证与阐发,所谓诚者,天之道,诚之者,人之道,展示了通过实践体现形而上睿慧的意涵。最后,孔子与其后学藉《易传》的阐发,把原来只是一部卜筮之书化腐朽为神奇,转化成为一部哲学宝典。[9]

由以上所述,可见先秦儒学在理念、典籍、实践三个层面已树立了规模,有待后来者进一步阐发与拓展。但在历史文化发展的过程中,儒学首先经过了汉代的曲折。汉初因受暴秦夭亡的教训,鄙弃法家,用黄老之术,与民休息。到汉武帝时国势强盛,乃转趋儒家,利用儒生巩固君王的统治,自此以往,"政治化的儒家"成为主流。士成为君王与百姓的中介阶层,形成一超稳定结构,一直到西风东渐,清廷覆亡,制度化的儒家(institutional Confucianism)划下句点,儒家才由中心被逐到边缘,这是后话,暂先搁置。汉代虽无与于道统,但以德治国,所谓"独崇儒术,罢黜百家"固然过分夸张,然而推动儒家教化,建造伟大中华文明,还是可以大书特书。老百姓勤劳节俭,崇尚教育,接受阶层秩序,倾向服从权威。所谓"民间的儒家"只是一种不自觉的心习,民俗兼融道佛信仰,乐天安命,由于缺

乏声音,一向受到漠视。一直到 20 世纪 70 年代东亚四小龙(台、港、新、韩)创造经济奇迹,才引起社会学家的注目。然而这些都不是本文中心关注所在,一笔带过算数。

回到精神传统,汉末天下大乱,除了科举为晋身之阶以外,经学根本不能满足知识分子精神的需要。他们倾向三玄(易、老、庄),被新玄学所吸引。而佛教自汉明帝之时传入中国,经过长期发酵以后,隋唐佛学人才鼎盛,中国式佛学:华严、天台、禅,吸引了知识分子的关心。经历五代,宋代儒学必须面对两大挑战,一则道德沦丧,不堪闻问;二则异学(道佛二氏)兴盛,儒学低迷。正是在这样的情形之下,宋明理学开创一条新的道路,力抗时流回归孔孟,并转化华严的"空理"为儒家的"性理"。这在某一意义下造成了中国文化的文艺复兴,下开了儒家哲学的第二个黄金时代。[10]

北宋理学代表人物无疑是洛学程颢(明道)、程颐(伊川)兄弟。伊川作《明道先生行状》云:"先生为学,自十五六时,闻汝南周茂叔论道,遂厌科举之业,慨然有求道之志。未知其要,泛滥于诸家,出入于老、释者几十年,返求诸六经而后得之。明于庶物,察于人伦。知尽性至命,必本于孝弟;穷神知化,由通于礼乐。辨异端似是之非,开百代未明之惑。秦汉而后,未有臻斯理也。谓孟子没而圣学不传,以兴起斯文为己任。"[11]

这说明了明道虽受到濂溪的启发,但并不传濂溪的学问。他面对二氏的挑战,回归圣学的传统,超越汉唐,直承孟子,跨越千年,担起传承道统的责任。但基础何在呢?必须归本于性命,明道自承:"吾学虽有所受,'天理'二字,却是自家体贴出来。"[12]与横渠不同,明道不作宇宙论的铺陈,直截地体证了内在于自己生命的超越

的天理。二程兄弟大方向一致，但明道圆融，伊川分解，也有重大的差别。[13]把宋明理学发展成为时代主流最关键性的一个人物就是南宋的朱熹。他继承的是伊川的思路，将之发展为整体的哲学，建构了一个心、性、情三分架局，完成了他的理气二元不离不杂的形上学。[14]我首先要强调的是朱子是圣学的一支。他少年时便已关注"为己之学"。苦参中和多年，回归伊川"涵养须用敬，进学则在致知"，如此"静养动察"分有所属，"敬贯动静"，涵养于未发，察识于已发，这才走上了他自己成熟思想的路数。他一生强探力索，学问博大精深，日后被推许为集大成，绝不是偶然的。然而他所作出的综合，却不是没有问题的，但非当前重点所在，本文不及。

二程担负道统，但道统的建构要到朱子才完成。在《中庸章句序》中，他说："道统之传有自来矣。其见于经，则允执厥中者，尧之所以授舜也。人心惟危，道心惟微，惟精惟一，允执厥中者，舜之所以授禹也。……自是以来，圣圣相承……若吾夫子则虽不得其位，而所以继往圣开来学，其功反有贤于尧舜者。然当是时，见而知之者，惟颜氏、曾氏之传得其宗。及曾子之再传，而复得夫子之孙子思。……又再传以得孟氏。……及其没而遂失其传焉。……故程夫子兄弟者出，得有所考，以续乎千载不传之绪。"[15]

这是何等的大手笔！朱子很清楚，他所面对的不是历史考据的问题。尧、舜、禹三圣在上古之世，孔子的时代已经文献不足，怎么能够证明舜、禹之间有"危、微、精、一"的十六字心传？这明显是精神信仰的传承。清儒阎若璩指出，十六字心传出于伪《古文尚书》《大禹谟》，表面上看，似乎对宋儒建构的道统造成致命的打击，其实不然。因为这是"信仰"（faith）的领域，不

是"知识"（knowledge）的领域。以生命投注的精神信仰是不会因为文献考证的"臆说"（opinions）而动摇的。而令人惊诧的是，朱子对道统的理解还有进于孟子处。孟子慨叹，夫子因得不到举荐，故不得其位，而感到遗憾。[16]朱子却掉转师道与君道的位置，推崇夫子"继往圣开来学，其功反有贤于尧舜者"。想想这在当时引起了多大的震撼！仕人臣服君王只是尊君王之位，而君王必须对德低头。朱子正因有这样的精神传统做后盾，才敢于面圣斥君之非，并贬抑汉唐（功利）。这或者不免过分，但有精神传统为终极关怀的儒者的独立思考与批判精神，岂是一般俗儒可以了解于其万一的。

犹有进者，对于朱子，回归孔孟固然重要，但更有必要重视当前的资源。于是他和吕东莱合编《近思录》，选录北宋濂溪、明道、伊川、横渠的文字，共十四卷：（1）道体，（2）为学，（3）致知，（4）存养，（5）克治，（6）家道，（7）出处，（8）治体，（9）治法，（10）政事，（11）教学，（12）警戒，（13）辨异端，（14）观圣贤。卷一论义理之本原，然后自近及远，自卑升高，形成整个的体系。[17]

"近思"二字出自《论语》，其曰："子夏曰：博学而笃志，切问而近思，仁在其中矣。"[18]正如朱子的门徒叶采（平岩）《集思录集解》原序曰：

　　尝闻朱子曰：四子，六经之阶梯；《近思录》，四子之阶梯。盖时有远近，言有详约不同，学者必自近而详者，推求远而约者，斯可矣。

我们现在讲宋明理学，习惯讲濂、洛、关、闽，中学教科书就是这样讲，却没有意识到，原来这正是朱子迈越时流，通过编纂《近思录》建构起来的思路。周濂溪无籍贯名，官阶也不高，仅只是二程的家庭教师而已，虽然对他们有所启发，但二程并不推崇

濂溪的学问。但因朱子激赏濂溪的《太极图说》，竟推尊他为宋明理学的开祖。[19]而这篇文章的第一句话："无极而太极"就引起了巨大的争议。由于"无极"一词出自《老子》，陆象山兄弟质疑此文非濂溪所作，或者是他不成熟的少作。但朱子为之辩护，否定了"自无极而太极"的版本，那隐涵了"有生于无"的道家思想。朱子将"无极而太极"理解成为"无形而有理"，乃一体之两面，自也可以言之成理。其实濂溪把道家修炼图倒转为创生的宇宙论，《太极图说》的思想与他的《通书》互相融贯，象山兄弟的质疑并没有很好的理据。后世接纳了朱子的提议，把濂溪当作开启理学思潮的人物。

接下来应该讲横渠，他年辈与濂溪相若，著《西铭》一文，是在《太极图说》之外影响整个理学思潮至深至巨的另一篇大文章。[20]文章开始讲乾父坤母，气势磅礴，宣扬"民胞物与"之旨，归结于"存吾顺事，殁吾宁也"。杨龟山怀疑此文"言体而不及用，恐其流遂至于兼爱"。伊川作出响应："《西铭》之书，推理以存义，扩前圣所未发，与孟子性善养气之论同功，岂墨氏之比哉！《西铭》明理一而分殊，墨氏则二本而无分。……子比而同之，过矣。"这是"理一分殊"见诸文字的首次，意义重大，以后发展成为宋明儒的共法。但二程都批评横渠《正蒙》讲"清、虚、一、大"表达未醇，这显然是基于误解，但横渠的表达有些滞词，的确容易引起误解，也是无可否认的事实。朱子追随二程，为了哲学的原因，把洛学移到关学之前，由此建构了濂、洛、关、闽的线索，后世以为当然，其实由思想史实际发展的线索来看，并没有必然性。由上所述，要没有横渠的《西铭》，根本不会有伊川"理一分殊"的阐发，还得先由横渠说起，而伊川讲"理一分殊"原来的论述是在道德伦理的层面，

朱子才作出"一理化为万殊"的更普遍化的论旨。另一个案例是，横渠率先划分天地之性与气质之性，二程加以首肯，才说"论性不论气，不备；论气不论性，不明"。此语《近思录》卷二归之于明道，但伊川也有同样的说法。

朱子自己的确推尊二程，以之为正统。《近思录》卷二收入了明道的《定性书》答横渠问，这加强了横渠向明道问道的印象。横渠是二程的表叔，伊川虽否认横渠曾经学于他们两兄弟，但印象既已形成，先入为主，也就难以改变了。其实横渠的思想最富原创性，他和濂溪一样有宇宙论的兴趣，对《易》有相当研究，又是礼学的专家，注重躬行实践，有多方面开启的可能性。但他喜欢作异乎寻常的表达方式不免引起误解，以至未能得到充分重视。这是很可以遗憾的一件事。就圣学的体证与阐发来看，二程的确醇化，但不免偏向内圣一边。他们完全缺乏宇宙论的兴趣，阻抑了往多方面开展的可能性，不期而然付出了沉重的代价。配合上重文轻武的国势，不免偏向一边，失去了应有的均衡，也是可憾之事。

而朱子虽推尊二程，还是在明道、伊川之间作出了明白的分疏。明道一本，伊川二元，二者的同异，此处未能深论。然而朱子明显地不契于明道浑沦的体证，故《近思录》不收《识仁篇》。朱子继承并充分加以发扬的是伊川"性即理"、"爱情仁性"的思路。他建构了一个心、性、情三分架局，服膺横渠"心统性情"之说。性理超越，只存有而不活动。情内在，有流于情欲的倾向。心是气之精爽者，具有动能；心具众理，通过工夫实践，乃能以理御情，倡导一渐教的工夫论。平心而论，程朱是圣学的一义。伊川明白德性之知与见闻之知的分别，而依《大学》所教"格物穷理"，日积月累，也可

达致一种透彻的体悟。朱子把这样的思路在他著名的《大学格物补传》发挥得淋漓尽致。他说：

> 必使学者即凡天下之物，莫不因其已知之理而益穷之，以求至乎其极，至于用力之久，而一旦豁然贯通焉，则众物之表里精粗无不到，而吾心之全体大用无不明矣。

这绝不是通过归纳的方法去追求科学知识的途径。所谓"豁然贯通"乃是一种异质的跳跃。朱子渐教的途径到最后还是达到一种悟：通天下只是一理，这已超过了经验实证科学知识的层次。朱子的问题在他没有清楚划分见闻之知与德性之知不同的层次。但朱子虽有经验实在论的倾向，毕竟是圣学的苗裔，也有强烈的理想主义的倾向，这由他与陈亮辩汉唐就可以看得出来。[21]就这方面而言，陆象山与朱子是同道，同属圣学中人。[22]吕东莱与朱子一同编完《近思录》之后，约陆氏兄弟与朱子作鹅湖之会，结果朱以陆之教人太简，陆以朱之教人为支离，此颇不合。朱子以象山为畏友，意存调停，乃谓："子静专是尊德性事，而熹平日所论却是道问学多了。……今当反身用力，去短集长，庶几不堕一边耳。"但象山拒绝这样的调和折中，曰："朱元晦欲去两短，合两长，然吾以为不可。既不知尊德性，焉有所谓道问学。"[23]由圣学的观点来看，象山是占优位。而他直承孟子，肯定心即理。不似朱子以心具众理，走迂回的道路，力道不足。朱子也不是看不到象山的优点，但感到象山的表达过分简截，不重典籍，直下承担，难免有流弊。然而朱子以象山有禅的意味，是无谓的牵扯。值得注意的是，顿的功夫论未必通体是本性的发扬，象山有些追随者竟以气质之杂为天理，则渐的工夫论虽无急效，不失为一条比较稳妥的道路。其实两派的确互有优

劣，可以平衡彼此。可惜象山早逝，思想过分简截，未能致曲，门庭狭窄。陆学根本不能与朱学抗衡，到王阳明的时代，几成绝响。

朱子长寿，学问博大精深，成为道学一派宗师，绝非幸致。他死时被诬为"伪学"，但送丧者还超过千人，而且很快在宋理宗时即得到平反。元代科举，自1313年起，以朱子编纂的《四书集注》取士，一直到清末，1905年废科举为止，近六百年的时间，仕子童而习之。影响之大，自孔子以后一人，洵非虚语。

到了明代，王阳明虽重刻《象山文集》，反对诋以为禅，但以象山粗，不取其直截的表达方式。只他深以流行的朱学，习尚功利，务外遗内，忘失圣学的宗旨为病，乃提倡致良知，一新耳目，使心学成为显学。但他的思想表达由朱子转手，挑战朱子的《大学》解，回归《大学》原本，反对析心与理为二，提倡心理合一，知行合一，晚年讲《大学问》，以天地万物为一体。而他对朱子意存调停，编《朱子晚年定论》，想拉近与朱子的距离，却因书函考据失实，未能达到目的。但他思想理论的规模要借与朱学之对反而彰显，却是不争的事实。

另外值得注意的是，阳明《传习录》中《致周道通书》，平章朱陆，《致陆原静书》则通过对濂溪、明道思想的诠释以阐发自己的思想。由此可见，阳明接受了朱子建构的道统的线索，但并不盲从朱子的意见而作出了自己的阐解。同样的情况也见于明末的刘蕺山，牟宗三先生以之为宋明理学的殿军。[24]蕺山主静，自推尊濂溪。他对朱子思想的理解颇多差谬。而他强调诚意慎独，又提出另一《大学》新解以阐发自己的思想。他同样接受朱子建构的道统的线索，而作出了自己的阐解。宋明理学既内在而超越的精神传统到明末清初因遭逢典

范转移（paradigm shift）失落了超越的层面而画下句点；清代的统治者虽仍维持朱子为正统，但清儒将天理虚化，礼教的终极权威归之于皇权，丧失了朱子的精神，外在权威提升，内在体证减弱，体制日趋僵固，终于演变成为所谓的"杀人的礼教"，也就不足怪了。[25]

清末废科举已令儒学由中心退到边缘，1911 年清廷颠覆，制度的儒家宣告终结。西潮疾卷，民国肇建，军阀割据，内忧外患，政治并未转趋清明，儒家成为代罪羔羊，一切反动负面因素都归咎于这一传统。五四时期（1919 年）的口号是"打倒孔家店"，不意现代对儒家浴火重生的契机也正在同时，可谓异数！一战后梁启超到巴黎参加和会，亲眼目睹欧洲的凋敝与残破，所谓进步的西方反而造成了毁灭性的后果，决不可以作为中国走向未来的楷模。他重新看到传统之中一些有价值的成分，而打开了现代新儒学复兴的机运。[26]追究其所以可能，正因为精神的儒家蕴含可以与时推移的万古常新的智能的缘故。长话短说，经过"三代四群"的努力，现代新儒学被肯认为现代中国最有潜力的思潮之一，另外两个思潮是西方思想与马克思主义。[27]当代新儒家的反省，见 1958 年元旦发表的中国文化与世界宣言，由张君劢、唐君毅、牟宗三、徐复观四位学者签署。他们坦承中国文化不足，必须吸纳西方的科学与民主。但西方文化也有不足，应吸纳中国文化：（1）"当下即是"之精神，与"一切放下"之襟抱，（2）圆而神的智能，（3）温润而恻怛或悲悯之情，（4）使文化悠久的智能，（5）天下一家之情怀。而不了解中国的心性之学，也就不了解中国学术思想之核心，而不能掌握中国文化之神髓所在。[28]这无疑是继承自先秦与宋明的精神传统。

当代对儒家最富原创性的思想家是牟宗三。他精研康德，《纯粹理性批判》展示了知识的限度。《实践理性批判》才有必要以"自由意志"、"灵魂不朽"、"上帝存在"为基设（postulate）。牟先生认为康德是受限于他的基督宗教背景才会认定只有上帝才能有"智的直觉"（intellectual intuition）。但中土三教儒（性智）、释（空智）、道（玄智）都确信人可以有智的直觉。这是中西哲学传统最大的差别。由西方的进路可以建构"执的形上学"，由中国哲学与文化的进路可以体证超越名相"无执的形上学"。事实上，"现象"与"物自身"不可偏废，二者分别有其定位。无限心的"坎陷"成就知识，而道的体认、心灵的解放与超脱并不需要脱离世间。像《大乘起信论》那样"一心开二门"，即可以找到会通中西的津梁。[29]

第二代新儒家适当存亡继倾之际，展示了强烈的护教心态，像牟宗三即强调中国文化以儒家为正统（突出创造性）的常道性格，不免引起巨大争议。但第三代新儒家却有幸在宁静的校园中成长，部分留学外国，受到严格的西方学术训练，并在异域谋求一枝之栖，默认西方开放多元的学术文化，像杜维明和我展示的，是一个与上一代十分不同的国际面相。

20 世纪 80 年代与 60 年代情况迥异。中国崛起，不再有亡国灭种的危险，两岸三地情况稳定，看不到战争的危机。进入新的世纪，知识分子要面对的是"全球地域化"（glocalization）的问题。[30]世界不知不觉缩小成为一个地球村，不像以往西方、印度、中华文明分别发展，各族群信仰接触频繁，如果不调整心态，听任矛盾冲突加剧，地球与人类的毁灭危在旦夕，故孔汉思（Hans Kung）呼吁必须面对典范重构的大问题，建构"全球伦理"（global ethic），祈求地球与人类的持存与永续。[31]第三代新儒家感到责无旁贷，积极予以呼应。但第二代过分强调儒家思想之正统与常道明显地不合时宜，无助于当前的宗教对话。故我倡议给予"理一分殊"以创造性的诠释，因应当前多元互济、和而不同的时代潮流作出积极的响应，继承孔子知其不可而为的精神，重构朱子理一分殊的睿慧，寻求切合当前的表达与践履，寄无穷的希望于未来。

注　释

[1] Tu Weiming and Mary Evelyn Tucker, eds. *Confucian spirituality*, 2 vols. New York: Crossroad Pub. Co., 2003, p. 4.

[2] 书已出版，参拙著：《论儒家哲学的三个大时代》，香港中文大学出版社 2008 年版。

[3] 《论语·颜渊第十二》。

[4] 《论语·里仁第四》。

[5] 《论语·宪问第十四》。

[6] 《论语·阳货第十七》。

[7] 《论语·季氏第十六》。

[8] 关于孟、荀较详细的论述，参《论儒家哲学的三个大时代》，第 20～34 页。

[9] 关于《大学》、《中庸》、《易传》较详细的论述，参《论儒家哲学的三个大时代》，第 34～56 页。

[10] 关于宋明理学的全盘论述，参《论儒家哲学的三个大时代》，第二部分：《宋（元）明儒学》，第 70～170 页。

[11] 《二程全书》，伊川文集第七。

[12] 《二程全书》，外书第十二，传闻杂记，见《上蔡语录》。

[13] 二程的分别要到牟宗三先生才彻底解明，明道一本，伊川二元，参所著：《心体与性体》（台北：正中书局，三册，1968—1969 年）。简明论述参拙著：《论儒家哲学的三个大时代》，第 92～117 页。

[14] 牟宗三先生认为伊川开出了一条横摄的思路，偏离于北宋三家：濂溪、横渠、明道的纵贯思路，实为别子。朱子继承的是伊川，乃是"继别为宗"；他又在程朱理学、陆王心学之外，以胡五峰、刘蕺山为第三系，回归北宋三家的纵贯思路。参所著：《心体与性体》。这些问题过分复杂，本文不及。我对朱子哲学的阐释，参拙著：《朱子哲学思想的发展与完成》（台湾学生书局 1982 版，1984 年增订再版，1995 年增订三版）。这些年来我的看法基本上并没有改变，但近年理解比较深化，参拙著：《儒家哲学的典范重构与诠释》（台北万卷楼 2010 年版），第二部：宋代理学的精神传统（以朱子为中心）与我的学术渊源。对朱子思想的简单撮述，参《论儒家哲学的三个大时代》，第 128～136 页。

[15] 《朱子文集》卷七十六。

[16] 《孟子·万章上》。

[17] 北宋五子，只邵雍（康节）未收入，因为他的思想道家倾向浓厚，故被摒弃在外。卷一"道体"是吕东莱坚持编入，但可最后才阅读。然全书的确是按朱子对《大学》的理解，由内到外，顺着修、齐、治、平的次序编定。后世印《近思录》，有只标明朱熹编，不再提到东莱。

[18] 《论语·子张第十九》。

[19] 此文被收在《近思录》卷一篇首。

[20] 此文与二程相关议论被纳入《近思录》卷二。

[21] 刘述先：《朱子哲学思想的发展与完成》，第 368～382 页。

[22] 关于陆象山与王阳明的心学，简单的撮述参《论儒家哲学的三个大时代》，第 136～153 页。

[23] 《象山全集》卷三十六。

[24] 关于刘蕺山与其弟子黄梨洲,简单的撮述参《论儒家哲学的三个大时代》,第153~170页。其详参拙著:《黄宗羲心学的定位》,台北允晨文化公司1986年版;简体字版,浙江古籍出版社2006年版。

[25] 关于清代儒学的回顾,参《论儒家哲学的三个大时代》,第183~185页。

[26] 关于"现代新儒学",参《论儒家哲学的三个大时代》,第三部分,第186~241页。

[27]《中国哲学》,《剑桥哲学辞典》(台北猫头鹰出版公司2002年版),第187页。

[28]《论儒家哲学的三个大时代》,第222页。

[29] 关于牟宗三论中西哲学文化传统的差异与会通,参《论儒家哲学的三个大时代》,第235~237页。

[30] 相关问题的论析,参拙著:《儒家哲学的典范重构与诠释》,第一部,当代新儒家义理的阐发与拓展。

[31] 相关论析,参刘述先著:《全球伦理与宗教对话》,台北立绪文化出版社2001年版;简体字版,河北人民出版社2006年版。

(原载《湖南大学学报(社会科学版)》2011年第1期,
作者单位:台湾"中央研究院"中国文哲研究所)

全球化时代朱子"理一分殊"说的新意义与新挑战

黄　俊　杰

一、引言

人类进入 21 世纪之后,从工业革命以后就逐渐形成,而在第二次世界大战以后茁壮的全球化潮流加速发展,蔚为新时代历史之主流。全球化时代的发展趋势甚多,知识本身成为生产资材的"知识经济",是一个新的趋势。全球化时代另一项主流趋势就是当代英国社会学家吉登斯(Anthony Giddens, 1938—　　)所说的,全球化创造了一种世界各地区之间的相互联结性(inter-connectedness)大幅提升的生活方式。[1]全球各地"相互联结性"的日益加强,固然使全球各地的人才、物资与资金的流通更加通畅,但却也意味着各地的文化传统与政治经济利益冲突的可能性大幅提升。2001 年"911 事件"以及后美国在世界各地所展开的反恐行动,都印证全球化时代文明冲突的可能性。

为了因应在 21 世纪全球化时代的新挑战,我们可以跃入传统的巨流中,汲取新时代的灵感。在中华文化与思想传统之中,南宋大儒朱子(晦庵,1130—1200)的"理一分殊"说有其 21 世纪的新意涵,但在全球化时代各地互动的新脉络中,也面临诸多新的挑战。本文循朱子学之思路探讨全球化发展之相关问题,并提出"理一分殊"说在新时代的意义及其转化的可能性。

二、朱子学中"理一"与"分殊"之关系:兼论"理"的诡谲性

(一)"理一"与"分殊"

"理一分殊"是朱子学的核心概念,朱子说:

> 世间事虽千头万绪,其实只一个道理,"理一分殊"之谓也。到感通处,自然首尾相应。或自此发出而感于外,或自外来而感于我,皆一理也。[2]

但是,"理一"与"分殊"并不是一种对抗的关系,"理一"遍在于作为"分殊"的万事万物之中。朱子说:

> 其所谓理一者,贯乎分殊之中,而未始相离耳。盖乾之为父,坤之为母,所谓理一者也。然乾坤者,天下之父母也;父母者,一身之父母也。则其分不得而不殊矣。故以民为同胞,物为吾与者,自其天下之父母者言之,所谓理一者也。然谓之民,则非真以为吾之同胞;谓之物,则非真以为我之同类矣。此自其一身之父母者言之,所谓分殊者也。[3]

在朱子的"理一分殊"论中,"理一"与"分殊"并不相离,"理一"融渗于"分殊"之中。换言之,只有从具体而特殊的"事"之中,才能观察并抽离出抽象而普遍的"理"。也就是说,"共相"存在于"殊相"之中。

朱子在所有著述以及言谈中,屡次申论"理一"与"分殊"不相离,例如他在《中庸或问》中说:

> 天下之理,未尝不一,而语其分,则未尝不殊,此自然之势也。盖人生天地之间,禀天地之气,其体即天地之体,其心即天地之心,以理而言,是岂有二物哉?……若以其分言之,则天之所为,固非人之所及,而人之所为,又有天地之所不及者,其事固不同也。[4]

朱子在这一段话中,为"理一"与"分殊"的必然性安立一个宇宙论的基础。朱子认为人间秩序本于宇宙秩序而生成发展,此所谓"理一",但"理一"之具体之表现方式则多元多样,互不相同,此所谓"分殊"。

为了进一步说明朱子思想中"理一"与"分殊"的关系及其方法论问题,我们可以从朱子对孔子所说"吾道一以贯之"一语的解释开始。

朱子针对孔子在《论语·里仁》所说"吾道一以贯之"一语,提出以下的解释:

> 尽己之谓忠,推己之谓恕。而已矣者,竭尽而无余之辞也。夫子之一理浑然而泛应曲当,譬则天地之至诚无息,而万物各得其所也。自此之外,固无余法,而亦无待于推矣。曾子有见于此而难言之,故借学者尽己、推己之目以著明之,欲人之易晓也。盖至诚无息者,道之体也,万殊之所以一本也;万物各得其所者,道之用也,一本之所以万殊也。以此观之,一以贯之

之实可见矣。或曰:"中心为忠,如心为恕。"于义亦通。[5]

朱子这一段解释中最值得注意的是"盖至诚无息者,道之体也,万殊之所以一本也;万物各得其所者,道之用也,一本之所以万殊也"这句话[6]。朱子以"体"与"用"之关系说明"一本"与"万殊"之不相分离,对13世纪以后东亚思想界影响很大,几乎主导了以后的解释。南宋真德秀(景元,希元,景希,文忠,1178—1235)说:"一以贯之,只是万事一理。"[7]明代薛瑄(德温,1389—1464)说:"万物各具一理,万理同出一原,故一以贯之。"[8]都可以视为朱子以"理一分殊"说解释孔学的进一步推衍,足证朱子之解释对后学影响深远,朝鲜时代(1392—1910)的朝鲜儒者更是完全浸润在朱子学的诠释典范之中。

从方法论的观点来看,朱子对"理一"与"分殊"的解释,实潜藏着某种方法论的个体论之思维倾向。《朱子语类》卷二十七及卷四十五解释"吾道一以贯之"时,充分展现方法论的个体论倾向。朱子说:"贯,如散钱;一,是索子。曾子尽晓得许多散钱,只是无这索子,夫子便把这索子与他。"[9]朱子以铜钱与绳索作比喻,主张必先积得许多铜钱,才有物可"贯"。朱子进一步解释说:

> 而今只管悬想说道"一贯",却不知贯个甚么?圣人直是事事理会得,如云"好古敏以求之",不是蓦直恁地去贯得它。……近见永嘉有一两相识,只管去考制度,却都不曾理会个根本。一旦临利害,那个都未有用处,却都不济事。吕伯恭向来教人亦云:"《论语》皆虚言,不如论实事。"便要去考史。如陆子静又只说个虚静,云:"全无许多事。颜子不会学,'择乎中庸,得一善则拳拳勿失。'善则一矣,何

用更择？'子路有闻，未之能行，唯恐有闻。'一闻之外，何用再闻？"便都与禅家说话一般了。圣人道理，都不恁地，直是周遍。[10]

朱子在上文中一方面批评永嘉学派诸君子论史只考制度，而忽略人心等根本问题，可谓失之琐碎；但朱子另一方面又批评陆九渊（象山，1139—1193）只说"虚静"，不理会分殊之理。

再从朱子"理一分殊"说的整体特质来看，朱子也具有某种程度的"知识主义"的思想倾向，而与他的"理一分殊"及"格物穷理"等学说互相呼应。朱子说："圣人未尝言理一，多只言分殊。盖能于分殊中事事物物，头头项项，理会得其当然，然后方知理本一贯。不知万殊各有一理，而徒言理一，不知理一在何处"[11]，他强调在"分殊"之中才能觅得"理一"的消息。诚如朱子所说，作为"普遍之理"的"太极"，实寓于作为"分殊之理"的"两仪"、"四象"或"八卦"之中。[12]

（二）朱子学中"理"的诡谲性

细绎朱子"理一分殊"说有关"理"的细部论述，我们可以归纳朱子思想中的"理"具有以下特点：首先，"理"是抽象而一元的概念；其次，"理"可以在林林总总的具体事实之中以不同方式呈现出来；第三，"理"是超越时间和空间的存在，永不灭绝；第四，"理"的延续或发展，有待于圣贤的心的觉醒与倡导；最后，在具体的历史流变之中所渗透出来的"理"具有双重性格，"理"既是规律又是规范，既是"所以然"又是"所当然"。朱子学中的"理"既属道德学与伦理学，又属宇宙论的范畴，而且两者融合为一。[13]

从"理"的发生程序与本质状态来看，朱子学中抽象而普遍的"理一"是从具体而特殊的"分殊"之中生成的，但是，一旦"理"被圣人从"事"中抽离而出或如朱子所说"流出来"[14]之后，"理"就取得了独立性与自主性，而不再受"事"所拘束，成为"多"之上的"一"（the one over the many），因而对"多"具有支配力与宰制力。

三、全球化时代朱子"理一分殊"说的新启示与新挑战

（一）新启示

从 21 世纪全球化时代的观点来看，朱子"理一分殊"说最重要的新启示是：抽象而普世的规范，必须在具体而特殊的情境之中自然生成。我们从"全球化"的本质谈起。正如本文起首所论，全球化发展趋势强化了世界各地之间的"相互关联性"，纽约股市的变化连带影响东京、台北或上海的股票市场。全球化发展创造了表面的一体感，但在"地球村"的口号与荣景之下，却潜藏着巨大的压迫与宰制——全球化发展促使居于全球化中心位置的国家，对于居于全球化边陲位置的国家，更肆无忌惮的剥削与控制。居于全球化中心位置的国家掌控国际性政治组织如联合国、经济组织如世界贸易组织（WTO）、金融机构如世界银行与国际货币基金会（IMF），也掌控全球最先进的航天科技、生命科学知识等，使全球化"中心"国家的影响力更是无远弗届。

全球化趋势加速发展之后，不论在国际间或是在国内脉络，所得分配的不平等也更加严重。经济学者研究告诉我们：从1980 年代以降，因全球化而带来的不平等日益严重，1980 年代以后在寿命与教育方

面虽然看似减缓了不平等的趋势,但是实际上可能只是假象而已。[15]"全球化"已俨然成为全球化发展的"中心国家"宰制"边陲"国家的凭借。

"全球化"趋势发展至今,之所以成为强凌弱、众暴寡的工具,原因甚多,最重要的原因是"全球化"成为抽离于世界各国之具体互动脉络之上的抽象理念或具有宰制力的机制,而不是处在于世界各国互动的具体脉络之中,而与时俱进、随时修正的潮流。

针对"全球化"趋势所创造的国际间以及各国国内的不平等现象,朱子学的"理一分殊"说有其新时代的启示。朱子强调"所谓理一者,贯于分殊之中,而未始相离耳"[16],这句话启示我们:作为一种理念或某种机制的所谓"全球化",应该只能存在于各国的互动关系之中。换言之,作为抽象性的"全球化",只能存在于具体性的国际关系之中,才能随时调整,与时俱进,才能免于成为国际上强权压制弱国,国内的资产阶级压迫农工阶级的借口。

(二)新挑战

但是,从 21 世纪的今日世局来看,"全球化"显然已成为抽离于各国具体的国际关系之上的具有宰制力的论述与机制,而被全球化的"中心"国家所垄断,"全球化"在很大的程度上与范围内,等同于"美国化",早在 1991 年就有人为文指出,总部设在美国的全球性跨国大公司的领导阶层,只有 2% 不具有美国国籍的事实。[17]这种状态在 21 世纪的今日,并无重大改变。

正如朱子"理一分殊"说中"理"的吊诡性一样,"全球化"论述就好像朱子的"理一"一旦被从"分殊"之中抽离出来之后,就取得了独立性,而被强者所垄断,成为压迫"边陲"国家与人民的工具。这种情况很像

18 世纪戴震(东原,1724—1777)痛批"理"学被统治者所利用而成为杀人之工具,戴震说:

> 今之治人者,视古贤圣体民之情,遂民之欲,多出于鄙细隐曲,不措诸意,不足为怪。而及其责以理也,不难举旷世之高节,着于义而罪之。尊者以理责卑,长者以理责幼,贵者以理责贱,虽失,谓之顺;卑者、幼者、贱者以理争之,虽得,谓之逆。于是下之人不能以天下之同情、天下所同欲达之于上。上以理责其下,而在下之罪,人人不胜指数。人死于法,犹有怜之者,死于理,其谁怜之?[18]

二百年前戴东原所谓"今之治人者"以"理"杀人的状况,很近似于 21 世纪的今天居于全球化"中心"位置的国家,以"全球化"这个"理"作为控制"边陲"国家的情形。用朱子的语言来说,"全球化"这个"理一"已经从世界各国的"分殊"这个具体情况中剥离出来,而成为全球政经秩序的掌权者手中玩弄的工具。"全球化"的吊诡性与朱子"理"的吊诡性,如出一辙。

为了进一步思考作为 21 世纪之"理"的"全球化"价值理念之吊诡性,我们可以再回到朱子"理一分殊"说中"理"与"心"之关系。朱子一向强调经由"格物致知"的程序之后,人的"心"可以有效地掌握并理解万物及宇宙之"理",甚至可以达到他在〈大学格物补传〉所谓"至于用力之久,而一旦豁然贯通焉,则众物之表里精粗无不到,而吾心之全体大用无不明矣"[19]的境界。

朱子强调以人"心"掌握万物之"理"的这项思想遗产,对朝鲜时代(1392—1911)的朝鲜思想界影响极为深远,亦衍伸出两个新命题。正如我最近所指出的,朝鲜儒者从朱子学中进一步发展的第一项新命题是:以"吾心之理"贯通"万物之理"。[20]金

谨行(字敬甫,号庸斋,1712—?)说:

> 子曰:"参乎! 吾道一以贯之"者,
> 一者,理也。贯者,心之事也。理在吾
> 心,以吾心之理,贯乎万物之理也。[21]

朝鲜儒者金谨行将孔子的"一以贯之"解释为"理在吾心,以吾心之理贯乎万物之理",所谓"理在吾心"一语显示相对于朱子的"穷理"之学而言的更进一步"内转"。

朝鲜儒者从朱子学所发挥的第二项新命题是强调"一本"与"万殊"皆本于心。17世纪朝鲜儒者朴知诚(字仁之,号潜冶,1573—1635)说:

> 孔子曰:"吾道一以贯之",朱子
> 曰:"人之为学,心与理而已"。"心"即
> "一本"也;"理"即"万殊"也。古圣人
> 垂教之说,无非一与万而已。从事于
> 小学而存此心于端庄静一之中者,从
> 一上做工也;从事于格致,而穷众理之
> 妙者,从万上做工也。⋯自一而万,自
> 万而一,复自一而为万,乃圣人之学
> 也。一本万殊,两仪之象也。知上行
> 上皆有此两端。知觉不昧之在心,曰:
> "知上之一本"。明烛事物之理,曰:
> "知上之万殊",一心之浑然在中,曰:
> "行上之一本";躬行践履之在事物,
> 曰:"行上之万殊",所谓忠恕是也。[22]

朴知诚所说的这一段解释之特殊之处,在于将朱子的"一本"与"万殊",再细分为"知上之一本"与"知上之万殊",以及"行上之一本"与"行上之万殊",而归结在"心"的作用之上。金谨行进一步发挥朝鲜儒者将"一本"与"万殊"汇归于"心"之上的解释立场,他说:

> 以道之总在一心者贯之于万事,
> 则为散殊之道。以道之散在万事者本
> 之于一心,则为总会之道。[23]

金谨行以"心"将"散殊之道"与"总会之道"加以统一,确较朱子之解释更进一

层。

从朝鲜朱子学者的论述中,我们看到了朱子"理一分殊"说中的"理",如果完全归结于人(尤其是圣人)的"心"的解释与掌握,就难以避免"理"的解释之任意性,并且使"理"失却其客观性,易于被少数人所掌握与宰制。21世纪的"全球化"的解释权之被强权国家所宰制,在某种意义上正与朱子与宋儒的"理"在18世纪中国之被统治阶级所掌握相似。

朱子"理一分殊"说中的"理"之有其被垄断这项危险性,更因朱子的"理"之同源性而大大提高。在《朱子语类》卷18中,就有学生请教有关"万物各具一理,而万理同出一原"这个问题,朱子回答说:

> 万物皆有此理,理皆同出一原。
> 但所居之位不同,则其理之用不一。
> 如为君须仁,为臣须敬,为子须孝,为
> 父须慈。物物各具此理,而物物各异
> 其用,然莫非一理之流行也。[24]

朱子虽然强调"理"的同源性("理皆同出一原"),但是,他也同时强调在实际运作的层次上,各种事物的"理之用"则有互不相同的特殊之理,而且各个具体的事物又分享普遍的"一理"。

从朱子的理论来看全球化时代的世界趋势,我们可以说,不仅各个不同的文明或国家的分殊之理剧烈碰撞,甚至"理"的解释权又被居于全球化的"中心"位置的国家所垄断,"全球化"发展竟为人类前途蒙上了巨大的阴影。

那么,如何从朱子的"理一分殊"说中提炼新意义以因应21世纪"全球化"的这项新挑战呢? 21世纪全球化发展使世界各文明、各国家之间的"相互关联性"与日俱增,各种源自不同历史与文化背景的"理"也互相碰撞激烈冲突。因此,如果朱子的"理一"只有一人或少数人的"心"才能

加以解释或掌握,恐难以适应新时代的挑战,而必须别创新解。

四、结论:在诸多"理"之中求同存异

在上文的论述中,我们通过朱子的"理一分殊"说,分析21世纪全球化时代中,诸多的国家之"理"互相冲突而并存,"理"被全球化的"中心"国家所控制,以致成为压制"边陲"国家的工具。我们也指出,朱子"理一分殊"说中的"理"贯通并浸润在诸多分殊的"事"之中。但是,吊诡的是,一旦"理"从"事"中"流出来"(朱子用语)之后,"理"取得了独立性,因而容易因为"去脉络化"而被少数人或强权所控制,而反过来压制分殊的"事"。因此,本来是"多"中的"一",遂转化成为"多"上之"一"。

从这个角度来看,在21世纪全球化时代里,"理一"可能必须转化为诸多分殊而并存之"理",才能适应不同的文化传统在文明对话新时代的需求。而且,我们也必须将朱子学中的"理一"所潜藏的从属原则(Principle of Subordination)——指文化中的诸多主体(如社会、经济等主体)均服从于单一主体(如政治主体)的支配——逐渐转化为"并立原则"(Principle of Coordination)——指文化中的诸多主体处于并立及竞争之状态。[25]

在21世纪各文化传统所蕴蓄的多元之"理"互相对话的新时代中,求同存异是一条必然的道路。传统中华文化重视"同"而忽视"异"。古代儒家就非常强调"同"的价值。孟子在谈到舜的美德时曾说:"大舜有大焉,善与人同,舍己从人。"[26]他又认为"尧舜与人同耳"[27]。诚如余英时(1930—)所指出的,在中国思想史上,"同"之作为一个价值意识一直受到强调,到了汉末,"异"之作为价值意识才受到重视,这与汉末儒学衰微,新道家兴起,"个人"被重新发现等发展都有关系。[28]因此,就21世纪大中华文化圈及其与世界之互动而言,如何开发求"同"而存"异"的价值观,如何落实宋儒陈亮(同甫,1143—1194)所谓"道非出于形气之表而常行于事物之间"[29],如何实践明儒罗钦顺(字允升,号整庵,1465—1517)所说的"其理之一,常在分殊之中"[30]的原则,就成为一个值得我们深思的课题。

注　释

[1] Anthony Giddens, *Beyond left and Right：The Future of Radical Politics*, Cambridge：Polity Press, 1994, pp. 4～5.

[2] 朱熹:《朱子语类(5)》,收入《朱子全书》,上海古籍出版社、安徽教育出版社2002年版,第18册,卷136,第4222页。

[3] 朱熹:《晦庵先生朱文公文集》,收入《朱子全书》,第12册,卷37,《与郭冲晦》,第1635～1640页,引文见第1639页。关于"理一"与"分殊"关系的讨论,参看市川安司:《朱晦庵の理一分殊解》,收入氏著《朱子哲学论考》,东京汲古书院1985年版,第69～86页。

[4] 朱熹:《中庸或问》,收入《朱子全书》,第6册,第595～596页。

[5] 朱熹:《论语集注》卷2,收入《朱子全书》,第6册,第95～96页。

[6] 朱熹:《论语集注》卷2,收入《朱子全书》,第6册,第96页。

[7] 真德秀撰,刘承辑:《论语集编》卷2,《景印文渊阁四库全书》本,台湾商务印书馆1983年版,第

20 页。

　　[8] 薛瑄：《读书录》卷 6，《景印文渊阁四库全书》本，台湾商务印书馆 1983 年版，第 11 页。

　　[9] 朱熹：《朱子语类(2)》，收入《朱子全书》，第 15 册，卷 27，第 970 页。

　　[10] 朱熹：《朱子语类》卷 45，第 1584～1585 页，夔孙录。朱子又说："所谓一贯，须是聚个散钱多，然后这索亦易得。若不积得许多钱，空有一条索，把甚么来穿！吾儒且要去积钱。若江西学者都无一钱，只有一条索，不知把甚么来穿。"(卷 27，第 983 页)，亦同此意。

　　[11] 朱熹：《朱子语类(2)》，收入《朱子全书》，第 15 册，卷 27，第 975 页。

　　[12] 朱子说："太极便是一，到得生两仪时，这太极便在两仪中；生四象时，这太极便在四象中；生八卦时，这太极便在八卦中。"见《朱子语类(2)》，卷 27，第 967 页。

　　[13] 参看黄俊杰：《朱子对中国历史的解释》，收入《国际朱子学会议论文集》，台北"中央研究院"中国文哲研究所 1993 年版，下册，第 1083～1114 页，尤其是第 1098 页；Chun-chieh Huang, Imperial Rulership in Cultural History：Chu Hsi's Interpretation, in Frederick Brandauer and Chun-chieh Huang eds. , *Imperial Rulership and Cultural Change in Traditional China*, Seattle：University of Washington Press, 1994, pp. 188～205.

　　[14] 朱熹：《朱子语类(4)》，收入《朱子全书》，第 17 册，卷 98，《张子之书一》，第 3320 页。林子武问："龟山语录曰：西铭'理一而分殊'。知其理一，所以为仁；知其分殊，所以为义。"先生曰："仁，只是流出来底便是仁，各自成一个物事底便是义。仁只是那流行处，义是合当做处。"(义刚录)

　　[15] Bob Sutcliffe, World Inequality and Globalization, *Oxford Review of Economic Policy*, Vol. 20, No. 1, 2004, pp. 15～37.

　　[16] 朱熹：《晦庵先生朱文公文集》，收入《朱子全书》，第 12 册，卷 37，《与郭仲晦》，第 1639 页。

　　[17] 参看 Peter Beinart, An Illusion for Our Time, *The New Republic*, October 20, 1997, pp. 20～24.

　　[18] 戴震：《孟子字义疏证》，收入《戴震全集》，卷上《理》，清华大学出版社 1991 年版，第 161 页。

　　[19] 朱熹：《大学章句》，收入《朱子全书》，第 6 册，第 20 页。

　　[20] 黄俊杰：《德川日本论语诠释史论》，第 7 章，台大出版中心 2006 年版，第 249～254 页。

　　[21] 金谨行：《论语剳疑》，载于氏著《顺庵先生文集》卷 11，收入《韩国经学资料集成》23，汉城成均馆大学校大东文化研究院 1988 年版，论语(六)，第 575 页。

　　[22] 朴知诚：《剳录——论语》，载于氏著《潜冶集》卷 10，收入《韩国经学资料集成》18，论语(一)，第 232～234 页。

　　[23] 金谨行：《论语剳疑》，第 576 页。

　　[24] 朱熹：《朱子语类》卷 18，收入《朱子全书》第 14 册，第 606 页。

　　[25] "从属原则"与"并立原则"是牟宗三(1909—1995)先生所创之名词。参看牟宗三：《中国文化的省察》，台北联经出版事业公司 1983 年版，第 68 页。

　　[26] 《孟子·公孙丑上》。

　　[27] 《孟子·离娄下》。

　　[28] Ying-shih Yü, Individualism and the Neo-Taoist Movement in Wei-chin China, in Donald Munro ed. , *Individualism and Holism：Studies in Confucian and Taoist Values*, Ann Arbor, The University of Michigan, 1985, pp. 121～156.

　　[29] 陈亮：《勉强行道大有功》卷 9，收入《龙川文集》，《景印文渊阁四库全书》本，台湾商务印书馆 1986 年版，第 10 页。

　　[30] 罗钦顺：《困知记》卷上，中华书局 1990 年版，第 7 页。

（作者单位：台湾大学历史学系）

敬只是此心自做主宰处

——关于朱熹"敬论"的几个问题

吴　震

前　言

众所周知,在宋明理学史上,自北宋程颐(世称伊川先生,1033—1107)提出"涵养须用敬,进学则在致知"[1]以来,经南宋朱熹(号晦庵,1130—1200)的阐扬发挥,主敬与致知构成了缺一不可、互相为用的一套工夫论体系。就朱熹哲学而言,主敬思想无疑是其整个理论系统中的重要组成部分。

然而,就当今中文世界有关朱熹哲学的研究来看,却有不少重量级的经典论著对朱熹之"敬论"竟然未加重视或论之甚略,这里我们仅举三例,例如牟宗三《心体与性体》[2]第三册为朱熹专论,其中就看不到有关朱熹敬论思想的章节安排,只是在讨论朱熹心论问题时顺便涉及且有严厉之批评;刘述先《朱子哲学思想的发展与完成》[3]一书之于朱熹有专章论其心而无专章论其敬;陈来《朱熹哲学研究》[4]也没有安排章节来专论朱熹敬说,只是在后来撰述的《宋明理学》[5]这部教材中对此有概括性的论述。[6]

最近牟宗三弟子杨祖汉发表了《从朱子的"敬"论看朱子思想的归属》[7]一文,打破了以往略于朱熹主敬思想之讨论的局面,而以"敬的形态"来为朱熹思想定位[8],指出朱熹之言敬是由敬"契入本心",而恭

敬亦是"道德心本有之内容",[9]故可说朱熹的主敬思想"确立了儒家重恭敬这一义理形态,彰明了恭敬之心之道德涵义"。[10]依杨文,如此理解朱熹思想之形态,庶可对朱熹的心性论、工夫论有更妥当的整体理解,"不会将朱子学归于意志的他律的形态,以其言持敬,只是空头的涵养,也不会忽略朱子重礼文的部分。"[11]不用说,对朱子学的这一同情之了解难能可贵,不唯与牟宗三判朱熹为"别子"异趣,更可启发吾人以朱熹敬论为切入点来重新省思朱子学的思想特质及其相关理论问题。不过,以笔者之见,若依事实判断而言,朱熹思想固然重视主敬以涵养心性,然其工夫理论亦重格物穷理,更重要的是,若从理论判断的角度看,朱熹之敬论何以能使良心呈现出来,也就是主敬工夫的依据问题依然存在。正如杨文所言,正是这一点"值得深入研究"。[12]而这也是本文所要探讨的主要问题之一。

事实上,朱熹的敬论与其心论、性论有十分密切的理论关联。正如朱熹己丑之悟所表明的那样,朱熹之所以归宗于二程主敬,乃是缘自其对"心为已发"、"性为未发"之心性问题的最终解决。笔者最近撰文指出,由于朱熹之论心始终将视野限于工夫论领域而缺乏本体论的关怀,故其心论详密有余而意欠圆融。尽管从儒学传统看,孟子所言"学问之道无他,求其放心而已"

可谓是儒学即工夫而言心的一句至理名言，宋明理学家也几乎无不奉为圭臬，由此以观朱熹所言"心是做工夫处"这一心论观点亦应是儒学的一种理论形态。然而，朱熹之心论何以成立，则需要与其敬论思想合以观之始能获得充分之了解，因为在朱熹的理论构造中，"心是做工夫处"也只有在其"敬义夹持"的"居敬"理论中才能落实。[13]反过来说，若要真正理解朱熹的心性论，亦须对其主敬思想的理论构造有一相应的了解。这便是继拙文之后，进而探讨朱熹敬论的一个缘起。

本文的任务分三步走，首先从概念史的角度来探讨朱熹敬论的问题之由来；其次从文献学的角度，对朱熹敬论的几个重要方面做一番梳理；最后对其敬论所存在的问题提出几点思考，以就正于学界。

一、问题的由来

朱熹对程颐评价之高，这是众所周知的，例如他认为程颐的"性即理"揭示了"颠扑不破"的普世真理，[14]而且是"自孔孟后，无人见得到此，亦是从古无人敢如此道"[15]的。事实上，朱熹对程颐的称赞还不止于此，他认为程颐的主敬思想也同样是对儒学的一大贡献，甚至是孔子以后、秦汉以来的一大发明，他说：

> 圣人言语，当初未曾关聚，如说"出门如见大宾，使民如承大祭"等类，皆是敬之目。到程子始关聚说出一个敬来教人。[16]

> 自秦汉以来，诸儒皆不识这敬字，直至程子方说得亲切，学者知所用力。[17]

> 程先生所以有功于后学者，最是敬之一字有力。[18]

不用说，我们可以从这种赞美声中读取出朱熹自身的思想倾向：这被程子"关聚说出"的、"说得亲切"的、"有功于后学"的"敬之一字"无疑也正是朱熹所取的一个思想立场。

朱熹曾对宋代理学以来的"敬论"史及其内涵有一个概要性的总结：

> 然则所谓敬者，又若何而用力邪？曰：程子于此，尝以"主一无适"言之矣，尝以"整齐严肃"言之矣。至其门人谢氏之说，则又有所谓"常惺惺法"者焉。尹氏之说，则又有所谓"其心收敛不容一物"者焉。观是数说，足以见其用力之方矣。[19]

这是将程颐的"主一无适"、"整齐严肃"与程门弟子谢良佐（号上蔡，1050—1121）的"常惺惺法"（《上蔡语录》卷中）以及尹焞（号和靖，1061—1132）的"其心收敛不容一物"（《和靖尹先生文集》卷八《师说附录》）作为理学主敬思想的四大要点，这个说法在《朱子语类》也到处可见[20]，可谓是朱熹对主敬问题的一个基本认识，也是程颐之后朱熹之前，理学之论主敬的主要脉络。

质言之，主一无适是就心上做工夫，保持意识的高度集中而不走失；整齐严肃则是就外貌上做工夫，要求仪容整齐、举止端庄；常惺惺法则是"心不昏昧之谓"[21]，常令此心保持唤醒而不间断的状态，重在"唤醒"而令此心不间断；此心收敛不容一物则是"心主这一事，不为他事所乱"[22]之意，重在"收敛"而令此心为主。显然，除了整齐严肃是就外貌仪容而言以外，其余三种工夫均与内心有关，故可归为一类。至于外貌与内心的关系，依程颐，又可叫做外与中的关系，如其《四箴·视箴》所言"制之于外，以安其内"，强调通过"制外"——即外部的整齐严肃，以通向"安内"——即内心的安定宁静。然而"制外"与"安内"又是互为连贯的，程颐《四箴序》指出"由乎中而应乎外,制于外所以养其中也",便是对主一无适与整齐严肃这套主敬工夫之关系的恰当说明。要之,"制外"和"养中"均属"涵养"工夫,故结论可以说:"敬只是涵养一事。"[23]

不过,这里的"内外"只具相对意义而不能截然两分,因为事实上,若从程颐的另一重要命题"敬义夹持"的角度看,相对于"义外"而言,"直内"的敬字工夫便"只是内",[24]即意谓敬是一种内在工夫。程颐说:

> 君子主敬以直其内,守义以方其外。敬立而内直,义形而外方。义形于外,非在外也。敬义既立,其德盛矣。不期大而大矣,德不孤也。[25]

可见,敬是一种"内"的工夫,"方其外"的"义外"工夫最终也取决于"直其内",所以说"义形于外,非在外也"。程颐虽然注重"整齐严肃"作为主敬工夫的入手处,强调从外貌上做工夫的基础性意义,但在他的问题意识中,不论是端正容貌还是集中意识,都最终指向"直内"的内心工夫。甚至可以说,程颐之所以极力倡导主敬工夫论,其问题意识就在于如何安定人心。

例如程颐指出:

> 人心作主不定,正如一个翻车,流转动摇,无须臾停,所感万端。又如悬镜空中,无物不入其中,有甚定形?不学则却都不察,及有所学,便觉察得是为害。著一个意思,则与人成就得个甚好见识?心若不做一个主,怎生奈何?张天祺昔常言,"自约数年,自上著床,便不得思量事。"不思量事后,须强把佗这心来制缚,亦须寄寓在一个形象,皆非自然。君实自谓"吾得术矣,只管念个中字。"此则又为中系缚,且中字亦何形象?若愚夫不思虑,冥然无知,此又过与不及之分也。有人

> 胸中常若有两人焉,欲为善,如有恶以为之间;欲为不善,又若有羞恶之心者。本无二人,此正交战之验也。持其志便气不能乱,此大可验。要之,圣贤必不害心疾,其佗疾却未可知。佗藏府只为元不曾养,养之却在修养家。[26]

程颐以"翻车"来比喻"人心作主不定"的各种现象,如"流转动摇,无须臾停,所感万端"等等;又以"悬镜"为喻,指出人心作主就好比"悬镜空中",万物自来而又无一定之形状可以把捉("有甚定形"),因此重要的是,人心作主而又不能"著一个意思"。他所列举的张天祺"不思量"和司马光"念中"的事例则从一个侧面表明,寻求心定乃是当时的一个普遍问题。

不过在程颐看来,张天祺和司马光在寻求心定的问题上犯了"著一个意思"的根本错误,具体表现为"寄寓在一个形象"——亦即追求某种"定形",而这个错误的本质在于二心"交战"("本无二人"的二人,意谓二心)、"皆非自然"。须指出,这里"交战"一词生动地揭示了"人心作主不定"的所有症结之所在——即程颐所说的"心疾",而且是所有疾病中最为根本的疾病,所以说尧舜等圣贤或许也有其他疾病,但却不会有"心疾",反过来说,正是因为没有"心疾",所以尧舜才得以成为尧舜。针对常人的"心疾",程颐提出的对治方法则是孟子的"持志养气"说,以为这是从根本上克服"心疾"的良方,因为"持其志便气不能乱"。事实上,程颐是以孟子的"持志养气"作为主敬思想的理论支持,关于这一点,这里也就不必深究了。

毫无疑问,以上这段叙述所揭示的"人心作主不定"的问题,其实也就是如何解决"心疾"的问题,程颐所得出的结论既不是张天祺的"不思量",也不是司马光以"中"

定心,而是以主敬来对治"心疾",因为主敬才是解决"心主不定"的根本方法,换言之,程颐在工夫论上强调的主敬工夫所要应对的问题就是人心如何做主以及如何克服二心交战的问题。事实上,就宋代以来的理学思潮来看,这个问题具有一定的普遍性。我们不妨来看两段程颐的语录:

> 学者先务,固在心志。有谓欲屏去闻见知思,则是"绝圣弃智"。有欲屏去思虑,患其纷乱,则是须坐禅入定。如明鉴在此,万物毕照,是鉴之常,难为使之不照。人心不能不交感万物,亦难为使之不思虑。若欲免此,唯是心有主。如何为主?敬而已矣。有主则虚,虚谓邪不能入。无主则实,实谓物来夺之。今夫瓶罂,有水实内,则虽江海之浸,无所能入,安得不虚?无水于内,则停注之水,不可胜注,安得不实?大凡人心不可二用,用于一事,则他事更不能入者,事为之主也。事为之主,尚无思虑纷扰之患,若主于敬,又焉有此患乎?所谓敬者,主一之谓敬,所谓一者,无适之谓一。且欲涵泳主一之义,一则无二三矣。[27]

> 人多思虑不能自宁,只是做他心主不定。要作得心主定,惟是止于事,为人君止于仁之类。如舜之诛四凶,四凶已作恶,舜从而诛之,舜何与焉?人不止于事,只是揽他事,不能使物各付物。物各付物,则是役物。为物所役,则是役于物。有物必有则,须是止于事。[28]

可以说,以上两段语录集中反映了程颐主敬思想的问题意识,程颐所欲解决的根本问题无疑在于人心做主这一点。以下,我们对这两段语录略做解释。

在第一段,程颐明确指出"学者先务固在心志",重要的是,若要使不得不交感、不得不思虑的人心安定下来,"唯是心有主"。那么"如何为主"呢?答案只有一个:"敬而已矣。"为什么呢?程颐指出:"有主则虚,虚谓邪不能入;无主则实,实谓物来夺之。"这是以虚实来做一个比喻,人心之虚,故能应万事,人心若实(如心中若有一物),则人心已然有种种阻塞,便不能"作主";程颐进而指出:"事为之主,尚无思虑纷扰之患,若主于敬,又焉有此患乎?"这是说,"止于事"是使人心作主的一个条件,况且使人心"主于敬",则更无"思虑纷扰之患"。[29]那么,究竟如何做到"主敬"呢?程颐提出了一个命题式的答案:"主一之谓敬"、"无适之谓一";"须是直内,乃是主一之义"。这是将"主一无适"和"直内方外"结合起来——用程颐的另一种说法,亦即敬义夹持的方法,做到内外交互使用、合作并进,便是主敬工夫的全部内容。这样一种主敬工夫,在程颐看来,就是"涵养"工夫,其下手处不能脱离"事"(如"不敢欺、不敢慢,尚不愧于屋漏,皆是敬之事也"),其最终目标则是"自然天理明"。

在第二段,程颐以舜诛四凶为例,一方面强调了人心做主须落实在"事"上,即所谓"止于事",同时又强调"止于事"必须按照"有物必有则"的原则顺而从之,而不能强"揽他事",他以"物各付物"而不为物"所役"作为定心的重要方法,告诉人们实现"作得心主"的关键在于"止于事"而又不为"事"所扰乱。在这里程颐虽然没有提到"主敬",然而事实上若要做到"作得心主",唯有从敬入手,这就是程颐通过对主敬内涵的阐发而欲再三强调的由敬定心、心要做主的思想。合而言之,以上这套说法,既是程颐对其主敬思想的完整解释,同时也是程颐何以极力主张主敬工夫的思想缘由。

那么,对于自觉继承了程颐主敬思想

的朱熹来说,他强调主敬的问题意识究竟何在呢?

二、敬只是此心自做主宰处

朱熹之言敬,不胜枚举,所涉义理极为繁复。不过他在《大学或问》一上来讲到大学与小学之分的问题,就对"敬"字工夫在儒学体系中的重要性表明了一个基本的看法:

> 盖吾闻之,敬之一字,圣学所以成始而成终者也。为小学者,不由乎此,固无以涵养本原,而谨夫洒扫应对进退之节,与夫六艺之教。为大学者,不由乎此,亦无以开发聪明,进德修业,而致夫明德新民之功也。是以程子发明格物之道,而必以是为说焉。不幸过时而后学者,诚能用力于此,以进乎大,而不害兼补乎其小,则其所以进者,将不患于无本而不能以自达矣。其或摧颓已甚,而不足以有所兼,则其所以固其肌肤之会、筋骸之束,而养其良知良能之本者,亦可以得之于此,而不患其失之于前也。……若徒归咎于既往,而所以补之于后者,又不能以自力,则吾见其扞格勤苦日有甚焉,而身心颠倒,眩瞀迷惑,终无以为致知力行之地矣,况欲有以及乎天下国家也哉![30]

在这段叙述中,朱熹首先将"敬之一字"定位为儒家圣学"成始成终"之工夫,继而论述了此一工夫可由小学阶段的"涵养本原"而进之于大学阶段的"进德修业",最终实现"明德新民"、"治国平天下"这一儒家终极理想。须指出的是,这里虽将主敬比作小学工夫,但并不意味着主敬只是针对15岁之前的小学之工夫而言,其方法也不仅仅是"洒扫应对进退"三项工夫或"礼乐射御书数"六艺而已[31];朱熹之用意在于强调这样一个观点:大学虽是针对15岁之后的"大人"而言,但"大学之道"则是一以贯之的,也必然表现在小学工夫的过程当中,这就是"敬之一字"。所以朱熹的意思并不是说,先在小学阶段做一番"涵养本原"的主敬工夫,然后在大学阶段才能进之于格物工夫,事实上,在大学阶段何尝不需要主敬?所以程子在讲格物的同时,也必然讲主敬。朱熹最后指出,如果我们只是把主敬看作是以往的小学阶段之工夫,以为当今做大学工夫已经无法弥补而只能放弃主敬,那么就必将导致"身心颠倒,眩瞀迷惑",根本不能有进于"致知力行",更谈不上去实现"治国平天下"。要之,朱熹在这里阐述的核心思想是:"敬之一字"是贯穿小学和大学的根本工夫。

既然主敬是贯穿小学与大学的"涵养本原"之根本工夫,那么具体地说,主敬又主要是一种什么样的工夫呢?显然,虽说主敬贯穿于"洒扫应对"及"致知力行",但主敬又不能简单地等同于"洒扫应对"或"致知力行"。同样,虽说涵养本原之主敬含有"养其良知良能之本"的涵义,但"敬之一字"本身也不能简单地等同于"良知良能"。其实在我们看来,若以一言以蔽之,则可说"敬只是此心自做主宰处"[32]乃是朱熹之敬论的最为重要的核心观点。

对照以上程颐言敬重在心要作主、以心为主的观点,可以说朱熹之论敬同样重在心做主宰这一点上,只是朱熹更为突出强调"自做主宰",也就是我们在上面所提到的心的"自存"义、"自省"义。接下来,我们就要思考两个问题:一是朱熹为什么强调此心自做主宰?一是敬又如何才能使此心自做主宰?在本节中,我们首先来考察第一个"为什么"的问题,亦即朱熹之论敬的思想缘由、问题意识究竟何在的问题,至于第二个"怎么做"的问题,则有待以下各节来展开讨论。

如所周知,朱熹的两次"中和"之悟,均与心性问题有关,特别是标志着朱熹思想最终确立的第二次己丑之悟,不惟从根本上解决了心性的名义问题——即如何从哲学上来定义心性关系的问题,更为重要的是,朱熹确立了以"敬"为"日用本领工夫"的思想——即居敬工夫。向来讨论朱熹"中和"之悟,较多关注朱熹由"心为已发,性为未发"转向"性为未发,情为已发"而心贯未发已发的心性名义问题之解决,并以此作为朱熹最终建立心性情三分构架之理论的标志。当然,这一分析有诸多朱熹文献可以提供支持,无疑有充分的说服力。然而,就在己丑之悟以后,朱熹自己是怎么说的呢?他在己丑之悟以后的第一时间,给湖南学者发出的那封著名的《与湖南诸公论中和第一书》中这样说道:"……乃知前日之说非惟心性之名命之不当,而日用功夫全无本领,盖所失者不但文义之间而已。"在这里,朱熹无疑表明以往在心性名义问题上的"所失"虽大犹小,而在日用本领工夫问题上的"所失"虽小犹大。这里的关键在于如何理解朱熹所谓的"日用功夫全无本领",现在我们就来读一读《与湖南诸公论中和第一书》:

> 《中庸》未发已发之义,前此认得此心流行之体,又因程子"凡言心者,皆指已发而言",遂目心为已发,性为未发。然观程子之书,多所不合,因复思之,乃知前日之说非惟心性之名命之不当,而日用功夫全无本领,盖所失者不但文义之间而已。

> 按《文集》《遗书》诸说,似皆以思虑未萌,事物未至之时为喜怒哀乐之未发,当此之时,即是此心寂然不动之体,而天命之性当体具焉。以其无过

不及,不偏不倚,故谓之中。及其感而遂通天下之故,则喜怒哀乐之性发焉,而心之用可见,以其无不中节,无所乖戾,故谓之和。此则人心之正,而情性之德然也。

> 然未发之前不可寻觅,已发之后不容安排。但平日庄敬涵养之功至,而无人欲之私以乱之,则其未发也,镜明水止,而其发也,无不中节矣。此是日用本领工夫。至于随事省察,即物推明,亦必以是为本,而于已发之际观之,则其具于未发之前者,固可默识。

> 故程子之答苏季明反复论辨,极于详密,而卒之不过以敬为言。又曰"敬而无失,即所以中",又曰"人道莫如敬,未有致知而不在敬者",又曰"涵养须是敬,进学则在致知",盖为此也。向来讲论思索,直以心为已发,而日用工夫亦止以察识端倪为最初下手处,以故缺却平日涵养一段工夫。使人胸中扰扰,无深潜纯一之味,而其发之言语事为之间,亦常急迫浮露,无复雍容深厚之风。盖所见一差,其害乃至于此,不可以不审也。……[33]

此函颇长,然其要点无非有二:一是朱熹反省了"以心为已发"这一心性名义上的错误,导致平常一味就已发之后着手做"察识端倪"的工夫而"欠缺平日涵养一段工夫";一是朱熹明确了"平日庄敬涵养"才是"日用本领工夫"。他引用三段有关"敬"的语录,以强调程子的为学宗旨"不过以敬为言",这也就意味着朱熹自己的主敬思想的确立。

当然,从思想史的角度看,这封书信所透露出来的思想内涵是十分丰富的,其中令人关注的是相对于"平日涵养"而言的"察识端倪"。不用说,于宋代思想之史实稍熟悉者便可知这是指以胡宏(号五峰,

1102—1161)为首的湖湘学派的标志性观点:先察识后涵养。朱熹的己丑之悟正是标志着他从湖湘学的先察识后涵养这一工夫论思想的阴影中摆脱了出来,确立了以敬来贯穿先后、上下、动静以及未发已发的工夫论立场。然而,从理论上看,先察识后涵养的主张又究竟错在哪里呢?也就是问,朱熹对湖湘学的批评与其主敬思想的确立又有何理论上的必然关联呢?

我们知道,其实胡宏所谓的"察识"工夫也就是"识心"工夫,因为察识的对象就是已发之心,若已发之心为良心则存而养之,若已发之心为人欲则制而去之,可见察识工夫的理论预设是"心为已发",由于"此心在人,其发见之端不同",因此工夫的关键就在于"识之而已"。[34]依胡宏,所谓"察识"是就已发之际,对已发之心做正面的自觉反省,然后"操而存之,存而养之,养而充之",[35]这就与杨时(号龟山,1044—1130)至李侗(世称延平先生,1093—1163)的"道南一脉"所言由静摄心并于未发之际涵养之指向不同。在中和新悟之前,朱熹的工夫论便在湖湘一路与道南一路之间流连忘返,结果与此二者均未能相契[36],最终向程颐的主敬说回归。

要之,正是对于湖湘学的这一"知之而已"的"识心"说,朱熹在己丑之悟之后,开始表现出强烈的批判态度。为什么呢?因为在朱熹看来,心是知觉,心自会识,如果说"识心",那么这个"识"的主体又是谁呢?难道是以一个心去"识"另一个心?朱熹打了一个比方,就好比人的眼睛自会看见东西,但是眼睛绝不能看自己的眼睛,他说:

> 如湖南五峰多说"人要识心"。心自是个识底,却又把甚底去识此心?且如人眼自是见物,却如何见得眼?故学者只要去其物欲之蔽,此心便明。如人用药以治眼,然后眼明。[37]

> 所论近世识心之弊,则深中其失。古人之学,所贵于存心者,盖将即此而穷天下之理。今之所谓存心者,乃欲特此而外天下之理,其得失之端,于此亦可见矣。故近日之弊,无不流于狂妄恣肆而不自知其非也。[38]

这里的第一段是说,胡宏"识心"无非是以心识心,其错误犹如以"人眼"见"人眼",而在朱熹看来,"人眼自是见物,却如何见得眼",这是非常荒唐的。第二段是指"识心"说一味向内用功而忘却了天下之理——亦即置穷理工夫于不顾。朱熹以为以上两点便是湖湘学"识心"说的主要弊病。

关于"识心"何以导致排斥穷理,这里且不深究,重要的是朱熹的第一点批评,正是在这一批评的背后,朱熹想要表达的一个观点十分重要。可以这么说,假设识心说成立的话,就必将导致两种后果:要么承认在人心之上之外存在另一个心之本体[39],要么承认心既是知觉的主体又是知觉的客体。当然须看到,这两种后果的假设其实都是朱熹依其理论所做的诠释和判断,未必就是湖湘学主张"识心"的必然结论。若依胡宏,心体本无善恶,心体之发动有善有恶,故于心之已发之际察识其端倪,见其善者涵养之,见其不善者克服之,此便是胡宏"识心"说的真实涵义,其中并没有"以心识心"之意。但不管怎么说,在朱熹看来,上述两种后果都是非常严重的错误,更是己丑之悟后的朱熹所遇到的必须解决的理论问题。若结合本节开首所提示的"敬只是此心自做主宰"的命题来看,这个问题的实质就是此心何以能做到"自做主宰"?

三、以敬为主而心自存

事实上,自己丑之悟后,朱熹的思想体

系虽已基本确立,但他所面对的问题仍有许多,其中之一就是与其"心论"密切相关的工夫论问题。在解决这一问题的同时,他所要面对的却是当时的湖湘学派,而他所用的理论武器便是由程颐那里继承而来的主敬思想。那么,敬与心又有什么理论上的关联呢?

朱熹曾在给当时湖湘学主要代表人物之一的张栻(号南轩,1133—1180)的书信中指出:

> 以敬为主,则内外肃然,不忘不助而心自存。不知以敬为主而欲存心,则不免将一个心把捉一个心。外面未有一事时,里面已是三头两绪,不胜其扰矣。就使实能把捉得住,只此已是大病。况未必真能把捉得住乎!儒释之异,亦只于此便分了。如云"常见此心光烁烁地",便是有两个主宰了。不知光者是真心乎,见者是真心乎?[40]

这里讲了三层意思:第一,朱熹从正面指出"以敬为主"的主敬工夫能够使内心和外表获得整齐肃然的效果,并使内心达到"不忘不助"的状态,最终实现"心自存"的境地;第二,如果不以敬为主而企图做一番"存心"工夫,则其结果必将导致"将一个心把捉一个心",还未等到应接事物,内心已经纷乱不堪,退一步说,即便能做到"把捉"此心,这种"把捉"方法本身已是"大病",何况未必真能"把捉得住";第三,是根据"以敬为主"、"而心自存"的工夫去做,还是按照"将一个心把捉一个心"的方法去做,这是儒家与佛教的根本分歧之所在,佛教所说的"常见此心光烁烁",其实已经表明存在着两个"主宰",不知到底"光"之本身是"真心"?还是"见"此光者是"真心"?

无疑地,朱熹在这里所涉及的问题愈发关键,一言以蔽之,由主敬立场出发,便可实现此心"自存"而从根本上消解二心之

间的"把捉"问题(即"一个心把捉一个心"),这正是朱熹敬论的一个核心观点。那么,何谓"把捉"呢?事实上,由这封寄给张栻的书信来看,朱熹的话是有针对性的,他所针对的就是湖湘学的"识心"说。在朱熹看来,正是胡宏等人主张的"识心"说未免陷入"以一个心把捉一个心"的弊端。

上面提到胡宏所言"察识"工夫其实就是"识心"工夫,对此,我们须再做稍详的探讨。向来以为,从学术史的角度看,胡宏的思想经由其父胡安国(谥文定,1074—1138)、谢良佐而上溯至程颢(号明道,1032—1085),相对于程颢重"识仁",胡宏则重"识心"。他说:"知天之道,必先识心,识心之道,必先识心之性情。"(《知言》卷五)可见,他将"识心"提到了"知天之道"的高度,同时他也强调"识心"须从"识心之性情"入手。那么,何谓"心"呢?在胡宏,大致可以两段话来阐明:"心无不在,本天道变化,与世俗酬酢,参天地,备万物,人之为道,至大也。"(《知言》卷五)"心也者,知天地,宰万物,以成性者也。"(《知言》卷一)可见,就客观上看,心是一种"参天地,备万物"的存在,能与天道为一;从主观面看,心具有"知天地,宰万物"的能力,最终达到"心以成性"。牟宗三以"以心著性"四字来概括胡宏思想之宗旨,这是有一定道理的。在心性关系问题上,胡宏指出:"心纯则性定而气正。"(《知言》卷二)"气之流行,性为之主;性之流行,心为之主。"(《知言》卷三)"未发只可言性,已发乃可言心。"(《知言》卷四)"圣人指明其体曰性,指明其用曰心。性不能不动,动则心矣。"(《知言》卷六)"有而不能无者,性之谓欤!宰物不死者,心之谓欤!"(《知言》卷四)再三强调"心"是工夫的着手处、落脚点。对于胡宏以上所言,唐君毅总结道:

> 观此五峰之言,乃明以心为形而

上的普遍而永恒之一流行之体,而大同于象山之所谓宇宙即吾心,吾心即宇宙之言。……此所谓心之已发,同于心之呈现,故无论在事物思虑之交,或无思无为之际,但有此心之呈现,即是发。……故性之流行,心为之主,而性亦由心而成。……心乃居于一切有形有气者上一层次,与形气不直接相关者。[41]

这是说胡宏所言"心"乃一形上的普遍之心体,同于象山心学意义上的"吾心",由此以观胡宏所言"心之已发",实即"心之呈现"之意,而"性之流行"亦取决于"心之呈现",在此意义上可以说"性亦由心而成"。总之,胡宏所说的"心"是超越于形气之上的本体存在。据此,胡宏所谓的"识心"之"识"同于程颢的"识仁"之"识","皆当顺孔子所谓默识之识去了解"。何谓孔子的"默识之识"?唐君毅进而指出:"孔子之默识,正当为一无言之自识,而自顺理以生其心者,固非往识事一物、一对象、而涵把捉或捕捉意味之认识也。"[42]由此推知,故胡宏"识心"之"识"绝非是以外在事物为对象的认识活动意义上的"识"——内含把捉或捕捉之意味,而是指向内心的一种"默识"——亦即"无言之自识"。换言之,胡宏"识心"之"识"绝非寻求把捉之意,而是对心体的一种"默识"。唐氏此说值得参考。

不过,唐君毅的上述分析是针对朱熹对胡宏"识心"的批评而提出的反批评,然在朱熹则未必能完全承受,其云:"若'默而识之',乃不言而存诸心,非心与理契,安能如此!"[43]意谓"默识"已是"心与理一"之境界,非常人所能做到。故在朱熹看来,胡宏的"识"谈不上是什么"默识",而仍然是一种"把捉"而已。更重要的是,朱熹认为若依胡宏所说,在心之已发处去做察识之工夫,则将导致"此心遂成间断"之后果,而

且若就"已放之心"而后去察识、操存,则其工夫转辗繁难而"无复有用功"之处,如果总是等待已发之后,才去察识操存,其结果也不过是"发用之一端"而已,对于心体之"本源全体"未能做到"一日涵养之功",以为由此"扩充"便可达到"与天同大",也就未免太过狂妄了[44]。在这里,朱熹显然强调工夫不能片面地追求于心之已发后察识,更有必要在未发前涵养"本源全体",并以此来打通未发已发之工夫。此可见朱熹主敬之最终确立,与其反省湖湘学"先察识"之工夫理路密切相关,其关节点有二:一是"察识"已不免"把捉"之意,与儒学所言操存涵养此心而令此心自做"主宰之味不同",即所谓"今人著个'察识'字,便有寻求捕捉之意,与圣贤所谓操存、主宰之味不同。……如胡氏之言,未免此弊也"[45];一是若无主敬之涵养工夫而欲察识已发之心体,则终无成功之日,即所谓"若必待其发而后察,察而后存,则工夫之所不至者多矣"[46],"盖发处固当察,但人自有未发时,此处便只合存,岂可待发而后察、察而后存耶?"[47]正是针对以上两种弊端,所以朱熹强调以敬为主而心自存。

至此,我们终于了解朱熹之主敬并非单纯地向程颐思想的回归,而是通过对湖湘学派(亦含道南一派)的反省与批判而逐渐形成的,他所强调的主敬更为强调心在未发与已发的过程中自做主宰。当然,心之主宰义也是程颐主一以及胡宏识心的固有主张,但朱熹论心之主宰则强调须由敬契入,以提撕唤醒心的自存自省,而这一点才是朱熹敬论的最大特色之所在。在这个意义上,朱熹说敬就是心的自做主宰处。

其实,从字义上说,敬就是提撕唤醒、令其警觉之意,所谓心的自存自省,也就是在此意义上说的,朱熹指出:

"涵养须用敬,进学则在致知。"无

事时,且存养在这里,提撕警觉,不要放肆。到讲习应接时,便当思量义理。[48]

　　敬是个莹彻底物事。今人却块坐了,相似昏倦,要须提撕著。提撕便敬;昏倦便是肆,肆便不敬。[49]

　　此一个心,须每日提撕,令常惺觉。[50]

　　何者为心?只是个敬。人才敬时,这心便在身上了。[51]

　　只敬则心便一。[52]

　　敬者一心之主宰,而万事之本根也。[53]

可见,提撕警觉便是涵养用敬之意。但须注意的是,敬毕竟不是心体本身,敬只是一种工夫,所以可以用"持"、"居"、"主"、"存"等动词加在"敬"字之上,如其所云:

　　摄心只是敬。[54]

　　只是要收敛此心,莫要走作,走作便是不敬。[55]

　　人能存得敬,则吾心湛然,天理灿然,无一分着力处,亦无一分不着力处。[56]

这都是说,敬是一种工夫,敬之本身不是湛然之"吾心"或灿然之"天理"。所以,朱熹极力反对在主敬过程中去寻求什么"敬之体",例如:

　　敬只是敬,更寻甚敬之体?[57]

　　静坐而不能遣思虑,便是静坐时不曾敬。敬则只是敬,更寻甚敬之体?[58]

其实,在朱熹,敬并不是如性理那样的终极实在,也不是心之本体(朱子学意义上的心之本然状态)之本身,故根本谈不上"敬体"这一概念。

然而,何以又有所谓"敬之体"的问题出现呢?这部分原因也许出在朱熹自己的某些表述,例如他说:"敬字通贯动静,但未发时,则浑然是敬之体。非是知其未发,方下敬底工夫也。"[59]然细按其意,"体"字并非实指,意谓未发正是做主敬工夫的理想状态。不过,朱熹接着又说:"既发,则随事省察而敬之用行焉。"[60]这样一来,"敬之体"与"敬之用"成为相对而言的对句,不免引起后人将"体用"套在对敬的解释上,仿佛"敬"是一种有体有用的独立存在。诚然,从名义的角度看,以体用言敬,确有失严密。然朱熹无非是借"体用"一语以表明持敬工夫贯穿于心之未发与已发,并没有将敬字本身提升至本体地位的丝毫想法。

问题在于,既然"敬"的工夫能令此心"自做主宰"、"自省自存",那么这个被称为"敬只是敬"的工夫本身是否需要由"心"来主导?事实上,从学理上说,我们可以问:敬的工夫何以只是敬的工夫而已?如果没有"心"(且不论是否是孟子的本心抑或是象山的吾心、阳明的良心)的引领,敬的工夫何以可能?更为直截了当地问,敬与心究竟何者为先(非时间在先而是形上在先)?何者为本?能否用先后、本末、体用这类范畴来规定敬与心的关系——例如心本敬末、心先敬后、心体敬用?恕笔者直言,在朱熹的文字中,完全看不到有此类的说法,也就是说,在朱熹,他根本不曾想把敬字工夫的理据诉诸心体。在这个意义上,笔者倒是赞同牟宗三以"空头的涵养"来批评朱熹之敬论,只是此所谓"空头"应理解为朱熹的主敬工夫缺乏心体的指引,而不是指朱熹主敬缺乏内容。关于这一问题,我们将在结语中再做稍详的讨论。

四、将个敬字收敛个身心

　　按照敬只是此心自做主宰处、以敬为主而心自存等命题来看,敬是令此心"作主"、"自存"、"常存"的保证,但不能倒过来说,以心为敬作主。与此思路一致,朱熹还有一个重要说法,即"将个敬字收敛个身心",而且朱熹将此提到了"为学"之"大要"的高度来加以肯定,换言之,以敬收心,可谓是朱子学的为学宗旨。他说:

> 为学有大要。若论看文字,则逐句看将去。若论为学,则自有个大要。所以程子推出一个敬字与学者说。要且将个敬字收敛个身心,放在模匣子里面,不走作了,然后逐事逐物看道理。尝爱古人说得学有缉熙于光明,此句最好。盖心地本自光明,只被利欲昏了。今所以为学者,要令其光明处转光明,所以下缉熙字(缉如缉麻之缉,连缉不已之意。熙则训明字)。心地光明,则此事有此理,此物有此理,自然见得。且如人心何尝不光明?见他人做得是,便道是;做得不是,便知不是,何尝不光明?然只是才明便昏了。又有一种人自谓光明,而事事物物元不曾照见。似此光明,亦不济得事。今释氏自谓光明,然父子则不知其所谓亲,君臣则不知其所谓义,说他光明,则是乱道。[61]

这是说,做学问是有根本方法的,如果读书,可以逐字逐句地读,但若是说做学问,则自有根本之法,这就是程子向学者所说的"敬"。这个"敬"是什么意思呢?要而言之,就是要用"敬"来收敛身心,如同把身心放在一个"模子"里面那样,能使身心运作不走样,然后随事就物上去穷究事物之理。朱熹接着说:就本来意义上而言,心地原是"光明"的,本无污染,犹如人见他人做得对便说对,做得不对便说不对那样,心里面的是非是十分清楚的,但是人心易受后天环境的不良影响,染上利欲熏心等毛病,使得心地昏暗了。至于佛教所说的"光明"则全不着地、脱离事物,如父子不知亲、君臣不

知义,这种所谓的心地"光明"最为危险可怕。

朱熹在这里所欲表明的观点有互为关联的两层意思:第一,为学大要在于以敬之工夫来收敛身心;第二,这是由于人心"才明便昏了"的缘故。至于另一层意思——心地原是光明,则不是主敬工夫的前提设定。朱熹的思路是:心地虽然原本光明,但不可以光明之心去主导敬之工夫,否则的话,就必须承认有一个形上的、普遍的、永恒的心之本体或道德本心的存在。由此可见,朱熹所说的"光明"只是就心地的原初意义上而言,而非就心地的超越意义上立论。要之,不能在主敬工夫之前之上预设心之本体的存在,这是朱熹不可退让的原则立场,他之所以强烈反对湖湘学的"以心观心"(当然这是朱熹的诠释而不一定是胡宏"识心"说的真实内涵)并将其喻作佛教的"以心求心",其思想缘由便在于此。

值得一提的是,朱熹所说的"放在模匣子里面"的比喻性说法非常生动有趣,这是由于朱熹很担心"身心"容易脱离轨道、胡乱运作,故有必要用"模匣子"来规范它、约束它。这个"模匣子"就是比喻"敬",由此推论,由"敬"摄心便是指知觉层面上的人心而不能是道德层面上的本心。例如朱熹还有一些说法,也表明了同样的意思:

> 人只有个心,若不降伏得,做甚么人?[62]

> 人心万事之主,走东走西,如何了得?[63]

> 心既常惺惺,又以规矩绳检之,此内外交相养之道也。[64]

> 今于日用间空闲时,收得此心在这里截然。……常常恁地收拾得这心在,便如执权衡以度物。[65]

> 且要收拾此心,令有个顿放处。若收敛都在义理上安顿,无许多胡思

乱想,则久久自于物欲上轻,于义理上重。[66]

这里所说的"降伏"、"收拾"、"收敛"、"绳检"等动词的主体都是"敬",相对地说,"心"则是"敬"的客体对象。要把心安顿下来,安顿在"义理上",便是主敬工夫的主要任务。其云去"物欲"存"义理"而令此心不至于"东走西走"、"胡思乱想",亦是将心之状态规定为敬之工夫的对象。正是通过上述"收拾"、"收敛"等等主敬工夫的程序,然后才能实现人心为主("万事之主")的目标,朱熹喻作"如执权衡以度物",意谓由敬摄心,方能使此心成为"度物"之标准。也正由此,所以朱熹说敬既是"一心之主宰"又是"万事之本根",不能倒过来说,心是敬之主宰。其云"人之心性,敬则常存,不敬则不存"[67],亦同此义,意谓敬才是存心养性的根本方法而不是相反。由此出发,故朱熹说,敬是为学之根本大法,是圣学第一义之工夫。朱熹断然指出:

> 敬之一字,万善根本。涵养省察、格物致知,种种功夫皆从此出,方有据依。[68]

> 圣门之学,别无要妙,彻头彻尾,只是个敬字而已。[69]

其中的"据依"亦即"依据"。这是说,"敬之一字"乃是"涵养省察,格物致知,如种种功夫"的依据。但须指出的是,此所谓"依据",只是就方法论而言的本源之意而非就本体论而言的理据之意,换言之,就方法论而言,各种工夫方法虽然名目繁多,但其中有一个根本的方法,那就是主敬,显然这是平铺地说主敬是一切工夫的"据依",而不是形上地说"敬"是心性之"理据",因为"敬"并非是独立存在的实体。不过令人注意的是,朱熹的上述说法涉及主敬与致知的关系问题,也就是主敬与集义、居敬与穷理的关系问题,这里须稍加考察。

由上所述,主敬工夫主要是指向人心而言,属于一种内心之工夫,这一点殆无疑义,然而如果说只要"守定一个敬字",便可一了百了,于应事接物亦可全然不顾,则非但不是朱熹之主张,而正是朱熹所批评的偏见。他指出:

> 敬不是万事休置之谓,只是随事专一、谨畏、不放逸耳。[70]

> 若学者,当求无邪思,而于正心诚意处着力。然不先致知,则正心诚意之功何所施?所谓敬者,何处顿放?今人但守一个"敬"字,全不去择义,所以应事接物处皆颠倒了。[71]

这里以"随事专一"言"敬",表明主敬工夫必落在"事"上,也就是后一段所强调的在"应事接物处"做一番"集义"工夫的观点。关于这一点,朱熹常常用程颐的"敬义夹持"说来加以强调,他说:"敬义夹持,循环无端。"[72]那么,如何来理解这种"夹持"关系呢?朱熹有一个解释,可谓曲尽其详:

> 彼专务集义而不知主敬者,固有虚骄急迫之病,而所谓义者或非其义;然专言主敬,而不知就日用间念虑起处分别其公私义利之所在,而决取舍之几焉,则恐亦未免于昏愦杂扰,而所谓敬者有非其敬矣。且所谓集义,正是要得看破那边物欲之私,却来这下认得天理之正,事事物物,头头处处,无不如此体察,触手便作两片,则天理日见分明,所谓物欲之诱,亦不待痛加遏绝而自然破矣。若其本领,则固当以敬为主,但更得集义之功以祛利欲之蔽,则于敬益有助。盖有不待著意安排而无昏愦杂扰之病。……使正叔知得鄙意不是舍敬谈义、去本逐末,正欲两处用功,交相为助,正如程子所谓"敬义夹持",直上达天德,自此者耳。[73]

在这里,朱熹强调居敬与集义交相为用的观点,不过从中仍然可以看出,朱熹还是坚持"若其本领,则固当以敬为主"的观点,这是朱熹己丑之悟后所坚持的"日用本领工夫"的一贯立场,不容改变。

朱熹还用"互相发"的说法来解释居敬与穷理的关系:

> 学者工夫,唯在居敬穷理二事,此二事互相发。能穷理,则居敬工夫日益进;能居敬,则穷理工夫日益密。譬如人之两足,左足行则右足止,右足行则左足止。又如一物悬空中,右抑则左昂,左抑则右昂,其实只是一事。[74]

问题是这种"互相发"的工夫,何者更为根本?从上述这段话的字面来看,朱熹只是说两者互以他者为必要条件,缺一不可,亦即两者是平行的关系,而其最后一句"其实只是一事",则意谓两种工夫其实只是同一个工夫的过程。这一思维方式,颇类似于朱熹的"知行并进"说,关于这一点,我们在下一节还有讨论,这里须指出这一并行关系的两种工夫虽同处在一个工夫过程中,可以说穷理离不开居敬,也可说居敬离不开穷理,但是只有居敬工夫具有贯动静、通上下、成始终、无间断、常惺惺之特征,显然比穷理工夫更为根本。故有学者认为朱熹在工夫论问题上,以主敬为第一义,穷理为第二义,亦不无道理。[75]如朱熹曾说:

> 为学两途,诚如所喻。然循其序而进之,亦一而已矣。心有不存,物何可格?然所谓存心者,非拘执系缚而加桎梏焉也。盖尝于纷扰外驰之际,一念之间,一有觉焉,则即此而在矣。勿忘勿助长,不加一毫智力于其间,则是心也,其庶几乎![76]

这段论述非常重要,虽然没有提到"敬"字,但我们却可以将此放在"敬"的脉络下来观察朱熹有关心物关系问题的立场。从其表述看,存心与格物并存不悖、相互为用,故谓"一而已矣",然而心若不存,则格物工夫亦无可下手,显然存心较诸格物更为根本。如朱熹曾明确指出:

> 《大学》须自格物入,格物从敬入最好。只敬,便能格物。敬是个莹彻底物事。[77]

至于如何存心,朱熹强调只是在一念之间,一觉此心,则此心在也,其间容不得丝毫的智力安排。其实,这里的"觉"字,便是敬字工夫的提撕义。关于觉、心、敬的彼此关联,我们可以归纳为八个字:觉底是敬,觉处即心[78]。要之,存心其实就是由居敬工夫"一觉此心"之意。重要的是,由"一觉此心"便可令此心自在("即此而在"),而觉此心者端在于敬字工夫,此即朱熹再三强调的主敬可使"自心自省"之意,也就是"将个敬字收敛个身心"之意。

最后顺便指出,在有关敬与心的关系问题上,朱熹曾有这样一个定义:"敬则心之贞也。"[79]这是说,敬就是指心之贞定。按,此《答张钦夫书》非常著名,即所谓"诸说例蒙印可"书,为朱熹40岁时所作,然清儒王懋竑《朱子年谱考异》于"38岁"条却谓"后来都无此语",意指该说为朱熹未定之论,不明理由何在。牟宗三则断定王说为非,并对"敬则心之贞也"有所肯定:"此语实甚佳。在朱子系统中,其意即是心气之贞定与凝聚,非从本体性的超越心而言也。"并说:"此义亦不悖于朱子静涵静摄之系统"[80]。可以看出,牟氏之肯定是顺着朱熹而说,若依牟氏之判教立场而言,则此"静涵静摄"盖谓朱熹思想之特质为理"存有而不动",其动者为心气,而这一点正是牟氏所不能认同的。不过在笔者看来,于朱熹之主敬则不可以"静"字概之,朱熹所言主敬工夫意义上的"自心自省"之"心"亦非"心气"一词可以概之。诚然,由"敬则心之贞也"之命题的内涵来看,心是敬之对象,此即朱熹所言由敬摄心的题中应有之意,若此,则心莫非是现象实然之存在而可归于"气"之范畴?关于心是否就是气的问题,上引拙文已有讨论,这里不必赘述。要而言之,至少在朱熹敬论的思想脉络中,由敬而提撕唤醒之心乃是一"为主"而不"为客"之存在[81],绝非"心气"一词所能涵盖。朱熹所用的"心气"一词,例如:"讽诵歌咏之间,足以和其心气"[82],"心平气和"、"心气和平"[83]等等,均是日常语言所说的心平气和之意,并不具有特殊的思想意涵。事实上,如何结合朱熹所说的"敬只是此心自做主宰处"来看,那么"敬则心之贞也"便不难理解,其意无非是说敬能令此心"贞定"而发挥"主宰"之作用。

五、主敬工夫诸说

以上我们初步探讨了朱熹敬论的问题意识之由来以及由敬而令此心自做主宰、自省自存、收敛身心等问题,这些探讨还不足以覆盖朱熹敬论的全部内涵。在这里,我们有必要再对朱熹敬论的其他相关论述做相应的了解。

须指出,朱熹工夫论之特质表现为以主敬"立本"、以穷理"致知",然其论敬主要指向"心定理明"[84],亦即属于如何使内心得以贞定之工夫,但是主敬工夫又必落在"事为"上讲,如其所云"(敬)只是随事专一",这是其敬论的一项原则,同时也是指主敬工夫的着手处,朱熹这方面的言论甚多,例如:

> 持敬之说,不必多言。但熟味"整齐严肃"、"严威俨恪"、"动容貌、整思虑"、"正衣冠、尊瞻视"此等数语,而实加工焉,则所谓直内,所谓主一,自然不费安排,而身心肃然,表里如一

矣。[85]

> 夫持敬用功处,伊川言之详矣。只云:"但庄整齐肃,则心便一,一则自无非僻之干。"又云:"但动容貌,整思虑,则自然生敬。"只此便是下手用功处,不待先有所见而后能也。须是如此,方能穷理而有所见。惟其有所见,则可欲之几,了然在目,自然乐于从事,欲罢不能,而"其敬日跻"矣。伊川又言:"涵养须用敬,进学则在致知。"又言:"入道莫如敬,未有致知而不在敬者。"……若能持敬以穷理,则天理自明,人欲自消,而彼(按,指佛教)之邪妄,将不攻而自破矣。[86]

朱熹认为主敬工夫非常简单,即从平常的整齐严肃、严威俨恪、动容貌、整思虑、正衣冠、尊瞻视等这些外部层面做起即可,重要的是,在施行这些工夫之前,不须"先有所见",这里的"见",大致是指意见或见解,意思是说,不必在持敬之前,先有什么"意见"安排,因为一旦做到"动容貌,整思虑",就"自然生敬",所以说"敬以直内"的工夫是"自然不费安排"的。这个说法值得回味,这是否意味着敬字已含有道德心之涵义,故不必另以道德之本心来主导引领,这一点还须另做探讨。简言之,由其"庄整严肃,则心便一"、"动容貌、整思虑,则自然生敬"的表述来看,整齐严肃就是持敬工夫之本身,甚至可谓是主敬之"至论",[87]但是却不能看出整齐严肃之前另须设定一个"心"的存在。相反,"身心肃然,表里如一"乃是整齐严肃等一套持敬工夫的结果而不是前提。

也正由此,所以朱熹对程颐以来的主敬四句,就特别重视"整齐严肃",以为时常保持此心警觉而不间断的谢良佐"心常惺惺"之说固然"极精切",但"不如程子整齐严肃之说为好。盖人能如此,其心即在此,

便惺惺。未有外面整齐严肃,而内不惺惺者。"[88]尽管朱熹也承认"四句不须分析,只做一句看",[89]但从根本上说,"整齐严肃便是敬,散乱不收敛便是不敬"[90],仍然强调整齐严肃更具有基础性的意义,心常惺惺则是主敬工夫过程中的一种效果,尹和靖的"其心收敛不容一物",亦复如此。事实上,所谓整齐严肃,在儒家的教学体系中,原本属于"小学"一段工夫,无甚高妙之可言,如朱熹所云:"问:'《大学》首云明德,而不曾说主敬,莫是已具于《小学》?'曰:'固然。自《小学》不传,伊川却是带补一敬字。'"[91]又说:"持敬以补《小学》之阙。《小学》且是拘检住身心,到后来'克己复礼',又是一段事。"[92]尽管如此,持敬乃具有贯穿儒门工夫的根本特性。

上面曾提到朱熹论敬必落在事上讲,但是并不等于说主敬工夫没有独立的意义,切不可误认为敬只具有针对特定事物而言的相对意义。例如朱熹曾针对程迥(号沙随)反对单独说"敬"的观点,提出了严厉的批评:

> 近世程沙随犹非之,以为圣贤无单独说"敬"字时,只是敬亲、敬君、敬长,方着个"敬"字。全不成说话。圣人说"修己以敬"(《论语·宪问篇》),曰"敬而无失"(《论语·颜渊篇》),曰"圣敬日跻"(《诗·商颂·长发篇》),何尝不单独说来?若说有君、有亲、有长时用敬,则无君亲、无长之时,将不敬乎?都不思量,只是信口胡说![93]

朱熹的意思是说,主敬既"主于事"而言,同时也"主于心"而言,因此虽然持敬须在事上落实,但在无事时持敬涵养也同样重要;如果执定持敬工夫只能在有事时做,则完全有可能忽视无事时的主敬工夫。关于无事时做涵养工夫,朱熹曾说:

> 谓当涵养者,本谓无事之时,常有

存主也。……谓省察于将发之际者,谓谨之于念虑之始萌也;谓省察于已发之后者,谓审之于言动已见之后也。[94]

按照程颐"涵养须用敬"的说法,显然朱熹所说的涵养,意同主敬。相对而言,"省察"则是已发以后的工夫。在朱熹,格物致知亦相当于已发后知工夫。但是,究竟是涵养在先省察在后,还是两者应同时并进,却成了困扰朱熹的一个问题。

从根本上说,既然主敬是圣门彻上彻下之工夫,因此就必须说:"当以涵养为本。"朱熹曾说:"涵养、体认、致知、力行……四者本不可先后,又不可无先后,须当以涵养为本。"[95]这个说法很微妙。所谓本无先后,这是指在具体的工夫过程中,涵养至力行的四项工夫应当同时并进;所谓不可无先后,则是指从原则上说,涵养更为根本,应以涵养为先。[96]这一观点的正式确立应当是在己丑之悟以后,对湖湘学的"先察识后涵养"之工夫次序的彻底扭转而实现的,此亦不待赘言。

但是,在反映朱熹晚年思想的《语类》中,朱熹的种种说法却表明其对涵养省察的工夫次第之看法并不严格,他一方面说"须先涵养清明,然后能格物",但接着又说"亦不必专执此说"[97];他一方面说"须是平日有涵养之功,临事方能识得,若茫然都无主宰,事至然后安排,则已缓而不及于事矣"[98],但另一方面又说"须先致知而后涵养"[99],"理不明,看如何地持守,也只是空"[100],"义理不明,如何践履"[101],显然又在主张穷理在涵养之先。朱熹又说:

> 某向时亦曾说,未有事时且涵养,到得有事却将此去应物,却成两截事。[102]

> 已发未发,不必太泥,只是既涵养又省察,无时不涵养省察。[103]

未发已发，只是一件工夫，无时不涵养，无时不省察耳。……不曾涵养者亦当省察。不可道我无涵养工夫后，于已发处更不管他。……今言涵养，则曰不先知理义底涵养不得；言省察，则曰无涵养，省察不得。二者相撞，却成耽搁。"[104]

可见朱熹晚年于涵养省察之工夫次第的看法很宽松，认为两者既互相独立又相辅相成。据此可知，朱熹最终还是不得不承认，以涵养为主，只是就"大纲说"，[105]而就具体的工夫过程而言，则如同"知行并进"的命题一样，朱熹不得不说："涵养穷索，二者不可废一，如车两轮，如鸟两翼。"[106]

由此以观，我们就很难说，朱熹思想只是一重敬的义理形态，因为朱熹始终不能放弃的一个立场是《大学》之要领在于"格物"两字，所以他就不能单方面地强调涵养可以取代致知而致知亦有助于涵养的想法。准此，我们则不妨可说，朱熹思想亦是一重格物的义理形态。当然也须看到，若是就"大纲说"——亦即从原则上说，无疑地以敬为本乃是朱熹工夫论的基本立场，敬可令此心自做主宰、可以自省自存、可以收敛个身心等观点才是朱熹工夫论思想的核心所在。故云："《大学》须自格物入，格物从敬入最好。只敬，便能格物。"[107]至于朱熹的主敬理论能否真正地实现"此心自做主宰"，而朱熹的这套工夫理论是否蕴含有以此主宰之心来引领格物致知之想法，则属于理论评判的问题，已经越出了朱熹思想本身的范围。

最后与朱熹敬论有关，有必要探讨一下朱熹对孟子"求放心"说的看法。上已提及孟子"学问之道无他，求放心而已矣"可谓是宋明理学家莫不关注的一个工夫论问题。在朱熹的时代，他便遇到其门人不断的提问，究竟应该如何"求放心"？我们翻开《语类》卷59《孟子九·告子上》"牛山之木章"及"仁也人心章"，便可看到朱熹与其门人有关这一问题的大量讨论，这里仅就其所论"求放心"与主敬有何关联略做探讨。

> 孟子说："学问之道无他，求其放心而已矣。"此最为学第一义也。故程子（按，指程颢）云："圣贤千言万语，只是欲人将已放之心，约之使反复入身来，自能寻向上去。"某近因病中兀坐存息，遂觉有进步处。大抵人心流溢四极，何有定止？一日十二时中有几时在躯壳内？与其四散闲走，无所归著，何不收拾令在腔子中。且令纵其营营思虑，假饶求有所得，譬如无家之商，四方营求，得钱虽多，若无处安顿，亦是徒费心力耳。[108]

这段话肯定了孟子"求放心"说的重要性，以为是"最为学第一义"，这个说法与其将主敬视为圣学工夫第一义的观点是相通的，因为"求放心"其实与主敬工夫是有关联的。朱熹又说：

> 季成问"放心"。曰："如'求其放心'，'主一之谓敬'之类，不待商量，便合做起。若放迟霎时，则失之。"
>
> 孟子言"求放心"，你今只理会这物事常常在时，私欲自无著处。且须持敬。
>
> 孟子说："学问之道无他，求其放心而已矣。"可煞是说得切。子细看来，却反是说得宽了。孔子只云："居处恭，执事敬，与人忠。""出门如见大宾，使民如承大祭。"若能如此，则此心自无去处，自不容不存，此孟子所以不及孔子。

这里所说均与敬字工夫有关，特别是第三段说孟子"求放心""却反是说得宽了"值得引起注意，显然这是朱熹在将"求放心"与孔子"居处恭,执事敬"进行比较后所做出的判断,至于朱熹所说"若能如此,则此心自无去处,自不容不存",若能对上述朱熹主敬思想有所了解,显然一望便知,这正是朱熹的敬只是此心自做主宰、自省自存之意。也就是说,在朱熹看来,毕竟孔子的"执事敬"要比孟子的"求放心"说得更为严密。

那么,何以有此一说呢?事实上,朱熹对"求放心"的"求"字如何解读有所困惑,他指出:

> 人心才觉时便在。孟子说"求放心","求"字早是迟了。

> 孟子云"求放心",已是说得缓了。心不待求,只警省处便见。"我欲仁,斯仁至矣。""为仁由己,而由人乎哉?"其快如此。盖人能知其心不在,则其心已在了,更不待寻。[109]

这里的第一句"人心才觉时便在"以及最后一句"人能知其心不在,则其心已在了,更不待寻"不就是朱熹在论述主敬时常说的"一念之间,一有觉焉,则即此而在"的意思吗?也就是我们所总结的觉底是敬、觉处是心的意思。依朱熹,"觉"字即提撕义、唤醒义,乃是主敬工夫的要领所在,而孟子的"求"字"早是迟了",意思是说"求"的前提必有一主一客的对峙、时间先后的差异。由时间上"迟了"来反推,则可看出,"求"也有可能导致"来不及",正是在此意义上,朱熹又说"求"字亦是一"剩语":

> 或问"求放心"。曰:"知得心放,此心便在这里,更何用求?适见道人题壁云:'苦海无边,回头是岸。'说得极好!《知言》中或问'求放心',答语举'齐王见牛'事。某谓不必如此说,不成不见牛时,此心便求不得!若使某答之,只曰:'知其放而求之,斯不放矣。''而求之'三字,亦自剩了。"

> 或问:"求放心。愈求则愈昏乱,如何?"曰:"即求者便是贤心也。知求,则心在矣。今以已在之心复求心,即是有两心矣。虽曰譬之鸡犬,鸡犬却须寻求乃得;此心不待宛转寻求,即觉其失,觉处即心,何更求为?自此更求,自然愈失。此用力甚不多,但只要常知提醒尔。醒则自然光明,不假把捉。今言'操之则存',又岂用把捉!亦只是说欲常常醒觉,莫令放失便是。"

这两段话已经说得十分明确,"即觉其失,觉处即心,何更求为"其实便是朱熹的主敬论述,包括"常知提醒"、"不假把捉"、"常常醒觉"等等说法,无不都是朱熹之论敬的重要观念表述。重要的是,在朱熹看来,"求"字已不免"以已在之心复求心,即是有两心"之弊,质言之,亦即"以心求心"之弊。对此一问题的态度,朱熹通过对湖湘学的清算已经表达得十分清楚,这里也就不必赘言了。

不过须指出的是,朱熹对"求"字虽有种种苛求,但并不意味着他对孟子"求放心"采取的是否定之态度,其实朱熹的意图在于欲将"求放心"纳入其主敬思想的轨道,这才是朱熹对孟子"求放心"的一种创造性诠释,例如:

> 孟子盖谓,鸡犬不见,尚知求之;至于心,则不知求。鸡犬之出,或遭伤害,或有去失,且有求而不得之时。至于此心,无有求而不得者。便求便在,更不用去寻讨。那失底自是失了,这后底又在。节节求,节节在。只恐段段怎地失去,便不得。今日这段失去了,明日那段又失,一向失却,便不是。

> 或问"求放心"。曰:"此心非如鸡犬出外,又著去捉他;但存之,只在此,不用去捉他。放心,不独是走作唤做

放,才昏睡去,也是放。只有些昏惰,便是放。"

不待说,这里用"便求便在,更不用去寻讨"、"但存之"、"不用去捉他"等说法来解释"求放心",已有明显的朱熹主敬的诠释思路。

要之,朱熹的思路是,"求"字不免有"寻讨"义、"把捉"义,相比之下,"敬"字的"自存"义、"提撕"义更为重要。关于这一点,由朱熹对"持敬"的批评可见一斑,他说:

> 只一个持敬,也易得做病。若只持敬,不时时提撕著,亦易以昏困。须是提撕,才见有私欲底意思来,便屏去。且谨守著,到得复来,又屏去。时时提撕,私意自当去也。[110]

六、几点讨论

由上可见,朱熹"敬论"在其整个工夫论系统中实占有核心的地位。事实上,宋代以来,在以理学或道学(亦含心学)为主流的儒学思想史上,本体与工夫这对重要观念,乃是儒学思想家在思考宇宙人生问题之际的核心关怀。也就是说,理学家们所关心的主要问题并不仅仅是天道性命的形上建构,更重要的是,如何在工夫论上对于儒家圣人之道在现实人生中的意义和价值做一番真实的体验和践履。因此,工夫论问题从来就是理学史上的一大核心问题。上引朱熹《大学或问》所云"盖吾闻之,敬之一字,圣学所以成始而成终者也"这段表述充分说明,"敬之一字"作为一种"圣学"工夫是贯穿始终的。具体而言,它是贯穿《大学》三纲领八条目的根本工夫,同时也是贯穿人之一生(包括小学阶段与大学阶段)的根本工夫。朱熹弟子黄榦(1152—1221)在《朱子行状》中对朱子之"为学"有

一个非常贴切的概括:"穷理以致其知,反躬以践其实,居敬者,所以成始成终也。谓致知不以敬,则昏惑纷扰,无以察义理之归;躬行不以敬,则怠惰放肆,无以致义理之实。……以为小学大学皆本于此。"[111]这是说,朱熹的"居敬"工夫乃是贯穿"穷理致知"与"反躬实践"的两大领域,换言之,"敬"乃是贯彻于知识活动和道德活动的共同要求。至此已很明显,即便称朱熹的工夫论思想乃是一"敬"的思想形态亦无不可。但正如本文开头所说,现在的问题是我们仍有必要追问朱熹之言"敬"的义理根据究竟何在?

笔者曾在上述拙文中,就朱熹的主敬思想提出了一个质疑:

> 若一言以蔽之,则可说"主敬"工夫所对治的仍是人心意识,何为"主敬"之头脑的问题,依然无法找到确切的答案。事实上,如果不讲头脑,只讲"主一无适"的"主敬"——即意识的高度集中,那么这种说法就只具有心理学的意义,而不具有伦理学的意义,因为即便是盗贼在行窃之时,意识也能达到高度集中。所以,若从哲学上讲"主敬",便要追问"主敬"之所以可能的依据何在的问题。显然,朱熹所欠缺的正是此一追问,故其虽把"主敬"提到"圣门第一义"的高度,却仍然不免落空。[112]

由于拙文的核心问题在于朱熹的心论,对其敬论只是顺便提及,故未能展开详细的讨论。在这里则有必要对其心论与敬论的理论关联再做稍详的探讨。

事实上,或有读者已经察觉,上述质疑之关键在于"头脑"一词,由此出发,所追问的便是主敬之所以可能的依据问题。不容否认,这里所谓的"头脑",其实是阳明学所喜欢使用的思想术语,特指心体良知,而朱

熹所用"头脑"一词大多属于日常用语,如"凡看道理,要见得大头脑处分明"[113]之类,并没有特殊的思想涵义,这里不必细说。重要的是,阳明曾从"心即理"这一"头脑"处出发,对朱熹(亦含程颐)的居敬穷理说提出了非常尖锐的批评,全文颇长,但很值得回味,故全段录出:

> 梁日孚问:"居敬穷理是两事,先生以为一事,何如?"先生曰:"天地间只有此一事,安有两事?若论万殊,礼仪三百,威仪三千,又何止两?公且道居敬是如何?穷理是如何?"曰:"居敬是存养工夫,穷理是穷事物之理。"曰:"存养个甚?"曰:"是存养此心之天理。"曰:"如此亦只是穷理矣。"曰:"且道如何穷事物之理?"曰:"如事亲便要穷孝之理,事君便要穷忠之理。"曰:"忠与孝之理在君亲身上,在自己心上?若在自己心上,亦只是穷此心之理矣。且道如何是敬?"曰:"只是主一。""如何是主一?"曰:"如读书便一心在读书上,接事便一心在接事上。"曰:"如此则饮酒便一心在饮酒上,好色便一心在好色上,却是逐物,成甚居敬功夫?"日孚请问。曰:"一者天理,主一是一心在天理上。若只知主一,不知一即是理,有事时便是逐物,无事时便是着空。惟其有事无事,一心皆在天理上用功,所以居敬亦即是穷理。就穷理专一处说,便谓之居敬;就居敬精密处说,便谓之穷理;却不是居敬了别有个心穷理,穷理时别有个心居敬:名虽不同,功夫只是一事。就如《易》言'敬以直内,义以方外',敬即是无事时义,义即是有事时敬,两句合说一件。如孔子言'修己以敬',即不须言义,孟子言'集义'即不须言敬,会得时横说竖说,工夫总是一般。若泥文逐句,不识本领,即支离决裂,工夫都无下落。"问:"穷理何以即是尽性?"曰:"心之体性也,性即理也。穷仁之理,真要仁极仁,穷义之理,真要义极义:仁义只是吾性,故穷理即是尽性。如孟子说充其恻隐之心,至仁不可胜用,这便是穷理工夫。"日孚曰:"先儒谓一草一木亦皆有理,不可不察,如何?"先生曰:"夫我则不暇。公且先去理会自己性情,须能尽人之性,然后能尽物之性。"日孚悚然有悟。[114]

其中涉及对程朱理学的工夫论两大支柱——居敬与穷理——的关系究竟应如何理解的问题,而这一问题其实也就关涉到朱子学与阳明学的思想歧义究竟何在的问题。至于阳明依何理路坚持居敬穷理只是一事,并非这里所欲讨论的主题,我想请注意的是:"如此则饮酒便一心在饮酒上,好色便一心在好色上,却是逐物,成甚居敬功夫?"显然这是针对"如读书便一心在读书上,接事便一心在接事上"来解释"主一"(即居敬)所提出的批评。

阳明的思路非常明确,在他看来,不论是居敬还是穷理,也不论是读书还是接事,固然需要由"一心"来主导,但更要追问的是,此所谓"一心"究为何意?如果只是指意识集中,那么譬如"饮酒"、"好色"之行为,也会达到意识集中的状态,因此如果我们放弃对"一心"之本质内涵的追问,仅仅强调主一无适、收拾身心,那不仅是毫无意义的,甚至会使人心走入歧途却又茫然不知。依我们的理解,阳明的意思是说,将"主一"解释为"一心在读书上"、"一心在接事上",那么这只不过是心理学意义上的精神集中,如同"饮酒"、"好色"也能做到"一心"那样,这种"一心"状态并不具有伦理学的意义。至此,阳明的结论已很明显:须将"一心"往上提升,理解为形而上的"心体",

亦即"心即理"意义上的超越之道德本心，唯有从道德本心的立场出发，主敬工夫才具有相应的思想意义。

须指出的是，向来有一种观点认为，由于阳明心学过于推崇心体的能动力量，从而未免导致道德上的乐观主义态度而缺乏对人心负面因素保持应有的戒慎恐惧之态度[115]，其依据之一便是阳明在《大学古本序》中对朱熹在《大学》八条目之外添入"居敬"工夫所表示的不满，亦即"合之以敬而益缀，补之以传而益离"[116]，意谓朱熹在工夫论上突出"居敬"，完全是多此一举。依阳明，"《大学》之要，诚意而已矣。诚意之功，格物而已矣。诚意之极，止至善而已矣"[117]，故本领工夫不在格物也不在居敬而在于诚意。所以阳明强调指出：

> 《大学》工夫即是明明德；明明德只是个诚意；诚意的工夫只是格物致知。若以诚意为主，去用格物致知的工夫，即工夫始有下落，即为善去恶无非是诚意的事。如新本（按，指朱熹《大学章句》）先去穷格事物之理，即茫茫荡荡，都无着落处；须用添个敬字方才牵扯得向身心上来。然终是没根源。若须用添个敬字，缘何孔门倒将一个最紧要的字落了，直待千余年后要人来补出？正谓以诚意为主，即不须添敬字，所以提出个诚意来说，正是学问的大头脑处。于此不察，直所谓毫厘之差，千里之谬。大抵《中庸》工夫只是诚身，诚身之极便是至诚；《大学》工夫只是诚意，诚意之极便是至善：工夫总是一般。今说这里补个敬字，那里补个诚字，未免画蛇添足。[118]

这是批评朱熹居敬说"没根源"，意即"没头脑"。在阳明看来，《大学》一书为足本，其自身的义理自成一套体系，更不必添"敬"

字以补其不足，否则的话则不免"画蛇添足"。

但是这里须注意的有两点：第一，朱熹《大学章句》并没有用居敬来补充解释格物，朱熹只是对《大学》文本出现的"缉熙敬止"、"止于敬"、"畏敬而辟"等三处的"敬"字做了文字学的解释，并没有采用程颐以来的主敬观点（如"主一无适"）来加以附会，所以阳明提出"缘何孔门倒将一个最紧要的字落了，直待千余年后要人来补出"这一质疑，以此批评朱熹则是不公平的，况且孔门从来没有遗落这个"敬"字[119]；第二，同时也须看到，阳明所针对的其实是朱熹《大学或问》将敬字来贯通大学与小学的观点。尽管如此，阳明之意并不在于否认"敬"字本身在儒学史上的应有地位，只是对于阳明而言，朱熹以主敬来穿凿附会《大学》的义理体系，以为不如此则《大学》的义理就无法彰显，这完全是庸人自扰、多此一举，因为《大学》既无缺字亦无错简，其自身便构成了一套义理圆融的体系。

其实，阳明虽对朱熹以"敬"字穿凿附会《大学》不以为然，但这并不意味着阳明对于"敬"字在儒学工夫论中的重要性有所轻忽，他指出："尧舜之兢兢业业，文王之小心翼翼，皆敬畏之谓也，皆出乎其心体之自然也。出乎心体，非有所为而为之者，自然之谓也。敬畏之功无间于动静，是所谓'敬以直内，义以方外'也。敬义立而天道达，则不疑其所行矣。"[120]此可见阳明之于《尚书》"敬畏"、《周易》"敬义"既有充分了解，又认定敬畏工夫出于"心体之自然"，亦是可以实现"天道"的。要之可说，阳明是以"心体"作为"主敬"之头脑，以克服朱熹之主敬"没根源"之弊病。

诚然，阳明心学亦有"乐是心之本体"[121]的命题，继承了周敦颐至程颢以来倡导的"寻孔颜乐处"的精神，但阳明对心体的戒惧义、敬畏义亦有一定的重视。只是阳明的基本立场在心体良知，故在敬与心的关系问题上，他的基本想法是，如果脱离心体而谈居敬，则是一种"没根源"的说法而已，如朱熹之言敬便是此类。总之，如以"敬畏"与"洒落"作为一种类型学概念来区别朱子学与阳明学为两种形态，则恐怕与整个宋明理学的历史实情并不相符。[122]

问题是，设问由心学立场以批评朱熹敬论"没根源"，这在理论上是否有效？回答应当是肯定的。但是，任何理论判断必涉及思想立场的问题，由立场之不同所得出的结论也自然不同，这一点本来无可争议。然而由心学立场出发，注重在心之本体的主宰下随时用功，所谓即本体之工夫，自有其一贯之理路，由此以观朱熹之主敬，可以看出其谓由敬定心、由敬存心，的确欠缺心体对居敬工夫的主导，在此意义上，即便说朱熹之主敬"没根源"亦有一定道理，我认为牟宗三以"空头的涵养"来批评朱熹主敬亦源自于此。当然这一理论判断已然越出了朱熹思想的义理范围，亦不意谓朱熹敬论是毫无内容、不成体系的一套空话。其实若就朱熹的义理系统看，其敬论不惟完全可以自立自足，而且自有其心性论提供坚实的理论基础。

正如上文既已指出的那样，朱熹之主敬的问题意识在于，他要应对二程以来以体验喜怒哀乐未发为主的道南学派以及以察识已发之端倪为主的湖湘学派之观点的挑战，以防止由"以心察心"[123]、"以觉求心，以觉用心"[124]以及"以心求心，以心使心"[125]等观点而导致"心有二主，自相攫拿"[126]之弊端，由此来杜绝可能出现心的实体化、本体化之趋向，而这些弊端的根源既来自儒学内部（如湖湘学乃至象山学）又与佛教不无关联。[127]要之，朱熹所关注的

始终是人心意识的现实状态及其分解状态，如何就现实当中扭转人心的错误走向乃是其思想的核心关怀，故他要求通过层层下就的脚踏实地的居敬工夫以解决如何上达天德、实现心理合一的问题，由此看来，朱熹之主敬亦在另一层面开辟出一条工夫入路的途径，亦不失为儒学的一种理论形态。

但是从记录朱熹晚年之语的《语类》中，我们却可看到朱熹又常以两翼两轮来为居敬穷理的关系定位，据此则可说在朱熹的工夫论系统中穷理仍有相当重要的地位，非居敬可以替代。表面看来，在居敬与穷理的关系问题上，朱熹主张应做统一的把握，然而这种观点如同朱熹所言"知行相须"并不能归为阳明学意义上的"知行合一"那样，理由在于朱熹所言知行相须，其前提是知行属于一种平行关系，而当阳明讲知行合一之时，则意谓在良知本体的统领之下，知行必然合一。倘若说朱熹思想属于"敬的形态"，则必须肯认朱熹所主张的"此心自做主宰"之"敬"不仅贯穿于格物工夫的过程中，而且还是格物工夫的前提和依据。然而事实上，朱熹晚年不仅坦承自己平日在"道问学"上著力尤多，而且他的《大学》诠释所透露出来的一个思想立场无疑是：唯有"格物"二字才是儒学工夫之核心。

问题的复杂性在于，朱熹之敬论与其心性理论密切相关，当朱熹说由敬而生心之精明，乃是就心的"自省自存"处言，故其所言"若知敬字只是自心自省，当体便是，则自无此病矣"，[128]按此所谓"病"，则是指"将此敬字别作一物，又以一心守之"之病，意指将居敬工夫的敬与心割裂开来所生之人病。朱熹以为由敬定心而使心自省自存庶能从根本上对治此病。这里的"自心自省，当体便是"以及上文提及的"以敬

为主"、"而心自存"可以合而观之,这两句话十六个字可谓是朱熹敬论的核心观点,也是其敬论思想的意义所在。其意义就在于:由心之自省自存,使得在"主宰之谓"意义下的心具有了实践主体的地位,[129]而不只是被动地包总性情、涵摄众理,由此心出发,自能判断是非,实现"当体便是"的效果,如此则居敬工夫确能贯彻于格物穷理的工夫进程当中。

　　同时也须看到,朱熹所谓由敬而立的心的主宰义毕竟是就功能而言,而不是就本体而言,这是因为朱熹始终不能承认有一超越义的本体心,而其所谓"当体便是"亦不能想当然地等同于陆九渊心学在心即理的意义上所主张的"当下便是"[130],更与阳明后学所谓的良知"当下论"、"现成论"不可同日而语,关于其间的义理纠缠,这里已无法深究了。[131]只是有一点须指出,在朱熹看来,若能真正做到以敬为主而心自存,通过居敬工夫以使心体自做主宰,那么此心之发用便必定是合理的,这又叫做"心定理明",也就是朱熹所言"自心自省,当体便是"的真实内涵。倘若如此,则朱熹所云"当体便是"乃是对工夫效应的一种状态描述而不是指向道德本心之当下呈现,因为这种"自心自省"的状态取决于工夫程度的不同而会发生变化,故"当体便是"并不能获得本体的必然保证。这是由于朱熹之论心所指向的是工夫论问题而不是本体论问题[132]。

　　总之,朱熹的敬论继承了程颐以来的主敬思想,接受了"主一无适"、"整齐严肃"、"常惺惺法"、"其心收敛,不容一物"以及"敬义夹持,循环无端"等有关主敬学说的内涵,同时又有更深入的理论发挥[133]。与程颐当时须要应对"心疾"问题相比,朱熹所要应对的理论问题及其敬论中所蕴含的理论问题也显然更为复杂。朱熹的主敬思想之形成与其应对道南学派的"体验未发"以及湖湘学派的"先察识后涵养"等理论问题有关,更是其通过"中和新悟"所建构的心性情之理论体系的一个结果。

　　朱熹的心性论有一个基本的思想立场:作为"主乎性而行乎情"的心,只具有工夫论的意义,其云"心是做工夫处"、"心字只一个字母"[134],便充分反映了朱熹之论心的基本立场。正是由此立场出发,故朱熹极力反对在心的操舍存亡的工夫论问题上设定"另有心之本体"的前提,亦即不能在居敬之前预设超越义的本心存在,依朱熹的说法,这就必然陷入"以一个心把捉一个心"的窠臼之中。朱熹的主敬工夫并不是道德本心的直接发动,而是对心的知觉意识之功能的控制调整,其云"敬只是此心自做主宰处"、"以敬为主而心自存"、"将个敬字收敛个身心",都应当是在这个意义上说的。当然,朱熹主敬亦有其心性论作为基础,故其主敬思想自有一套理路,而其核心关怀则在于如何解决现实人心的障蔽问题,因而不必同于阳明心学由良知本心直接怡入、当下呈现的这套理路。归结而言,朱熹的主敬思想乃是对儒学工夫论的一项重要理论贡献。

注　释

　　[1] 程颢、程颐著,王孝鱼点校:《二程集》第 1 册,《河南程氏遗书》卷 18,中华书局 1981 年版,第 188 页。以下简称《遗书》。

　　[2] 牟宗三:《心体与性体》,台北正中书局 1979 年版;上海古籍出版社 1999 年版。

[3]刘述先:《朱子哲学思想的发展与完成》,台湾学生书局 1982 年初版,1995 年增订三版。

[4]陈来:《朱熹哲学研究》,中国社会科学出版社 1989 年版;华东师范大学出版社 2000 年修订版。

[5]陈来:《宋明理学》,辽宁教育出版社 1991 年版。

[6]当然相关论文不胜枚举,这里仅举两例:[日]吾妻重二:《居敬前史》,载[日]吾妻重二《朱子学の新研究——近世士大夫の思想史の地平》,东京创文社 2004 年版;姜广辉:《主静与主敬》,载氏著《理学与中国文化》,上海人民出版社 1994 年版。

[7]杨祖汉:《从朱子的"敬"论看朱子思想的归属》,载吴震主编《宋代新儒学的精神世界——以朱子学为中心》,华东师范大学出版社 2009 年版。以下简称杨文。

[8]杨文此说当源自牟宗三早年著作《王阳明致良知教》(台北中央文物供应社 1954 年版)提出的朱子思想为"敬的系统"(转引自上引杨文,第 83 页),然而杨文的结论却与牟说不同。

[9]杨祖汉:《从朱子的"敬"论看朱子思想的归属》,第 78 页。

[10]杨祖汉:《从朱子的"敬"论看朱子思想的归属》,第 81 页。

[11]杨祖汉:《从朱子的"敬"论看朱子思想的归属》,第 82 页。按,"空头的涵养"为牟宗三对朱熹论敬的判定语,见牟宗三:《心体与性体》,第 3 册。杨文略而不提,然我们则须在此点明。

[12]杨祖汉:《从朱子的"敬"论看朱子思想的归属》,第 78 页。

[13]吴震:《"心是做工夫处"——关于朱熹"心论"的几个问题》,载吴震主编《宋代新儒学的精神世界——以朱子学为中心》,第 137 页。以下简称拙文。

[14]例如:"伊川'性即理也',横渠'心统性情'二句,颠扑不破!"(黎靖德编,王星贤点校:《朱子语类》卷 5,中华书局 1985 年版,第 93 页。以下简称《语类》)"伊川'性即理也'四字,颠扑不破,实自己上见得出来。"(《语类》卷 59,第 1387 页)

[15]《语类》卷 59,第 1387 页。

[16]《语类》卷 12,第 208 页。

[17]《语类》卷 12,第 207 页。

[18]《语类》卷 12,第 210 页。

[19]朱杰人、严佐之、刘永翔主编:《朱子全书》第 6 册,《大学或问》,上海古籍出版社、安徽教育出版社 2002 年版,第 506 页。

[20]例如:"问:'敬,诸先生之说各不同。然总而行之,常令此心常存,是否?'曰:'其实只一般。若是敬时,自然"主一无适",自然"整齐严肃",自然"常惺惺","其心收敛不容一物"。但程子"整齐严肃"与谢氏尹氏之说又分晓。'"(《语类》卷 17,第 371 页)

[21]《语类》卷 17,第 373 页。

[22]《语类》卷 17,第 373 页。

[23]《遗书》卷 18,第 206 页。按,以上有关程颐之论敬,可参钟彩钧:《二程道德论与工夫论述要》,载《中国文哲研究集刊》第 4 期,台湾"中央研究院"中国文哲研究所 1994 年版,第 456～463 页。钟文以程颢"敬则无间断"(《遗书》卷 11,第 118 页)为据,揭示了程颢之论敬重在以主观上的体验来接续客观面的天道流行"无间断",并由此向天地圣人境界趋近;相对来说,程颐的论学宗旨"涵养用敬,进学致知"的"敬"说承自程颢而有深入的发挥,但与程颢落在事为上论敬之路数不同,程颐则强调在心体上落实"主一"工夫,而朱熹解程颐"主一"则兼动静言,亦以"主于事"为主,盖已不得"伊川本意"(见钟氏论文,第 463 页)。此说无疑具有参考价值,然须补充说明的是,由程颢的"无间断"至谢上蔡的"常惺惺法"实有内在一贯的理路在,于朱熹敬论亦有重要影响。

[24]《遗书》卷 15,第 149 页。

[25]《周易程氏传》卷 1"坤",第 712 页。

[26]《遗书》卷 2 下,第 52～53 页。

[27]《遗书》卷 15,第 168～169 页。

[28]《遗书》卷 15,第 144 页。

[29]关于"有主则虚"、"无主则实",朱熹与其门人曾议论及此:"……此二条,一以实为主,一以虚为主,而皆收入《近思录》。唐臣以愚意之,虚以敬言,实以事言,以敬为之主则虚,虚则邪不能入,以事为之主则实,实则外患不能入。故程先生于'有主则实'下云:'自然无事';于'无主则实'下云:'实谓物来夺之'。详此二条之意,各有所在,不可并作一意看。未知是否? 德明(按,即廖子晦)答云:'有主则实,有主则虚,虚实二说虽不同,然意自相通,皆谓以敬为主也。……'(朱熹评曰)'子晦之说甚善,但敬则内欲不萌,外诱不入。自其内欲不萌而言,则曰虚;自其外诱不入而言,故曰实。只是一时事,不可作两截看也。'"(《晦庵先生朱文公文集》卷 45《答廖子晦》,《朱子全书》第 22 册,第 2095～2096 页。以下简称《文集》)

[30]《大学或问》,《朱子全书》第 6 册,第 506 页。

[31]按,通常以为,古人 8 岁入小学,15 岁入大学,如程颐曾说:"古者八岁入小学,十五岁入大学。"(《遗书》卷 15,第 166 页)不过,若依《礼记·内则》篇所云,自"六年,教之数与方名",经"成童(郑注:'成童,十五以上')舞象",至"二十而冠,始学礼",可见有关儿童至成人的学习年龄及其相应的学习内容另有详细的规定。关于小学的问题,可参朱熹作于淳熙十四年(1187 年)的《小学》一书以及《语类》卷 7"小学"各条。另参钱穆:《朱子新学案》第 4 册"朱子之礼学",台北三民书局 1971 年版,第 174～176 页。

[32]按,语见《语类》卷 12,第 210 页。然未明示记录者,据其前条"只敬,则心便一",为叶贺孙录,由于两条意思相近,疑该条亦为叶贺孙所录。据《朱子语录姓氏》,"叶贺孙字味道,括苍人,居永嘉。辛亥(1191 年)以后所闻",当属朱熹 62 岁以后之言。

[33]《文集》卷 64,《朱子全书》第 23 册,第 3130～3131 页。另参《文集》卷 67《未发已发说》,作于 40 岁,所论大旨略同。

[34]引自朱熹《文集》卷 73《胡子知言疑义》,《朱子全书》第 24 册,第 3561 页。

[35]朱熹《文集》卷 73《胡子知言疑义》,《朱子全书》第 24 册,第 3561 页。

[36]朱熹对胡宏为首的"湖湘学"有诸多严厉之批评,然而其对李侗之工夫论的不满,向来所言不多,其《答吕士瞻》书则透露了个中消息:"举程子涵养于未发之前则可,求中于未发之前不可。李先生当日功用,未知于此两句为如何,后学未敢轻议,但当只以程先生之语为正。"(《文集》卷 46,《朱子全书》第 22 册,第 2122 页)《语类》卷 103 载:"李先生当时说学,已有许多意思,只为说敬字不分明,所以许多时无捉摸处。"(第 2603 页)《语类》卷 96 亦云:(验喜怒哀乐未发之前)"然亦有病,若不得其道,则流于空。"(第 2468 页)这里虽未点名,显然也是针对杨时至李侗一路延续下来的体验未发说而提出的批评。而这些批评的关节点无疑就在于"说敬字不分明"。据此,中和新悟的问题意识虽与如何解决湖湘学的察识涵养问题直接相关,但同时也意味着朱熹对杨时以来道南一脉的扬弃。

[37]《语类》卷 20,第 477 页。

[38]《文集》卷 45《答廖子晦》,《朱子全书》第 22 册,第 2088 页。按,另见《文集》卷 56《答方宾王》(《朱子全书》第 23 册,第 2660 页),语意亦同。

[39]如朱熹曾说:"若欲以所发之心,别求心之本体,则无此理矣。此胡氏'观过知仁'之说,所以为不可行也。"(《文集》卷 46《答黄商伯》,《朱子全书》第 22 册,第 2131 页)这里的"观过知仁",意同"识心"说。

[40]《文集》卷 31《答张敬夫》,《朱子全书》第 21 册,第 1345～1346 页。

[41]唐君毅:《中国哲学原论·原性篇》,载《唐君毅全集》,台湾学生书局 1991 校订版,第 566 页。

[42]唐君毅:《中国哲学原论·原性篇》,第 618 页。

[43]《语类》卷 34,第 856 页。

[44]以上参见《文集》卷 73《胡子知言疑义》。

[45]《文集》卷 42《答石子重》,《朱子全书》,第 22 册,第 1922 页。

[46]《文集》卷 43《答林择之》,《朱子全书》,第 22 册,第 1981～1982 页。

[47]《文集》卷 32《答张钦夫》,《朱子全书》,第 21 册,第 1420 页。

[48]《语类》卷 95,第 2456 页。

[49]《语类》卷 14,第 269 页。

[50]《语类》卷 16,第 334 页。

[51]《语类》卷 12,第 209 页。

[52]《语类》卷 12,第 210 页。

[53]《大学或问》,《朱子全书》,第 6 册,第 506 页。

[54]《语类》卷 118,第 2851 页。

[55]《语类》卷 118,第 2854 页。

[56]《语类》卷 12,第 210 页。

[57]《语类》卷 12,第 214 页。

[58]《文集》卷 55《答熊梦兆》,《朱子全书》,第 23 册,第 2624 页。

[59]《文集》卷 43《答林择之》,《朱子全书》,第 22 册,第 1980 页。

[60]《文集》卷 43《答林择之》,《朱子全书》,第 22 册,第 1980 页。

[61]《语类》卷 12,第 208～209 页。

[62]《语类》卷 12,第 199 页。

[63]《语类》卷 12,第 199 页。

[64]《语类》卷 12,第 200 页。

[65]《语类》卷 12,第 202 页。

[66]《语类》卷 12,第 201～202 页。

[67]《语类》卷 12,第 210 页。

[68]《文集》卷 50《答潘恭叔》,《朱子全书》,第 22 册,第 2313 页。

[69]《文集》卷 41《答程允夫》,《朱子全书》,第 22 册,第 1873 页。

[70]《语类》卷 12,第 211 页。

[71]《语类》卷 23,第 545 页。

[72]《语类》卷 12,第 216 页。

[73]《文集》卷 59《答余正叔》,《朱子全书》,第 23 册,第 2851～2852 页。

[74]《语类》卷 9,第 150 页。

[75] 参见唐君毅:《中国哲学原论·原性篇》,第 571 页。

[76]《文集》卷 64《答或人》,《朱子全书》,第 23 册,第 3131～3132 页。

[77]《语类》卷 14,第 269 页。

[78] 参《语类》卷 59:"此心不待宛转寻求,即觉其失,觉处即心,何更求为? 自此更求,自然愈失。此用力甚不多,但只要常知提醒尔。"(第 1407 页)

[79]《文集》卷 32《答张钦夫》,《朱子全书》,第 21 册,第 1419 页。

[80] 牟宗三:《心体与性体》,第 3 册,第 147 页。

[81] 参《文集》卷 67《观心说》。

[82]《语类》卷 84,第 2190 页。

[83]《语类》卷 25,第 622 页。

[84]《文集》卷 49《答滕德粹》,《朱子全书》,第 22 册,第 2273 页。

[85]《语类》卷 12,第 211 页。

[86]《文集》卷41《答程允夫》,《朱子全书》,第22册,第1872～1873页。

[87] 如:"程子言敬,必以整齐严肃、正衣冠、尊瞻视为先,又言未有箕踞而心不慢者,如此乃是至论。"(《文集》卷43《答林择之》,《朱子全书》,第22册,第1969页)又如:"详考从上圣贤以及程氏之说论下学处,莫不以正衣冠、肃容貌为先。盖必如此,然后心得所存而不流于邪僻。《易》所谓'闲邪,存其诚',程氏所谓'制之于外,所以养其中'者,此也。"(《文集》卷33《答吕伯恭》,《朱子全书》,第21册,第1429页)

[88]《语类》卷17,第372页。

[89]《语类》卷17,第371页。

[90]《语类》卷17,第371页。

[91]《语类》卷17,第370～371页。

[92]《语类》卷17,第370页。

[93]《语类》卷12,第207～208页。

[94]《文集》卷53《答胡季随》,《朱子全书》,第22册,第2513页。

[95]《语类》卷115,第2771页。

[96] 例如由以下朱熹所言可见,敬乃是致知力行之依据:"承喻致知力行之意甚善,然欲以静敬二字该之,则恐未然。盖圣贤之学,彻头彻尾,只是一敬字。致知者以敬而致之也,力行者以敬而行之也。静之为言,则亦理明心定,自无纷扰之效耳。今以静为致知之由,敬为力行之准,则其功夫次序皆不得其当矣。"(《文集》卷50《答程正思》,《朱子全书》,第22册,第2323页)

[97]《语类》卷18,第404页。

[98]《文集》卷42《答胡广仲》,《朱子全书》,第22册,第1899页。

[99]《语类》卷9,第152页。

[100]《语类》卷9,第152页。

[101]《语类》卷9,第152页。

[102]《语类》卷18,第404页。

[103]《语类》卷62,第1514页。

[104]《语类》卷62,第1514～1515页。

[105] 全文是:"问致知涵养先后。曰:'须先致知而后涵养。'问:'伊川言:未有致知而不在敬。如何?'曰:'此是大纲说。要穷理,须是着意。不着意,如何会理会得分晓。'"(《语类》卷9,第152页)

[106]《语类》卷9,第150页。

[107]《语类》卷14,第269页。

[108]《语类》卷59"仁也人心章",第1412页。按,以下凡出此卷,不再出注。

[109]《语类》卷9,第151页。

[110]《语类》卷18,第402页。

[111]《朱子全书》,第27册附录,第560页。

[112] 吴震:《"心是做工夫处"——关于朱熹"心论"的几个问题》,《宋代新儒学的精神世界——以朱子学为中心》,第137页。

[113]《语类》卷9,第155页。

[114]《传习录》上,第117条。按,条目数字据陈荣捷:《王阳明传习录详注集评》,台湾学生书局1998年修订版。

[115] 参见[日]安田二郎:《中国近世思想研究》,东京弘文堂书房1948年初版,东京筑摩书房1976年再版;[日]荒木见悟:《明代思想研究》,东京创文社1972年版。

[116] 王守仁著,吴光等编校:《王阳明全集》卷7,上海古籍出版社1992年版,第243页。

[117] 王守仁著，吴光等编校：《王阳明全集》卷7，第242页。

[118]《传习录》上，第129条。

[119] 例如《论语》有云："君子敬而不失，与人恭而有礼"（《颜渊》），"居处恭，执事敬，与人忠"（《子路》），"言忠信，行笃敬，虽蛮貊之邦行矣"（《卫灵公》），"子张曰：'士见危致命，见得思义，祭思敬，丧思哀，其可已矣。'"（《子张》）孟子更有"恭敬之心，礼也"（《孟子·告子篇上》）之说。顺便一提，陆九渊曾批评朱熹所言居敬："持敬字乃后来杜撰。"（《陆九渊集》卷1《与曾宅之》，中华书局1980年版，第3页）向来以为这是心学派学者在思想性格上表现为"洒落"而与程朱理学偏重于"敬畏"的思想趣向不合的典型言论。然而，此所谓"杜撰"概指九渊对朱熹于《大学》解释添入"敬"字以为不妥，而并不表明九渊对孔门之言"敬"持否定之态度，如其所云："有先生长者在，却不肃容正坐，收敛精神，谓不敬之甚。"（《陆九渊集》卷34《语录上》，第430页）又说："吾家合族而食，每轮差子弟掌库三年。某适当其职，所学大进，这方是'执事敬'。"（同上书，第428页）可见，心学家对孔门"敬"说其实亦有相当程度的认同。

[120]《王阳明全集》卷5《答舒国用》，第190～191页。

[121] 此命题见《答陆原静书·又》，全文如下："来书云：'昔周茂叔每令伯淳寻仲尼、颜子乐处。敢问是乐也，与七情之乐，同乎？否乎？若同，则常人之一遂所欲，皆能乐矣，何必圣贤？若别有真乐，则圣贤之遇大忧大怒大惊大惧之事，此乐亦在否乎？且君子之心常存戒惧，是盖终身之忧，恶得乐？澄平生多闷，未尝见真乐之趣，今切愿寻之。''乐是心之本体，虽不同于七情之乐，而亦不外于七情之乐。虽则圣贤别有真乐，而亦常人之所同。但常人有之而不自知，反自求许多忧苦，自加迷弃。虽在忧苦迷弃之中，而此乐又未尝不存。但一念开明，反身而诚，则即此而在矣。每与原静论，无非此意。而原静尚有何道可得之问，是犹未免于骑驴觅驴之蔽也。'"（《传习录》中，第166条）

[122] 按，以这种类型学的区分方式来观察宋代以来理学的不同趣向，这在阳明时代已经出现。针对于此，阳明以下所言值得引起重视："夫谓'敬畏之增，不能不为洒落之累'，又谓'敬畏为有心，如何可以无心？而出于自然，不疑其所行。'凡此皆吾所谓欲速助长之为病也。夫君子之所谓敬畏者，非有所恐惧忧患之谓也，乃戒慎不睹，恐惧不闻之谓耳。君子之所谓洒落者，非旷荡放逸，纵情肆意之谓也，乃其心体不累于欲，无入而不自得之谓耳。夫心之本体，即天理也。天理之昭明灵觉，所谓良知也。君子之戒慎恐惧，惟恐其昭明灵觉者或有所昏昧放逸，流于非僻邪妄而失其本体之正耳。戒慎恐惧之功无时或间，则天理常存，而其昭明灵觉之本体，无所亏蔽，无所牵扰，无所恐惧忧患，无所好乐忿懥，无所意必固我，无所歉馁愧怍。和融莹彻，充塞流行，动容周旋而中礼，从心所欲而不逾，斯乃所谓真洒落矣。是洒落生于天理之常存，天理常存生于戒慎恐惧之无间。执谓'敬畏之增，乃反为洒落之累'耶？"（《王阳明全集》卷5《答舒国用》，第190页）这是说，吾人所谓"敬畏"非一般心理意义上的恐惧忧患之意，而是专指《中庸》"道也者不可须臾离也，可离非道也。是故君子戒慎乎其所不睹，恐惧乎其所不闻"这一文本中紧扣天道而言的戒慎恐惧；吾人所谓"洒落"亦非一般感性意义上的"旷荡放逸，纵情肆意"之意，而是就"心体不累于欲，无入而不自得"这一紧扣心体而言的快乐。因此，只要天理之常存，则吾人必不能时而忽忘"戒慎恐惧"之工夫，由此日进而必能达到"动容周旋而中礼，从心所欲而不逾"之境界，这才是真正意义上的"洒落"。至于在阳明后学的发展流变过程中，是否存在一种一任本心、放纵自肆而欠缺敬畏之念的思想倾向，则是另一层面的问题。

[123]《文集》卷30《答张钦夫》，《朱子全书》，第21册，第1313页。

[124]《文集》卷45《答游诚之》，《朱子全书》，第22册，第2060页。

[125]《文集》卷67《观心说》，《朱子全书》，第23册，第3279页。

[126]《文集》卷54《答项平父》，《朱子全书》第23册，第2541页。

[127] 按，这是朱熹心论的一个原则立场，如其于乾道八年（1172）与吴翌的书信中所说，湖湘学的"观过"说甚至有裂一心而为三之弊（参《文集》卷42《答吴晦叔》，《朱子全书》，第22册，第1911页），朱熹又说："非操舍存亡之外，别有心之本体也。"（《文集》卷47《答吕子约》，《朱子全书》，第22册，第2183页）

据此来看,朱熹所以猛烈批评湖湘学的识心说,关键在于"以心观心"有可能导致承认在观心之上"另有心之本体"的结论。关于这一问题,请参陈来:《朱子哲学中"心"的概念》,载《国学研究》第 4 卷,北京大学出版社 1996 年版,后收入陈来:《中国近世思想史研究》,商务印书馆 2003 年版;并参上引拙文。

[128]《文集》卷 53《答胡季随》,《朱子全书》,第 22 册,第 2520 页。

[129] 李明辉指出,朱熹之"心"凭其知觉涵摄理,在此意义下成为实践主体,而就心能涵理而言,可以将心视为一种道德理性,只是这种道德理性并不像康德的"实践理性"那样,可以制定道德法则,参见李明辉:《朱子对"道心"、"人心"的诠释》(上),载《鹅湖月刊》第 33 卷第 3 期,2007 年,第 19 页。

[130] 参见《语类》卷 124。

[131] 将南宋思想史上出现的"当下便是"说置于朱子学与象山学的义理纷争之脉络中来展开讨论,可参[日] 小路口聪著,吴震译:《陆九渊的"当下便是"是"顿悟"论吗——"即今自立"哲学序章》,载吴震、[日]吾妻重二主编《思想与文献:日本学者宋明儒学研究》,华东师范大学出版社 2010 年版,第 282~298 页。

[132] 参见吴震:《心是做工夫处——关于朱熹"心论"的几个问题》,第 113 页。

[133] 当然朱熹有关敬字的训释还有不少,例如朱熹又以畏字释敬:"敬,只是一个畏"(《语类》卷 6,第 103 页),"敬,只一个畏字"(《语类》卷 12,第 211 页;并参见《语类》卷 15)。黄榦则于《论语集注学而疏义》指出在敬字的诸多训释中唯有"畏字于敬字之义最近"(《勉斋先生黄文肃公文集》卷 26,《北京图书馆古籍珍本丛刊》,第 90 册,元延祐二年重修本,书目文献出版社 1988 年版,第 581 页),而黄榦自撰《敬说》(同上书卷 26)一文亦强调敬的"畏"字义。关于黄榦的观点,参见[日]佐藤仁:《朱熹の敬说に关する一考察》,载《广岛大学文学部纪要》第 49 集,1990 年,后收入[日]佐藤仁:《宋代の春秋学——宋代士大夫の思考世界》,东京研文出版 2007 年版,第 498 页。当然,以畏释敬,有不少儒家经典可作为依据,如《中庸》"戒慎恐惧"、《诗经》"战战兢兢,如临深渊,如履薄冰"便是例证。程颢则说"'毋不敬',可以对越上帝"(《遗书》卷 11,《二程集》,第 118 页),此说颇受朱熹重视(参《文集》卷 85《敬斋箴》),可见程朱之主敬亦指对外在绝对者的一种敬畏情感。不过,对《中庸》"戒慎恐惧",朱子认为不如以"提撕"义释之而不宜以通常意义上的"惊恐"视之,其云:"不须得将戒慎恐惧说得太重,也不是恁地惊恐。只是常常提撕,认得这物事,常常存得不失。"(《语类》卷 117,第 2823 页)所谓"提撕"亦即"敬"字义。

[134] 这两句话的全文分别是:"心者,主乎性而行乎情。故'喜怒哀乐未发则谓之中,发而皆中节则谓之和',心是做工夫处。"(《语类》卷 5,第 94 页)"盖心便是包得那性情,性是体,情是用。心字只一个字母,故性、情字皆从'心'。"(《语类》卷 5,第 91 页)相关分析,请参上引拙文。

（原载《哲学门》第 11 卷第 2 册,作者单位:复旦大学哲学学院）

朱熹对《大学》"明明德"的诠释

朱汉民　　周之翔

朱熹对《大学》所提出的命题"明明德"极为重视,他常教导学生为学先读《大学》以定其规模,进而指出:"为学只在'明明德'一句"。他对《大学》"明明德"的诠释,内涵丰富而思想深刻,是他研习并运用先秦儒家学说与宋代理学思想,分析和探讨人及其生活世界本质的全面总结。如我们所见,经过朱熹对"明明德"的诠释,这一原本只是普通政治道德的概念,获得了丰富的哲学内涵和宗教意义。

从一个先秦贵族教育的普通文本中,为什么朱熹可以读出这么多的新意义来呢?全面分析和总结朱熹"明明德"观的内涵,对于理解其经典诠释学的特点及价值,有着重要意义。

一、朱熹诠释"明明德"的新意义

朱熹对《大学》"明明德"内涵的思考与揭示,历经数十年。最初,他以孟子的"良知良能"、"良心"等阐释"明德"的内涵;晚年,他又以两宋理学家所掌握的孟子心性论进行分析与阐释,思考"明德"与"心"、"性"等概念的关系;去世前数年,他还运用宋代理学家的理气论思想揭示"明德"的来源,从而完成了对《大学》"明明德"的理学化诠释。

朱熹对《大学章句》"明明德"注释的最后修订在 1196 年左右。他于注中说:

明,明之也。明德者,人之所得乎天,而虚灵不昧,以具万理而应万事者也。但为气禀所拘,人欲所蔽,则有时而昏;然其本体之明,则有未尝息者。故学者当因其所发而遂明之。[1]

这是朱熹晚年定论,也是其"明明德"思想的精粹表述。在这里,朱熹用短短 67 个字的篇幅,从工夫论、心性论、天理论的角度,阐明了"明德"的来源与本质,"明德"不明的原因及其根源,和"明德"可明的依据与道路。语言简洁,语义完备,逻辑严密,实际上是其毕生学问的总结。众所周知,这个定义,在朱熹理学思想体系中占有重要地位,对理学思想的继续演进也产生过深刻影响。

而事实上,无论是《大学》的文本本身,还是汉唐经学家的注疏里,《大学》中的"明明德"的意义都非常平易,只是对承担治理食邑、国家等责任的贵族的道德要求,并无理学思想的复杂而深刻的意义。如《大学》文本中的"明明德",只是要求贵族博闻多识,注意自身的情绪管理,能够设身处地、换位思考,从民众的角度制订并实施治理国家的政策;而郑玄注曰:"明明德,谓显明其至德也",孔颖达疏曰:"在明明德者,言大学之道,在于章明己之光明之德。谓身有明德,而更章显之"[2],都不涉及心性修养的义涵。但是,朱熹正是通过对《大学》"明明德"命题的不断阐释,将先秦儒家与宋代理学思想成果进行整合,而从"明明德"中读出理学的工夫论、心性论、天理论等思想的意义。朱熹认为,"明明德"能够作为《大学》全书的纲领,就在于它将理学的天理本体论、心性论与儒家修身工夫论统一起来了。

其一,朱熹通过对"明明德"的哲学阐释,读出"明明德"的工夫论内涵。他认为"明"即"明之也",又说"学者当因其所发而遂明之"。这显然是从儒家工夫论角度进行的解读。所谓"因其所发"指"明德"的发露,即"明明德"工夫的起点和基础所在;所谓"遂明之",指的工夫正是《大学》中提出的系统的儒家修身工夫论:格物、致知,正心、诚意、修身。

其二,朱熹通过对"明德"的哲学阐释,读出了"明德"的心性论思想内涵。他在阐发《大学》的过程中,不仅对性的本源问题进行了说明,特别是通过阐释《大学》的"明德"为"虚灵不昧,以具万理而应万事者",对心的内容及心与性、心与情之间的关系进行了阐释。而朱熹对《大学》"明德"内涵的探究,在如何确定和表述心性与"明德"之关系上,实际上一直未曾离开孟子的心性论。

其三,朱熹通过对"明德"的理论考察与哲学阐释,从"明德"中读出"自然之理"的宇宙本体论意义。他的"明德者,人之所得乎大"的思想,立足在理学天理论基础之上。他以早期儒家、北宋理学的"性与天道"合一为理论基础,阐述人物的化生,以说明人的"明德"的来源,从而揭示了《大学》的宇宙论背景。他指出:"人物之生必得是理,然后有以为健顺仁义礼智之性;必得是气,然后有以为魂魄五脏百骸之身。"[3]他论证了人的"明德"的来源。

我们发现,朱熹对《大学》"明明德"的哲学诠释,与他的理学思想的"先见"有关。

他显然是运用"六经注我"的方法,从《大学》中读出宇宙论、心性论、工夫论等理学思想。毫无疑问,朱熹对《大学》"明明德"的哲学诠释,具有"六经注我"的特点。但是,我们还应该知道,朱熹的"我"不是主观任意的"我",而是对先儒先贤的全面理解和思考而形成的"先见"。深入考察他的治学历程与治学特点,可知他对《大学》"明明德"的哲学诠释与理学建构,其实是建立在"我注六经"的基础之上的。他晚年能够从儒家经典中读出这么多的新意义来,正是由于他早年和中年能够全面地阅读、深刻地理解孔孟以来先儒先贤的著作,并且各取所长,融会贯通。应该说,朱熹的经典诠释是经由"我注六经"的"六经注我",两者是同一个经典诠释过程前后自然接续的不同阶段,并非对立关系。

二、明明德的工夫论诠释

《大学》相传为曾子所作,《大学》所以被列为学问之先,视为修身治人的规模,是因为它提出了为学工夫的八目,即格物、致知、正心、诚意、修身、齐家、治国、平天下,朱熹在《大学章句序》中将其称之为"教人之法"、"修身治人底规模"等等,至于其他儒家经典所列的工夫论,均可分别纳入到这个序列、体系之中。

朱熹早年已认为"良知良能"就是"明德",在为学工夫方面,他认同通过察识此心之良知而明其"明德"。他认为圣人本身之"明德"无遮无掩,光明朗彻,是一个完全实现了的人。而人既与天地万物同理,又与圣人同性,皆具同等的潜在能力,所以人人也都是潜在的圣人。但普通人的"明德"为气禀、物欲所拘蔽和遮掩,失去其本有的光明,不仅不能照亮别人,也不能照亮自己,而未能自我实现。那么普通人实现为人的途径,也就是通往圣人的道路是什么?朱熹指出:"因其所发而遂明之"。这是因为,人必定具有"明德",这"明德"无论怎样遮掩、拘蔽,也会有显露的时候,如孟子所说的四端与良知良能,只要将显露的"明德"加以扩充的工夫,即可实现本体之明。

朱熹后来认识到,良知良能只是"明德"之发现,是"明德"能明的依据与道路,但最终来说,明德之明,必须通过学者自己的"明明德"工夫,也就是《大学》中的格物、致知、诚意、正心之功来实现。朱熹指出,本体之明的显露是"明"的工夫的依据与起点,而他所极为重视的《大学》修身治人底规模、为学工夫,即格物、致知、正心、诚意、修身,则是"明"的工夫的内容与程序。《朱子语类》载:

> 所谓明之者,致知、格物、诚意、正心、修身,皆明之之事,五者不可缺一。若缺一,则明德有所不明。盖致知、格物,是要知得分明;诚意、正心、修身,是要行得分明。然既明其明德,又要功夫无间断,使无时而不明,方得。若知有一之不尽,物有一之未穷,意有顷刻之不诚,心有顷刻之不正,身有顷刻之不修,则明德又暗了。惟知无不尽,物无不格,意无不诚,心无不正,身无不修,即是尽明明德之工夫也。[4]

可见,朱熹是从理学的工夫论角度解读"明明德"的。朱熹重视《大学》之道,正是因为《大学》提出了系统的儒家修身工夫论,即格物、致知,阐明了儒家心性修养"知"的工夫;正心、诚意、修身,阐明了"行"的工夫。朱熹揭示了"明明德"工夫的基础与依据,又从《孟子》回归《大学》文本本身,阐明了"明明德"工夫的具体内容与程序,从而对《大学》"明明德"做出了合理的解释。

朱熹从《大学》文本中的格物致知等工夫论角度解读"明明德之工夫",显然比郑玄注"明"为"显明",孔颖达疏为"章显之"要合乎文意得多。傅伟勋提出"创造的诠释学",共分成五个层次,即实谓、意谓、蕴谓、当谓、必谓。[5]朱熹以《大学》文本中的格物、致知、正心、诚意、修身工夫论角度解读"明明德之工夫",这是《大学》文本本来就有的内容,即所谓"实谓"的层次;但又属于没有明确的内容,即所谓"意谓"的层次。朱熹通过对《大学》文本的语义澄清、脉胳分析、前后文意贯通的考察等等,尽量"客观忠实地"了解并诠释《大学》的意思,探问了其"实谓"、"意谓"两个层次的意义,体现了他忠于经典文本、即"我注六经"的诠释态度。

三、以思孟学派的心性论解读"明德"

《大学》文本本身对"明德"的内涵没有具体的论述,更没有作出深入的心性论探讨。朱熹要对《大学》的为学工夫做出深入探讨,揭示其通过个体的心性修养而成己成物的理论价值,就必须对"明德"的心性论内涵做出思考。

在儒家经典中,《孟子》以心性论的深刻思考而为朱熹所特别重视。所以,朱熹对"明德"的思考,一直是以《孟子》为理论依据的。朱熹早年已经认识到"明德"的内在性和普遍性,亦即认为人人皆有"明德",最初也曾以孟子的"良知良能"、"良心"等阐释"明德"的内涵。他指出"明德"同"良心"一样,非由外铄,而是根于人心,被人的私欲所蔽而不明。他说:

> 明德,谓本有此明德也。"孩提之童,无不知爱其亲,及其长也,无不知敬其兄。"其良知良能,本自有之,只为私欲所蔽,故暗而不明。

此条是廖德明所录,时间在 1186 年。这里,我们可以看出,朱熹仍然重视孟子的"良知良能"之说及其与《大学》"明德"之间的思想关联,但主要是从"明德"与"良知良能"都是人所固有,为天所赋予的相同特性加以考虑。显然,"良知良能"只是一个基于观察获得的经验与体验,还不足以揭示《大学》中"明德"的意蕴,更不能与精密严谨、系统深刻的佛教的心性论抗衡。他还必须继续追问"良知良能"在人的心性结构中的位阶,才能明了"明德"的内涵。

"明德"的内涵既然与心性问题紧密关联,要阐释"明德"的内涵,就必须要辨明心性与"明德"的关系。在《经筵讲义》中,朱熹将"明德"解释为"人之所得乎天,至明而不昧者也",直接以"性"释"明德"。但这又与《大学》文本中的"明德"有差异,因为《大学》文本中的"明德"是个"浑全"的事物,不仅仅是指内在的"德性",也指能彰显于行动的德行,因而,是经由人的思想认识的结果,而思想认识是由"心"来承担的,所谓"心之官则思"。朱子也指出"心者,气之精爽","心官至灵,藏往知来"。所以他知道,单独以"性"释"明德"并不妥当。《朱子语类》记载:

> 问:"'天之付与人物者为命,人物之受于天者为性,主于身者为心,有得于天而光明正大者为明德'否?"
>
> 曰:"心与性如何分别?明如何安顿?受与得又何以异?人与物与身又何间别?明德合是心?合是性?曰性却实,以感应虚明言之,则心之意亦多。"曰:"此两个说着一个则一个随到,元不可相离,亦自难与分别。舍心则无以见性,舍性又无以见心。故孟子言心性,每每相随说,仁义礼智是性,又言恻隐之心、羞恶之心、辞逊、是非之心,更细思量。"[6]

这是门人余大雅直接以朱熹的原话求证于朱熹,表明余大雅对朱熹将"明德"与心性相联系而产生了许多疑问。在这里,朱熹一口气提出了六个问题,表明了他在揭示"明德"内涵时的问题意识所在。他指出,"明德"是"感应虚明"的,因而"心之意亦多";同时他也注意到,孟子总是将心与性联系起来论说的特点。

实际上,朱熹 1189 年所修订的《大学章句》中,对"明德"的注释,是不判分心德,即从心性一体的角度进行解释的:

> 问:"《大学注》言:'其体虚灵而不昧,其用鉴照而不遗。'此二句是说心?说德?"
>
> 曰:"心、德皆在其中,更仔细看。"
> 又问:"德是心中之理否?"
> 曰:"便是心中许多道理,光明鉴照,毫发不差。"[7]

本条是徐寓于 1190 年至 1191 年之间,在漳州问学朱熹时所记,其中《大学注》指朱熹 1189 年修订的《大学章句》,1191 年刊刻于漳州学宫。显然,《大学注》中,"其体"之"其"是指"明德","虚灵不昧"是对"明德"的本质特征的描述,也是对"明德"之"明"字内涵的揭示;"鉴照不遗"是言"明德"之用。在这条注释中,朱熹显然是以心释"明德"。"虚灵不昧"、"鉴照不遗"实际上就是心之体与用。但以"虚灵不昧"言"明德"之"体",等于直接说心就是"明德"之"体",但是他又指出"明德"是人心中"许多道理"。人之心合理气、统性情,故而德性必蕴涵于心,德行亦必为心之发。由心言明德,才能整全而无所偏废,但又必须兼性而言,否则,"明德"亦没有本原。在最终定论,即通行本《大学章句中》,朱熹回到孟子兼心言性、兼性言心的立场,指出人之明德是"人之所得乎天,而虚灵不昧,以具万理而应万事者也",以"人之所得乎天"、"具万理"阐释"性"之明,以"虚灵不昧"、"应万事"阐明"心"之明,合心与性,而阐释"明德"之内涵。可见,朱熹注释"明德",是兼心性为一体而言的。

又,人禽之辨是孟子提出的重要课题,但孟子的目的在于强调"仁义"的价值与基于仁义的内在人性。他说:"人之所以异于禽兽者几希,庶民去之,君子存之。舜明于庶物,察于人伦,由仁义行,非行仁义也。"[8]史次耘先生指出,《孟子》此章的主旨是"强调人性本善,君子全顺自然之性而由仁义行。"[9]到了宋儒这里,则发展为探究人的本质,即人之所以为人的根本依据是什么的问题。朱熹总结周敦颐、张载、二程及其后学的思想,深入探讨了人禽之差异的根源。他注释孟子的人禽之辨说:

> 人物之生,同得天地之理以为性,同得天地之气以为形;其不同者,独人于其间得形气之正,而能有以全其性,为少异尔。虽曰少异,然人物之所以分,实在于此。[10]

朱熹认为,从人物的化生来看,人与物之理是相同的,这是万物一体、人能与天合一的依据。人物之界分主要在禀受的气不同,人得气之正且通者,而物得气之偏且塞者。所以人能全其性,明天理,自觉按照天理行事,而物则不能。放到《大学》中来看,人禽之异或者说人物之界分就是人具有明德,而物没有。在《大学或问》中,朱熹指出:

> 惟人之生乃得其气之正且通者,而其性为最贵,故其方寸之间,虚灵洞彻,万理咸备,盖其所以异于禽兽者正在于此……是则所谓明德者也。[11]

实际上,朱熹说"明德"是"人之所得乎天者",已经强调"明德"是人所有,含有界分人物之内涵,而"方寸之间,虚灵洞彻,万理咸备",从而使人能识其本性进而全齐本性,则是人的本质——人的规定性所在。

可见,在这里,朱熹又以孟子兼说心性的方式阐明了明德作为人物界分的意义,从而深化了孟子的人禽之辨,使孟子的人禽之辨由强调人性本善的论据上升为探讨人的内在规定性的哲学命题。

我们发现,朱熹既以《孟子》诠释《大学》,又以《大学》诠释《孟子》,这取决于那部经典的长处和特点。在工夫论方面,他更认同《大学》中"格物"、"致知"的知识理性对人格形成的作用,所以他用《大学》中的"格物"、"致知"的理念来诠释《孟子》中的"养气"、"尽性"。他说:"知言正是格物致知。苟不知言,则不能辨天下许多淫、邪、诐、遁。将以为仁,不知其非仁;将以为义,不知其非义,则将何以集义而生此浩然之气?"[12]但是在心性论方面他更认同《孟子》,故而他在心性论方面以《孟子》诠释《大学》。这样,既保证了他对先秦儒家经典的尊重态度,又满足了不同儒学典籍的整合要求。从傅伟勋"创造的诠释学"来说,这是"蕴谓"层次,即朱熹在思考《大学》可能蕴涵的是什么。在这一层面朱熹已跳出文本本身,而采取"以经解经"的诠释方法,他以《孟子》的心性思想回答《大学》蕴涵的心性论是什么。

四、以天理论解读"明德"的来源

朱熹在《大学章句》注释中,首先指出"明德"是"人之所得乎天"者。这是朱熹一贯的看法。如1194年《经筵讲义》中,朱熹指出"明德"是"人之所得乎天,至明而不昧者也",[13]到《大学章句》通行本中,朱熹改掉了"至明而不昧",而"人所得乎天"只字未改。显然,这句话中的关键概念是"天",其理论背景是自人文初始后,数千年来古圣先贤一直不断探求的天人关系的思想。

在《四书》中,《大学》并没有讲"明德"

的来源,而《中庸》、《孟子》(以及《易传》)的重要贡献就是正式确立了"性与天道"的联系,从而为孔子的心理情感的仁心与人性确立了形而上之道的终极实体。当然,这种"性与天道"的联结主要是精神信仰的。《中庸》与《孟子》在论述"性与天道"的关系时说:

> 天命之谓性,率性之谓道,修道之谓教。[14]

> 尽其心者,知其性也,知其性则知天矣。存其心,养其性,所以事天也。[15]

在子思、孟子那里,"天命"、"天道"是作为仁心、人性的形而上依据。那个作为道德人文根源的"人性",原来体现着作为终极实体的天道的神圣性。"天道"是一个表达终极本体的概念,但它与心、性共同建构了一个关于天人一体的思想体系。在早期儒家学派的《易传》中,还有这个天人一体的宇宙论演变发展的更为系统、详尽的论述。朱熹在《大学章句》注释中,指出"明德"是"人之所得乎天"者,其实就是继承了《中庸》、《孟子》(以及《易传》)的"性与天道"的思想。

《中庸》、《孟子》虽然回答了"性与天道"问题,但是语焉不详。而真正建立系统的天地之理的形上学说的是"北宋五子",他们通过对《周易》、《中庸》、《孟子》的重新诠释,建构了一个以"太极"、"太虚"、"天理"为最高哲学范畴的"天人合一"的思想体系。为了更进一步从学理上论证人文准则与终极实在的联结,北宋五子特别建立了一个"性与天道"合一的宇宙论体系。他们以《四书》中有限的资料对"性与天道"的重大问题作出创造性的诠释。而朱熹对"明德"来源的诠释,主要是继承了北宋五子的思想学说。

在朱熹这里,人之"明德"所得乎"天"的这个"天",正是周子所讲的以阴阳五行造化人与万物的"天",和二程的主宰天地万物的"天理"。朱熹建立了以"天理"为核心的理论体系,指出天地万物的存在是以天理为依据的,而人就存在于这个天理的世界中,其本身也是天理的呈现。在《大学或问》中,朱熹对"明德"来源作了系统的的论证,他指出:

> 天道流行,发育万物,其所以为造化者,阴阳五行而已。而所谓阴阳五行者,又必有是理而后有是气。及其生物,则又必因是气之聚而后有是形。故人物之生必得是理,然后有以为健顺仁义礼智之性;必得是气,然后有以为魂魄五脏百骸之身。周子所谓"无极之真,二五之精,妙合而凝"者,正谓是也。[16]

朱熹此处所指之"天",是经过北宋五子,特别是北宋五子之首周濂溪的创发。其中所引宇宙论演变过程,出自周子《太极图说》。周子通过"无极而太极"为依据建立的宇宙图式中,天道流行,万物化生,人在其中而最为灵秀,为儒家士人建构了一个以现实人生为依据的存在家园,人们的生、老、病、死、功名利禄、生命价值,一一得到安顿。魏晋以来数百年间,儒家士人逃老逃释,精神与生命无法安顿的局面,实际上得以解决。在这里,周子和朱熹实际上将为儒家所继承的华夏文明中人文主义[17]的性格和思想,推进到了极致,真正确立了儒家文化的价值内核与独特品格。朱熹逃入释老十余年,故深知周子《太极图说》之价值。他萃取周子《太极图说》的思想,阐述人物的化生,正是为了说明人的"明德"的来源,从而揭示了《大学》的宇宙论背景,将孔子、子思、孟子的心性论思想,建构在了周子的这个宇宙论上。在朱熹这里,人之"明德"所得乎"天"的这个"天",正是周子所讲的以阴阳五行造化人与万物，无人格而又以生物为心、至仁至实的"天"。

《大学》本来并没有讲"明德"的来源，而朱熹以《中庸》、《孟子》(以及《易传》)的"性与天道"思想诠释"明德"的来源，属于"当谓"层次，即朱熹以《中庸》、《孟子》(以及《易传》)的"性与天道"思想考察出《大学》本来应当说些什么。到这一层面，朱熹发掘出《大学》更为深刻的内涵，从中显现最有诠释理据或强度的深层意蕴和根本义理出来。而朱熹以北宋理学的"性与天道"合一为理论基础，阐述人物的化生，以说明人的"明德"的来源，从而揭示了《大学》的宇宙论背景，这是"创造的诠释学"的"必谓"层次。也就是说，朱熹通过北宋理学家和自己对"明德"来源的理解，表达了《大学》到了宋代必然说出什么。

五、朱熹诠释"明明德"
的思想贡献与学术价值

经典诠释往往可以理解成"我注六经"和"六经注我"两种不同的方式。前者注重学术传承，后者注重思想创新。故而人们从不同的角度，往往会对"我注六经"和"六经注我"做出不同的评价。本文以朱熹对《大学》所提出的命题"明明德"诠释为例，特别要加以说明，其实这两种诠释方法并不是绝对对立的。对于朱熹来说，他对《大学》"明明德"诠释的学术成就、思想贡献正得益于这两种方法的同时使用。朱熹在谈到自己的读书方法时说：

> 读书以观圣贤之意，因圣贤之意，以观自然之理。[18]

那么，朱熹是如何从儒家经典中读出"圣贤之意"、"自然之理"的呢？

我们认为，这段话既可以理解成"我注六经"，也可以理解成"六经注我"。一方面，可以理解他是运用"六经注我"的方法从儒家经典中读出"圣贤之意"、"自然之理"，故而从《大学》"明明德"中读出了宇宙论、心性论、工夫论等理学思想，开拓、丰富了《大学》"明明德"的思想内涵。无论是《大学》的文本，还是汉唐经学家的注疏，"明明德"的意义都非常平易，并无宇宙论、心性论等理学思想的复杂而深刻的意义。由于朱熹在经典诠释过程中运用"六经注我"的方法，并且依照那个时代的要求，对儒家传统作了系统化的思想阐释。朱熹通过诠释《大学》而论述的理学思想，实现了儒家传统思想文化的综合创新。因此，以朱熹为代表的理学学术思想体系很快在思想文化领域占据了统治地位，成为古代中国主流的思想文化与意识形态。这一切，均证明朱熹的《大学》诠释充分体现唐宋以后中国思想文化变革发展的时代要求。

但另一方面，朱熹作为一个儒家学者，他忠实地继承了儒家的精神传统和学术传统，他运用"我注六经"的方法，通过潜心从事学术研究，从儒家经典中领悟"圣贤之意"。具体而言，他通过对经典文字的音读训诂以及语义澄清、脉络分析、前后文意贯通等等研究工作，以实现对圣人之意的领悟。朱熹对《大学》工夫论的解读，对儒家经典中心性论及其天道论的论述，均有很高的学术价值。朱熹所做的这一系列的经典诠释工作，均是以"续夫千载不传之绪"[19]为其学术宗旨的。通过学术史的考察，可以发现，其实这些也均是早期儒家经典中早已存在的思想学说。在郭店楚简中有不少与之非常接近的思想，这就说明朱熹的经典诠释确有其历史文献学依据。以朱熹为首的理学家们应该是比汉唐诸儒更准确地抓住了先秦儒学及其经典文本的学术宗旨和历史本义，从一定意义上说确是承传了先秦儒家"千载不传之学"。

可见,朱熹从《大学》"明明德"中读出的"圣贤之意"、"自然之理",与他运用"我注六经"和"六经注我"两种诠释相关。进一步说,他正是通过"我注六经"来实现"六经注我",从而使先秦儒家思想与宋代理学思想融贯于他对"明明德"命题的注释中。对于朱熹对《大学》"明明德"的诠释,我们既要充分肯定其思想创新的意义,又要充分肯定其学术传承的价值。

注　释

[1] 朱熹:《四书章句集注》,中华书局 1983 年版,第 3 页。

[2] 孔颖达:《礼记正义》卷 60,《十三经注疏》,第 6 册,北京大学出版社 1999 年版,第 1954 页。

[3] 这是朱子《大学或问》的定稿,与上文所引《经筵讲义》之说相较即可知。其改定时间与《大学章句》应是一致的,大约在 1196—1198 年间。朱熹:《大学或问》、《四书或问》,《朱子全书》,上海古籍出版社、安徽教育出版社 2002 年版,第 507 页。

[4] 黎靖德:《朱子语类》卷 14,《朱子全书》,上海古籍出版社、安徽教育出版社 2002 年版,第 438 页。

[5] 傅伟勋:《从创造的诠释学到大乘佛学》,台北东大图书公司 1990 年版。

[6] 黎靖德:《朱子语类》卷 5,《朱子全书》,上海古籍出版社、安徽教育出版社 2000 年版,第 222 页。

[7] 黎靖德:《朱子语类》卷 14,上海古籍出版社、安徽教育出版社 2000 年版,第 438～439 页。

[8] 杨伯峻:《孟子译注》,中华书局 2005 年版,第 191 页。

[9] 史次耘:《孟子注译》,重庆出版社 2009 年版,第 230 页。

[10] 朱熹:《四书章句集注》,中华书局 1983 年版,第 293～294 页。

[11] 朱熹:《四书或问》,《朱子全书》,上海古籍出版社、安徽教育出版社 2002 年版,第 507 页。

[12] 黎靖德:《朱子语类》卷 52,《朱子全书》,上海古籍出版社、安徽教育出版社 2002 年版,第 1732 页。

[13] 朱熹:《经筵讲义》,《晦庵先生朱文公文集》卷 15,《朱子全书》,上海古籍出版社、安徽教育出版社 2002 年版,第 692 页。

[14] 朱熹:《四书章句集注·中庸章句》,中华书局 1983 年版,第 17 页。

[15] 杨伯峻:《孟子译注》,中华书局 2005 年版,第 301 页。

[16] 朱熹:《大学或问》、《四书或问》,《朱子全书》,上海古籍出版社、安徽教育出版社 2002 年版,第 507 页。

[17] 陈荣捷:《中国哲学文献选编》,江苏教育出版社 2006 年版,第 1 页。

[18] 黎靖德:《朱子语类》卷 10,《朱子全书》,上海古籍出版社、安徽教育出版社 2002 年版,第 314 页。

[19] 朱熹:《四书章句集注·中庸章句序》,中华书局 1983 年版,第 15 页。

（作者单位:湖南大学岳麓书院;湖南科技大学人文学院）

朱熹的子学思想及其特征和地位

蔡方鹿　　解　著

朱熹思想的重要价值使多年来国内外众多学者从各个角度对朱熹思想进行了深入持久的研究,产生了许多有价值的成果。然而,尽管对朱熹思想的研究已相当深刻系统,但从子学的角度来对其思想进行研究的却很少。多年来,国内外对这方面研究的著作竟然没有,论文也是寥寥无几。事实上,朱熹以自己的理学思想为标准来评判、论定子学人物及其观点时,体现了他的子学思想,尽管比较零散,但也有内在理路可循。从朱熹对这些子学人物和著作的批评或一定程度地认可的评价中,可进一步加深我们对朱熹思想的认识,亦可从中掌握朱熹子学思想的特点及其在朱熹整个思想体系中的地位。并从一个侧面把握子学在宋代的流传及对朱熹思想的影响,这与朱熹所处的时代背景及自身思想发展的基本倾向和脉络相联系。

一、朱熹子学思想论要

所谓子学,指先秦至汉初诸子百家学术之总称,亦指研究诸子思想的学问,内容包括对诸子及其著作的研究,历代学者研究诸子的学问。从诸子学时期至宋代,社会经历了一个漫长的历史发展过程。随着时代的变迁和朝代的更迭,子学思想作为社会意识的组成部分,在社会发展的过程中也逐步流传演变并得到人们的检验取舍。朱熹以一位宋代理学代表人物的立场和眼光对诸子百家思想加以检视和评判,而得出了自己的子学思想。其主要内容包括以下方面:

(一)朱熹对道家的评判

朱熹对道家的思想比较熟悉,他曾批评历代那些注解《老子》和《庄子》的人,认为他们的注解多是为就己意而对老、庄经典进行"臆说",歪曲了老、庄的本义。他说:"《庄》、《老》二书,解注者甚多,竟无一人说得他本义出,只据他臆说。某若拈出,便别,只是不欲得。"[1] 由此可见,朱熹不但对老、庄之学比较熟悉,且自认是明白老、庄本义的。朱熹身为儒家,却并没有拘泥于门户之见对道家之学进行简单的否定,而是站在一种较为客观的立场对道家思想进行中肯的分析。

对于道家创始人老子的思想,朱熹有这样的评价:"老子之术,自有退后一著。事也不挽前去做,说也不曾说将出,但任你做得狼狈了,自家徐出以应之。如人当纷争之际,自去僻静处坐,任其如何。彼之利害长短,一一都冷看破了,从旁下一著,定是的当。……因举老子语:'豫兮若冬涉川,犹兮若畏四邻,俨若客,涣若冰将释。'"[2] 可见朱熹认为老子的柔弱不争不仅是其主要思想，同时也是其处事的谋略和手段，是一种"术"，这种退让不完全是消极避世，也是一种以退为进的手段，认为老子"取天下便是用此道"[3]。老子思想在汉初成为社会的统治思想，让经历多年战乱、生产力遭到极大破坏的西汉社会得以休养生息、恢复元气。朱熹对此评价道："其言易人，其教易行。当汉之初，时君世主皆信其说，而民亦化之。虽以萧何、曹参、汲黯、太史谈辈亦皆主之，以为真足以先于六经，治世者不可以莫之尚也。"[4]肯定了老子思想在政治教化、治国治民方面有可取之处。"其学也要出来治天下，清虚无为，所谓'因者君之纲'，事事只是因而为之。如汉文帝、曹参，便是用老氏之效，然又只用得老子皮肤，凡事只是包容因循将去。老氏之学最忍，它闲时似个虚无卑弱底人，莫教紧要处发出来，更教你枝梧不住，如张子房是也。子房皆老氏之学。"[5]认为老子之学看似清虚无为、卑弱不争，实则无为而治，柔弱胜刚强。朱熹更曾多次直接表达他对老子的欣赏之意："今观老子书，自有许多说话，人如何不爱！"[6]"老子说他一个道理甚缜密。"[7]朱熹更明确指出二程理学受到了老子的影响，"至妙之理，有生生之意焉，程子所取老氏之说也。"[8]既然二程学说从老子思想中有所取，作为二程后学的朱熹实际上等于间接承认了他也受到了老学的影响。朱熹虽对老子之学多有肯定和赞赏，但二人毕竟分属不同的学派，思想上存在着原则性的分歧，因此朱熹不可避免地也对老子的一些思想提出了严厉的批评。儒家最重伦理，而老子却认为道与仁义不并存，因此对孝慈礼仪废弃不讲，朱熹由此批评老子"害伦理"："老子是出人理之外，不好声，不好色，又不做官，然害伦理。"[9]朱熹对道家一派于乱世中为保全自身而厌世避祸、崇尚空寂的思想提出批评："儒教自

开辟以来，二帝三王述天理，顺人心，治世教民，厚典庸礼之道，后世圣贤遂著书立言，以示后世。及世之衰乱，方外之士厌一世之纷挐，畏一身之祸害，耽空寂以求全身于乱世而已。及老子倡其端，而列御寇、庄周、杨朱之徒和之。孟子尝辟之以为无父无君，比之禽兽。"[10]同时朱熹也对老子的价值观加以针砭："老子之术，须自家占得十分稳便，方肯做；才有一毫于己不便，便不肯做。"[11]从朱熹对老子的这些批评，可见儒、道两家思想存在的差异。

对于道家的另外一位代表人物庄子，朱熹也同样是肯定与批判兼而有之。朱熹认为庄子才高识远，"其才高，如《庄子·天下》篇言'《诗》以道志，《书》以道事，《礼》以道行，《乐》以道和，《易》以道阴阳，《春秋》以道名分'，若见不分晓，焉敢如此道！"[12]并指出庄子与佛教有区别，佛与儒对立，而庄子的思想可以和儒家互相沟通。"或问：'《中庸》说道之费隐，如是其大且妙，后面却只归在'造端乎夫妇'上，此中庸之道所以异于佛老之谓道也。'曰：'须更看所谓'优优大哉！礼仪三百，威仪三千'处，圣人之道，弥满充塞，无少空阙处。若于此有一毫之差，便于道体有亏欠也。若佛则只说道无不在，无适而非道；政使于礼仪有差错处，亦不妨，故它于此都理会不得。庄子却理会得，又不肯去做。如《天下》篇首一段皆是说孔子，恰似快刀利剑斫将去，更无些子窒碍，又且句句有著落。如所谓'《易》以道阴阳，《春秋》以道名分'，可煞说得好。'"[13]正因为此，朱熹对庄子思想的评价较高："盖自孟子之后，荀卿诸公皆不能及。"[14]"庄子比康节亦仿佛相似。然庄子见较高，气较豪。"[15]将儒家先贤和北宋著名理学家邵雍置于庄子之后，可见其对庄子评价之高。朱熹还把庄子与老子进行对比，认为《庄子》的文风豪放跌宕，说理方式

独具风格,"将许多道理掀翻说,不拘绳墨"[16],肯定庄子说理"较开阔,较高远"[17]。虽说朱熹对庄子思想多有肯定,但站在理学家的立场,朱熹也对其作了批评。例如说庄子在入世方面比老子更加消极,"老子犹要做事在,庄子都不要做了,又却说道他会做,只是不肯做。"[18]对于庄子宣扬的一些神异思想,朱熹也进行了斥责:"若曰'旁月日,扶宇宙,挥斥八极,神气不变'者,是乃庄生之荒唐。"[19]对庄子等人于乱世中追求全身养生的道家思想朱熹亦加以批评,甚至指斥庄子专计利害,更将晋室灭亡的原因归结为清谈老庄:"庄子之意则不论义理专计利害,又非子莫之比矣。盖迹其本心,实无以异乎世俗乡原之所见,而其揣摩精巧,校计深切,则又非世俗乡原之所及。是乃贼德之尤者。所以清谈盛而晋俗衰,盖其势有所必至。而王通犹以为非老庄之罪,则吾不能识其何说也。"[20]认为正是由于清谈老庄,才引得纲纪大坏,法度无存,而导致天下大乱。朱熹这种评价显然是对受老庄思想影响的魏晋玄学的批评。

朱熹口中的道家有时并不全指先秦的老庄之学,他把道教也称为道家。然而虽然称呼相同,但先秦道家与道教的区别,朱熹心里是明白的。朱熹指出,从老子道家到道教,经历了一个复杂的演变过程。"老氏初只是清净无为。清净无为,却带得长生不死。后来却只说得长生不死一项。如今恰成个巫祝,专只理会厌禳祈祷。这自经两节变了。"[21]认为道教已然偏离了老子的原意,由世俗文化派别转变为讲巫祝祈祷的宗教。他认为道教后来衰落与虚妄,佛教思想却日益精妙高深的一个重要原因,就是在道、佛二教的发展过程中,出现了互相错位的现象。佛教在其中国化的过程中吸取融会了老庄之学的优长,而道

教徒们在发展自己的教义时,却不重视道家固有之书,反而吸取了释氏的糟粕:"道家有《老》、《庄》书,却不知看,尽为释氏窃而用之,却去仿效释氏经教之属。譬如巨室子弟,所有珍宝悉为人所盗去,却去收拾人家破甕破釜。"[22]讥讽道教拾取了释氏的破甕破釜,却被释氏盗走了自己的珍宝。因此,朱熹一方面不遗余力的批评道教,另一方面又对正宗的老庄道家之学加以一定程度的肯定和称赞,将其与道教区分开来。朱熹更明确地告诉其弟子,老庄"言有可取"[23],其书是值得读的,不可随意否定。而读老庄的关键是要弄清老庄思想与儒家圣人学说的区别之处,以便能够扬长避短,为我所用。朱熹正是在深入研究了道家思想后,吸取道家哲学的道本论等思想,以天理论道,把道与天理结合起来。由于朱熹不拘于门户之见,博采众家之长,最终建立起一个中国哲学史上最为完备、缜密的理学思想体系,成为一代理学大师。

(二)朱熹对法家的评判

法家学说的核心是"法治",提倡以严刑峻法治民,这与先秦儒家所倡导的"礼治"、"德政"堪称相对,因此儒家历来批判法家都是不遗余力的。但到了南宋时期,法家学说经过上千年时光的检验,证明其学说并非一无是处,事实上,法家的很多理论在维护社会稳定、富国强兵方面确实起到积极的作用。所以,朱熹在评判法家时,一方面固然站在理学家的立场,以批评为主,另一方面,又给予法家之学以适当的肯定并有所吸收。

朱熹对法家的批评,主要集中在以下几个方面:第一,只见刑名,学问浅陋。他说:"盖老氏之学浅于佛,而其失亦浅。正如申韩之学浅于杨墨,而其害亦浅。"[24]朱熹在《孟子精义》中又说:"如申韩只见刑

名,便谓可以治国,此目不见大道,如坐井观天井蛙,不可以语东海之乐。"[25]并引程颢的话加以批评:"杨墨之害甚于申韩,佛老之害甚于杨墨,杨氏为我疑于仁,墨氏兼爱疑于义,申韩则浅陋易见。"[26]法家之学偏向功利性和实用性,以富国强兵为主要目的,较偏向政治学说,在哲学思辨方面则显不足,朱熹就是针对这一点,批评申韩之学关于治道的途径过于简单化,认为只见刑名是不足以治天下的;第二,刻板严峻,惨刻无恩。朱熹认同对法家人物"韩子引绳墨,切事情,明是非,其极惨核少恩,皆原于道德之意。……东坡谓商鞅、韩非得老子,所以轻天下者,是以敢为残忍而无疑"[27]的评论,更将其斥为"误人主之术"。他说:"韩非、李斯惨刻无恩,讵误人主之术,非仁人之所忍言也。"[28]朱熹认为法家实施严刑峻法、重赋税,是残忍、无恩的表现,是误主的行为,非仁人所为;第三,擅用阴谋机心。他说:"而其实必用机心,扶阴谋然后可,……彼管仲、商君、吴起、申不害非无一切之功,而所以卒得罪于圣人之门者,正在于此。"[29]朱熹认为申不害等用"机心"、"阴谋"之道治理国家,虽然也有一定的功效,但是却违背了圣人治国之道,所以要求人们加以熟察;第四,急功近利,不讲仁义。"'如李悝尽地力之类,不过欲教民而已,孟子何以谓任土地者亦次于刑?'曰:'只为他是欲富国,不是欲为民。但强占土地开垦将去,欲为己物耳,皆为君聚敛之徒也……如李悝尽地力,商鞅开阡陌,他欲致富强而已,无教化仁爱之本,所以为可罪也。'"[30]儒家最重仁义道德,而法家则倾向功利,两家在价值观上有着根本的区别。朱熹认为,法家虽然有时也做一些看似有益于人民的事,但他们的出发点却并不是真的爱民、为民着想,而只是为了富国,替君主敛财而已。因此朱熹站在以儒

家仁义教化为治国之本的立场,批评法家追求富国强兵而不重视教化。他说:"彼非以仁义为不美也,但急于近功,谓仁义为迂阔,不切时务,不若进富国强兵之术也。若其诚然,商鞅之徒为之,孟子不为也。"[31]一句"商鞅之徒为之,孟子不为也",充分表现出儒、法两家思想的差异。

朱熹对法家思想虽有诸多批评,但同时也有所肯定和吸取。他在批评商鞅重利轻义的同时,也承认商鞅开阡陌具有历史进步意义。他说:"商鞅开之,乃是当时井田既不存,便以此物为无用,一切破荡了。"[32]朱熹也肯定法家对于诚信的重视。"无信,如何做事。如朝更夕改,虽商鞅之徒亦不可为政。"[33]同时朱熹也认可法家所说的治国要"以严为本,而以宽济之"[34],肯定法家"辟以止辟"的法价值观念。他说:"法家者流,往往常患其过于惨刻。今之士大夫耻为法官,更相循袭,以宽大为事,于法之当死者,反求以生之。殊不知'明于五刑以弼五教'虽舜亦不免。教之不从,刑以督之,惩一人而天下人知所劝戒,所谓'辟以止辟',虽曰杀之,而仁爱之实已行乎中。今非法以求其生,则人无所惩惧,陷于法者愈众,虽曰仁之,适以害之。"[35]朱熹认为士大夫们以"宽大为事"的立法、执法准则虽是出于一片善意,是由于对他人怀有的一份慈悲、怜悯之心而起,但若犯法者不能受到相应的惩罚,就会使他们因为无所畏惧而更加的肆无忌惮,从而令更多的无辜者受难,这片善心的结果就会导致反而害了更多人。从这个层面来讲,法家所提倡的对犯罪者所实施的严刑峻法,实际上也是对更多无辜百姓的一种保护,也算是另一种仁爱。因此他建议天子不讳于"深于用法,而果于杀人"[36],"有功者必赏,有罪者必刑"[37]。朱熹还融合了法家法无等级的观念,确立了公天下的

法律价值观。认为法的公正性,是韩非法治思想的精华所在。朱熹对此是赞同的:"盖谓法者,天下之大公,……舜不敢禁者,不以私恩废天下之公法也。……盖以法者先王之制,与天下公共。为之士者受法于先王,非可为一人而私之。"[38]朱熹对法家思想既批判又吸取,形成了一套人治与法治相结合,以正君心、严吏治、举贤才、公平慎刑为主要内容的政治思想体系,力图为封建社会的长治久安服务。

(三)朱熹对杂家的评判

朱熹对于杂家,总体来说评价不高。诸葛诚之对《吕氏春秋》十分推崇,曾盛赞其煞有道理,甚有好处。朱熹对此有这样的评价:"尝见他(诸葛诚之)执得一部吕不韦《吕览》到,道里面煞有道理,不知他见得是如何。"[39]"诚之常袖吕不韦《春秋》,云其中甚有好处。及举起,皆小小术数耳。"[40]前一句"不知他见得是如何"表达出朱熹对于诸葛诚之对杂家学说的推崇态度不以为然;而后一句更是直接批评杂家之学不过是不值一提的术数之学。由此可见朱熹对于杂家学说抱有贬低轻视之意。究其原因,主要有两个方面。

其一,认为杂家之学过于驳杂。朱熹为学虽讲求博学,但他强调,"博学,亦非谓欲求异闻杂学方谓之博"[41],而应是指"博学,谓天地万物之理,修己治人之方,皆所当学。然亦各有次序,当以其大而急者为先,不可杂而无统也。"[42]可见朱熹所指的"博"应是掌握"天地万物之理,修己治人之方"的广博道理,而且在学习时还要有一定的次序,不能杂而无序。博学的目的是为了穷理,所以在博的基础上,还必须返约。博而不能返于约,就无法穷理,只会流于杂。"学之博者似杂,其约者似陋。惟先博而后约,然后能不流于杂,而不掩于陋

也。"[43]在朱熹看来,杂家既没有在博的环节掌握好轻重缓急、先后次序,又缺失了约的环节,以致流于驳杂,难登大雅之堂。

其二,认为杂家少讲仁义,而多说权谋功利。杂家学说虽是博采众家之长,但并非没有侧重。在《吕氏春秋》的思想体系里,明显是以道家的哲学思想为尊。在提及各学派时,《吕氏春秋》一般都按照老、孔、墨……的顺序排列,将老子置于最前;在涉及社会政治和伦理道德等方面,《吕氏春秋》较多吸取了儒、墨两家以及管仲的内容;在哲学思想领域,则对老子大加推崇,同时也充分肯定了法家思想中的合理部分。而且《吕氏春秋》作为一部以为现实政治提供理论依据为编写目的的著作,其整体风格难免倾向于实用性及功利性,与儒家圣人之道的价值观有所抵触。对于这一点,朱熹并未直接批评吕不韦或《吕氏春秋》,而是通过对贾谊、司马迁以及苏辙等人的批评表达了他的态度。"贾谊、司马迁皆驳杂,大意是说权谋功利。说得深了,觉见不是,又说一两句仁义,然权谋已多了,救不转。苏子由《古史》前数卷好,后亦合杂权谋了。"[44]朱熹虽对杂家多有批评,但并未认为杂家一无是处。在《别本韩文考异》的《读仪礼》中载有这样一句话:"百氏杂家尚有可取,况圣人之制度耶。"从"百氏杂家尚有可取"一句可以看出,朱熹并不完全否定杂家,而是承认其亦有可取之处。

(四)朱熹对墨家的评判

朱熹对墨家、阴阳家、纵横家这三家的评论都不是很多,但也提出了自己的见解。

对于墨家,朱熹通常将墨子与杨朱相联系,一起进行评论。朱熹远承孟子,以杨墨为异端邪说。他说:"墨子爱无差等,而视其至亲无异众人,故无父。无父无君,则人道灭绝,是亦禽兽而已。"[45]又说:"墨氏

'爱无差等'，故视其父如路人。……如杨墨逆理，无父无君，邪说诬民，仁义充塞，便至于'率兽食人，人相食'。"[46]同时，朱熹十分注意纠正韩愈"孔墨必相为用"的说法，毫不客气地批评："昌黎之言有甚凭据？"[47]以清理儒学传承中前儒对杨墨学说的异论。而在杨墨学说的比较方面，朱熹也与孟子一样，对墨子的评价要更低一些。孟子在《尽心下》中说："逃墨必归于杨，逃杨必归于儒"，而朱熹则认为，虽然杨墨皆是邪说，但是墨子之说相对杨朱而言更加的矫伪不近人情而难行。关于杨墨之学的源头，朱熹前后态度的变化值得注意。二程认为杨、墨其实都是出自于儒门，在《二程遗书》中载有这样几句话："杨、墨，皆学仁义而流者也。墨子似子张，杨子似子夏。"[48]"大凡儒者学道，差之毫厘，缪以千里。杨朱本是学义，墨子本是学仁，但所学者稍偏，故其流遂至于无父无君。"[49]早期朱熹在《孟子精义》一书中，继承了二程这一观点，同样不怀疑杨墨学出儒门。但后来他否认了这一观点，认为"杨墨之说恐未然。杨氏之学出于老聃之书，墨子则晏子时已有其说也，非二子之流也"[50]。朱熹的态度之所以会发生这样的变化，从认可其学出于儒门到将其逐出门视为异端，除了有学术思想不认同方面的原因，其实也有着一定的现实针对性。在孟子生活的时代，杨墨之学是当时的显学，当时孟子之所以会如此激烈的"辟杨墨"，也是为了显圣人之道。而朱熹当时所处的环境与孟子相仿，只是对象从杨墨之学换成了佛老之学。在朱熹看来，佛、道二教的危害类似于孟子时杨墨的危害，甚至有过之而无不及。佛老学说对儒家学说正统地位的威胁，令朱熹意识到必须要像孟子当年"辟杨墨"一样辟佛老；而将杨墨从儒门逐出，则是为了维护儒门的纯粹性，赋予自己对当时佛、道二

教的批判以更权威的理由和说服力。

（五）朱熹对阴阳家的批评

朱熹对阴阳家的评价较低，在朱熹的著作中他对阴阳家轻视的态度非常明显。朱熹对阴阳家的批评不仅是因学术观点或价值观的冲突，而且是对其学术价值的一种彻底否决。在《朱子语类》中有这样一段对话："问'《索隐集注》云：深求隐僻之理，如汉儒灾异之类，是否？'曰：'汉儒灾异犹自有说得是处，如战国邹衍推五德之事，后汉谶纬之书便是隐僻。'"[51]从这段对话可见朱熹对邹衍"五德终始"之说和后汉谶纬之学的蔑视，认为其根本没有说得是处。而在另一段对话里，朱熹的这种态度则表现得尤为明显。他说："游氏引邹衍谈天、公孙龙诡辩为智者之过，亦未当。若佛老者，知之过也。谈天诡辩，不足以为知者之过。知者之过非一端，如权谋术数之类亦是。龙、衍乃是诳妄，又不足以及此。"[52]朱熹认为，如果说佛老是"知者之过"，那么像公孙龙、邹衍之类谈天诡辩的人甚至还不足以称之为知者之过，将邹衍视为诳妄之辈，可见对其评价之低。朱熹对阴阳家的这种态度不排除也有些现实原因，因为他当时极力要抗争的佛、道之学中的道教，其学说中就吸取了不少阴阳家的学说内容，但更主要的原因还是朱熹对这种带有神秘色彩学说发自内心的排斥。

（六）朱熹对纵横家的评判

朱熹对纵横家的评价也是以贬为主。首先，朱熹对纵横家学说评价不高："问《孟子》'好辩'一节。曰：'当时如纵横刑名之徒，孟子却不管他，盖他只坏得个粗底，若杨墨则害了人心，须着与之辩。'"[53]从这句对话可见，朱熹将纵横之学与刑名之学置于杨墨之学下面，认为其道理粗浅，所害

亦浅。而从他对贾谊的评价中也可见他对纵横之学的不满:"贾谊之学杂,他本是战国纵横之学,只是较近道理,不至如仪、秦、蔡、范之甚尔。他于这边道理见得分数稍多,所以说得较好。然终是有纵横之习。缘他根脚只是从战国中来故也"。[54]可见朱熹认为贾谊也属纵横家之列,是纵横家里面较为懂得道理的人。而多数纵横家在朱熹心中即是不近道理之人。另外,纵横家偏向政客,不讲忠义,亦不讲原则,对于他们来说,只要可以达到目的,获得荣华富贵,基本上所采取什么手段,要对自己进行怎样的改变都不是问题,这一行为准则一直为儒家学者所不齿,孟子就称其为"妾妇之道",而朱熹也通过讽刺的方式来表达了他的态度:"古之圣贤以枉尺直寻为大病,今日议论乃以枉尺直寻为根本。若果如此,即孟子果然迂阔,而公孙衍、张仪真可谓大丈夫矣。"[55]说明公孙衍、张仪之类纵横家在朱熹心中并不能算是大丈夫。朱熹更认为纵横学对当时社会起到了不好作用:"周衰之末,战国纵横,用兵争强,以相侵夺,当时处士务先权谋,以为上贤。先王大道陵迟隳废,异端并起⋯⋯天下岂复有王道哉,岂复知有仁义哉!"[56]但朱熹对纵横家也并非全无肯定之处,"古人有取于登高能赋,这也须是敏,须是会说得通畅。如古者或以言扬,说得也是一件事,后世只就纸上做。如就纸上做,则班扬便不如已前文字。当时如苏秦张仪,都是会说。《史记》所载,想皆是当时说出。"[57]肯定了纵横家善辩之才。

二、朱熹子学思想的特征、地位和影响

(一)朱熹子学思想的主要特征

从上述朱熹对各学派及其代表人物的评价来看,虽然朱熹的子学思想并没有形成一个完整的系统,评价的语句较为零散,但也并非没有内在理路可循,朱熹的子学思想主要体现了以下几个方面的特征:

第一,既有批评,也有肯定,但总体来说,以贬斥为主。朱熹对诸子学说的态度既不同于荀子对其他学派的大加批判,也不同于以吕不韦为首的杂家对各家思想的只赞不贬,而是力求客观,多半从肯定与否定两个方面着手,很少有一面倒的情况出现。对于一些不但在当时是显学,到了朱熹的时代依然有一定影响力的学说,如道家、法家等,朱熹的态度就比较认真,他不但深入研究了它们,而且也从他的立场、思想出发,尽量客观地评价,对其有害之处更是精心分析,以免后人误入歧途。仔细看他的语句就会发现,尽管朱熹已极力保持中立,但毕竟立场有别,学术思想有所抵触,朱熹对这些诸子之学的贬低要多于他所给予的肯定。而朱熹所站的立场,就是他子学思想的第二个特征。

第二,站在儒家的立场,以儒学的价值观作为其对诸子学评判的标准。朱熹对各家思想有肯定、有吸取,但批评的语句更多,而他所批判的方面,都是其与儒学思想相抵触的方面。儒家思想要求积极入世,以天下为己任,施行仁政,重义轻利,也强调纲常礼法,上下有别。以这些儒学基本原则为出发点,朱熹批评道家的消极避世、乱世中只求保全自身;指责法家刻薄寡恩、

知刑而不知德；认为阴阳家诳妄谈天，不值一提；批评墨家"兼爱"是学"义"之偏，有违伦理纲常；指出法家、杂家和纵横家都有功利主义倾向，重利轻义。可见无论朱熹如何客观，他心中这条儒学基本原则的底线是不能冲破的，也正是这条底线，使得朱熹的子学思想呈现出与杂家截然不同的特征。

第三，具有一定的现实针对性，这也是朱熹子学思想的一个鲜明特质。朱熹论诸子学说，有些不一定完全从其学术角度考虑，现实社会环境也会对朱熹的态度和倾向造成一定的影响。朱熹理学产生的针对性在于佛、道二教由于有着精致的思辨性和对普通百姓希望长生不死或拥有美好来世的愿望具有一定的诱惑性和吸引力而一时大盛，甚至对儒家思想的正统地位造成了一定的威胁，所以说为了确保儒学的权威和正统地位，儒家学者们在完善自己学说的同时，也须削弱佛、道二教的影响，而要想让理学真正成为显学，王安石新学也是必须要排斥、针对的对象。朱熹子学的这一特征在他评价道家、法家和阴阳家的学说时体现得尤为明显。他斥责庄子对神异思想的宣扬"若曰'旁月日，扶宇宙，挥斥八极，神气不变'者，是乃庄生之荒唐"；并对阴阳家神秘诳妄之学大加贬低，皆因这两方面是道教学说最初的来源之一。而佛教思想能够顺利地完成本土化并进一步的发展完善，也与道家思想脱不了关系。其视法家为浅陋刻薄的批判态度，则多少是因为王安石新学被视为多有得于包括法家和名家在内的刑名度数之学。对墨子之学先认为其源自儒学，而后又否认的态度上的改变也是出于能够更好的辟佛老的需要。故而朱熹对这几家学说的态度不仅是出于学术上的考量，同时也具有一定的现实针对性。

（二）子学思想在朱熹思想体系中的地位和影响

在朱熹的整个思想体系中，他的子学思想一直以来都没有得到足够的重视和关注。究其原因，一方面是因为朱熹的子学思想并不像他的理学或经学等思想那样形成了一个完整的、缜密的、系统的思想体系，而是通过一些较为零散的语句体现出来；另一方面则是受到尊经抑子的传统观念影响。班固在《汉书·艺文志》中将诸子之学视为经术的支流与畸变，"今异家者各推所长，穷知究虑，以明其指，虽有蔽短，合其要归，亦《六经》之支与流裔。"[58]这种视诸子学为道术分裂的产物的思想影响了很多后来的学者，导致自汉以来子学的地位始终被置于经学之下的结果。所以以朱熹理学大家和儒家思想集大成者的地位，其重大的研究价值虽然使得多年来国内外对其思想的研究者众多，但大多数学者多是从哲学、美学、史学、文学、经学、教育学、自然科学、政治、经济、伦理、中西比较及文献考据等角度来对朱熹思想进行研究，从子学的角度来对其思想进行研究的却很少，至今尚未有一个整体的、综合性的系统研究。

朱熹的子学思想虽然没有得到足够的重视，但这并不代表其不重要。首先，朱熹之所以能够最终建立起一个庞大、缜密、精致的理学思想体系，除了有对儒家思想精华的吸取和完善外，也离不开他对诸子思想的融合和吸收。他吸取了道家哲学的道本论思想，把道与天理相结合，从而为儒家的伦理道德寻找到形而上的本体论哲学依据，使儒学具有了思辨性；他将法家"辟以止辟"和法无等级的理念与儒家的德政、人治思想相融合，形成了一套以正君心、严吏治、举贤才、公平慎刑为主要内容的政治思想体系,基本适应了封建社会发展的需要;他在对道、心、性、阴阳、太极、器、物、体用、本末、动静、已发未发、情、欲、知行、形神、变化等众多中国哲学范畴的内涵及范畴之间的相互关系的论述上,提出了一系列重要的命题、理论和独到的见解,达到了很高的理论思辨水平,多少也是受到了道家、玄学及佛教思想的影响。其余像墨家和名家名辨等思想他也多少有所借鉴和采纳。所以全祖望会在《宋元学案·晦翁学案序录》中认为朱熹是"遍求诸家,以收去短集长之益。若墨守而屏弃一切焉,则非朱子之学也。"正是由于朱熹这种不拘于门户之见,广泛吸取各派学说包括诸子思想的合理内核的学术态度,他才能最终成为继孔孟之后中国儒学思想史上最重要的一代宗师。另外,朱熹的子学思想对后世也产生了一定的影响。朱熹的学术思想,自宋末以后,在中国元、明、清三代,一直都是社会意识形态领域的统治思想,他所撰写的《四书章句集注》等更是科举考试的官方教科书和标准答案,所有要通过科举晋身仕途的学子都必须熟读精研朱熹著作,而子学思想作为朱熹思想体系的一部分,自然也不例外。朱熹的子学思想就在这潜移默化中影响着一代又一代学子的思维,使他们对先秦诸子的评价和判断自觉不自觉地受到朱熹的影响而有所倾向。所以说朱熹的子学思想虽说不是最被重视,但也占有一定的重要地位,产生了相应的影响。对朱熹子学思想的深入研究可以进一步推动对朱熹思想的全面研究和完善,使其更加体系化和整体化。

注　释

[1]《朱子语类》,中华书局 1986 年版,第 3001 页。

[2]《朱子语类》,第 2913 页。

[3]《朱子语类》,第 2996 页。

[4]《朱子语类》,第 2993 页。

[5]《朱子语类》,第 2987 页。

[6]《朱子语类》,第 2987 页。

[7]《朱子语类》,第 3008 页。

[8]《朱子语类》,第 2995 页。

[9]《朱子语类》,第 2998 页。

[10]《朱子语类》,第 2993 页。

[11]《朱子语类》,第 2986 页。

[12]《朱子语类》,第 3001 页。

[13]《朱子语类》,第 1540 页。

[14]《朱子语类》,第 369 页。

[15]《朱子语类》,第 2543～2544 页。

[16]《朱子语类》,第 2989 页。

[17]《朱子语类》,第 2995 页。

[18]《朱子语类》,第 2989 页。

[19]《朱子语类》,第 2986 页。

[20]《朱熹集》,四川教育出版社 1996 年版,第 3549 页。

［21］《朱子语类》,第 3005 页。

［22］《朱子语类》,第 3005 页。

［23］《朱子语类》,第 2498 页。

［24］《朱熹集》,第 2020 页。

［25］《孟子精义》卷 3,《公孙丑章句上》,《四库全书》本,上海古籍出版社 1989 年版。

［26］《孟子精义》卷 6,《滕文公章句下》。

［27］《朱子语类》,第 3253 页。

［28］《朱熹集》,第 857 页。

［29］《朱熹集》,第 1634 页。

［30］《朱子语类》,第 1330～1331 页。

［31］《朱熹集》,第 3850～3851 页。

［32］《朱子语类》,第 3217 页。

［33］《朱子语类》,第 496 页。

［34］《朱子语类》,第 2689 页。

［35］《朱子语类》,第 2009 页。

［36］《朱熹集》,第 533 页。

［37］《朱熹集》,第 498 页。

［38］《朱熹集》,第 3822 页。

［39］《朱子语类》,第 2867 页。

［40］《朱子语类》,第 3277 页。

［41］《朱子语类》,第 834 页。

［42］《朱子语类》,第 142 页。

［43］（《朱熹集》,第 2207 页。

［44］《朱子语类》,第 3227～3228 页。

［45］《四书章句集注》,中华书局 1983 年版,第 272 页。

［46］《朱子语类》,第 1319 页。

［47］《朱子语类》,第 1471 页。

［48］《二程集》,中华书局 1981 年版,第 88 页。

［49］《二程集》,第 231 页。

［50］《朱熹集》,第 2422～2423 页。

［51］《朱子语类》,第 1531 页。

［52］《朱熹集》,第 2527 页。

［53］《朱子语类》,第 1319 页。

［54］《朱子语类》,第 3257 页。

［55］《朱熹集》,第 2719 页。

［56］《朱熹集》,第 3845～3846 页。

［57］《朱子语类》,第 3297～3298 页。

［58］《汉书》,中华书局 1962 年版,第 1746 页。

（作者单位:四川师范大学政治教育学院）

论朱子的理气动静问题*

乔清举

一、问题的提出

太极或理的动静问题,是朱子哲学的一个重要问题,也是学界历来争议较大甚至观点截然相反的一个问题。冯友兰先生是在哲学范式下进行朱子哲学研究的首创者,他认为在朱子哲学中,有动之理,亦有静之理,但理不动亦不静。他说:"太极亦无动静。"[1]又说:

> 太极中有动静之理,故气得本此理以有动静之实例。其动者便为阳,其静者便为阴。阴阳亦形而下者。至于形而上之动静之理,则无动无静,所谓"不可以动静言"也。[2]

冯先生晚年仍然坚持此观点,并批评"理可以动、可以生气"之说。他说:

> 一般是无情意,无计度,无造作的,有情意,有计度,有造作的是特殊。情意之理并没有情意,计度之理并没有计度,造作之理也不会造作。举一个例说,动之理并不动,静之理也并不静。只有具体的动的东西才动,只有具体的静的东西才静。[3]

理"不动说"的又一著名代表是牟宗三先生,其为学界所耳熟能详的观点是朱子之理"是但理,只存有而不活动"。[4]他说:

> (伊川朱子系)此系是以《中庸》《易传》与《大学》合,而以《大学》为主。于《中庸》、《易传》所讲之道体性体只收缩提练而为一本体论的存有,即"只存有而不活动"之理,于孔子之仁亦只视为理,于孟子之本心则转为实然的心气之心,因此,于工夫特重后天之涵养("涵养须用敬")以及格物致知之认知的横摄"进学则在致知",总之是"心静理明",工夫的落实处全在格物致知,此大体是"顺取之路"。[5]

冯友兰言朱子之理不动亦不静,是为了强调朱子之理的先验性与形上性,以揭示中国哲学概念的抽象性质,或曰"哲学"性质,以与西方哲学颉颃媲美,从而使中国哲学研究同时亦成为引进与建立"哲学"的思维方式之渠道。此实为冯友兰那一代学者的中国哲学研究的目的之一。牟宗三的中国哲学研究亦属于"哲学"范式,他认为朱子之理"只存有而不活动",此点实同于冯友兰。然其意图则在于批评朱子之理不能创生万物,由此判定朱子哲学非儒家正宗,乃"别子为宗"。在主张"不动说"之

* 本文是 2011 年国家社会科学基金重点项目"儒家生态哲学史研究"(11AZX006)的阶段性成果。

学者序列中，还可以加上陈来、刘述先、李明辉诸位先生[6]。在学术方法与旨趣上，大体陈来承冯友兰，刘述先、李明辉承牟宗三。

可是，另一方面，我们也可以看到与以上诸论截然不同的观点。贺麟、成中英等先生主张，在朱子哲学中，理是能动的。20世纪30年代中后期，贺麟、张荫麟、冯友兰之间曾发生过关于理的动静问题的争论。据贺麟1938年6月15日日记记载："冯友兰在其《中国哲学史》中已提出太极之动静与有限事物之动静不同的观点，但因被张荫麟质问'太极是理，如何能动'后，遂声明太极动静说不通，且以周子的太极为形而下之气。"[7]贺麟于20世纪50年代又指出："朱熹把太极说成理，无声无臭是无极，至高无上是太极，理有动有静。朱熹发现理是能动的，这是一绝大的贡献，可以与黑格尔媲美。"[8]成中英先生认为："朱子所谓理气，亦如太极之阴阳相互为用，并非静者恒静、动者恒动的分为二橛。更有进者，朱子一方面说理'无作为'，另一又说'未动而能动者，理也。未动而欲动者，意也'（《语类》）。可见朱子对理的了解有多层次多方面的意涵，而不可简化为一单向面的静止之理。"[9]

上述观点分歧表明了太极动静问题在朱子哲学中的复杂性，可见，非充分地占有材料、深入地进行分析，不能穷究朱子之意也。

二、形而上下两种动静

受分析哲学语言分层理论的启发，笔者认为，朱子"动"、"静"概念的内涵，亦可分为形而上、形而下两个层次。换言之，其动静概念之使用可同时指涉形上、形下两个层次。前者为理或太极的动静，可谓本体意义的动静；后者为气的动静，可谓现象意义之动静。动静之分为两个层次，在朱子哲学中是十分明显的。周子《通书》谓："动而无静，静而无动，物也。动而无动，静而无静，神也。动而无动，静而无静；非不动不静也。物则不通，神妙万物。"朱子解释说：

> "动而无静，静而无动者，物也。"此言形而下之器也。形而下者，则不能通，故方其动时，则无了那静；方其静时，则无了那动。如水只是水，火只是火。就人言之，语则不默，默则不语；以物言之，飞则不植，植则不飞是也。"动而无动，静而无静"，非不动不静，此言形而上之理也。理则神而莫测，方其动时，未尝不静，故曰："无动"；方其静时，未尝不动，故曰"无静"。静中有动，动中有静，静而能动，动而能静，阳中有阴，阴中有阳，错综无穷是也。端蒙。[10]

此段中，朱子主张理与物各有动静；物之动与静相互隔离不通，理之动与静则相互贯通，可见其动静说是分为两个层次的。所以，辨别动静的两个层次是我们理解朱子理之动静问题的关键。在朱子那里，理无动静是说理无形而下的动静，非谓其无形而上的动静；太极有动静，是谓其有形而上的动静，非谓其有形而下的动静。如他说："太极理也，理如何有动静？有形，则有动静。太极无形，恐不可以动静言。南轩言'太极不能无动静'。未达其意。"[11]又，"若谓太极便是动静，则是形而上下者不可分，而易有太极之言亦赘矣。"[12]此两段中之动静，显然为形下意义的动静。朱子又云："未动而能动者，理也。未动而欲动者，意也。"[13]此处描述理的第一个"动"，显然是形而下的动，第二个则是形而上的。朱子没有把两个层次的动静分别开来陈述,而是形而上下混说,其理之动静问题研究中出现之分歧,多与此种言说方式有关。明乎此,则分析朱子的理之动静思想,须辨别其所指究竟是形上抑或形下,庶几可以避免误解。

朱子严形而上下之别,故两种动静的差异在他那里是十分明显的。此差异可分为两个方面。其一为显与微的区别。形下之动静是显,处于可感知的经验世界;形上之动静则是微,处于不可感知的抽象世界。其二为偏滞与兼通的区别。形下之动静各偏于一方,不能贯通;形上之动静则是兼通的,动静一如的。从现代哲学来看,朱子之所以区别两种动静,意在表明形上之动静是本体性的、永恒的、价值性的,是理实现于外部世界和规范事物样态的本体性力量。理若无价值性,则混同于现实世界的任何一物,从而不具有规范意义;理若无永恒性,则沦为生灭不定之具体物,从而不足以具有规范性。此两者均可使人类社会因失据陷入无序、使自然世界因失律而陷入混沌。所以,理必须具有价值性、永恒性,此两种性质则来自理的本体性、超越性,一言以蔽之,即形上性。此种形上性使得理一定会实现于外部世界,成为世界之规范,这就是理的动,也是它的本体性力量的表现。这意味着理既不是"但理",也不是"纯概念"。

三、理之动静的指涉
概念:兼、有、涵、该贯

朱子关于太极或理与动静的指涉关系,有"兼"、"有"、"涵"、"该贯"等说法。众所周知,在古代哲学家中,朱子可谓思维缜密、用词审慎的一位,故其关于理之动静的不同说法,值得深入分析。"太极兼动静"乃其门人梁文叔提出,朱子反对此说法,云:

> 不是兼动静,太极有动静。喜怒哀乐未发,也有个太极;喜怒哀乐已发,也有个太极。只是一个太极,流行于已发之际,敛藏于未发之时。"[14]

此处之动静是喜怒哀乐之未发与已发,是心理活动,可见是形而下的。若证之以下二条,则此义愈加明显。

> 太极无方所,无形体,无地位可顿放。若以未发时言之,未发却只是静。动静阴阳,皆只是形而下者。然动亦太极之动,静亦太极之静,但动静非太极耳。[15]

此段明言动静为形而下者,动静之主体非太极。故朱子所谓太极不兼动静,实为太极无形而下之动静。"兼"为形而下地具有。按朱子哲学之思想,若太极有形而下之动静,则其沦为普通经验之物,失去其超越性、永恒性与价值性。太极若无价值性,则朱子之哲学、甚而言之理学已不能建立,人类亦不必存在矣,因其可沦为与动植物一类。此盖为朱子不以经验之动静指涉太极之深意所在。朱子强调太极流行于已发,敛藏于未发,其意为流行时有个太极在,非流行为太极也;敛藏时亦有个太极在,非敛藏为太极也。流行和敛藏皆形而下之动静。

"太极之有动静"是朱子的主张。《通书解》谓:

> 太极之有动静,是天命之流行也,所谓"一阴一阳之谓道"。诚者圣人之本,物之终始、而命之道也。其动也、诚之通也,继之者善,万物之所资以始也。其静也,诚之复也,成之者性,万物各正其性命也。动极而静,静极复动,一动一静,互为其根,命之所以流行而不已也。[16]

此段含有形而上下两种动静。"物之终始"、"万物之所资始"、"万物之所成性",显系形而下之动静。外部世界之动静乃各种现象的交替不已之运动,乃是天命之流行的表现。朱子在此是把形下之动静与"诚"、"太极"相关联而言。"太极之有动静",乃是强调太极诚固不可以形下之动静指涉,因其为形上也;然亦不可离形下之动静而言。否则,太极、理、形上即沦为孤绝之死理,经验世界即沦为无理之气运世界,上下割断,体用殊绝,非体用一原,显微无间之义矣。此断非朱子哲学之义。在朱子哲学中,形上世界之孤存或可勉强言之,因其有理之逻辑在先之义,而其所谓经验世界则断然为理气统一之过程世界。故此处之"太极之有动静",系合形而上下而统言,言太极既为理,亦表现于气之运动,两者统一。故天命流行亦可谓太极之动静,此即太极之"有"动静。朱子之天命之流行,大抵同于"与道为体"。

太极含动静,在《朱子语类》中又作"函"、"涵",三者义同。

　　盖谓太极含动静则可。(朱子自注:以本体而言也。)谓太极有动静则可。(朱子自注:以流行而言也。)[17]

以此处朱子之表述来看,所谓"含",指本体而言,故当为含动静之理。朱子亦明言"太极自是涵动静之理"[18]。如前所述,"有"是一个包含形而下的过程,不纯是本体。

朱子还有一个说法是"实理该贯动静"。周子《通书》有"诚无为,几善恶"一条。朱子释云:

　　诚,实理也;无为,犹"寂然不动"也。实理该贯动静,而其本体则无为也。"几善恶。""几者,动之微",动则有为,而善恶形矣。"诚无为",则善而已。动而有为,则有善有恶。"[19]

"该"是包含、包括,"贯"是贯穿、统摄。"实理该贯动静"即理包含、统摄并表现于动静。朱子云"无极之真是包动静而言"[20],即是此义;而理之本体却是"无为"的,即"无造作",无形而下的动静。理既超乎形而下的动静,故其为形上之静、本体之静。"静者为主。植。"[21]此即所谓"静"为太极之本的思想。此段到"几"之后,进入形而下之动静世界,故有善恶产生。在朱子哲学中,本体之静,可对应形而下的动静。图示如下:

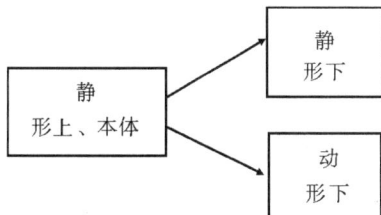

但是,既然太极是动而能静、静而能动,动而无动、静而无静,则其动静实质上是形而上的动静一如,相互贯通,故言本体为静亦可、为动亦可。

　　太极只是涵动静之理,却不可以动静分体用。盖静即太极之体也,动即太极之用也。譬如扇子只是一个扇子,动摇便是用,放下便是体。才放下时,便只是这一个道理。及摇动时,亦只是这一个道理。[22]

若言太极或理为静,则易于与形而下之静相混淆,以形下之静为太极之体、形上之动为太极之用。这样就把太极有限化、具体化了,此是朱子所反对的。此段"不可以动静分体用"的动静,乃是形而下的动静,不能为太极之体、用。所谓"静即太极之体"之静,乃是本体的静,是理之本然的存在状态;而"动"则为理在现实世界的发用、实现,表现为形而下的动。此处须注意者,朱子之表述本体之静,是与形下之动相对而言出的,故易被误解为形下之静。

所以，朱子后来废除了太极为体、动静为用的说法，提出"太极者，本然之妙也。动静者，所乘之机也。太极、形而上之道也。阴阳、形而下之器也"[23]，明确地把太极和形而下的动静分开。此意还见于朱子与杨子直第一书。但是，这并不代表朱子彻底否认太极具有动静的意味。

> 直卿云："兼两意言之，方备。言理之动静，则静中有动，动中有静，其体也；静而能动，动而能静，其用也。言物之动静，则动者无静，静者无动，其体也；动者则不能静，静者则不能动，其用也。端蒙。"[24]

黄榦此说，以理之动静互涵为理之体，以理之动而能静和静而能动为理之用，可谓朱子的"未动而能动者理也"之说的一个深化，是符合朱子思想的。

四、太极或理如何动静

朱子关于太极或理的动静思想的材料十分丰富，略整理为以下若干条。

1."主"、太极使气运动：太极的本体力量

在朱子哲学中，太极具有本体性力量。此种力量从太极本身来说，是它一定实现于现实之中的必然性；而自形下世界而言，则为形下世界必如此不已之表现，即朱子所谓"不容已"者。此种力量的直接表现是太极主导气的运动，使气运动。根据《语类》记载：

> 问："'太极动而生阳'，是有这动之理，便能动而生阳否？"曰："有这动之理，便能动而生阳；有这静之理，便能静而生阴。既动，则理又在动之中；既静，则理又在静之中。"曰："动静是气也，有此理为气之主，气便能如此否？"曰："是也。既有理，便有气；既

有气，则理又在乎气之中。"[25]

有理"为气之主"，气便能动而生阳、静而生阴。这表明，理具有使气动的力量，此即理的本体性力量。换言之，太极是有力量的本体，能使天地万物生生不已。《语类》说：

> 问："《或问》云：'天地鬼神之变，鸟兽草木之宜，莫不有以见其所当然而不容已。'所谓'不容已'，是如何？"曰："春生了便秋杀，他住不得。阴极了，阳便生。如人在背后，只管来相趱，如何住得！淳。[26]

理"不容已"，物"自住不得"，如有人背后在推动，此即理的本体性力量的表现。

2."生"、"理生气"义之一：太极之本体论的展开

朱子哲学严理气之分、形而上下之别，故有冯友兰所谓理"逻辑在先"之说。在此我们还可补充一个"逻辑在后"说。因朱子曾说"万一山河大地陷了，毕竟理却只在这里"。这意味着在气消亡之后，理依然存在。"逻辑在先"与"逻辑在后"肯定了理的先验性、永恒性、价值性和力量性。这些可谓理或太极的实质性内涵。以往的中国哲学研究，重点在"哲学"范式，注重于太极或理的形式分析，未曾适当地留意其实质性内涵。故在以往的表述中，理似乎成为一独立、孤立的影子或相片世界。冯友兰20世纪30年代创立新理学体系，其真际世界便类似于一个相片世界。可是理在朱子那里，并不是相片式的死理，而是有本体力量的活理。任何将世界分为形而上下两个者，都面临一个如何使两者合拢的问题。朱子、黑格尔、冯友兰都不例外。朱子沟通形而上下所依靠的，即是作为理的实质内涵的本体性力量。其沟通形而上下的方式之一是主张"理生气"。在朱子哲学中，至少有三种他所认可的文献促使

他得出这一结论。第一种是《易传》的"易有太极,是生两仪,两仪生四象,四象生八卦";第二种是周敦颐《太极图说》的"太极动而生阳,动极而静,静而生阴,静极复动";第三种是邵雍的《伏羲先天六十四卦图》。前两种文献都明确地指出太极"生"两仪或阴阳,后一种文献则以图示方式形象地说明了太极是如何生成六十四卦的。朱子根据这些材料推出了"理生气"的结论:

> 周子、康节说太极,和阴阳滚说。易中便抬起说。周子言"太极动而生阳,静而生阴"。如言太极动是阳,动极而静,静便是阴;动时便是阳之太极,静时便是阴之太极,盖太极即在阴阳里。如"易有太极,是生两仪",则先从实理处说。若论其生则俱生,太极依旧在阴阳里。但言其次序,须有这实理,方始有阴阳也。其理则一。虽然,自见在事物而观之,则阴阳函太极;推其本,则太极生阴阳。学履。[27]

在这段话中,朱子把"动而生阳"、"静而生阴"解释为"动是阳","静便是阴"。这样,太极和阴阳的关系就不是宇宙论的生与被生的关系,两者形成对立的两个;而是说太极自身表现为阳,又表现为阴,太极和阴阳仍为一体。此种"生",可谓表现、显现、展开,乃是太极之"本体论地展开"。诚如朱伯崑先生所言,太极动而生阳、静而生阴"乃本体论的命题"[28]。朱子强调此"生"与老子之"有生于无"不同,更表明了其本体意义:

> 曰无极而太极,太极本无极,则非无极之后别生太极,而太极之上先有无极也。又曰五行阴阳,阴阳太极,则非太极之后别生二五,而二五之上先有太极也。以至于成男成女,化生万

物,而无极之妙盖未始不在是焉。此一图之纲领,大易之遗意,与老子所谓物生于有,有生于无,而以造化为真有始终者,正南北矣。[29]

既然太极生阴阳之生是本体论的展开,则两者便不存在时间性的先后关系,而是有则俱有、无则俱无的体用关系。太极之此种本体论的动静,如前所述又被朱子表述为诚之"通"与"复"。然而,此形上之活动并非囿于形上领域的自动自静而已,而是仍要表现于形下世界的。表现的方式之一是"理"宇宙论地生"气"。

3. "生"、"理生气"义之二:太极本体一宇宙论地"生气"

在朱子哲学中,"理"生"气"尚有一本体一宇宙论之说法,即从本体论之展开说生、说动静,进而延伸到宇宙论的生成,实际地"生此阴阳之气":

> "无极而太极","而"字轻,无次序故也。"动而生阳,静而生阴",动即太极之动,静即太极之静。动而后生阳,静而后生阴,生此阴阳之气。谓之"动而生","静而生",则有渐次也。"一动一静,互为其根",动而静,静而动,辟阖往来,更无休息。谟。[30]

此段说"无极而太极"之"而"无次序,属于本体论;而"动而生阳、静而生阴"之"而""有渐次",则显然进入了时间,属于宇宙论。"生此阴阳之气"亦为实际之太极生气。朱子又云:"自太极至万物化生,只是一个道理包括,非是先有此而后有彼。但统是一个大源,由体而达用,从微而至著耳。"[31]按照朱子用词习惯来看,此段"微"和"著"亦应是形而上下之别,则其所谓本体论之"生"虽然"发生"在形上之域,却又进入了形下之域。朱子又讲,"气虽是理之所生,然既生出,则理管他不得。"[32]其形下之生的意思亦十分明白。

客观地说，诚如陈来所言，在朱子的体系中，既然理逻辑在先，自然就会产生理生气的结论[33]。不过，朱子仍然强调，理生气之后，理仍在气中。"太极生阴阳，理生气也。阴阳既生，太极在其中，理复在气之内也。"[34]理气在经验世界构成一体的思想亦是朱子的结论，故朱子的理生气，是本体—宇宙论地生，是本体宇宙论性质的，不单纯是其中的一面。朱子以此解决形而上下之合拢或沟通问题。至于此种解决是否合理，则是另一问题。

4. "应"、"继"、"行"：理之自我实现

在朱子哲学中，理自身有体用，体为未发之本然，用为已发之感应。"应"、"继"、"行"是朱子说明理实现于现实世界的用语。

> 本然而未发者，实理之体；善应而不测者，实理之用。动静体用之间，介然有顷之际，则实理发见之端，而众事吉凶之兆也。[35]

此段中，"应"即是本体之动，是理的实现，此实现最终落实为现实世界之吉凶。朱子的理可以实现于现实世界，乃是贺麟之观点；贺麟以此为理之动。只是理如何实现，贺麟尚未明言。笔者此处之论可视作对贺麟观点的一个推进。朱子表达理动的说法还有"继"和"行"。他指出，继善成性的"继"就是"动"。他说：

> "一阴一阳之谓道，继之者善也。"这"继"字便是动之端。若只一开一阖而无继，便是阖杀了。又问："继是动静之间否？"曰："是静之终，动之始也。且如四时，到得冬月，万物都归窠了；若不生，来年便都息了。盖是贞复生元，无穷如此。"夔孙。义刚录同。[36]

朱子又云：

> "继之者善"是动处，"成之者性"是静处。"继之者善"是流行出来，"成之者性"则各自成个物事。"继善"便是"元亨"，"成性"便是"利贞"。及至"成之者性"，各自成个物事，恰似造化都无可做了；及至春来，又流行出来，又是"继之者善"。譬如禾谷一般，到秋敛冬藏，千条万穟，自各成一个物事了；及至春，又各自发生出。以至人物，以至禽兽，皆是如此。义刚。[37]

仔细体察此段之动静说，结合前文朱子"以诚之通、复为形上之动静"之论可知，和通、复、相比，继、成有过渡的特点，由形上开始向形下过渡；始、正则进入形下之动静。此数个动静，可用下面图标表示：

		形上	过渡	形下	天命流行、阴阳互根、动静互转
太极	动	通	继	始	
	静	复	成	正	

太极动而生阳，朱子认为，"动"为理之"行"。此"行"显然是理的实现，即理之动：

> 问："此理在天地间，则为阴阳，而生五行以化生万物；在人，则为动静，而生五常以应万事。"曰："动则此理行，此动中之太极也；静则此理存，此静中之太极也。"洽。[38]

5. "妙"、"神妙万物"：理对于物或物支配、主宰与决定

在朱子的材料中，"神"至少有六种用法。其一是人的感知性能："知觉便是神。触其手则手知痛，触其足则足知痛，便是神。"[39]其二是心的思维和主宰性能："神即是心之至妙处，滚在气里说，又只是气，然神又是气之精妙处。"[40]其三是气之运动的微妙之处："因指造化而言曰：'忽然

在这里，又忽然在那裏，便是神。'"[41] 其四是神彩："神便在心里，凝在里面为精，发出光彩为神。"[42] 其五是圣人之德："神即圣人之德，妙而不可测者。"[43] 其六是形上之理对于事物的神妙莫测的决定作用，此即理的形而上的动静，甚值得注意。

> 问"动而无动，静而无静"。曰："此说'动而生阳，动极而静，静而生阴，静极复动'。此自有个神在其间，不属阴，不属阳，故曰'阴阳不测之谓神'。且如昼动夜静，在昼间神不与之俱动，在夜间神不与之俱静。神又自是神，神却变得昼夜，昼夜却变不得神。神妙万物。如说'水阴根阳，火阳根阴'，已是有形象底，是说粗底了。"植。[44]

在这段话中，事物的形下的动静是由神所决定或主宰的。神能够使昼变为夜或使变夜为昼，昼夜却不能使神发生改变，亦不能使神与之俱动俱静。陈来认为，此处理含有使气由静复动的"几"，可谓灼见。[45] 关于神之不随物动静，朱子又进一步解释说：

> 昼固是属动，然动却来管那神不得；夜固是属静，静亦来管那神不得。盖神之为物，自是超然于形器之表，贯动静而言，其体常如是而已矣。时举。[46]

什么是"贯动静"？按照朱子的表述来看，是连接形而下的动静，并主导两者发生的节奏及转换。

> 《动静》章所谓神者，初不离乎物。如天地，物也。天之收敛，岂专乎动？地之发生，岂专乎静？此即神也。闳祖。[47]

在朱子哲学中，动静转化、阴阳互根，皆是神对事物的奇妙的控制，即所谓的"神妙万物"。"妙"为动词，是主导、主宰、控制、使之奇妙之义，此可谓神的形上之运动。那么，"妙万物而为言之神"是什么？朱子明确地说，是理：

> 曰："所谓神者，是天地之造化否？"曰："神，即此理也。"……又问神，曰："神在天地中，所以妙万物者，如水为阴则根阳，火为阳则根阴"云云。寓。[48]

关于理的主宰义，《朱子语类》中有"帝是理为主。淳。"此是化帝为理，以理为主导、主宰。《语类》又云："苍苍之谓天。运转周流不已，便是那个。而今说天有个人在那里批判罪恶，固不可；说道全无主之者，又不可。这里要人见得。僩。"此段中，帝非人格神，而为主宰世界之理的含义甚为明显。理如何主宰天地之运行，朱子亦有解释：

> 道夫言："向者先生教思量天地有心无心。近思之，窃谓天地无心，仁便是天地之心。若使其有心，必有思虑，有营为。天地曷尝有思虑来！然其所以'四时行，百物生'者，盖以其合当如此便如此，不待思维，此所以为天地之道。"
>
> 曰："如此，则易所谓'复其见天地之心'，'正大而天地之情可见'又如何？如公所说，祇说得他无心处尔。若果无心，则须牛生出马，桃树上发李花，他又却自定。程子曰：'以主宰谓之帝，以性情谓之乾。'他这名义自定，心便是他个主宰处，所以谓天地以生物为心。中间钦夫以为某不合如此说。某谓天地别无勾当，只是以生物为心。一元之气，运转流通，略无停间，只是生出许多万物而已。"道夫。[49]

可见，在朱子看来，天地之心即是理，理的主宰使得天地万化正常运转，不至于出现牛生马、桃开李花一类的紊乱。

在此有必要对前人关于朱子之理之"无情意,无计度,无造作"的解释重新加以审视。中国哲学史学科成立之初,如何使中国哲学史是"哲学"之史,成为学界之共同努力。照冯友兰等人的看法,哲学的重要特点之一是概念思维,概念是抽象的、不夹杂有物质的内涵,"不拖泥带水"。朱子之理因其逻辑在先的先验性,"无情意,无计度,无造作"、"洁净空阔"的抽象性和纯粹性,被当时学者认为是可与柏拉图、黑格尔之理念相对应之纯概念。这一认识无疑是很有见地的,所以冯友兰采用新实在论的思路来研究朱子哲学;贺麟欲将"绝对理念"译为太极。在冯友兰的新理学体系中,真际甚或成为实际世界的一个影子或相片。冯友兰对于朱子之理的认识具有极大影响,学界基本上接受了他的结论。即使是对宋明理学的总体认识与之截然相反的牟宗三,其朱子之理为"只存有不活动"之说,显然为冯友兰观点的又一版本。可是,这种路径也有重大缺陷。它只注重对概念的思维形式的分析,而严重地忽略了其实质性内涵,失去了朱子形而上概念的价值性、力量性和与形下世界的一体性。如果说形而上下暌隔,理世界只是事世界的一个影子或相片,不能对后者发生影响,则理即果真沦为不活不妙、可有可无之"死理"了。诚如前人所批评的那样,此种理,纵然在坑满坑、在谷满谷,又有什么意义呢?

其实,即使是从史料上看,只强调理"无情义"亦是不全面的。"无情义"之说出自沈僩"问理气先后"条,朱子显然不赞成纠缠于此问题,指出:

> 不消如此说。而今知得他合下是先有理,后有气邪;后有理,先有气邪?皆不可得而推究。然以意度之,

则疑此气是依傍这理行。及此气之聚,则理亦在焉。盖气则能凝结造作,理却无情意,无计度,无造作。只此气凝聚处,理便在其中。且如天地间人物草木禽兽,其生也,莫不有种,定不会无种子白地生出一个物事,这个都是气。若理,则只是个净洁空阔底世界,无形迹,他却不会造作;气则能酝酿凝聚生物也。但有此气,则理便在其中。"僩。[50]

朱子在此提出了两个方面的认识,其一是学界通常注意的"无情义"一类的理的抽象性、消极性、无为性方面,其二是"此气是依傍这理行"和"此气之聚,理亦赋焉"一类关于气对理之依附性或理对气之支配性的认识。朱了与此略近的思想亦表现于对于周子《通书》第五章的解释中,云此章"言道之体用不外乎阴阳,而其所以然者,则未尝倚于阴阳也。"[51]此"未尝倚于阴阳"十分值得注意。不离不杂是朱子理气关系的要点,但此处朱子不说理不杂于阴阳,而说其"未尝倚于阴阳"。"倚"有依凭、取决于之义。显然,朱子在此表述的是道决定阴阳而非相反,强调的是道的先验性力量。这体现了道、理、神的"妙"义。

当然,理之无为亦非全是对朱子的误解。其思想中有此内容,主要表现在他强调形而上下的区别之时,以及说明恶和异常时所主张的气强理弱的观点之中。如前所述,朱子有形而上下两层动静的思想。然而,形上之动静不可见,须因形下之动静而显现,故在形下层面,理显得有些被动。朱子说:"盖太极者,本然之妙也。动静者,所乘之机也。"[52]什么是"机"?朱子曰:"机,是关捩子。踏着动底机,便挑拨得那静底;踏着静底机,便挑拨得那动底。"[53]与此相同的还有一条:"机,言气机也。诗

云：'出入乘气机。'"[54]朱子又有颇引后人诟病的人跨马之喻：

> 阳动阴静，非太极动静，只是理有动静。理不可见，因阴阳而后知，理搭在阴阳上，如人跨马相似。[55]

又说：

> 曰：太极理也，动静气也。气行则理亦行。二者常相依而未尝相离也。太极犹人，动静犹马。马所以载人，人所以乘马。马之一出一入，人亦与之一出一入。盖一动一静，而太极之妙未尝不在焉。此所谓'所乘之机'，无极二五所以妙合而凝也。铢。[56]

理既能被气所驱动，自然是"气强理弱"：

> 问："季通主张气质太过。"曰："形质也是重。且如水之气，如何似长江大河，有许多洪流！金之气，如何似一块铁恁地硬！形质也是重。被此生坏了后，理终是拗不转来。"[57]

此段所谓"拗转"，是改变金属的物理或化学形态，限于当时之科技水平，这样做显然是困难的，所以叫作"理终是拗不转来"。朱子以此喻人气质沉重难以变化，终究是被气所决定，不能向善。朱子此语，是为了说明现实中的恶。恶不能归于理，否则即获得本体基础而不能排斥，故只能归之于气。朱子云"四端是理之发，七情是气之发"[58]，即是此意。因为恶实质上只是人文世界之事，故朱子谈及此时一般限于气质而言。朱子还有一条谈到"气强理弱"，亦是为了说明恶的来源：

> 谦之问："天地之气，当其昏明驳杂之时，则其理亦随而昏明驳杂否？"
>
> 曰："理却只恁地，只是气自如此。"
>
> 又问："若气如此，理不如此，则是理与气相离矣！"
>
> 曰："气虽是理之所生，然既生出，则理管他不得。如这理寓于气了，日用间运用都由这个气，只是气强理弱。譬如大礼赦文，一时将税放了相似，有那村知县硬自捉缚须要他纳，缘被他近了，更自叫上面不应，便见得那气粗而理微。又如父子，若子不肖，父亦管他不得。圣人所以立教，正是要救这些子。"时举。柄录云："问：'天地之性既善，则气禀之性如何不善？'曰：'理固无不善，才赋于气质，便有清浊、偏正、刚柔、缓急之不同。盖气强而理弱，理管摄他不得。如父子本是一气，子乃父所生；父贤而子不肖，父也管他不得。又如君臣同心一体，臣乃君所命；上欲行而下沮格，上之人亦不能一一去督责得他。'"[59]

我们理解朱子的理乘气行、气强理弱时须注意，此皆是理在形下之中的一种存在状态，而非其本然的存在状态。形下之动静绝非形上之动静，两者不可相提并论。前者具有先验性、本体性与价值性，后者则只是物理世界的一时之事实而已。形而下地说，固然存在气强理弱之现象；形而上地说，则当然是理强气弱，否则理就没有意义和价值了。故理主宰气是本体意义的，应然的；理随气之动静则非本体意义的，不是气对理本体上就有决定作用。毕竟，在理气关系中，理的决定性、主宰性是优先的。若人只是唯马首是瞻，形上之理之动静只为气所驱动，则理便沦为形下之一具体物，无任何先验性、永恒性、价值性、力量性可言矣。正如马行终究由人决定一样，在价值上，气之运动终究还是由理所决定的。恰如气"志壹动气"、"德胜气"一样。这是理的尊严和力量，也是理的形而上的动静。

五、道体流行之境界：
太极之动静表现于气之动静

在朱子哲学中,气世界在本体上之如此表现,是由理来主宰、主导与发动的,故当现实世界之气之运动合乎理时,即为"天命流行"之状态,亦为道体流行之状态。此时,形而上下融为一体、体用一源、显微无间,可直指形而下之世界而谓其为形而上之世界。朱子对于"夫子川上之叹"的解释,颇能体现此意：

> 天地之化,往者过,来者续,无一息之停,乃道体之本然也。然其可指而易见者,莫如川流。故于此发以示人,欲学者时时省察,而无毫发之间断也。[60]

此处的天地之化,乃是大化流行的过程,是吾人可以目视手触的形下过程。但其往者过、来者续之生生不息的状态,乃是道体的本然状态之体现或实现,故吾人可径谓此过程即是道体之流行,或曰天命流行；此时形而下所表现的即是形而上；形而上下合一,形而下之动静即是形而上之动静。吾人亦可曰,在朱子处,在理想状态下,理气浑沦为一,气之动静即理之动静。对于《中庸》"鸢飞戾天,鱼跃于渊",朱子解释道：

> 子思引此诗以明化育流行,上下昭著,莫非此理之用,所谓费也。然其所以然者,则非见闻所及,所谓隐也。故程子曰："此一节,子思吃紧为人处,活泼泼地,读者其致思焉。"[61]

此处所谓流行不息之境界,即是以费显隐、隐费一体,太极之动静体表现于现实世界之事事无碍的境界。《语类》记载,陈淳问"鸢飞鱼跃,皆理之流行发见处否?"

朱子回答说,"固是"。朱子又说："那个满山青黄碧绿,无非是这太极。"[62]朱子言太极为本然之妙,动静为所乘之机,亦是说太极之动静或曰理之动静由气之动静表现出。至此,我们可以对朱子备受诟病的"人跨马之喻"给予新的理解。朱子在比喻之后又说："盖一动一静,而太极之妙未尝不在焉。此所谓'所乘之机',无极二五所以妙合而凝也。"这是理气一体、以形而下之动表达形而上之动的意思,只是比喻有些不当。曹端以来的诸多批评未能把握朱子此意。

朱子此思想在其解释"仁"时更为明显,他把仁作为生气之流行。朱子有丰富的生态哲学思想。他把元亨利贞、春夏秋冬作为天地生物之四个阶段,仁义礼智与元亨利贞相比配。元为生意。但此生意非只限于春。朱子继承程子之说,把仁分为"专言"与"偏言"两种。专言的仁包括义礼智三德,偏言者则只为四德之一。故其所谓仁之生意,亦包括亨、利、贞、夏、秋、冬,此三阶段或三季皆为统一之生意之表现。据《语类》记载：

> 或问论语言仁处。曰："理难见,气易见。但就气上看便见,如看元亨利贞是也。元亨利贞也难看,且看春夏秋冬。春时尽是温厚之气,仁便是这般气象。夏秋冬虽不同,皆是阳春生育之气行乎其中。故'偏言则一事,专言则包四者'。……"南升。[63]

理无迹,不可见,故于气观之。要识仁之意思,是一个浑然温和之气,其气则天地阳春之气,其理则天地生物之心。……这不是待人旋安排,自是合下都有这个浑全流行物事。此意思才无私意间隔,便自见得人与己一,物与己一,公道自流行。须是如此看。……致道云："如春是生物之时,已包得夏长、秋成、冬藏意思在。"曰："春是生物之时，到夏秋冬，也只是这气流注去。但春则是方始生荣意思，到夏便是结里定了，是这生意到后只渐老了。"贺孙曰："如温和之气，固是见得仁。若就包四者意思看，便自然有节文，自然得宜，自然明辨。"曰："然。"贺孙。[64]

此两段中，仁为"温厚之气"、"浑然温和之气"，其理又为"天地生物之心"，这便是理气浑然合一之状态。此时仁之流行，即表现为"浑然温和之气"之流行，或者说，温和之气的流行便是仁的流行。此理、此气之浑然一体，朱子也通过理一分殊来说明：

> 周子谓："五殊二实，二本则一。一实万分，万一各正，大小有定。"自下推而上去，五行只是二气，二气又只是一理。自上推而下来，只是此一个理，

万物分之以为体，万物之中又各具一理。所谓"乾道变化，各正性命"，然总又只是一个理。此理处处皆浑沦，如一粒粟生为苗，苗便生花，花便结实，又成粟，还复本形。一穗有百粒，每粒个个完全；又将这百粒去种，又各成百粒。生生只管不已，初间只是这一粒分去。物物各有理，总只是一个理。淳。[65]

可以说，在此处，理的实现即表现为生气的流行，具体言之又表现为粟生为苗、苗又开花结实复成为粟的过程。如果说仁也可以表现为气，那就与通常我们强调仁为"爱之理"、理是一个抽象的概念的认识不尽相同了。这种差异实质上是我们对于"哲学"范式进行自觉反思、更加贴近朱子本身来理解朱子哲学得出的结论。这意味着朱子哲学研究的进一步发展有待于方法论的突破。

注　释

[1][2] 冯友兰：《三松堂全集》第 3 卷，河南人民出版社 1989 年版，第 319 页；第 320 页。

[3] 冯友兰：《中国哲学史新编》，第 5 册，人民出版社 1986 年版，第 161 页。

[4][5] 牟宗三：《心体与性体》（一），台北正中书局 1968 年版，第 98 页、第 271 页等处；第 49 页。

[6] 陈来："从本体论上说，理自身并不运动。"《朱子哲学研究》，华东师范大学出版社 2000 年版，第 106 页。刘述先的观点可参见其《朱子哲学思想的发展与完成》，台北学生书局 1984 年版。李明辉观点可参见其《理能否活动？——李退溪对朱子理气论的诠释》等文章。

[7] 贺麟：《与张荫麟兄辨宋儒人极说之转变》，《哲学与哲学史论文集》，商务印书馆 1990 年版，第 525 页。

[8] 贺麟：《关于哲学史上唯心主义的评价问题》，《哲学与哲学史论文集》，商务印书馆 1990 年版，第 525 页。

[9] 成中英：《合内外之道——儒家哲学论》，中国社会科学出版社 2001 年版，第 211 页。

[10] [宋] 黎靖德编：《朱子语类》，第 6 册，王星贤点校，中华书局 1988 年版，第 2433 页。端蒙录"巳亥（1179 年）以后所闻二百余则"，故此可谓朱子中年之论，见陈荣捷：《朱子门人》，台北学生书局 1982 年版，第 246 页。

[11][14][15][17][18][19][20][21][23][24][30][35][36][37][38][39][40][41][42][43][53][54][55][61][63][65]《朱子语类》，第 6 册，中华书局 1988 年版，第 2403 页；第 2372 页；第 2369 页；第 2372 页；第 2392 页；第 2369 页；第 243 页；第 2372 页；第 2403 页；第 2374 页；第 2372 页；第 2372 页；第

2388 页;第 2371 页;第 2396 页;第 2422 页;第 2396 页;第 2396 页;第 2396 页;第 2433 页;第 2376 页;第 2374 页;第 2376 页;第 2387 页;第 111 ～112 页;第 2374 页。

[12][16]《文集》卷 45《答杨子直》第一书,载朱杰人等编《朱子全书》,第 22 册,上海古籍出版社、安徽教育出版社 2002 年版,第 2072 页;第 2072 页。

[13][31][48][56][57][58][62]《朱子语类》,第 1 册,中华书局 1988 年版,96;第 2 页;第 5 页;第 74 页;第 1297 页;第 71 页;第 112 页。

[15][51]《朱子全书·太极图说解》,第 13 册,上海古籍出版社、安徽教育出版社 2002 年版,第 72 页;第 72 页。

[22]《朱子全书》,第 13 册,上海古籍出版社、安徽教育出版社 2002 年版,第 72 页。

[25]《朱子语类》,第 2 册,中华书局 1988 年版,第 423～424 页。

[26]《朱子语类》,第 5 册,中华书局 1988 年版,第 1930 页。

[27]朱伯崑:《易学哲学史》第 2 卷,华夏出版社 1995 年版,第 484 页。

[28]《朱子全书》,第 22 册,上海古籍出版社、安徽教育出版社 2002 年版,第 2072 页。

[29]周谟“录《语类》巳亥（1179 年）后所闻,凡二百余条”。见陈荣捷:《朱子门人》,第 141 页。

[32][44]陈来:《朱子哲学研究》,华东师范大学出版社 2000 年版,第 93 页;第 106 页。

[33]此条据陈来考证,出自朱子门人杨与立所编《朱子语略》。陈来:《朱子哲学研究》,第 93 页。

[34][50]《朱子全书》,第 1 册,上海古籍出版社、安徽教育出版社 2002 年版,第 101 页;第 127 页。

[45]《朱子语类》,第 6 册,第 2403～2404 页。陈荣捷:“录《语类》癸丑（1193 年）以后所闻几四百条。”见陈荣捷:《朱子门人》,第 328 页。

[46]《朱子语类》,第 6 册,中华书局 1988 年版,第 2404 页。陈荣捷:闵祖录“《语类》戊申（1188 年）以后所闻二百余条。”见陈荣捷:《朱子门人》,第 124 页。

[47]《朱子语类》,第 6 册,中华书局 1998 年版,第 2404 页。陈荣捷:“录《语类》庚戌（1190 年）以后所闻逾三百条。”见陈荣捷:《朱子门人》,第 180 页。

[49]《朱子语类》,第 1 册,中华书局 1998 年版,第 3～4 页。陈荣捷:沈僩“录《语类》戊午（1198 年）以后所闻七八百则。”

[52]《朱子语类》,第 6 册,中华书局 1998 年版,第 2376 页。义刚师事朱子二次,1193—1195、1197—1199,故其录均为晚年之论。见陈荣捷:《朱子门人》,第 260～261 页。

[59][60][宋]朱熹:《四书章句集注》,中华书局 1983 年版,第 113 页;第 22 页。

（原载《哲学动态》2012 年第 7 期,作者单位:南开大学哲学院）

全球朱子学研究述评

2011－2012 年美国朱子学研究

［美］田浩（Hoyt Cleveland Tillman）　（殷慧译）

应编者之邀，我提供一个简短的报告，反映 2011—2012 年美国朱子学研究的主要进展。尽管此报告不够详尽，但却是我写信给好几位同仁，询问他们最新研究进展后的结果。他们的回复说明，美国的朱子学研究仍需不断深入。

就课程而言，包弼德教授透露，他继续在有关新儒学的研究生讨论课，一般秋季集中讨论宋代，春季讨论明代。在亚利桑那州立大学，2012 年春季我给高年级本科生开设了中国思想史课，其中有一个月讨论宋代，学生阅读我的《朱熹的思维世界》（Confucian Discourse and Chu Hsi's Ascendancy）和狄百瑞的《中国传统之源》（Sources of Chinese Tradition）。与此同时，我还首次开设了研究生的讨论课《中国的礼与政治》，尽管大部分时间集中讨论相关从周代直至当代的主要研究成果，我们还是阅读了《朱子家礼》。2012 年的秋季课程，我为本科低年级的学生开了《中国经典诠释》的课。在这门课上，我们首先阅读了 Daniel Gardner 关于《朱子语类》的翻译节选，尤其是如何阅读经典和以经典修身的部分。剩余大部分时间都在阅读《孟子》。

就会议而言，最重要的莫过于在美国首次召开的朱熹经学研讨会。这次会议于 2012 年 5 月 7 日至 8 日在亚利桑那州立大学召开。（详细内容见吴思远《共襄盛会谈朱子,学人齐聚凤凰城——"朱子经学及其在东亚的流传与发展"国际学术研讨会综述》一文)会议主办单位有亚利桑那州立大学的中世纪及文艺复兴研究中心、台湾"中央研究院"和上海华东师范大学古籍研究所。台湾"中央研究院"文哲所林庆彰教授将担任主编,出版该论文集《朱熹经学研究:在东亚的发展与影响》。我向大会提交了一篇论文,题为《礼之殊途:〈朱子家礼〉现代化与恢复古礼的践行——以当代儒家婚礼为视角的分析》。作为此文的合作者,我的女儿 Margaret Tillman(田梅)在 2012 年 10 月美国亚利桑那州立大学国际语言与文化系主办的美国东亚学会西部会议上也宣读了此文。另外,在 2012 年 3 月 29 日我在坦普(Tempe)土耳其文化中心跨文化对话基金演讲系列中有一个面向公众的演讲,题为《文化的撞击:以儒家婚礼为例看中国儒教的复兴》。

说到近两年关于朱熹的出版物,2012 年我与德国的苏费翔合作出版了一本英文著作《文化权威与中国政治文化:宋金元代〈中庸〉与道统问题的探索》(斯图加特:弗兰兹·斯坦纳出版社)。此书对朱熹死后士大夫的境遇有特别的关注,苏费翔撰写的部分探讨了南宋,我则集中讨论了蒙古早期的郝经。2011 年,我的另一本书面世：《旁观朱子学：略论宋代与现代的经济、教育、文化、哲学》（华东师范大学出版社）。这本书收集了我没有收进《朱熹的思维世界》（修订版）（江苏教育出版社）的一些论文。我另外在中国发表的朱子学研究的相关论文有四篇，我想可能已经在中国地区的活动已经涵盖，这里就不赘述了。

相关研究也有一些进展，美国圣母大学的莱昂内尔·杰森（Lionel Jensen）有一篇关于朱熹的文章《宅于文本：朱熹与道学的民族志考察》，收录在钱锁桥等主编的张龙溪教授纪念文集《跨文化研究：中国与西方》中，现正在荷兰布里尔印刷。

另外，他有一研究朱熹的书稿令人期待已久，目前还在修改，有望在今年夏末交给夏威夷大学出版社付梓。在马萨诸塞州史密斯学院的丹尼尔·加德纳有一文《公元 1000 年后儒家传统的再定位：论新儒学教育》，收录在牛津大学出版社即将出版的《儒家简介》一书中。林庆彰教授的圈子翻译了加德纳的《朱熹与〈大学〉》（Chu Hsi and the Ta－hsueh）一书，预计将在 2013 年底面世。

期刊论文论及朱熹，目前涉猎到的有两篇：一篇是罗格斯大学新不伦瑞克分校的 Sukhee Lee 发表在《宋元研究》杂志（由宋元研究学会出版）上的《朱熹在这儿：晚期帝国东阳的家庭、学术、地方记忆》。此文探讨了朱熹同时代的东阳郭氏家族的家庭、学术背景以及与朱熹的交往，还展现了朱熹去世之后，直自明清，郭氏家族及其地方士人是怎样通过复述、记忆创建朱熹形象及其传统的。另一篇 Edward Y. J. Chung 撰写的《自我超越作为宗教对话中的最高实在：新儒家的观点》一文，着眼于从宗教比较的角度，认为孔孟经典教育中的自我超越，经由两位新儒家思想家朱熹和李退溪的诠释而发扬光大，其中对道的体认和精神修养方法在全球化的今天仍能促进比较宗教学的研究。

（作者单位：美国亚利桑那州立大学）

近年欧洲朱子学研究综述

［德］苏费翔(Christian Soffel)

欧洲的朱子学研究历史悠久:几百年前已有欧洲学者注意到朱熹的思想,陈荣捷《欧美之朱子学》一文(载《朱学论集》,台北:学生书局,1988年,第421~459页)可见其详情。其初,欧洲朱子学大都皆从哲学的角度来切入。20世纪50年代以来,欧洲学者多用史学方法研究朱子学。主要代表性成果有:白乐日(Étienne Balazs)主持的"宋代研究计划",他与吴德明(Yves Hervouet)合编有《宋代书录》(*A Sung Bibliography— Bibliographie des Sung*, Hong Kong: The Chinese University Press, 1978);福赫伯(Herbert Franke)主编的《宋代名人传》(*Sung Biographies*, Wiesbaden:Steiner Verlag, 1976)。

与朱子学相关研究也颇为可观,但因为"中国学"的领域非常庞大,而欧洲汉学人才数量十分有限,因此汉学科目并没有分得非常细腻。在研究朱熹学术时,比较没有"朱子学"的概念,而属之"哲学"、"史学"或其他的类目。

现将欧洲汉学家跟朱熹有关的研究略述如下(以2009年至2012年的活动为主)。本篇报告分两部分:一、欧洲汉学家在欧洲进行的朱子学活动;二、欧洲汉学家在非欧洲地区进行的朱子学研究活动。[1]

一、欧洲汉学家在欧洲进行的朱子学活动

法国戴鹤白(Roger Darrobers,巴黎第十大学)近年来很认真地从事翻译工作,将朱熹著名的奏议文《戊申封事》翻译成法文,并加以注释,于2008年出版成 *Mémoire sur la situation de l'Empire* (Paris: Éditions You Feng 友丰书店, 2008)。最近又同杜杰庸(Guillaume Dutournier,法国巴黎东方语言文化学院 INALCO)合作,将朱熹与陆九渊"朱陆之辩"的相关书信译为法文,出版《朱陆太极之辩》一书(Zhu Xi, Lu Jiuyuan: *Une Controverse Lettree*, *Correspondance philosophique sur le* Taiji, Bibliothèque Chinoise, Paris: Les Belles Lettres, 2012)。

澳洲学者梅约翰(John Makeham,澳洲国立大学教授)主编《理学家哲学的"道"指南》(*Dao Companion to Neo—Confucian Philosophy*)一书,于2010年在施普林格出版社(Springer Verlag,欧洲的一家公司)出版。本书可称为欧美新一代汉学系学生的重要课本。其中亦有几位欧洲汉学家提供的与朱子学相关的文章,包括魏希德(Hilde de Weerdt,比利时人,目前在英国牛津大学任教)介绍朱子学派的门人陈淳与真德秀、本人与美国教授田浩

（Hoyt Tillman，亚利桑那州立大学）解说朱熹好友张栻的基本思想、马恺之（Kai Marchal，德国人，目前为台湾东吴大学教授）论吕祖谦的政治哲学等文章。

本人又著《论王应麟学统问题》一文，载施孝峰、傅璇琮编《王应麟学术讨论集》（北京：清华大学出版社，2009 年，第 181～201 页），其中一大部分探讨王应麟与朱熹的关系。

慕尼黑大学汉学系高级文言文班的学生 Rainer Eckardt、Sebastian Eicher（艾柏田）、Alexandra Fekete、Florian Ludwig（鲁狄）、Elmar Oberfrank（欢上华）、Beate Ströhlein（施北蒂）、Miriam Vogel（米粒）、Katrin Weiß（晓蓉）、Philipp Zaschka（菲利普）与本人一同将著名的《朱子家训》翻译成德文，并且发表在《朱子文化》33（2011.5），第 40～41 页。

美国教授詹启华（Lionel Jensen，即《制造儒学：中国传统和普世文明》一本书的作者）于 2011 年 1 月到 7 月间访问德国埃尔朗根大学（Universität Erlangen）汉学系，进行"儒学的神话历史"（"Mythistories of Confucianism"）研究计划，其中研究了朱熹论"道学"、"道统"诸概念，并在欧洲各国做了几次相关报告。

最近被调到德国法兰克福大学的杨治宜（Yang Zhiyi）撰写的《诗人朱熹》（*Zhu Xi as Poet*）一文，即将发表于 *Journal of the American Oriental Society* 期刊。

欧洲汉学学会（European Association for Chinese Studies，EACS）每两年举办一次学术会议，欢迎全球学者用英文或中文发表论文，亦经常有关于朱子学的报告。如 2010 年在东北欧拉脱维亚国里加市（Riga，Latvia）开的会议中，Vytis Silius（立陶宛人）讲述"转变人的形象：孔子与朱子的'仁'论"（Changing Image of Man：

Understanding of Ren in Confucius and Zhu Xi）。他的论文《朱熹人性论中的儒学伦理本体论化》（*Ontologization of Confucian Ethics in Zhu Xi's Theory of Human Nature*），即将发表于 *Acta Orientalia Vilnensia* 杂志。

2012 年在法国巴黎东方语言文化学院举行的欧洲汉学学会会议，谈论朱子学的学者也越来越多，杜杰庸、詹启华、Liu Siyu（英国牛津大学博士生）、戴鹤白等学者都发表了有关朱子学的报告。

德国汉学协会（Deutsche Vereinigung für Chinastudien，DVCS）每年有一次年会，2009 年在慕尼黑大学、2010 年在海德堡大学举行，皆有朱子学的报告，并发表在相关论文集中。

二、欧洲汉学家在非欧洲地区进行的朱子学活动

近年来中国朱子学研究十分活跃，相关活动不断增多，对欧洲学者自然有很大的吸引力，再加上新一辈西方汉学家中文造诣越来越好，没有语言沟通上的问题。本人也是常常把握这种机会跟东方的朱子学专家请教。

欧洲学者发表论文亦常见于相关论文集中。如陈来、朱杰人编《人文与价值：朱子学国际学术研讨会暨朱子诞辰 880 周年纪念会论文集》（上海：华东师范大学出版社，2011 年）收入下列文章：叶翰（Hans van Ess，慕尼黑大学 Universität München）《释〈朱子语类·读书法〉篇的"理"、"道理"和"义理"》（第 266～270 页）；马恺之《超出世俗理性：从泰勒（Charles Taylor）到朱熹以及牟宗三》（第 552～574 页）；戴鹤白《朱熹与其〈戊申封事〉》（第 178～190 页）；拙著《朱熹之前"道统"一词

的用法》(第 82~88 页)。陈来编《哲学与时代：朱子学国际学术研讨会论文集》(上海：华东师范大学出版社，2012 年)收入戴鹤白《论朱熹的〈庚子应诏封事〉和〈辛丑延和奏札〉》与拙著《〈近思录〉〈四子〉之阶梯——陈淳与黄榦争论读书次序》。

慕尼黑大学几位学生参与 2012 年"朱子之路"研习营，有机会拜访朱熹在福建活动的场地，吸取当地的朱子学精华。可见欧洲年轻人从事朱子学研究很认真，将来必不缺乏下一辈朱子学人才。

在华发展的欧洲学者当中，尤于朱子学下工夫的是马恺之。其最新论著有《论朱熹的实践哲学：从新亚里斯多德主义以及德性伦理学谈起》，载汪文圣编《汉语哲学新视域》(台北：学生书局，2011 年，第

395~428 页)。另外，马恺之即将完成朱熹思想研究的一本专著，学者们皆很期待。

三、欧洲朱子学研究大趋势

以上的论述虽不完整，还是可以感到欧洲朱子学研究氛围相当活泼。在学术国际化的影响之下，中欧学者之间与欧美学者之间来往越来越频繁。西方学者在东亚各国的学术会议中出现，如今可为寻常之事；他们多用中文发表论文，更有助于这样的交流。同时，华人各地朱子学代表性学者对欧洲朱子学的兴趣增加，渐渐开始莅临欧洲的学术会议，亦为令欧洲学者甚高兴之事。互相切磋琢磨，共同扩大知识，庶几可代表朱熹"格物致知"之精神。

注　释

[1]别可参考的文章有黎昕、赵妍妍：《当代海外的朱子学研究及其方法》，《哲学研究》2012 年第 5 期。

(作者单位：德国特里尔大学汉学系)

2011—2012 年韩国朱子学研究述评[*]

[韩] 姜真硕　林明熙

在韩国学者对中国哲学的研究中,有关朱子学的研究最多,其影响力也最大。2011—2012 年也有不少学者以朱子学以及朝鲜朱子学为研究课题进行研究。通过调查相关资料后,笔者发现这两年对韩中朱子学交涉关系的研究超过了对朱子学本身的研究。这表明韩国学者对韩中朱子学学术交流的问题比以前更加关注。

一、对朱子学本身的研究

朱子哲学的本体论、体用论、形而上学问题仍受到学者们的关注。有关朱子哲学的形而上学的论文有《朱子自然学的形而上学》、《朱熹性理学的形而上学的特点与现代哲学》、《朱子形而上学的深层结构》、《朱熹"理一分殊"说的体验主义解释》、《朱熹"理气"概念的体验主义的解释》、《性理学里面的"形式"问题——以朱子为中心》、《朱子与王阳明的体用论比较研究》、《通过华严之法界观与朱熹理气论来看儒佛的交涉》等。

其中,建国大学的郑相峯教授在《朱子形而上学的深层结构》一文中,讨论了"太极动静"、"理生气"里面的形而上学问题。郑教授认为,"太极"即是天地万物的终极根源,而且是普遍的终极原理。作为万物存在的终极根源,太极能够自己展开,这是朱熹所谓"太极有动静"、"理生气"的意思。作为普遍的终极原理,太极能够自己显现,这在朱子哲学中以"理一分殊"来解释。郑教授认为,这种太极的两面含义是在说明朱熹所谓的"天命流行"、"天道流行"、"天理流行"、"生气流行"、"气化流行"等思想时能够呈现的。成均馆大学校金载京教授在《性理学里面的"形式"问题》一文中,借用康德的形式概念对朱熹哲学的观念进行解释。金教授提出"率性"是儒教的一种定言命令,意味着没有任何条件下追随"自然而然这样做"的自然性。并且,"性即理"则是通过把"性"还原为"理",把"理"所具有的形式意义赋予给"性"。全北大学校黄甲渊教授在《通过华严之法界观与朱熹理气论来看儒佛的交涉》一文中,对朱子学的理气论与华严哲学的理事论进行比较,得出了朱熹所提出的理气论的确是受到了华严法界观的影响,但是朱熹的学术宗旨和世界观明明白白是儒家的结论。因此,黄教授主张宋明理学与佛家的关系不是"阴释阳儒",乃是"援佛入儒"。

朱子学的心性论与工夫论也是一个成熟理论课题。有关朱子心性论的论文有

* 本文为基金项目"This work was supported by Hankuk University of Foreign Studies Research Fund of 2013"的阶段性成果。

《对朱子未发晚年说的检讨》《朱子的人心道心之说》《朱子性说之结构的研究》《朱熹人心道心论的心性论含义》《朱熹"心性论"的体验主义解释》《朱熹"理欲论"的体验主义解释》《朱子的横说与竖说》等。其中，在《朱子的横说与竖说》一文中，高丽大学校的李承焕教授用"横说"与"竖说"这两种框架来讨论朱子学的"四端七情"、"人心道心"等问题。李教授认为，在"横说"的框架下，"气"是指相对于理的气质；在"竖说"的框架下，"气"则是指理乘的形气。前者强调"趋向"之义，后者则强调"材料"之义。退溪学派比较注重于"横说"的框架，而栗谷学派则侧重于在"竖说"的框架来展开其学说。这样不同的角度影响了朝鲜朱子学之分化与发展的方向。

有关朱子学的工夫论，有《朱子工夫论上的涵养之意义》《朱子中和说的变迁过程与"敬"工夫论》《朱熹工夫论的结构》《朱熹对佛教的批评与未发工夫论》《朱子哲学之"洒落"的含义》等论文。其中，淑明女子大学校的洪性敏教授认为，朱熹把"洒落"规定为道德自由与道德行为的自在性，而且将敬畏视为洒落工夫。后来，王阳明洒落说的地盘是无善无恶心之体的心体论，这是接受了朱熹的正心论。因此，不但朱熹工夫论具有洒落的境界，而且朱熹和王阳明具有相同的洒落轨道。

此外，关于朱子易学研究有《朱子卜筮易学研究》《朱子易学评议》《朱熹的复卦说》等论文。其中，《朱子卜筮易学研究》一文认为，朱熹首先从传统的易学观点出发，否定了"以传解经"的方法论，主张"以经解经"的易学态度。但是，卜筮易的方法论对建立普遍性的学问体系有一定的限制，所以朱熹借用象数易和义理易的方法论来建立本体论和伦理论等哲学问题。《朱子易学评议》一文，对朱子经学贡献进行评价，

进而讨论有关朱子易学的几个问题。朱子易学的发展过程可以分成三个时期：一、《周易本义》及此时期的易学贡献；二、《易学启蒙》及此时期的易学贡献；三、《朱子语类》及此时期的易学贡献。《朱熹的复卦说》一文，讨论了朱熹复卦说与未发说之间的关系。朱熹所说的"思虑未萌"是指小雪—大雪，即坤卦，是未发；"思虑未萌而知觉不昧"则是指大雪—冬至，即复卦，也是未发；"知觉不昧"则是指冬至—小寒，即复卦，是已发。据朱熹的说法，在复卦之冬至—小寒期间，能够实现涵养未发、知觉四端。

有关朱子四书学的研究有《朱熹的"三纲领"、"八条目"思想》《〈中庸章句〉中的朱熹鬼神论研究》《朱子对"新民"的解释与道统论之间的关系》等论文。其中，《朱子对"新民"的解释与道统论之间的关系》一文认为，朱熹之所以将《大学》的"亲民"解释为"新民"的理由在于要提高士大夫对道统的担当意识。

二、对韩国朱子学的研究

在韩国学者对朝鲜时代的韩国朱子学的研究中，退溪学一直是学者们最为关注的问题之一。2011—2012年期间，有关退溪学的研究仍然受到学者的积极关注。2011年7月15—16日，由国际退溪学会和忠南大学汉字文化研究所主办的"士精神与退溪学"第23次退溪学国际学术讨会在忠南大学开幕。此次会议中，来自韩国、中国、日本、美国、加拿大等国的30多名学者对退溪思想进行了探讨。

2011—2012年期间，有关退溪的专书、人文书、教养书出版了30本左右，相关学术论文发表了80篇左右。这表明退溪学仍然是韩国朱子学研究的代表主题。退

溪的四端七情论和理发说等主要哲学问题则受到学者的积极关注。如《退溪的四端七情论与栗谷的人心道心论里面的政治哲学意义》、《李滉所谓"理尊的"理发说的性善观》、《退溪四七说的日常语言的理解与INUS条件》、《互发的角度下的李滉哲学之价值观》、《退溪哲学的理发本体论》、《李滉所谓"理发气随气发理乘"的理解与应用》、《退溪哲学之理的能动性理论及其渊源》、《退溪哲学的"自然发"意义》等论文讨论了退溪哲学有关心性论和理气论的核心哲学问题。

其中,《退溪哲学之理的能动性理论及其渊源》一文指出,退溪用"理动"、"理发"、"理到"等概念来解释理之能动性,得出了退溪所认为的理具备了存在性和创造性的两面性这一结论。《退溪哲学的"自然发"意义》一文认为,退溪之所以主张"理发"、"性发"的原因就在于他比宇宙论和本体论等哲学问题更为重视人类的道德情感和道德伦理等问题。退溪所谓的"自然发"是指人的道德情感是无为的,就是说人的道德本性具有活动性和主体性。《退溪四七说的日常语言的理解与INUS条件》一文,借用现代语言哲学的方法论来研究传统思想,值得关注。作者认为英美分析哲学所使用的"INUS条件"可以分明地展示退溪四七说上的日常语言特征,提出了退溪所说的理发和气发是四端和七情的INUS条件,即理是四端的,气则是七情的INUS条件。

值得一提的是,最近韩国学者对退溪学之教育意义的关注较多,相关研究成果有《退溪的自通解学习研究》、《君子有终的教育意义》、《读书教育的活用方案——以退溪〈小学图〉为中心》、《退溪门人建立书院与教育活动》、《退溪与栗谷的道德教育》、《通过退溪、栗谷的读书法用语考察古典读书理论》、《退溪的心理治疗与道德教育》等论文。

其中,《读书教育的活用方案——以退溪〈小学图〉为中心》一文,认为退溪作《小学图》让学生知道学习《小学》的目的不是在于积累知识,而是能够体会到实践伦理的重要性。可以说,退溪的读书教育观对反思现代以知识为主的填鸭式教育有极大的意义。《退溪的心理治疗与道德教育》一文认为,退溪哲学的重点不是思辨和理论的,而是实践性的学问。退溪把道德本性的丧失看做是心理障碍,主张通过"敬"工夫来恢复人所本来具有的疏通本性。这些研究是从现代社会问题意识开始的,对诊断现代社会的弊病并提出解决社会问题的方案有一定的作用。

栗谷思想研究也是韩国学者一直关注的研究主题。这两年有关栗谷学派的学术论文有20多篇。其中,在《有关栗谷学和实学差别性的研究》一文中,启明大学校洪元植教授反对栗谷为实学家的看法,指出了栗谷学所谓的"主气论"是道德形而上学;实学的气学则是脱离道德的,也是脱离形而上学的。而且,栗谷学的经世思想是以道德王国建设为目标的王道论,实学的经世思想则是与道德有区别的一种霸道论的富国论。因此,把栗谷学看做直接的实学先驱者是不正确的。

在《栗谷学派的理气论》一文中,作者把《栗谷全书》中的理气关系整理为以下几种说法:一、有从理而发者(竖说),有从气而发者(横说);二、就理上求气(竖说),就气上求理(横说);三、推本之论(竖说),沿流之论(横说);四、推本其所以然/极本穷源(竖说),于物上观/以物上观(横说);五、因有形之物,而可见其理之费处也(竖说),以复卦言之,则一阳未生之前,积分之气,虽在于地中,而便是难看处也(横说)。这就可以说明理气之不相离和不相杂的关系，也就是说明栗谷所谓的"理气之妙"。在《栗谷学之心学的继承与变用》一文中，忠南大学校金世贞教授考察了栗谷—明斋（尹拯）—霞谷（郑齐斗）的学统以及栗谷学之心学的继承。金教授认为，明斋继承了栗谷的"诚"与"实"思想，并展开了务实学。霞谷继承了前二人的思想，并发展了良知为核心概念的心学。栗谷学通过明斋的心学化过程，到了霞谷积极接受了阳明学并确立了韩国特色的心学。

2011—2012 年有关栗谷学的学术会议有如下：韩国栗谷研究院 2011 年 6 月 3 日和 2012 年 6 月 15 日两次以"栗谷学的扩散与深化（Ⅱ）（Ⅲ）"为主题讨论了栗谷学在朝鲜时代的展开与发展。其中，崇实大学校郭信焕教授，以宋时烈为栗谷学的中心人物，探讨了宋时烈对礼说和仪礼等义理的礼论。郭教授认为，宋时烈的礼说是根据栗谷的《击蒙要诀》、金长生的《丧礼备要》、朱熹的《家礼》等前人的说法，提出了义理为主要内容的礼说。据郭教授的说法，宋时烈的礼说强调了人伦的普遍性、个别情况下的合理性、忠实为本质的礼仪等内容。灵山大学校金仁圭教授对老论学派的分化与湖洛学派的形成问题进行讨论，以考察所谓"湖洛论证"的思想特点。金教授提出了宋时烈以后老论分化为湖西和洛下两派。洛论派肯定了每个人只要自我修养都能够达到相同的道德境界，湖论派则强调了圣人与一般人之间的区别，因此要求比较严格的修身功夫。金教授认为，前者表现出乐观主义的现实认识，后者则表现出分别主义的历史意识。

2012 年 6 月 29 日在国立故宫博物馆举行了京畿道坡州市主办的以"栗谷李珥之思想与坡州古迹"为主题的研讨会。国内著名学者对有关栗谷思想及其古迹问

题，如栗谷思想的现代意义以及栗谷宗家的复原问题、紫云书院的文化价值、栗谷家族墓制的特点等文化史的问题进行讨论。2012 年 8 月 10 日韩国哲学史研究会和世明大学校举办了以"朝鲜后期湖洛论辩的综合再照明"为主题的学术会议，这次会议上发表了《湖洛论争的焦点：心与气质之间的关系问题》、《农岩与湖洛论辩》、《遂庵权尚夏的心性论》、《南塘韩元震的心性论》等论文，专门探讨了朝鲜后期湖洛论辩的思想源流。

其中，《湖洛论争的焦点：心与气质之间的关系问题》一文中认为，湖洛论争的核心在于心与气质的关系，湖论以气质为心的才质，洛论以气质为耳目口鼻的形质。湖论认为，心与气质的关系是同位同时的关系。这样，洛论批评湖论为荀子的性恶论或扬雄的性善恶混在说。后来，李喆荣提出心（中底未发）与气质（不中底未发）的关系是同位异时的关系。《遂庵权尚夏的心性论》一文，以《寒水斋集》中的心性概念为中心考察了权尚夏之心性论。权尚夏在开始湖洛论争（1709 年）以前就已经确立了五常偏全的人物性相异论。湖论学者在这样的背景之下建立了自己的五常偏全说。权尚夏坚持心性一物的观点，不接受韩元震和尹凤九等人所认为的"心性二歧论"。这对后来湖洛论争起了很大作用。

三、朱子学对朝鲜时代的传播与影响研究

中国朱子学影响了朝鲜时代几百年的学术和政治。首先，韩国学界一直都很关注朱子学在韩国的传播与影响。2011—2012 年有关研究成果如下：《试论朱子思想在朝鲜半岛的转播与影响》、《〈四书朱子异同条辨〉到朝鲜的传播与影响》、《朱子思

想对朝鲜的传播及其影响》、《丁若镛的〈朱子本义发微〉研究》、《朝鲜对朱子宗法思想的继承与变用》、《朝鲜后期〈朱子封事〉的刊行与使用》、《朝鲜本〈朱子语类〉的刊行与使用》、《朝鲜朝"朱子学"——理气心性论在韩国儒学中的发展趋势》等。

其中，《朝鲜朝"朱子学"——理气心性论在韩国儒学中的发展趋势》一文，以"朱子学的理同"、"栗谷学的理通"、"洛学的性同"、"北学派的人物均论"为中心，讨论了栗谷的"理通气局论"与湖洛论争之间的关系及其影响，进而探讨了以"人物性同异论证"为中心建立的洛论界思想基础、洛学和北学的思想背景以及近代韩国思想史的哲学基础和其趋势。《〈朱子大全〉注释书与〈朱子大全箚疑问目补〉》一文，关注了《朱子大全》在朝鲜期间的注释工作，以金昌协（1651—1708）所编的《朱子大全箚疑问目补》为主要内容，讨论了《朱子大全》在朝鲜的传播和影响。《〈四书朱子异同条辨〉对朝鲜的传承与影响》一文，讨论了《四书朱子异同条辨》在朝鲜后期的传承过程及其影响。《四书朱子异同条辨》正符合朝鲜18世纪儒学家研讨《四书大全》小注的趋势，成为朝鲜儒学家的重要参考书。可以说，《四书朱子异同条辨》是对朝鲜后期的儒学家最有影响的书籍之一。《朝鲜本〈朱子语类〉的刊行与使用》一文，调查了《朱子语类》在朝鲜时代的版本类型以及其普及过程。《朝鲜对朱子宗法思想的继承与变用》一文，讨论了朱子宗法思想的特点与意义以及朱子宗法思想对朝鲜"时祭"、"墓祭"的影响。

其次，韩中朱子学的比较研究也受到了学者的关注，有如下论文：《对朱熹与退溪之心学的评价和意义》、《韩中儒学传统与变化——以朱子与栗谷为中心》、《朱子居敬与海月的守心正气的比较研究》、《朱子气质之性论的两面性与退、栗理学》、《朱子与尤庵未发说的比较研究》、《〈朱子大全〉注释书与〈朱子大全箚疑问目补〉》、《现代视角中的传统文化——以韩中朱子学研究实例为中心》、《朱子和茶山的未发说与其修养论》、《李滉对朱熹理学的继承与发展》、《茶山学的经学源流：〈春秋左氏传〉的占辞解释研究——以朱熹、毛奇龄、丁若镛为中心》、《从佛教观点来看茶山对朱熹的批评》、《对朱熹与栗谷思想的现代解释》等。

其中，《朱子和茶山的未发说与其修养论》一文认为，朱子以未发为思虑未萌的状态，但有能知觉者而未有所知觉。茶山反对此说法，认为未发不是思虑未萌的状态，而是思虑明晰的时刻。但是朱子和茶山的未发说有个共同之处，就是他们都排斥一些神秘主义的说法，认为作为现实经验意识的"心"应该被当成认识和实践的主体。《朱子与尤庵未发说的比较研究》一文，讨论了朱子与宋时烈对未发的解说。宋时烈区分未发情况为绝无意识状态的坤卦层次和虽有潜隐的意识却还没发展到感情状态的复卦层次。宋时烈以为这么做就能脱开思虑未萌和知觉不昧之间逻辑上的问题，以达到维护朱子的目的。可是，朱熹特别强调不要以未发理解为意识层次上的问题，要不然"知觉不昧"容易被误解为"思虑萌动"。这是朱熹从中和新说以后一向坚持的态度。因为，朱熹所说的知觉并不是意识或情感有无的问题，而是主宰执持等的道德心理学上的问题。

此外，中日朱子学的比较研究也是学者所关注的研究课题，有关论文有《伊藤仁斋的〈论语〉解释——以与朱子比较为中心》、《伊藤仁斋对〈孟子〉的解说》、《高桥亨的皇道儒学》等。其中，《伊藤仁斋的〈论语〉解说》一文，讨论了伊藤仁斋对孔子与

《论语》的看法,并考察了仁斋之所以批评朱子的理由。据仁斋的说法,解释《论语》的中心不是主观的心,而是客观的礼。并且,如果以"理"解释《论语》的话,不能正确地把握活泼泼的宇宙活动。仁斋认为,儒学的目的在于培养德性,而且其学问是兼知行的。因此,仁斋主张走出日常生活中的人情是异端的。《伊藤仁斋对〈孟子〉的解说》一文认为,朱子和仁斋重视在孟子思想中的仁义,不过朱子在孟子思想的根底上放置了孟子的性善说。反面,仁斋在孟子思想的根底上放置了孟子的仁义说。仁斋认为孟子的性善说不是孟子学的核心。仁斋主张孟子学的核心是仁义,而孝悌是实践仁义的方法。仁斋以仁义为中心在日常生活中实践仁义或者孝悌,得到实践力。这反映出日本朱子学的特征。

四、其他研究主题

有关朱子学的教育哲学思想有如下论文:《朱子小学论》、《朱熹与陆九渊鹅湖论争上的教育哲学意义》、《朱熹对公与私的认识与公共性教育》等。西方研究者对朱熹学的理解有《Ken Wilber 的视角下之阳明学与朱子学》一文。朱子学对文化艺术方面的影响有《朱子气思想与韩国舞蹈思想之间的关联性研究》一文。此外,有《朱熹词的内容与风格》、《朱熹〈诗集传〉研究》等文学方面的研究,《〈朱子语类〉之读书法里面的活看论》、《朱子语类中的 V 得 Ca 状态述补结构小考》等语言方面的研究成果令人瞩目。

五、综合评价与回顾

自 2011 年至 2012 年,韩国的朱子学研究者,在各个领域和各种主题上做出了

不少的成果。其中,关于传统的朱子学和朝鲜儒学的研究最多,例如"理气"、"理欲"、"人心道心"、"新民"、"三纲领"、"敬工夫"、"洒落"等概念仍然成为韩国学者的研究对象。在对朝鲜儒学的研究方面,"理发"、"理气互发"、"四端七情论争"、"主理主气"等概念就成为韩国学术会议上的中心话题。这些成果可以说明韩国学者对朱子学的继承和发展毫无中断,万古传承。他们一方面探索朱子学本身的哲学内含,同时另一方面分清这与其他学派和哲学思想间的异同。

但是,随着时代的变化,解释的方法和视角也有变化,韩国学者提出了一些新的看法。其中,郑相峯教授解释"太极动静"、"理生气"时,不是从太极之主宰义或不离不杂的角度,而是从太极之自己展开和发现义重新探讨了这些思想。这些论点不但对朱子学本身的解释,而且对韩国朱子学的传承,都保留多样解释的可能性。李承焕教授采用的"横说"与"竖说",在"四端七情"的解释方面提供了新的框架。以往的"四端七情"研究,多半以互发、理发等理气关系和二者发现义为主,而李承焕教授的研究是从"横"与"竖"的框架再论"四端七情"之意义,值得参考。还有康德的定言命令与朱子学的比较,是韩国学者善于应用的方法之一。一般康德的定言命令被应用于解释忠恕理论,而这次学者将"率性"比作儒教的定言命令,也是一种崭新的看法。

此外,东方哲学内的比较研究依然活跃,尤其是朱子学和茶山学的比较研究最突出,2012 年是茶山丁若镛诞辰 250 周年,所以许多韩国学者从茶山学的角度再三讨论了茶山和朱子的异同问题。这些研究不但是理解茶山学本身,而且为朱子学的传承和修正方面的理解提供了丰富的理论题材。关于退溪学本身的研究仍然很

热,其中,"理发"即四端之发现意义最受瞩目。将"理发"研究,与退溪的"理到"等思想一起讨论,并且提到自然发现义,这些研究反映着退溪哲学的创新所在。

目前,韩国到处都有治疗热,心理治疗不仅仅是精神分析学和心理学研究的对象,一般人也可以从"人文治疗"的视角寻找一种自我恢复及心理治疗。韩国国内的人文治疗热开启了学术界和大众文化界的新领域。这些年关于朱子学和朝鲜儒学中的哲学治疗或心理治疗的探讨可以说是儒学工夫论上的新的突破。哲学原本不是纯粹理论的对话,而是日常中的闻道和修养。因此笔者认为哲学咨询和心理治疗等领域是未来的朱子学开拓的方向之一。

（作者单位：韩国外国语大学校）

2011—2012年日本朱子学研究综述

〔日〕板东洋介　（林松涛译）

一、大趋势

有关日本朱子学研究的年发表论文总数呈逐年增加的趋势。本文所探讨的2011—2012年亦不例外,有大量日本朱子学研究文献问世。总揽全局,可见若干特征。

（1）不仅林罗山（1583—1657）、山崎闇斋（1618—1682）、佐藤一斋（1772—1859）等有代表性的朱子学者,其弟子,以及默默无闻脚踏实地开展教化活动的地方儒生等边缘性儒生的思想与活动也受到关注。

（2）不仅思想本身,作为传播思想的媒介(media)之书籍的流通过程及作为传授场所的私塾开展的教育活动实践等朱子学思想外缘的、形式性一面也受到关注。

（3）日本人以外的,来自别的儒教文化圈的研究者开展的日本朱子学研究也相当活跃。他们的研究被一种迫切的关心所驱动,就是希望在日本的朱子学发展过程中,寻觅到不同于本国、本地区历史上的朱子学与现实社会之相关性的别的可能性。

带有上述特色的本年度朱子学研究论文数量之多,并不意味着近年来日本朱子学研究之"繁荣"。恰恰相反,至少在笔者（板东）看来,这只反映出日本朱子学研究的"彷徨"。如此众多的日本朱子学研究论文问世,既非缘于日本及亚洲的大众社会日益关注日本朱子学所具有的实践性,也不意味着学术界正在热烈讨论革新性认知与创造性假说。很单纯的,正如当今日本所有人文学研究所共有的现象一样,这只反映出研究者(包括希望从事研究者)供过于求,而且其可否就职与升职取决于业绩多寡,这导致了不够水平的论文滥竽充数这一无论是对道学传统还是对近代学术理念而言,都应感到羞耻的事态。论文数量增加,无疑使我们今天对于日本近世朱子学可获得的客观知识总量,较20年前有了飞跃性增长。这本是好事。可是汗牛充栋的客观性知识,只是为了知识本身这一自我目的而集聚起来的——尽管这是一个长期抨击为求知而求知的"训诂之学",志在"实学"的思想研究领域——可以看出,其中缺乏凭这些知识去实现的"实"之目的。

日本最具影响力的朱子学者之一佐藤一斋,曾提出"面欲冷,背欲暖,胸欲虚,腹欲实"(《言志录》)作为日常生活中的一种心态。这是在祖述朱子的胸中燃烧着圣人可学、经世济民之壮志,付诸实践时则应驻足对现实情形做冷静的"穷理"的主张。我们作为当今的日本研究者,应该说已经具备了"冷面"、"虚胸",即客观性、中立性的求知态度,以及使之得以实现的科学方法。

然而,扪心自问,怀抱着确实存在于朱子与一斋等人心中的"暖之背"、"实之腹",即热情壮志来开展研究的又有几人呢?研究时不忘入世之志的韩国研究者在与日本研究者交流之际,常流露出困惑表情,并最终话不投机,其原因正在于此吧。

在论文数量激增这一表面"繁荣"的背后,日本朱子学研究实质上处于"彷徨"之中,当今具有代表性的研究者之一片冈龙在此意义上甚至指出,日本近世儒教研究在 1990 年代业已陷入"走投无路"的境况,可谓"已死"[1]。具有反讽意义的是,导致今日这一局面的根本原因,正在于战败后六十多年间,朱子学对日本人而言并非业已陈旧过时的遗物,而是追问自己的当下意识时热烈关注的对象这一事实。正因如此,在日本人忘却了该信仰什么、追求什么、抵抗什么的今日,同时也面对一直作为日本人的镜子的朱子学,想不出该追问什么了。为了让不熟悉该领域的读者诸贤能了解本文的课题——"近时(2011—2012)"的"日本朱子学研究"之概况,在此陈述一下朱子学在 1945 年战后重头起步的日本学术界及思想界所具有的意义是如何变迁至今日的——即片冈龙所说的"已死"的,这看似迂回,实属捷径。因为该变化过程恰恰构成了根本性地决定了 2011—2012 年的日本朱子学研究视点的历史文脉。

二、历史文脉
——丸山真男的朱子学观

以有限篇幅来通观战后日本的朱子学观之变化,最方便不过的大概就是了解一下战后作为学术泰斗,一直引领着日本近世思想史研究的丸山真男(1914—1996)对朱子学的观点了[2]。

丸山真男在年仅 26～30 岁的 1940—1944 年间不断写作,战后(1952)集为《日本政治思想史研究》[3] 出版的三篇论文(《近世儒教发展中的徂徕学的特质及其同国学的关系》、《近世日本政治思想中的"自然"与"制作"》、《"早期"民族主义的形成》)构成了战后日本近世思想史研究的基本出发点。该书分析指出,对于近世固定的幕藩体制(世袭军人=武士为统治层,立足于农业经济的身分制社会),朱子学是"与之吻合的",朱子学发挥了为封建性社会辩护的意识形态作用。由此,从近世中期出现的试图根本性抨击朱子学的荻生徂徕(1666—1728)的徂徕学之中,看到了试图打破静态社会的变革契机,即日本的内发性"近代性思维"之萌芽。"朱子学=封建性=迎合于体制的/徂徕学=近代性=革新性"这一泾渭分明的论断,至战后某一时期,决定了学术界整体对朱子学的印象。即朱子学被视为与日本近世的前近代社会之"停滞性"不可或分的,应被克服的"封建性"或"反动性"意识形态,并基于该认识开展研究。

可是,在距此名副其实的里程碑式的研究成果 28 年后(1980 年)发表的《山崎闇斋学派》[4] 中,丸山对朱子学的看法迥异。该论文探讨的是在民间朱子学学派中最具势力的山崎闇斋及其门生们的思想,在此闇斋学派的人们并非认同该时代的社会体制,为之辩护的意识形态者,而被视为在朱子学这一外来的普遍性"整体性世界观"中寻求真理,并投身于其中,与当时的日本现实搏斗的思想派别。其中强调的不是近世日本的社会体制与朱子学的"吻合性"这一年轻时的观点,而是近世日本社会与朱子学的对立、紧张的关系。在此,朱子学不被视为封建性、迎合体制的思想,倒是基于普遍性的"理",试图改造近世特殊的日本体制的批判性思想。

不依据道德上的正统性("德"),仅靠血统正统性就位的元首——天皇;未通过科举选拔出来的,世袭的,且不以经书知识与仁政之志,而以武力为其政治资源的统治阶层——武士;为防御基督教思想,国家强加于全体国民的佛教信仰——寺檀制度等,呈现出上述特色的日本近世社会很难称为朱子学式社会。因此,与其说朱子学被用作为该社会辩护的工具,倒不如说作为抨击该体制的革新思想发挥了作用,信奉这样的朱子学的日本朱子学者们,与其说是体制内意识形态者,倒不如说是不懈地与当时一般的价值观、体制的意向保持着紧张的对立关系的激进思想家。并且,在虽说随着近代化的发展结束了武士统治,但至今仍很难说已克服了该特殊性的日本社会,主张基于"理"的个人自立,根据"理"来理想主义式地、合理性地改革国家、社会的朱子学,不仅在近世,在近代、现代也仍是一个未完的企划(project)。丸山的后期论著中包含的这一朱子学观,在曾亲临教诲的渡边浩的巨著《近世日本社会と宋学》(近世日本社会与宋学)(东京大学出版会,1985 年;增补新装版,2010 年)中得到了全面性言及与发展。渡边浩的这部著作是当今日本朱子学研究中最多被提及、被引用的研究成果。因此可认为,这一朱子学观在当今已成为日本朱子学研究领域中的定论。

从封建性体制教学变为未完的企划(project)。丸山朱子学观的这一转化与他所引领的整个日本学术界的朱子学观之变化大趋势相关。可是重要的是,无论是二战后不久的立场,还是跨越战后激荡年代后的 1980 年的立场,丸山对朱子学的态度与其说是对以往的思想事像之客观的、来自局外者的观察,倒不如说是取决于丸山本人所置身的历史性位置,相当渗透着时代性关注的。在回忆录中提到,《日本政治思想史研究》的第三篇论文一直修改到丸山本人应征、赴战场的当天清晨(同书《后序》)。1944 年的丸山,在被定性为"封建教学"的朱子学上重叠了该时代压抑他本人的天皇制意识形态。并且,战后丸山不只是一位思想史研究者,还作为中间偏左的评论家而在报刊上振臂高呼,积极介入政治运动。这些活动的出发点(也构成其结论)正是向那些盲目地随波逐流的日本人的内心提出"从作为直接所与的现实中,将认识主体一旦隔离开,与之保持着紧张的对立关系,来逻辑性地重组世界"[5]这种精神态度——即必须在"理"之下主体性自立这一问题意识。无疑,面对日本的特殊现实,认为朱子学显示了"理"之普遍性的 1980 年的这一立场,反映出丸山本人针对该时代的问题意识。

如上概述,对于在战后的日本近世思想史研究——并且在日本的战后思想中也属于领军人物的丸山真男而言,朱子学在任何时刻、任何意义上都不是陈旧过时的遗物,而是生活于战后日本的日本人自我追问时不可或缺的组成部分。称朱子学在战后"一直是日本人的镜子"(本文前一节)的含义正在于此。

由于丸山真男的朱子学研究强烈地受到对该时代的当下意识之影响,其分析并未忠实地描绘出作为以往历史性事像的朱子学的真相,战后日本确立主体性之尝试本身便带有近代主义式、崇尚欧美式色彩,与亚洲"停滞性"这一谬见互为表里等研究中的美中不足,已经受到其后的研究者们相当彻底的批评。尽管如此,他作为未完的企划的朱子学这一后期观点拥有越来越多的后继者。本年度的研究中,下川玲子的专著《朱子学的普遍と东アジア——日本·朝鲜·现代》(朱子学的普遍与东亚——日本·朝鲜·现代)(ぺりかん社、2011.11)明确地站在这一立场上。该书对比性地研究了朝鲜的李穑(1328—1396)、李退溪(1501—1570)与日本的北畠亲房(1293—1354)、山崎闇斋。她分析指出,在朝鲜半岛相当忠实地接受了朱子学,"基于'理'这一绝对性基准的自己与社会的主体性变革"(p.139)的思想传播到当地,而在以自古而来的宗教——神道为媒介接受朱子学的日本,朱子学的本质被歪曲,出现了相反主张被动地顺从现实权威的"接受式思想变质",并指出,朱子学中面向万人的"理"之内在这一思想,与战后日本在《日本国宪法》(1946年颁布)中作为"尊重基本人权"明确体现出的近代性人权思想息息相通,而在现代日本,这一尊重"基本人权"的精神至今尚未确立。总之,下川玲子认为,作为东亚"前近代普遍思想"(p.209)的朱子学至今仍作为对日本现状的批判思想而具有现实意义。该著作可定位为本年度的"未完的企划"朱子学观中最具代表性的体现。后期丸山的朱子学观至今仍健在。

三、研究动向

(一)朱子学与日本近代

以上拿丸山真男来概述战后研究史略显冗长。下面举出本年度中值得关注的若干研究动向,以尽报告者之责。

研究动向之一是对近代朱子学之关注。毋庸置言,以往日本朱子学研究的主要对象是近世(1603—1867)朱子学。继之而来的近代(1867—)一般被认为是抛弃朱子学,全盘接受西方近代的时代。可是通过明治维新建立起来的日本近代国家果真是非朱子学式的西方近代性国家吗?

在日本近世,由于没有科举,社会成员的身份流动非常少,该社会分化为由世袭的身份、职业构成的各种集团。并且作为地方性政权的诸藩,相对于德川幕府中央政权具有相当独立性的自治权。总之,一个中央政府的统治很难贯彻到底层的、非常多元的社会。而在主张四民平等、一君万民的近代国家,这种身份制被抛弃,诸藩的自治权也被否定。并且社会成员不分出身贵贱,通过考试(大学入学考试与文官考试)来选拔,得以自由地"立身出世",从而,全体国民在理念上开始追求"立身出世"的均一性近代日本国家,比起西方的近代国家倒更像朱子学孕育的,以科举官僚=士大夫为领导层的宋代中国。明治国家与其说是西洋近代国家,倒不如说更像朱子学式的国家。因此,作为西洋近代社会思想之表征的对个人内心自由之尊重,个人价值高于国家等未得到充分保证,"国权"一直高于一切,这些都构成证据。这些看法因本年度面向大众的普及性书籍——与那霸润《中国化する日本》(中国化的日本)(文艺春秋,2011.11)的热销在大众社会引发了热烈反响,同时也由小仓纪藏《朱子学化する日本近代》(朱子学化的日本近代)(藤原书店,2012.5)在学术界提起。小仓纪藏的观点在强调朱子学的现代性这一点上与前一节所提到的"未完的企划"式朱子学观相通,同时包涵了新的启示。个人认为有如下之点。即按照"未完的企划"式朱子学观,建立在朱子学所提倡的"理"之下的自立虽然至今仍未在日本出现,但作为应到来的思想,受到非常肯定性的、期待性的关注。小仓纪藏也认为朱子学是"主体化"与"变革"的思想,承认其意义(p.444)。可是小仓纪藏认为朱子学同时也是"序列化"(同)的思想。即在那样的社会,基于对单一的"理"的接近程度(修身程度、考试成绩),所有成员被阶层化、序列化,追问该

"理"本身的态度、各个人的生命之丰饶的多样性有可能被扼杀。这正是所有成员的生命之政治化的危险所在。

如上所述,探讨的内容相当令人兴奋,但由于仅凭直觉为论据提出了近代日本国家的结构,及其成员的意识结构与以朱子学为前提的国家(极端而言就是宋代以降的中国与李氏朝鲜等科举社会)的类似性,不免感觉缺乏具体根据。要准确测定朱子学对日本近代之影响,就要根据近代日本知识分子的各类活动与见解,细致地开展探讨朱子学之影响的工作。其中值得关注的正是以侍讲身份向明治天皇讲解儒教,在颁发《教育敕语》(1890)过程中起到决定性作用的元田永孚(1818—1891)以及既是朱子学者,同时也加入近代启蒙主义者云集的明六社,积极参与议论文明开化后的日本之将来的坂谷素(1822—1881)这些近代的朱子学者们。其中,关于后者坂谷素,在本年度出版了相当全面的专门论著。就是河野有理《〈明六杂志〉的政治思想——坂谷素と"道理"の挑战》(《明六杂志》的政治思想——坂谷素与向"道理"的挑战)(东京大学出版会,2011.3)。关于坂谷,一般的印象是,相对于明六社留学欧美的先进近代知识分子,他是一位仅凭过时的朱子学素养勇敢地展开论战,略显堂吉诃德式不识时务的"老儒"。可是河野有理的该著作极具说服力地指出,坂谷素基于朱子学式"道理"、"正理公道"的议论有时主导了洋学者争执不下的明六社中的议论,不仅如此,对于"政体"与"公论"之精辟见解,其至对当今日本的政治状况能给予启发,水平极高。可以预测,由上述著作提出的日本近代与朱子学这一组问题,今后也将继续探究下去,构成日本朱子学研究的核心领域之一。

(二)家 礼

另一值得关注的动向就是关于日本如何接受《文公家礼》的研究。当然,理气论与天理人欲论代表了朱子学理论性一面,而《家礼》则代表了朱子学实践性一面。随着亚洲其他地区的《家礼》研究之发展,人们纷纷关注起日本接受《家礼》的结果。可是不同于明代以后的中国与朝鲜半岛,在日本,《家礼》并未作为构成社会基准的礼体系而占据枢纽地位。这是由于特别是作为《家礼》之核心的葬礼,与幕府强制推广的佛教葬礼间发生了激烈摩擦。本年度出版的田世民《近世日本における儒礼受容の研究》(《近世日本接受儒礼研究》)(ぺりかん社,2012.3)对该摩擦做了细致分析。在田世民举出的事例中,因忠实于《家礼》执行朱子学式葬礼,反遭幕府猜忌,不得不到中央予以辩解的野中兼山(1615—1664)这一事例,如实地体现了在日本接受《家礼》的特征。幕府的《服忌令》规定亲之丧为五十日,当然《论语》以来,儒式之丧为三年。这迫使信奉朱子学及该礼法才属普遍的日本儒者们在其余的两年与十余月,在形式上遵从幕府之制结束服丧生活,在内心之中服"心丧"来顽强苦斗。在田世民的该书中强调的是这些儒生们真挚的思想苦斗一面,然而本书同时相反体现出,尽管有这样的苦斗,在日本《家礼》仍未被社会采用,并未实施这一否定性结论。

那么是否可以说,不同于其他儒教文化圈,《家礼》对日本没有本质性影响。并非如此。近世后期以来,随着日本主义式、国粹主义式思潮高涨,出现了排斥基于外来佛教礼仪的葬礼,试图恢复日本独自的神道式葬礼(神葬祭)的尝试。此时大家相信正在构想、谈论的神葬祭当然是未受外来思想影响的日本固有礼仪,但正如田世民在该书的结语(p.248)中准确地指出的那样,其实是深受《家礼》之影响而确立起来的。前一节提到的近代国家也是其一,在日本的近世/近代,日本固有的,或者被认为来自西洋、并非儒教式的许多事像,其实是改头换面的朱子学式的,这些事例可能会出人意料地多。葬礼也是其一。朱子学及其礼仪通过暗中影响了神葬祭,对日本人的死后观念、先祖祭祀观给予的影响理应出人意料地多。以田世民的著作为出发点,希望今后有更加深入的探究。

以上介绍了本年度的若干精心制作的著作。通过这些研究,从事曾被宣告"已死"的日本朱子学研究的我们——如今已不限于日本人——的"背"、"腹"里,定会重新注入"实"之"暖"。笔者怀着深信与祈愿,就此搁笔。

注 释

［1］片冈龙:《近世儒教研究史(七〇年代后半期一)》,《日本思想史学》第 38 期,2006,第 49 页。

［2］最近出版的田尻祐一郎《总论近世的思想》(《日本思想史讲座 3——近世》ぺりかん社,2012)是一部简洁明快地说明了有关日本近世思想的近现代研究史的概论著作。希望更加详细地了解日本朱子学研究史的变迁者,敬请参阅。

［3］丸山真男:《日本政治思想史研究》,东京大学出版会 1952 年版。

［4］丸山真男:《山崎闇斋学派》(日本思想大系 31),岩波书店 1980 年版。

［5］丸山真男:《日本的思想》,岩波书店 1961 年版,第 56 页。

（作者单位:日本学术振兴会）

2011—2012 年日本学者朱子学研究现状述评

陈 晓 杰

对于目前日本的朱子学研究现状,任何一个在从事朱子学研究的日本学者恐怕都不会感到满意——尤其是在与 20 世纪六七十年代的鼎盛时期相比。所谓"冰冻三尺,非一日之寒",这种趋势,石立善在 2006 年所撰写的《战后日本的朱子学研究述评:1946—2006》[1]一文中就已经提到了:"进入 1980 年代中期后,与中国大陆的情况完全相反,日本研究朱子学的学者逐年减少……同时在研究者眼中,朱子作为外国思想的'他者',被彻底客观化了。2000 年后,日本进入了朱子思想研究专著的又一个出版高峰期,其研究手法与主题日趋多样化,但研究者的汉文原典的读解能力远不及 20 世纪 60 年代以前的学者。今日,九州大学与东京大学的朱子学研究已经完全断代,其传统与自尊荡然无存,曾在 1970 年代的朱子学研究领域中昙花一现的京都学派,又恢复了以往的漠视与冷淡。"对这段概括,笔者毫无异议。而事实上本文所要介绍与评价的 2011—2012 这两年的日本朱子学研究状况可简单地概括如下:(1)有新的关注焦点与课题,(2)总体研究水平堪忧,(3)中青年一代后继乏力。这三大特征究竟从何时开始笔者无法断言,但是在 2000 年左右已很明显,此概无疑问。当然,笔者无意上来就否定近两年的日本朱子学研究,根据下文的具体介绍,我们依然可以看到日本学者的一些特征与

优良传统的保持。

暂且不论具体的研究质量,从数量来说,2011—2012 这两年间产生的朱子学研究成果也非常有限,因此与石立善的文章不同,笔者将具有代表性的单篇论文也列入介绍范围。本文的介绍方式采取夹叙夹议的方式进行,而在第三部分会进行综合评论。另外,日本朱子学研究不在本文介绍范围之内。

一、论著[2]

1. 高梨良夫[3]《エマソンの思想の形成と展開－朱子の教義との比較的考察－》(金星堂,2011 年 4 月)

高梨良夫不仅对于笔者,对日本本土的朱子学研究者想必也是个很陌生的名字,这并不奇怪,因为高梨本人的本行是美国文学,研究对象则是美国作家爱默生,朱熹是放在比较对象的位置上的。历来做比较研究是一件很吃力不讨好的事情,尤其是做中西比较,牵涉两大完全不同的文明,不仅牵涉到对知识积累的极高要求,而且比较研究本身的方法论就很成问题,至今仍然有不少人对此持怀疑态度。而在日本的中国思想界,除了少数学者对西方哲学、文化有一定的关注之外,大部分学者以及学生对此几乎都没有兴趣。像高梨这样本身以"西"为本而进行中西比较研究的研究

著作无疑本身就具有一定的意义。正如高梨在序言中所说,日本在明治时期开始关注爱默生,当时的学者便多以禅宗或者阳明学思想来理解爱默生,重视后者的"内在"而忽视了晚年的"超越"志向。但是在明治以及大正时期如此把握爱默生,我们可以佛教东传到中国而产生的"格义"来进行理解——日本长期以来耳濡目染的都是中国传来的文化与思想,在近代化过程中接触到大量陌生的西方文化与思想,就如同中国人要理解佛教一样(以道家之"无"来比附佛教之"空"),是以佛教之"空"或者儒教之道德来理解爱默生。这种比较研究本身是有其内在动力和历史发生学意义的。而高梨现在要对连大学生都很少会去关注的爱默生以及在日本几乎被普通人遗忘的朱熹来进行比较,我们当然要肯定其客观的学术价值与意义,但是与此同时是否会感觉到一丝知识分子的无奈与寂寞呢?

由于本文的主旨是介绍朱子学研究,且笔者对爱默生的了解程度也只是读过其散文集而已,因此下面的评述还是围绕其对朱熹的论述来展开。首先值得肯定的是,高梨对于朱熹的理解非常扎实,除了少数误读和偏差之外,很难看得出这是一位从 2000 年才开始研读朱子学相关文献乃至中国传统思想的文学研究者。而且其文风平实,论点之展开基本都有翔实的材料做佐证。在笔者看来,高梨对朱熹的理解要远远高于大多数目前日本近世儒学研究领域的学者。在字里行间,我们都可以看出作者对于研究对象既有着深切的同情与认同但又不过分投入的把握而成为"护教"论,实在是非常难能可贵。但平稳的文风与不好做惊人之论的分析是比较正面的说法,从另一个角度说,高梨对朱熹的整体把握与理解,基本上停留在日本战后形成的

朱子学研究主流认知(岛田虔次、荒木见悟等)的范围之内,缺乏独特的见解与想法。当然笔者这样说或许太苛刻了。毕竟高梨的研究主题是爱默生,因此或许他通过对朱熹的比较而对爱默生的理解提出了新的看法,但至少在朱子学研究的视角来看,这点很关键。其次,高梨所做的思想比较研究从章节结构中就可以看出,是以爱默生为轴心来进行的,这样的讨论会带来的问题就是,作为比较的对象仅仅是为了在某一个主题上作为比较才会受到关注。这牵涉到比较研究的方法问题,仅举一例说明。第一章第二节"圣人与学者",高梨在这里将受到贵格会教派影响的爱默生与主张人人皆能成圣的朱子学放在一起,认为双方都承认凡人通过后天努力就能成为圣人或者"真正之人",同时拒绝对孔子与耶稣的神格化。这牵涉到儒家的圣人论问题,事实上,在孟子之后直到汉唐,儒家对孔子的神格化以及强调圣凡之别基本可说是定论,但是人皆可成圣是北宋道学提出的口号,并非朱熹首创,此其一;朱熹固然不和春秋公羊学或者谶纬之说那样主张孔子有神力,但是朱熹心目中"生知安行"的孔子不要说对常人,对士大夫而言都是遥不可及的理想,因此要说成圣之可能性以及圣凡之间距离的拉近,朱熹既非首创者,在宋明儒学谱系中也并不特别,否则我们就无法理解为什么到了明代的王阳明提出"致良知"之说而掀起的狂潮,也无法理解日本古学派对朱熹之学是"好高骛远"的过激批判。亦即是说,比较研究如果缺乏有效的参照系和标准,那么拿本身就处于不同思想文化中的思想来进行比较,其论断的严谨性与说服力是很值得怀疑的。另外,高梨对于朱熹的"理"、"天"、"太极"的理解都存在一定的偏差(第 196、205、208、225页),对于"天"意义的多重性与复杂性,

"理"与"太极"的非实体性都没有提及,而这些关键性的理解与把握对于比较"太极"与"大灵"、"理"与"理性"而言是非常重要的。瑕不掩瑜,高梨此书未必称得上中西比较研究的成功之作,但依然有其重要的参考价值而值得一读。

2. 吾妻重二、朴元在编著《朱子家礼と東アジアの文化交渉》(汲古书院,2012年3月)

2009年11月3日,由韩国国学振兴院以及关西大学文化交涉学教育研究据点(ICIS)共同在韩国举办了《朱子家礼と東アジアの文化交渉》的国际研讨会,2012年正式出版同名论文集。

如标题所显示的,关键词是"家礼"与"东亚"。会议的参与者包括中国、中国台湾、日本、韩国的家礼研究者,研究课题则围绕"家礼"在东亚地区(韩国、日本、琉球、越南)的传播与变化而展开。事实上,过去的朝鲜王朝非常重视朱子学,并以官方的形式对家礼的传播起了决定性的作用,因此时至今日,韩国的朱子学研究以及礼学研究都非常兴盛,但因为笔者对韩国朱子学之研究不甚了解,因此仅介绍至此。而中国以及日本的朱熹研究,历来都把朱熹视为"思想家"或者"哲学家",因此偏向于对具有一贯性的重大思想问题的关注,而对儒学理论如何制度化、生活化乃至世俗化等具体思想问题却缺少必要的关心与扎实的研究。该论文集的主要编者之一吾妻重二,从大约十年前就开始关注礼学的问题,并在2003年初步完成了文公家礼的实证研究。[4]之后他的研究重点也一直放在家礼的传播问题上,有兴趣的读者可以参看最近由吴震等翻译出版的《朱熹〈家礼〉实证研究——附宋版〈家礼〉校勘本》(华东师范大学出版社,2012年5月)。

因为是会议论文集,各篇文章的风格、关注焦点与研究方法等都不尽相同,但笔者认为,该论文集的总体水平应属于上乘。不论其研究对象是对家礼以及礼学的思想层面的把握,还是具体东亚各国家礼版本的传播、变化或者家礼具体在生活实践中之落实与矛盾,均给人以主题明确、论据充实之感。笔者推荐读者去看吾妻撰写的《日本之〈家礼〉受容——以林鹅峰〈泣血余滴〉、〈祭奠私仪〉为中心》一文,该文前半部分是对日本江户时代儒者对《家礼》之受容与实践的概括性论述,由此我们可以大致了解当时的儒者与《家礼》之关系。

笔者对礼学以及家礼完全是外行,但作为一个哲学研究者来看,对于家礼的研究事实上牵涉到很多重要的理论问题值得思考。例如最基本的,不管是朱熹本人还是日本、韩国的儒者,都面临着社会风俗与儒家正统理念之间的巨大隔阂,换句话说,就是正统之"礼"与民间之"俗"的矛盾,同时还夹杂着正统与异端(主要是佛教的火葬与相关仪式,道教的水陆法会等等)的斗争问题。[5]因此如何一方面尽可能地保证儒家理念在现实世界中的贯彻,另一方面又要兼顾可实施性和受众层面的问题。尤其是像日本近世儒学,从津田左右吉开始,学界就普遍认为,朱子学甚至儒教思想在近世日本的影响仅停留在思想层面,只是知识分子的一种研究兴趣,而在社会的一般生活层面,其对人们的行为方式之影响则相当有限,政治层面上儒者无法通过科举这样的途径晋升为士大夫来治国平天下,宗教上幕府则全面指定佛教丧葬仪式为正统,在这种极端困难的情况下,正如该论文集中吾妻等研究者所证明的那样,江户时代的儒者依然凭借着自己的信念积极思考如何在现实中实践家礼的可能性。但是从另一方面来看,本身日本学界的定论指的是整个社会层面的情况,基本无法上升为统治阶级的日本儒者不管怎么努力，其对家礼的实践与思考究竟能在多大程度上推翻此定论，仍然是未知数。另外对笔者而言，更感兴趣的是，例如儒者之亲属是佛教信徒的情况下，认定朱子家礼是真理的儒者不遵从亲属之遗志而断然实行儒葬，这种行为的正当性是否是不言自明的？

3. 陶德民等编著《朱子学と近世·近代の東アジア》（台湾大学出版中心，2012年3月）

在 2012 年 3 月，由台湾大学出版发行了陶德民、黄俊杰、井上克人等编辑的《朱子学と近世·近代の東アジア》，该书的论文主要来自 2010 年 9 月于日本关西大学召开的朱子诞辰 880 周年国际研讨会，在编辑时又加入了若干台湾学者的论文。因为本文的论述范围是日本学者的朱子学研究，因此对于中国大陆、台湾以及韩国的学者之论述不做介绍，请读者参看收录在年鉴中，由林易澄、张崑将撰写的《近三年台湾学界朱子学研究成果提要》。

由此，所剩下的能介绍的文章严格地说仅剩下四篇：吾妻重二所撰写的《朱熹と释奠儀礼改革》是旧文（刊载于《東アジア文化交涉研究》第 4 期，2011 年 3 月），故不做介绍；日本阳明学之重镇荒木见悟的弟子柴田笃的《朱子学における仁の思想》，尽管开篇以"宗教性"为切入点，但整篇论文对朱熹的"仁"思想的讨论更多地是以介绍性质为主。另外，绪方贤一的《礼が形作る身体》，可以看做是与近年来由吾妻重二等主导（更早的至少可以上溯到小岛毅在 20 世纪 80 年代所做的相关研究）的朱子学"礼学"研究的文献实证研究相平行的理论探讨，但绪方所提出的相应视角以及观点，包括身心关系，"礼"之规范对于"身体"乃至无意识层面的影响等等，均未有超越目前学界之研究的认识或者观点。

最后想介绍一下主编者之一的井上克人撰写的《科学技術時代における朱子学の倫理の課題 ——〈西欧的知性〉と〈東洋の叡智〉》。井上是日本关西大学文学部教授，专攻是西方哲学，不过井上的知识范围很广，包括佛教、儒教等方面亦有研究成果，故此文可以看做是西哲专家对中西思想文明的综合探讨。但是，正如该文标题所显示的，"西欧"与"东洋"（在这里，"东洋"可以简单理解为相对于西方文明的"东方"）以及"知性"与"睿智"（或者"理性"与"直观"）的对比图示，更多的让我们想起萨义德所说的"东方主义"。西方文明，尤其是 20 世纪以后日益发达的科学技术以及产业发展所带来的负面作用以及环境问题等等，被简单地归结为"近代化"的恶果：人与自然的分离，超越之向度的丧失（"上帝已死"），而以朱子学为代表的宋学则主张"天地一体之仁"，朱熹的主静之思想可以解决海德格尔所说的 Ge-stell 的"挑衅"（Heraustfordern）问题。

井上将当今之技术时代归结为海德格尔所提出的 Ge-stell 时代，但是海德格尔认为近代科技是 Gestell、而"风车"则不是的看法，正如近年来学者所指出的，是很有问题的。[6] 因为尽管农夫之"耕地"与风车之利用是依赖于"大地"或者"风力"之自然，而不像近代科技那样是可以排除自然条件与场所而对自然进行肆意地榨取，但事实上 Gestell 有"组合而成之物"、"骨架"等含义，"风车"在这里意义上正是典型的 Gestell。因此海德格尔也好，井上也好，认为前近代对于自然的征用与近代对自然之"挑衅"有实质性的区别，是很难站住脚的。与极端反技术论的老子以及庄子不同，儒家在原则上并不反对对于自然之征用，这在朱熹则称之为"尽物性"："尽物性，只是所以处之各当其理，且随他所明处使之。

它所明处亦只是这个善，圣人便是用他善底。如马悍者，用鞭策亦可乘。然物只到得这里，此亦是教化，是随他天理流行发见处使之也。如虎狼，便只得陷而杀之，驱而远之。"[7] 善奔跑之"马"与"鞭策"之关系也好，"虎狼"与"陷而杀之"也好，事实上都是由人自身之立场所决定的，这和海德格尔所说的"风车"其实是一样的道理：因为儒家认为人之生存价值不言自明地凌驾于天地万物，但为什么这是不言自明的？这在朱熹则根本没有设想过，或者说，在当时的时代与技术条件下，是没有必要设想的问题。而井上在该文第 7 节中，将《礼记》的"人生而静，天之性也，感于物而动，性之欲也"与朱熹的"主静"说作为克服 Gestell 的手段（第 73 页），此看法也很有问题。近代的 Gestell 形态之产生可能是有思想之动机存在，但是一旦对自然之无限制地征用构成社会运作之核心时，其运转则完全脱离了个人之意志与动机，因此才会出现后人所说的人最终自身的"物化"问题，而朱熹所说的"存天理、去人欲（之私）"则纯粹是个人道德问题，尽管此个人道德必须在生活实践中展开。换句话说，Gestell 问题与朱熹的"主静"说根本不能混为一谈。更何况朱熹所说的"主静"与"居敬"的工夫论，对当时之庶民而言都很难实践，对于当代而言则更无从谈起了。

总体来看，作为朱熹诞辰 880 周年之纪念的该论文集，尽管其大会主旨即明确指向"朱子学在今日之意义"，但日本学者在论文中并没有很好地体现出他们对于"今日"之关注，这不能不说是令人遗憾的。

4. 小仓纪藏《入门 朱子学と陽明学 》（筑摩书房，2012 年 12 月）

小仓这本书是作为筑摩新书（ちくま新書）系列之一而推出的，所谓"新书"，都属于日本的文库本文化。什么叫文库本呢？简单的说就是长宽约为 15 cm×10 cm 左右（大小会略有不同）、能够很轻松的放在口袋中而易于携带（在电车上阅读文库本几乎可以说是日本昭和时代的象征，但随着手机等媒体的普及，现在的年轻人在电车上几乎都是玩手机或者听音乐）、内容通俗易懂而具有普及性特点的读物，虽然可以说"科普"或者"扫盲"，但是撰写者一般都是相关学界中取得较高地位与评价的学者才有资格撰写的，因此请不要马上联想到国内的于丹之类，于丹本身就是外行，日本则不是。当然，这也只是个大概的界定，例如小仓这本书笔者不得不说是例外。为什么这样说呢？小仓本人原来专攻德国文学，后来留学韩国首尔大学，专攻东洋哲学，其著作颇丰，据友人说尤其在韩国学界受到高度评价，笔者也曾经看过其近著《朱子学化する日本近代》（藤原书店，2011 年），一看之下却是大跌眼镜。不过因为本文并不介绍日本朱子学，因此在这里仅以这本"入门读物"为例。我们首先应当肯定小仓的用心，他在序言中就强调，尤其是在战后，儒教[8] 遭到了很大的误解，被置于彻底否定和妖魔化的境地。小仓与很多日本的中国哲学学者一样，都指出，这些贬低儒教的人基本上都是不懂儒教的。小仓并不打算为朱子学与阳明学"护教"："在对朱子学的世界观进行扎实的理解的基础上再进行批判，则意义重大。"（第 9 页）这确实是很持平的说法。但是很遗憾，小仓对于朱子学的"入门"式导读却实在无法说是"扎实的理解"，恰恰相反，其论说中充满了各种令朱子学研究者感到无比诧异的"高论"。开篇，小仓就以西班牙的修道女为例，说阅读能给人以神秘的"宇宙快感"，这种快感在传统中国中也能找到，例如朱熹那样的士大夫阅读《论语·学而篇》的"学而时习之不亦说乎"，"从这样的文字罗列上，如果无法得到恍惚式的肉体的快感，就无法理解朱子学的士大夫的世界观"(第16页)。笔者看到这里哑口无言。通过阅读而获得神秘体验或者快感那或许是有的，但是为何这种宗教神秘主义就一定能套用到南宋的士大夫阶层身上去呢？况且这还是在毫无文献依据的基础上得出的结论。事实上，该书中每发惊人之论，却很少会提示相应的文献材料和依据。小仓作为德国文学研究出身，在该书的最后一章畅谈西方哲学与中国哲学之结合与比较，但是例如在接下去的第20页，他又将朝鲜的"两班"阶层与民众相对立，说农村中个人的情欲之快乐是与四书五经这样的东西无关而受到压抑的，尤其是女性阶层。在女权主义之研究发展到今日、而福柯的《性经验史》[9]早已破除了"压抑—解放"的神话的时代，小仓依然在用弗洛伊德的精神分析和陈腐的阶级压迫论来理解传统社会的男女关系，不由得让我们想起来近代化过程中控诉"礼教吃人"和压抑人性的那段往事。另外，小仓此书所用的标题虽然是"朱子学"，但是他在第75页却标新立异地说："朱子之前的四人与朱子合称'周程张朱'，本书的所谓'朱子学'，主要就是指这'周程张朱'的学问"。笔者百思而不得其解，确实我们经常会说"程朱"，那是因为众所周知程颐学问的分析理路也好严峻的气象也好，在各方面都很大程度上影响了朱熹，当然这也只是"很大程度"，例如最基本的，通常我们都说"朱子学"的基本工夫论主张是"格物穷理"，而事实上程颐本人对于日常人伦之外之事并没有太大兴趣，朱熹所关心的范围则非常广泛，所以我们说朱熹是"泛认知主义"(当然此"认知"不是西哲的"认识论"的认知或者科学研究的客观认知)。但是说周敦颐、张横渠也属于"朱子学"则实在是有欠考虑，小仓引用岛田虔次

的体/用、理/气、已发/未发、形而上/形而下的朱子学介绍图示(第80页)的时候，难道就没有考虑过这样的分析性理路根本和周张没什么关系么？小仓接着说道："这(笔者按，指朱子学)是宋代的思想，因此也被叫做宋学，或因为以道为本而叫做道学……他们之间多少有着异同，但基本指的是同一个东西。"(第75～76页)在过去的江户时代，传到日本的儒学文献，其大背景是明代朱子学之官方绝对性以及在部分地区兴起的阳明学风潮，在当时的日本儒者看来，"朱子学＝宋学＝道学"是完全情有可原的理解。但是在21世纪的今天，小仓却依然能完全无视北宋初期"三先生"、北宋盛极一时的王学(王安石)、南宋与朱熹分庭对抗的陆学、永嘉学派等等，而轻描淡写地说朱子学基本就可以说是"宋学"，像这样缺乏基本常识的惊人之论充斥于全书之中，笔者不得不说是有负"筑摩新书"的启蒙意义。

二、论文

1. 市来津由彦《朱熹の四書注釈における"解説"的言辞の特質とその形成》(《东洋古典学研究》第32集，2011年10月，第25～47页)

市来的该篇论文在笔者看来是这两年日本学界比较优秀的研究成果，故推荐给年鉴作全文翻译。任何一个初步阅读过朱注的读者都会发现，与言简意赅而侧重于解析字义的汉唐古注相比，朱熹的"新注"非常翔实且侧重义理层面之阐发，但是很少有人对朱熹的这种诠释手法本身进行过认真思考。市来的论文就是一个初步的尝试。

市来开篇就用"说明"来界定朱熹对四书的诠释工作，例如立于天地之间的人之

存在方式与自我认识的解释,这些看来自明的东西与四书本文相比较,其实是具有高度抽象的形而上学构造意义在内的,所以我们才说朱熹是儒学史上最有"体系性"(在此"体系"取通俗义)思考能力的思想家。市来对"说明"进行了初步划分:(1)情绪、感情之共感;(2)实践知识;(3)(理论)知识。(1)和(2)中"身体"的要素相对比较重要,而(3)则不然。这个区分之所以重要,是因为朱子学(广义而言,"理学"与"心学"都是如此)不是书斋里面的空想学问,不管是内圣还是外王都与具体实践相结合,例如讲"内圣"讲"修身",都牵涉具体的工夫和方法讨论,而事实上例如二程的很多说法都属于"体验"之知的范围,这种"知"在传达上存在很大的问题,如同你现在对我说"这个桃子很好吃",但是我如果没有吃这个桃子,就很难真正"体验"你说的"好吃"(当然不是说不能"理解",这需要去看维特根斯坦)。朱熹之师李侗要朱熹体认"喜怒哀乐未发之气象"也好,湖湘学派的"先察识后存养"也好,都属于实践知识优先于理论知识的范畴,而朱熹对此均未能有所契合而烦恼不已。在之后有四十岁"己丑之悟",从原来的以性为未发、心为已发,转变为心同时有"已发(用)、未发(体)",朱熹的新说并非出于"体验",而是基于"说明"、也就是理论之阐明。由此理论,工夫论上的实践也相应得到确认,即"先存养后查识",强调主敬涵养,这正与中和旧说时候相反,亦即是说:是先确认理论,然后由此确定实践方向,而不是相反。而这种思路也是朱熹的四书诠释工作的基本框架。同时,市来指出,朱熹的这种强烈的理论先行向导,尤其是在进行形而上学建构的时候,面临着如何打通形而上与形而下的问题。这个问题的解决在四十至四十五岁之间,此期间正是朱熹撰写《太极图说》与《西铭解义》之时。特别是后者中所提出的"一统而万殊,万殊而一贯"的"理一分殊"思想,可以说是最核心之成果。

在介绍完市来此文之后,作为晚辈的笔者想提两点想法,权作抛砖引玉:首先,朱熹通过对四书的诠释而完成了"朱子学"之建构,市来对此基本是持正面肯定态度的,但事实上,如果站在今人力图还原孔子和孟子思想原貌的立场上来看,朱熹的注解无疑渗入了太多的"朱熹式"的理解,如何对此进行评价,牵涉到更根本的"我们应当如何阅读古典"的问题。其次,市来对"实践"、"体认"与"理论"的区分是基于常识意义,但是"常识"本身就是混合着各种形而上学之残渣的,尤其是牵涉到"体认"与"理解",问题会非常复杂,例如说与实践知识不同,理论知识的理解与掌握不需要太多对体验的要求,但是例如当我们把目光放到江户时代儒学,我们却会发现对于朱熹的这种体系性的说明与形而上学,日本的很多儒者都根本无法接受而做出激烈的批判(这当中当然掺杂了对朱熹思想的大量误解与歪曲)。笔者想问的是,为什么异国的日本会对朱子学最根本的"理"和体系性的诠释如此无法认同? 日本很多儒者对于"说明"与"分析"本身的某种类似于生理上的排斥说明了什么?

2. 小路口聪《朱熹の「慎独」の思想》(《东洋大学中国哲学文学科纪要》第 20 号,2012 年,第 35～83 页)

小路口聪这个名字对大陆学者而言可能比较陌生,到目前为止其研究据笔者所知,只有 2010 年由吴震编辑出版的《思想与文献——日本学者宋明儒学研究》(华东师范大学出版社)中收录了他的一篇论文,即《陆九渊的"当下即是"是"顿悟"论吗——"即今自立"哲学序章》,收录于《"即今自立"的哲学——陆九渊心学再考》(研

文出版,2006)[10]。因此在这里简单介绍一下。小路口聪,1958 年生,东洋大学教授,文学博士。主要从事朱子学、陆象山以及阳明学的相关研究。主要著作有《"即今自立"的哲学——陆九渊心学再考》(研文出版,2006 年),论文有《王龙溪の"根本知"をめぐる考察——あるいは、"生"の哲学としての良知心学》(《阳明学》第 18 号,2006 年)、《"非暴力"主义としての"仁"の思想——朱熹の"生"の哲学再考》(《东洋大学中国哲学文学学科纪要》16 号,2008 年)、《人に忍びざるの政とは》1—4(《东洋学研究》43—46,2006—2009 年)等。[11]

小路口聪与木下铁矢[12]两人关系甚好,有趣的是两人在写作时所用的日语也都非常难懂,这点至少在《"即今自立"的哲学》一书中是如此,但是当我们阅读这篇论文时却不会有这种感觉。文章开始就引用朱熹的话来点明中心议题:针对当时盛极一时的禅宗思想的"前后际断"而主张儒家思想中自有安顿之工夫,接下来小路口引用程颢的"纯亦不已,此乃天德也……其要只在慎独"的说法,"纯亦不已"的说法需要参看"子在川上曰:逝者如斯夫,不舍昼夜"的朱熹注解。[13] 在朱熹看来,天道之连续与不间断,就如同川流不息之流水那样,人之生命与全部存在依据都由天赋予,就应当以此天德、天道为模板,对自己之本心时刻省察,不容有丝毫间断,而朱熹心目中的圣人,也正是如此,像颜回这样的高徒能够"三月不违仁",是"自三月后,却未免有毫发私意间断在,但颜子才间断便觉,当下便能接续将去"。但这毕竟是有瞬间之间断,此间断便不与天道相似。而这种工夫论,在朱熹主要是以贯通已发、未发的"敬"为主旨,此已经是常识,而小路口在文章中则重提《中庸》中的"慎独"工夫,指出"慎独"与"戒慎恐惧"并不一样,后者是未发工夫,

前者是已发工夫,而慎独的已发工夫,是针对当下一念刚要发动之时、亦即是周易所说的"几"。小路口认为,王阳明的"致良知"和王龙溪的"一念独知"思想都可以上溯到朱熹的"慎独"论上。另外,刚才本文介绍了市来的文章,事实上我们可以马上应用到小路口的论文中。其一,小路口指出"慎独"的工夫论的最终依据是"天道"的"纯亦不已",这一点正好验证了市来的"先确认理论,然后由此确定实践方向"的朱子学理路。其二,朱熹将《中庸》的"慎独"与"戒慎恐惧"进行区分,其文献依据是"是故……故……"这两个连接语的不同,但更根本上说,是出于其对已发未发进行二分又要进行联系的思路,这在诠释思路上也属于市来所说的"说明"性格。

另外,小路口聪在第 71 页提到"只有自己才会知道的"独知,即便我与他人相处,我所思考的东西依然可能是他人无法查知的,因而有陷入独我论的危险。在这里笔者窃以为是过度诠释了,因为朱熹虽然依据大学的"诚意"章说心之所发"其实与不实,盖有他人所不及知,而己独知者",但此他者无法察觉之"知"只是相对意义上的无法查知,换句话说,朱熹并没有用近代独我论式的思路来理解自我意识、体验与他者意识的绝对差异性。"人所不知而己所独知"如果并非独处之情形(《语类》中另外一种说法是"隐微独处"),则是限定于一念发动之当下的"几",换句话说是念头刚起来的一瞬间,他人确实会无法察觉,但是如果进一步展现到行动上,例如我欲为善,但是念头中却有一丝不善或者要誉之心,则必定会显露出来,否则我们就无法理解《大学》中说"人之视己,如见其肺肝然"的说法,换句话说,有不实的念头而想在众人面前隐瞒,其实未必能瞒得住,这只是"自欺",故君子必定要对自己念头之发动"戒

慎恐惧"。另外,这从第 69 页小路口聪所引用的二程之语也可以看出。"且如昔人弹琴,见螳螂捕蝉,而闻者以为有杀声……人有不善,自谓人不知之,不知天地之理甚著。"人所发之意念即便不通过言语、表情或者行动,而是"琴声"这样间接的感应都能为人所察觉。

3. 马渊昌也《宋明期儒学における静坐の役割及び三教合一思想の興起について》(《言语·文化·社会》第 10 号,学习院大学,2012 年 3 月)

马渊主攻是明代思想,其研究目前为止被翻译为中文的也不多,例如前面介绍的《思想与文献》中收录了《从刘宗周到陈确——宋明理学向清代儒教转换的一种形态》。简单介绍一下:马渊昌也,1957 年生。东京大学大学院博士课程(中国哲学·1988)、驹泽大学大学院博士课程(佛教学·2006)满期退学。1998 年开始担任学习院大学外国语教育研究中心教授。马渊没有单著,2011 年编辑出版了《東アジアの陽明学——接触·流通·変容》(东方书店,2011 年 1 月)一书。论文则有《明代中期における『老子』評價の一形態-王道の事例-》(《中国哲学》二八,北海道中国哲学会、1999 年 12 月)、《劉宗周から陳確へ一明代儒教から清代儒教への転換の一側面-》(《日本中国学会報》五三,日本中国学会,2001 年)、《清涼澄観の安国批判をめぐって-初発心成仏と一生有望-》(《東洋文化研究》七,学习院大学东洋文化研究所,2005 年 3 月)、《唐代華厳教学における三生成仏論の展開について》(《驹泽大学佛教学部論集》三六,驹泽大学佛教学部,2005 年 10 月)、《明代後期における"気の哲学"の三類型と陳確の新思想》(收入奥崎裕司编《明清とはいかなる時代であったか》(汲古书院,2007 年 3 月)等。[14]

讨论宋明儒学静坐问题的论文其实并不少,马渊此文的特点可以归纳如下:第一,考察对象的范围很广,涵盖了宋元明时期,但同时又不是泛泛而谈的资料罗列,而是以井筒俊彦的《意識と本質》(岩波书店,1983 年)所提出的"表层＝分节——深层＝无分节"的架构为基本理论依据来理解宋明儒学对于静坐的态度,简而言之,就是儒者一方面承认"静坐"之意义与功效,另一方面又对思想上的最大异端、亦即佛教相当敏感,深恐自己的工夫会陷入空虚寂灭之道中去,因此马渊用"不即不离"四个字来概括总体趋势,是非常有整体性视野的。第二,在这种整体性视野中,马渊并没有忽视个别性的特殊与例外,因为不管是朱熹所师从的李侗,还是明初的陈献章,乃至之后的薛蕙(1489—1541),他们整体所呈现的气象明显偏向静态,而静坐并不仅仅被视为"精神安定之手段"[15],对这股思潮,朱熹直到晚年也一直是持警惕态度的。第三,马渊在文章第 5 节中以明末东林党的朱子学者高攀龙为例来说明明末清初朱子学者之间对于静坐态度的分歧,马渊指出高攀龙以朱熹的"半日静坐半日读书"为依据,其对静坐的看法也接近于李侗,但是活跃于清初的陆陇其则针对性地提出了严厉批评,认为高攀龙和顾宪成这些所谓"朱子学者"都偏向于"静"而不自觉的流入禅宗。第四,马渊在文章第 6 节指出明代后期之后开始出现具体指导"静坐"之方法的手册,并将王龙溪、颜均、袁黄和高攀龙的事例整合起来进行考察,这在笔者看来是一个值得重视的看法,因为事实上从本文接下来要介绍的中嶋隆藏的论文来看,光凭借资料文献,朱熹究竟是如何具体实践"静坐"仍旧存在很多暧昧不清的地方。对静坐的实践进行明确的界定以及方法上的讨论,要等到明代中期以后,而这显然与阳明学的兴起以及其对佛道的相对开放态度也有关系。

在这里笔者顺便想提出一个问题,我们究竟应该如何界定"朱子学者"或者"朱子后学"?虽然与阳明后学的流派众多和关系复杂相比,主宗朱熹的学者在总体上来看相互之间的差异没有大到南辕北辙的地步,但笔者依然以为有必要进行大范围的思想史整理和归类工作。例如马渊在文中理所当然地将高攀龙视为"朱子学者",但是从他列举的材料来看,高攀龙说"天即心也,当其感,皆天之用也,当其寂,即天之体也",这无论如何不会是正统朱子学所认同的,反倒有与阳明学路数相近之嫌疑,而接下去又说"情之发,性之用也,不可见性之体",这种体用割裂的看法也与朱熹不契。不仅是高攀龙,顾宪成也是如此。或许在南宋时候的"朱子学者",例如陈北溪和真德秀,其思想与朱熹没有太大的差距,但是到了明代之后却未必如此,因此笔者认为无论如何都有对此问题全面梳理和剖析的必要。

另外,马渊此文有中文翻译,收录在台湾出版的《东亚的静坐传统》(台湾大学出版社,2012年)一书中。

4. 中嶋隆藏《朱子の静坐観とその周辺》(原文刊载于《东洋古典学研究》第25集,后收录于《静坐》,研文出版,2011年)

中嶋并非朱子学的研究者,该论文开篇即说:"历来的中国思想研究并不是没有接触过朱熹的静坐观,但是大多是从哲学研究的角度、在讨论动静观时候附带提及,还没有直接以静坐为主题的研究"(第117页),但事实上在该文注释中他也坦率承认自己遗漏了吾妻重二所撰写的《静坐とは何か》(初出2000年),而中嶋通过《朱子语类》的资料对朱熹一生中对"静坐"的看法与观点进行了整理,但是本身相关资料的搜集就并没有什么困难,而在资料整理的基础上,中嶋缺乏有深度的分析,也并没有由此对朱熹的"静坐"观提出什么新的观点,朱熹究竟是如何理解"静坐"的问题依然没有得到解决。

例如根据朱子语类(以下列举材料均取自中嶋文中)可以整理出如下三条材料:

①"静坐无闲思杂虑,则养得来便条畅。"②"……只收敛此心,莫令走作闲思虑,则此心湛然无事,自然专一。"③"曰:静坐久之,一念不免发动,当如何。曰:也须看一念要做甚么事。若是好事,合当做底事,须去干了。或此事思量未透,须着思量教了。"

从以上三条材料来看可以确定的是:其一,朱熹否定静坐时候的"闲思杂虑",其二,材料③提出"好事"的话就应当去做。但是问题在于,静坐要求"专一",这个"一"究竟指什么?朱熹太注意禅宗之影响,因此绝对不承认静坐就是断绝思虑,但是如果静坐而有思虑,不管此思虑是"闲思杂虑"还是"好事",这在意念上难道不是"二"(我欲静坐,我却同时在想其他事情)么?而材料②说"收敛此心",在这里的语境,"收敛"显然是有意识的行为,便是有"收敛"的念头,此非以一心"把捉"另一心吗?或许以上疑问只是笔者才疏学浅之故,还望各位前贤指点。

5. 井川義次《若きライプニッツと朱子の邂逅 : シュピツェル〈中国文芸論〉をめぐって》(堀池信夫编《知のユーラシア》收录,明治书院,2011年7月);堀池信夫《〈中国自然神学論〉の鬼神—ライプニッツの朱子解釈—》(《东洋研究》第184号,2012年7月)

笔者把这两篇论文放在一起介绍,一则是因为研究的直接对象都是莱布尼兹,二则是因为井川是堀池的弟子。两篇论文均围绕十八世纪的西方哲学家开始关注中国哲学、由此直接或间接地影响了他们的思想而展开。在一般人的印象中，西方哲学家对中国思想的评价大概就是黑格尔的那段著名的话了，但是人们往往忘却了在这之前截然不同的评价，包括法国启蒙运动的思想家们。堀池有他自己的打通"东—中—西"的宏大构想，但至少在笔者看来这直接牵涉到化解"西方/欧洲中心论"的大问题。不过如果回到文章本身来看，和前面介绍过的高梨的研究一样，因为关注的焦点是莱布尼兹如何理解朱熹，而莱布尼兹也主要是为了站在耶稣会的立场反对天主教正统，后者认为朱子学属于无神论，莱布尼兹则以为是有神论，由此，莱布尼兹证明了自己的单子论和神学思想是不分中西而具有普遍性的。对于朱子学研究者而言，这类研究本身并没有提供多少对朱熹本身思想的新理解或者认识。但尽管如此，至少说明在不同的研究领域，在过去的时代，西方思想家或者文人确实或多或少的接触到朱子学，并由此对他们的思想产生影响，朱子学之影响绝不仅限于"东亚"的范围。

6. 辻井义辉《朱熹哲学における"主宰"論——関係性と主体的責任をめぐる問い》（《日本中国学会报》64 期，2012 年）

辻井目前还是就读于东洋大学的博士，其指导老师是小路口聪。在当今日本，能够选择朱子学并进行认真踏实研究的年轻人屈指可数，辻井就是其中的一位，且研究成果颇多。在这里限于篇幅，仅以这篇比较有代表性的论文的分析为例。辻井这里所说的"主宰"，正如其论文第二章中所强调的，主要是指心性论领域中，即《大学或问》中所谓"妙众理而宰万物"的"心"，仅从此章对于"物"的分析就可以看出，辻井对于文献是具有一定把握能力的。[16]但是

既然是在心性论领域讨论心的主宰，除了日本的相关研究之外，中国大陆以及港台也有很多相关研究。辻井的分析看似严密，但是细读之下仍然存在着不少问题。例如其引用的资料 23、24 都提到"心之为物，实主于身"、"人之一心……以为一身之主者"，显然牵涉到身心关系问题，而辻井却没有给予适当的关注或评论。笔者在这里再提供两条材料："心者，人之所以主于身者也；一而不二者也；为主而不为客者也；命物而不明于物者也。"[17]"人之一身，知觉运用莫非心之所为。则心者，固所以主于身而无动静语默之间者也。"[18]人的感觉、思维、情感、欲望乃至肢体运动，无不受到心的支配——这种观点，是先秦时代孟荀以来的固有观点，朱熹在继承这个传统的基础上有何新意、包括朱熹如何理解"身"与"欲望"，都是需要探讨的基本课题。其次，文章第四章讨论"人欲"，这里自然就带出了"人心"与"道心"的概念，朱熹说人要由"道心"为之主宰，意思是说人心与道心是"心"的两个层面，心作为一种知觉，知觉得道理者为道心，知觉得人欲者为人心。在这里，如何理解"人心"是非常重要的，因为我们通常以《中庸章句序》为基准，但是辻井所引用的《朱子语类》的材料[19]却将"人心"的知觉范围扩大到"知理"，这并不是朱熹对"人心"的主要理解，相反是朱子后学真德秀的看法[20]。对于道心人心理解的缺乏必要敏感的辻井说"对于朱熹，辨别作为天理之'是'与作为私欲之'非'"（第165 页），然而正如资料 22 所说，"为私欲所胜，客来为主"，换句话说，人心不可能全无，但是不可使其盖过道心之义，打个简单的比方：人要吃饭穿衣那是天经地义的，但是人进一步要吃好的穿好的那就是人欲之私了。所以这里并不是首先以何者为"是非"（人心不等于"非"，任人心作主宰方

才是"非"）的问题，而正是如何理解"主宰"的问题。

7. 牛尾弘孝[21]《朱子学における静坐・居敬の解釈をめぐって（補編）》（《中国哲学论集》37、38 合并号，九州大学中国哲学研究会，2012 年 12 月）

和本文刚才介绍过的 3、4 两篇论文一样，牛尾弘孝的论文也讨论朱熹的静坐观，但是与前两者不同的是该文明确的论战性质。当然说"论战"也是相对于时下日本中国思想史研究的"温和"性和不敢轻易批判前辈学者之学风（私下如何又另当别论）而言，如果按照大陆学界讨论之标准来看，牛尾的文章绝不能算偏激，这点首先希望读者明鉴。

该文首先列举了吾妻重二的《静坐とは何か》和笔者先前介绍的中嶋论文的观点，认为两者固然在观点上有所不同，但都认为朱熹之静坐是"精神安定"之手段与修养方法。牛尾认为，吾妻将儒者之静坐分为"精神安定之手段"和"求得内在之自觉或者自我觉醒"，这种区分在实践上是否可能是值得怀疑的，并尖锐地指出，此区分以"朱熹的静坐并不指向宗教体验"为前提，但是究竟什么是"宗教体验"，吾妻并没有给出说明。牛尾接下来以荣格研究专家汤浅泰彦以及宗教哲学研究大家井筒俊彦为例，向我们展示了以"宗教体验"为核心的朱熹静坐观认识。汤浅和井筒都借用了分析心理学专家荣格（C. G. Jung）的"表层—深层"心理学理论，认为程朱所讲的静坐等工夫论都有独特的心理经验为前提，而绝非单纯的文献分析所能理解。牛尾指出，上述两者的解释除了岛田虔次之外，中国思想研究者几乎未给与任何关注。牛尾的批评牵涉两个很大的问题：其一，不管是否属于"宗教"体验，"静坐"这样的实践都具有很强的"体验"性和不可言说性，在事实上儒家之静坐实践已经完全断绝的情况下，仅仅依靠文献之考据和研究，没有此类体验的学者是否可能真正"理解"静坐的意义。其二，为了理解静坐之体验，使用西方心理学、哲学等理论的正当性如何。第一点其实是老问题，亦即是说，没有实践与体验之人是否可能理解"静坐"或者"顿悟"等体验，而哲学家 W. T. Stace 就曾尝试分析冥契主义[22]。第二点直接与第一点相关，因为仅仅依据文献的话，一般人确实很难深入了解此类体验，因此需要借助各种理论或者心理学、文化人类学等工具的辅助，但是日本的中国思想史学界，正如牛尾所抨击的那样，对于参考西方之哲学以及理论大多抱着嗤之以鼻或者怀疑的态度[23]，因此只要用了西方之观点便被认为是旁门左道或者异端邪说。但是另一方面，牛尾并没有对为了解释朱熹之静坐观而借用荣格的理论正当性问题做出正面的解释，这同样是有失偏颇的。荣格对西方哲学抱着强烈的敌视态度，但是他所建立的深层心理学理论也好，著名的"集体无意识"（collective unconscious）和"原型"（archetype）说也好，事实上既无法证实也无法证伪，在笔者看来更大程度上是披着经验主义外表的形而上学，用本身就存在缺陷和问题的理论（尽管确实在日本曾经红极一时）来解释朱熹，其正当性很值得怀疑。

牛尾在该文第二章中对朱熹的"居敬"观进行了探讨和整理。吾妻在《居敬前史》中提出两个观点：①朱熹之"敬"是"心理之紧张状态"，是无对象性的，②这种对敬的把握与古代儒教是相通的。牛尾首先指出，古代儒教之"敬"都是针对鬼神或者祖先，而不是"无对象性"，关于这点，其实江户时代的儒者例如伊藤仁斋和荻生徂徕早已对朱熹的无对象式之敬和古代儒教之敬天地鬼神之间的区别有所察觉,并给予了严厉的指责与批判。其次,牛尾认为朱熹的"敬"是有对象的,这个对象就是"天理"。确实在文集以及语类等文献中,我们无法找到"敬理"或者类似的说法,但是牛尾指出,在《论语集注》的"畏天命"段落,朱熹解"天命"为"天所赋之正理",并且"大人"与"圣人之言"也是"天命之所畏",而朱熹又曾说过"敬是畏谨"、"敬只是一个畏",那么显然可以有以下推论:敬=畏=畏天命=畏天理。但在笔者看来,牛尾的解释并没有充分的说服力。因为朱熹固然说"敬"是"畏",但由此并不能证明"畏天命"的"畏"就直接等同于朱熹的"居敬"工夫论,而完全有可能只是朱熹为了描述"敬"之状态的心理紧张性,而指出此状态与畏惧鬼神天命之宗教虔敬是有相通之处的。

虽然笔者对该文的结论表示异议,但是就目前暮气沉沉的日本中国思想史研究领域而言,牛尾的批判精神以及尖锐性,依然是值得赞赏与提倡的。

以上就是 2011—2012 年日本学者之朱子学研究概况。在进入第三部分的综合评价之前,笔者认为必须提及的是已经于 2010 年逝世的日本著名学者沟口雄三。沟口的著作这几年在中国大陆已经陆续出版,虽然笔者没有翻看过所以不知道具体翻译水平如何,但是从翻译的速度之快就可以看出中国大陆对沟口的重视程度。但是石立善的战后朱子学研究评述中除了一个不起眼的注释之外却只字不提沟口,不知何故。既然现在已经陆续有中译本,所以笔者也不想在这里班门弄斧的对沟口做介绍。沟口确实没有一部朱熹或者朱子学的专著,其成名作《中国前近代思想の屈折と展開》(东京大学出版会,1980 年)也没有专门讨论过朱熹,但沟口在 1987 年与日本思想史专家相良亨共同合作的中日概念

史比较研究非常著名。沟口作为中国思想的研究者分析了《中国の『理』》(《文学》第五五卷·第五号,1987 年)、《中国の『天』》(上·下)(《文学》第五五卷·第十二号,1987 年;第五六卷·第二号,1988 年)以及"心"、"自然"等观念的演变[24],特别是沟口对宋明时期的"理"以及"天"的解读、认定朱熹的"天"就是"理法化"之天,这些对于日本的朱子学研究都具有非常深远的影响。在这之后,沟口又和其弟子伊东贵之[25]以及近代史大家村田雄二郎共同编写了《中国という视座》一书,沟口在书中基本上重复了他先前的朱子学解读。

时至今日,沟口对朱熹的"天即理"之解释仍然笼罩在学界上空,笔者对此曾专门写过文章,强调沟口所忽视的"主宰"意义的实体之天以及对"天地之心"之理解的重要性。但即便我们认为沟口的解读未必正确,也不表示我们能够忽视他的存在,就好比大陆和台湾的朱子学研究者必须研读牟宗三的研究、日本思想史和政治史研究者必看丸山真男、西方哲学研究者必读柏拉图与笛卡尔一样。而沟口对朱子学做出的另一个巨大贡献,就是 2007 年开始由他所发起和倡导的《朱子语类》的日文翻译活动[26]。本来,沟口从 20 世纪 80 年代就开始自行组织语类的翻译会,20 年之后,这当中的年轻一代成长而成为中坚力量(垣内景子、恩田裕正等),而沟口则对全国学者发起了号召,呼吁将这个东亚世界过去的共同遗产进行现代日语的翻译。因为《语类》中牵涉到政治、文化、历史等各个方面的内容,需要广泛的文化工作者的参与与投入。我们很难想象沟口等人是花了20 年时间才翻译出《语类》的前三卷,更难想象若没有沟口这样有威望与人脉的学者的呼吁,《语类》之翻译几乎不可能。当然,因为有了先前的翻译经验之积累,加之全

国范围内的思想史研究者的全面参与，我们期待着能在二三十年之后见证这一百四十卷之翻译大业的完成。或许有些学者会感到不解，觉得翻译工作不过是给看不懂中文的人看的东西，实则不然。《朱子语类》本身属于语类体，看似通俗易懂，实则一方面对话中掺杂了不少方言，另一方面朱熹所使用的词汇与某些概念并不容易理解，例如木下铁矢曾经分析过的"骨子"、或者小路口聪论朱熹的"当下"与"合下"。在很多情况下，正因为使用的都是看似通俗的词汇，研究者往往会容易忽略其中所隐含的朱熹的特有思维。正确翻译语类的前提是对内容的精准把握，这是非常需要花工夫和心思的。因此某种程度上可以说，对语类的翻译本身就是一种"解读"与"理解"，尽管解读本身未必一定是唯一的。

另外，在前面提到的《朱子学と近世·近代の東アジア》一书的附录（一）收录了恩田裕正的《『朱子語類』訳注刊行会の活動について》一文，该文对于语类译注出版会的成立以及目前的进展情况有很详尽的介绍，推荐读者参考。

三、现状之评价与分析

通过上文之介绍与分析，笔者认为可以大致归纳出如下特点：

（1）研究方法与关注焦点非常分散与多样化，但是并没有出现新的方法论或体系性构造的研究。

（2）除了小仓纪藏之外，所有研究都秉承日本中国学研究的优良传统，以扎实的文献资料为基本来展开论述，很少有浮夸之言辞或者高飞车的结论。

近几年来，不仅是朱子学研究，整个近世思想研究的领域都逐渐把目光转向广阔的"东亚"视野。进一步可以分为两大领域：

（1）中国的近世儒学如何在东亚其他国家之间传播和流通（版本与文献考证为主）；日本、朝鲜等国家在官方层面如何看待朱子学与阳明学（政治、文化、社会层面）；民间以及思想家如何看待朱子学、阳明学（思想、哲学、文化）。

（2）直接研究日本、朝鲜的近世儒学思想与文化，或者相应的进行比较思想研究。

当然，这两者之间存在着交叉的情况，例如日本朱子学者如何实践"家礼"就是如此，但大致上第二块研究课题不是什么新的领域，战后日本和韩国都有相应的研究，只是在过去的话中国朱子学研究者很少关心日本、韩国的朱子学，而这几年则不然，研究者的核心人物均不同程度的转向上述两大领域的研究：吾妻重二的研究先前已经介绍过，不再赘述；先前提到的市来津由彦则参与了小岛毅等人组织的"宁波计划"，并在去年编辑出版了《江戸儒学の中庸注釈》（汲古书院，2012 年），马渊昌也则在 2011 年编辑出版了《東アジアの陽明学—接触·流通·変容》（前引）；其他朱子学研究的重镇，例如大东文化大学的三浦国雄近年来在研究日本朱子学（山崎暗斋门派）；土田健次郎则很早以前就开始关注日本思想史研究和现实问题，去年还出版了《"日常"の回復：江戸儒学の"仁"の思想に学ぶ》（早稻田大学出版社，2012 年 4 月）。

但是笔者想要首先指出的是，从"东亚"的视角进行思想史研究，其实这种想法至少可以追溯到 1967 年，岛田虔次在名著《朱子学と陽明学》（岩波书店）中倡议"从中国、朝鲜、日本（越南？）的通史角度"来撰写朱子学史。那么为什么在近十年来日本的朱子学思想界才开始有所行动呢？在以"东亚"为主题的各种研究层出不穷、甚至设立新学科点(东亚文化研究课)的表面的繁荣景象之下,反观传统的朱子学研究,我们不得不感到一丝凉意,但这其实并不是因为"东亚朱子学研究"所造成的反差,而是近二三十年来日本的朱子学研究一直都在走下坡路的现状之反映。

笔者丝毫没有否认以"东亚"这样的广阔视角进行朱子学研究意义的想法。笔者想追问的是,对于朱熹也好、朱子门人与后学也好,其研究本身难道已经到了无可研究的地步吗?笔者先前在研究南宋的真德秀,作为《大学衍义》的作者,其在世的时候正是朱子学从"伪学"逐渐转变为"正统"的时期,像这样一位重要的人物,近几年来大陆方面陆续有一些研究著作出现,但是日本这边除了总计三四篇论文之外就乏人问津;又例如刚才笔者在介绍马渊的文章时提出的对"朱子后学"的界定问题。另外,朱熹本人虽然只有在朝四十余日,但是他与南宋政治有着千丝万缕的关系,从政治、历史层面去认真梳理朱熹以及朱子后学(真德秀、明代东林党等)之处境的研究,过去日本学者曾做出一些重要研究,但急需探讨之课题以及问题依然有很多。笔者希望目前方兴未艾的以东亚为视野的朱子学研究能够产生马太效应而对传统研究之思想、历史等领域产生积极的作用。

目前日本的朱子学研究后继乏力的现象已经不是一天两天的事情,这并不限于朱子学,阳明学研究也是如此。日本在战后对广义的"汉学"一直持轻视的态度,人文学科之教授也好、学生也罢,宁愿去看极其难懂的德里达或海德格尔之著作,而对中国古典以及汉学研究嗤之以鼻。而从社会意识层面来看,近三十年以来,日本普通民众对中国保持好感的比例从 20 世纪 70 年代的将近 80% 降低到近两年的 18% 左右,这当中的政治因素与意识形态问题固然很重要,但在朱子学以及阳明学研究领域来看,恰好日本之研究也是于 20 世纪 80 年代开始明显呈现峰值与拐点,则此中之联系不得不令人深思。去年年末自民党重新夺回政权,安倍晋三抛出的种种政策以及倾向都显示出其重新采取对内强权政治("決められない政治"从到"決められる政治"へ)与扩张性经济财政政策、对外关系上积极回到"脱亚入美"之"正轨"的决心。在统治阶层言说以及媒体全部将日本的第一假想敌人设定为"中国大陆"的情况下,要让日本的年轻一代对朱子学这样不容易"去脉络化"[27]产生兴趣,确实是非常困难的。要摆脱目前这种困境,也绝不仅仅是日本朱子学研究领域的课题。

注 释

[1]原文刊载于《鉴往瞻来——儒学文化研究的回顾与展望》(复旦大学出版社,2006 年),也可以参看网上免费电子版本转载,例如 http://www.confuchina.com/10%20lishi/riben%20zhuzi.htm。对于石立善的介绍,笔者总体上认为是公允且把握确切的,虽然在个别地方的评价有待商榷。例如石立善在介绍土田健次郎的文章时花了很大的工夫反驳土田以及东京大学的小岛毅的周敦颐神话破灭说,认为两人舍本取末,怀疑朱熹的人格。笔者与土田没有面谈的机会,但是从这两年他所出版的几本书——《儒教入门》(东京大学出版会,2011 年)、《"日常"の回復——江戸儒学の"仁"の思想に学ぶ》(早稻田大学出版部,2012 年)以及编著《21 世紀に儒教を問う》(早稻田大学出版部,2010 年)来看,土田绝不是对研究对象毫无感情而标榜客观实证,恰恰相反,土田是近年来很少数有认真思考儒学在现代日本之意义的学者。而小岛也并不是对历史、思想研究抱持冷漠态度的人,小岛近年来对王安石以及经学的持续关

注,牵涉到他自己的研究方法与立场问题。我们一般确实不会关心研究对象的人格问题,但是作为一个并非纯粹思辨、而是将自己的生命融入于自己的学问与人生中去的人物,关注这个研究对象是否在实践中认真履行其思想与追求,这在笔者看来是完全合法的,只要研究者并不是一开始就带着偏见去看研究对象。另外,石立善的文章对于史学领域的朱熹研究几乎没有给与任何关注。了解日本东洋史研究传统的人都会知道,例如京都大学东洋史的宫崎市定等著名研究者对于宋儒都或多或少抱着怀疑与反感的态度,但这首先并非日本独有,我们翻看国内的南宋史学研究,随处可见研究者暗地里对道学家的攻击与质疑。其次,史学家对朱熹的评价可能会失之偏激,但并不能因此就全然无视之,例如衣川强撰写的《宋代官僚史研究》(汲古书院,2006 年 10 月),可能因为发行正好是在 2006 年的关系,石立善没有来得及将此书介绍,但是事实上该书的第五章《官僚朱熹——朱子小传》在 1994 年就收录在白帝社出版的《中国历史人物选》的《朱熹》一书中。衣川对朱熹的处理方式就是很典型的史学家思维,即不是作为一个大思想家、而是作为一个普通的官僚来理解朱熹,事实上对于衣川对朱熹的负面评价,一个长期信奉朱子学的学者看到了难免会有强烈的抵触感(笔者也或多或少会有)。但是笔者依然认为,衣川的研究有其参考价值,有助于我们更全面的了解朱熹这个人物。

[2] 东洋大学即将退休的吉田公平教授在 2012 年出版了其新著《中国近世の心学思想》(研文出版),其中有若干篇论文也是关于朱熹的研究(最初刊登日期都要早于 2011),目录请参看:http://www.kenbunshuppan.com,笔者也未得见。由此造成的本文的介绍不全面的责任,理所当然也全部由笔者本人负责。

[3] 高梨良夫,硕士就读于东洋大学,之后在耶鲁大学、哈佛大学担任研究员,现任长野县短期大学教授。具体研究业绩请参看:http://www.nagano—kentan.ac.jp/profs/en/takanashi.pdf。以下,凡在石立善文章中介绍过的人物,其生平与著作一律省略,仅介绍近两年来出版的新著或者论文。

[4]《朱熹〈家礼〉的版本と思想に关する实证的研究》(平成 12 年度—14 年度科学研究费补助金·基盘研究(C)(2) 研究成果报告书,课题番号 12610017,2003 年)。

[5] 事实上已经有不少日本学者对此问题从不同角度进行了精彩的分析,例如小岛毅的《中国近世における礼の言说》中对淫祠毁坏以及地方志的篡改问题的论述、京都大学的寺田浩明所做的法制史研究等。

[6] 加藤尚武《ハイデガーの技术论》(理想社),桧垣立哉〈ゲシュテルとパノプティコン〉(《现代思想》2010 年 12 月,2011 年 1 月连载)等。

[7]《朱子语类》卷六十四,第 1570 页。

[8] 日本学界惯称"儒教",这与中文学界的以"儒学"为主流的说法相映成趣。

[9]《La volonté de savoir(Volume 1 de histoire de la sexualité)》,1976 年。

[10] 该书中对朱熹的思想之把握也很值得参考与借鉴,有兴趣的读者可以参看该论文中小路口分析朱熹的"当下"与"合下"的段落。

[11] 以上介绍依据《思想与文献》的"作者一览"。

[12] 关于木下,请参看石立善的介绍。

[13] 对此,有兴趣的读者可以参看木下铁矢《朱熹再读—朱子学理解への一序说—》的第三章,石立善的文章中也有提及此章。

[14] 以上依据学习院大学公开的研究者业绩:http://www.gakushuin.ac.jp/univ/fltrc/introduction/staff/staff_mabuchi.html。

[15] 对这个问题,其实牟宗三早就提出过两种证悟的基本工夫论路数,一是通过静坐修养等观未发气象和心体,此偏向内在与静态,二则是通过日常实践来进行磨练,主张事上磨练的阳明学便是如此。

[16] 顺便提一下,这一点蒙培元在《理学的演变》第 41 页中早就已经指出了。

[17]《文集》卷六十七《观心说》。

[18]《文集》卷三十二《答张敬夫》。

[19]《朱子语类》卷六十二,第 2014 页。

[20]《问不仁》,《西山先生真文忠公文集》卷三十一。

[21] 牛尾弘教,九州大学文学硕士学位,现为大分大学教育福祉科学部教授。著作有《叢書日本の思想家 13 浅見絅斎? 若林強斎》(明德出版社,1990 年)、《傳習録索引》(共著)(研文出版,1994 年),论文有《楊慈湖の思想 : その心学の性格について》(《中国哲学论集》,九州大学,1975 年)、《朱熹思想における心の工夫と豁然貫通——未発、已発説を理解するために》(《九州中国学会报》,九州中国学会,2005 年)、《朱子学における“静坐・居敬”の解釈をめぐって》(《中国哲学论集》,2008 年)等。

[22] Mysticism and philosophy,中译本参看杨儒宾翻译,台湾正中书局,1998 年。

[23] 他在注释 35 中还特地引用岛田虔次的话:“我放弃了所谓中国哲学专家所容易陷入的对于狭义之专家以外的学者之发言的轻视态度,而决定于这部大著(笔者按:指山本命的《宋時代儒学の倫理学的研究》一书,理想社,1973 年)对决,由此对决,我想将中国思想中独特的东西明确地进行理论化而为之努力”。

[24] 这些论文在沟口逝世之后编辑成书。《〈中国思想〉再発見(放送大学叢書)》(左右社,2010 年),国内也已经有翻译本:《中国的思想》(中国财富出版社,2012 年)。

[25] 石立善同样没有介绍东大出身的伊东贵之,因此在这里简单介绍一下。伊东贵之,1962 年生,原为武藏大学教授,现任国际日本文化研究中心综合研究大学院大学教授,文学博士。主要从事中国近世思想史特别是清代政治思想史以及日中比较文学、比较思想等研究。主要著作《思想としての中国近世》(东京大学出版会,2005 年),共著《中国という視座》(《これからの世界史》4,平凡社,1995 年)、岸本美绪编《東アジア? 東南アジア传统社会の形成:16—18 世纪》(《世界历史》13,岩波书店,1998 年)、淡江大学中国文学系主编《台湾儒学与现代生活国际学术研讨会论文集》(台湾学生书局,2000 年)、沟口雄三、小岛毅主编《中国的思维世界》(孙歌等译,江苏人民出版社,2006 年)、奥崎裕司编《明清はいかなる時代であったか——思想史論集》(汲古书院,2006 年)、小岛毅、陶德民、吴震主编《东亚的王权与政治思想》(复旦大学出版社,2009 年)等。关于朱子学的研究方面,可以参看其在《中国という視座》中撰写的《朱子学は何故「成功」したか——「静態学的」朱子学理解を超えて》一文以及《思想としての中国近世》中对清初朱子学者吕留良的研究。尤其是前者很值得参考,对以“静态”、“停滞”来理解朱熹思想的主流观点,伊东给与了有力的反驳。

[26] http://www.asahi.com/culture/news_culture/TKY200709110091.html。

[27] 借用台湾大学黄俊杰教授之说法,像《论语》或者《道德经》这样的古典之所以依然能被现在的日本人所接受,在笔者看来一个重要原因就是其时代之久远而造成的(历史、国别、意识形态、文化差异等方面的)“去脉络化”,换句话说,孔子的教训更多地被看成是一般的人生格言或者处世之道,而不是作为“中国儒家之始祖的孔子思想”而被接受。

(作者单位:日本关西大学文学研究科)

近三年台湾学界朱子学研究成果提要

林易澄　　张崑将

近二十年来，一方面东亚在国际体系中日益重要，不再单线追赶西方作为唯一的价值标准，另一方面随着西方学界对现代化知识典范的反省，对于文化与传统有了新的认识，不再视之为与现代相背离。在此学术思想脉络下，东亚儒学的探究走向了新的发展。二十世纪的朱子学研究，有批评也有维护，更多地从中国文化价值的存续，或者东亚近代的开展等等大问题出发。今天的学者，则有更多的余裕空间，能将目光放在整个历史变动中细致的纹理上，把握朱子学内外的课题。特别是台湾学界，既承袭了中华思想的关怀，又不限于民族主义的文化框架，形成独特的视野。在 2011—2013 年的朱子学研究中，有专书论文集、硕博士论文及多篇论文的不少研究成果。以下分专书及论文两大分类，一一介绍其研究成果。

一、朱子学的专书研究成果综述

2012 年由陶德民、黄俊杰、井上克人共编《朱子学と近世・近代の东アジア》一书，系 2010 年 9 月 10 日由台湾大学人文社会高等研究院与关西大学文学院，为纪念朱子诞辰 880 年，共同举办的国际研讨会所汇编而成的论文集。[1] 本书以日文刊行，论文有 14 篇，附录 2 篇，作者来自中日韩台等地，共分《朱子学と哲学・伦理》、

《朱子学およびその近世日本における展开》、《东アジアにおける儒教と反儒教の诸相》三大主题，目录如下：

《朱子学と哲学・伦理》

第一章 经典解释と哲学构筑の关系 —朱子の"四书"解释を中心に，黄俊杰（吾妻重二译）

第二章 科学技术时代における朱子学の伦理的课题 —《西欧的知性》と《东洋の叡智》— ，井上克人

《朱子学およびその近世日本における展开》

第三章 朱子思想における四德论，陈来（陈赟译）

第四章 朱子学における仁の思想，柴田笃

第五章 朱熹と释奠仪礼改革，吾妻重二

第六章 礼が形作る身体，绪方贤一

第七章 朱舜水の思想と德川儒教の发展，徐兴庆（井上充幸译）

第八章 怀德堂朱子学派の徂徕学批判—圣人观と穷理说をめぐって— ，陶德民

《东アジアにおける儒教と反儒教の诸相》

第九章 异议の意义 —东アジアの反理学思潮を论ず— ，杨儒宾（山田明广译）

第十章 江户の国学と"论语"，田尻佑

一郎

第十一章 朝鲜における朱子"大学章句"に对する一挑战—卢守慎の"大学集録"を中心として—,崔在穆

第十二章 朝鲜·丁若镛と日本古学派,蔡振丰(山田明広译)

第十三章 佐久间象山と张之洞,张崑将(山田明広译)

第十四章 日本における福沢谕吉研究批判—儒教观を中心に—,宫嶋博史

附录(一)"朱子语类"译注刊行会の活动について,恩田裕正

附录(二)朱熹"白鹿洞书院揭示"の日本における流伝およびその影响 て,张品端

限于篇幅,无法为每篇论文详细综述,仅简单回顾其论旨。第一项主题《朱子学と哲学·伦理》两篇论文中,黄俊杰论文针对朱子的《四书》之解释,指出中国的经典诠释传统中,经典文本与解经者之哲学建构,存有不可分割及其相互紧张的关系。井上克人则区分"西欧的知性"及"东洋的叡智"二观念,以朱子学为探讨对象,指出西方重"知"(knowledge),故科学技术发展,东方则重"智",着重开发伦理关系。

第二项主题《朱子学およびその近世日本における展开》收有陈来等六篇论文。陈来透过分析朱子的"四德论"(仁义礼智),从"道与德"、"意思与气象"、"生气流行"三项概念分析其与四德之关系。柴田笃则分析朱子"仁"的思想,扣紧"仁"的思想具有宗教性之特质,分析"作为心之德之仁"、"作为天地生物之心之仁"、"作为爱之理之仁"等三项"仁"的宗教性质。吾妻重二则扣紧朱子的释奠礼改革之主题,区分"同安县主簿"、"知南康军时代"、"知漳州时代"、"致仕后"等阶段,指出朱子从青年时代即有志改革释奠礼仪,且长年持续,最

终在晚年成熟的历程。绪方贤一则从朱子的礼及身体的关系,分析"心/身关系下的生理身体"及作为"场域的礼之身体",即被礼仪化的身体所造成的普及现象及其"礼教吃人"之问题。徐兴庆之文扣紧"兴教育,行礼制"、"养君德,亲贤士"两个主轴,分析流亡日本的朱舜水与水户藩的儒教发展关系。陶德民分析了江户时代五井兰州、中井竹山等怀德堂朱子学者对日本古文辞学派荻生徂徕的"圣人观"、"反对穷理说"之批判。

第三项主题《东アジアにおける儒教と反儒教の诸相》收有杨儒宾等6篇论文,首先杨儒宾从东亚反理学的"异议"思潮,来反观朱子理学的"意义",先说明"反理学"在十七世纪以后中日韩的并行现象,接着带入理学的世界是如何被建构,再从反理学者以气化论的天道性命观提出理学的反命题,最终提及反理学思潮和理学之间,实际上经常有其相互依存的关系。田尻佑一郎则选择一位国学者铃木朖(1764—1837)的《论语参解》注释书,将男女情爱、恋慕之情读入《论语》,展现《论语》强烈的庶民性格,此种解释受到其师本居宣长(1763—1828)继承荻生徂徕的注释之风所影响,处处展现与朱子理学截然不同的态度。韩国学者崔在穆则考察一位比较不为人知的朝鲜儒者卢守慎(1515—1590)之文本《大学集录》,分析卢守慎的脱朱子学与阳明学的思维特色,展现其在朝鲜时代思想史的特征。蔡振丰则分析朝鲜丁若镛对日本古学派荻生徂徕、伊藤仁斋的认识与批判,并提出茶山对朱子学理气论、人性论的修正观点,展现朝鲜实学派的解释特征。张崑将则比较江户末期的佐久间象山(1811—1864)及清末的张之洞(1837—1909)二者的学术倾向,分析佐久间的"东洋道德,西洋艺术"及张之洞的"中学为体,

西学为用"两个标语之细微差别,由此窥探中日两国在近代发展的不同命运。宫岛博史扣紧福泽谕吉的儒教认识,认为福泽谕吉对儒教的认识极为不充分,也不理解日本儒教与中国、朝鲜的儒教之不同,从而妨碍他对中国、朝鲜的正确理解,或与其助长日本的侵略政策有其关联。

综而言之,本书汇集了中日韩台四地学者在朱熹880诞辰的纪念会上的论文,除有其纪念意义外,同时也有促进朱子学在东亚的交流与发展之作用。

二、朱子学的论文研究成果综述

在论文方面,近三年来台湾朱子学的研究成果殆可分为以下四类,提要如下:

(一)着重于朱子学内部
的思想与观念问题

这方面分别有陈振崑《论朱子"心统性情"的"心"是"本心"还是"气心"?》及胡元玲《朱子学中的乾道精神》两篇论文。

陈振崑一文从阳明批评朱熹"析心与理为二"起始,讨论朱子学心性论中重要的概念"心统性情",指出过去学者多以朱熹与陆王相对,对朱子学"心"的认识有二元对立的局限。通说,象山提出"心即理",主一形而上的"本心",朱熹则摄取张载"气质之性"观念,以"理气二分",主"气心"。到牟宗三,更指出朱熹具有"心性情三分"的系统,"性"属于理的形上层面,"心"与"情"则属于气,为形下层面。陈文试图提出另一种诠释,指出朱子论"心"同时有两个层面,既是含具万理的先验道德主体,也是具有主宰与知觉功能的经验主体。这是一个主体的两个层次,而非分开的两个主体。从后者出发,"心"乃是意志自由的道德修养功夫主体,其分辨抉择,表现出趋近"道

心"或"人心"的德性功夫之可能性。[2]

胡元玲《朱子学中的乾道精神》一文则关注朱子学中的乾道精神,指出过去学者多重视宋代理学中沉静一面,认为北宋到南宋在思想气质上有一外向到内敛的变化,然而朱熹的思想中其实具有刚毅的一面,只是长期被忽略。胡文以朱熹《周易本义》开展,引证"不以人欲害其天德之刚,则自强而不息矣",指出朱熹的修养功夫,要在成就刚健自强的精神。朱熹以为坤卦偏于持守,不若乾卦透彻、斩截刚果,在此,朱熹的易学与功夫论实为一贯。朱熹论颜渊与仲弓的修养,一奋发,一谦退,更推重前者,更可见到实践上朱熹的乾道精神,并且进一步行于他的为学、为道乃至政治理念中。这也正是钱穆先生所言,"朱子实亦有意为儒学创出一新局面,要人天旋地转雷动风行般去做,惜乎此后理学界,绝不能在此一方面深识朱子之用心。"[3]

(二)涉及朱子成学进程及
朱陆异同论辨之课题

关于这方面的课题有陈逢源《道南与湖湘——朱熹〈四书章句集注〉义理进程分析》、杜保瑞《对王阳明批评朱熹的理论反省》、蔡龙九《论〈述朱质疑〉对"朱陆异同"的评析效力》三篇论文。

陈逢源指出朱熹成学之路多有转折,分别而论无法得见义理全体,统合而观无法见其思想历程;朱熹如何回应北宋儒学议题,由掺杂佛道而归于纯粹,开出自身系统,仍有待发覆。《四书章句集注》保留了朱熹不同阶段的心得,由此切入,可以了解朱熹汇聚众流的情形,窥见南宋儒学发展形态。朱熹先是从学李侗,弃佛从儒,进而溯及罗从彦、杨时,又问道张栻,了解察识之功,进而上达胡氏父子与谢良佐。这时的南宋学术,道南一系,杨时气柔,湖湘一

系,谢良佐气刚,各走一端。朱熹从道南到湖湘,从静入敬,又以敬摄静,由本体见功夫,又由功夫以见本体。在往复之间,确立其"中和新说",融贯北宋二程所传"静"与"敬"法门,朱熹一生的学术宗旨,遂由此确立。[4]

哲学史上朱子学与阳明学之别深入人心,学界多重其异,少论其同。但是阳明的一生正是在朱熹的话语系统中,形成自己不同的看法,其实受到朱熹影响很深,两人的差距并非一分为二那么极端。杜保瑞的论文指出,从文本诠释角度言,两人的差异实可消解,因为其所异者并非同一事,关键在于问题意识不同。杜文以朱熹、阳明的问题意识出发,指出阳明的问题意识主要是功夫论进路,"析心与理为二"的批评,是以"心即理"的本体功夫,对上朱熹"先知后行、格致穷理"的功夫次第论;阳明"仁义内在"的本体功夫论,对上朱熹"一物有一物之道理"的存有论普遍原理,亦是如此;阳明批评朱熹分尊德性、道问学为二,但朱熹其实是在反省修养实践在哪一方面做得不足,在理论层次仍然将两件事看作不可分割的整体。杜保瑞指出,这些皆属哲学基本问题的错置,文不对题,失去批评的准确度,两人虽有差别,但却无对立,都在儒门的脉络下。[5]

相较于杜文从文本诠释观点论朱陆二者并无对立,蔡龙九的论文则介绍及分析一位清代学者夏炘《述朱质疑》的作品,认为朱陆二者有其根本不可调和之说。夏炘对阳明《朱子晚年定论》等主"朱陆同"甚至"朱王同"的观点予以批评。他在"朱陆异"的主张上,又更进一步,认为朱子早年与晚年的思想一致,反对陈建、陆陇其"朱子早年同于象山之禅"的说法。该说认为"朱陆早同晚异",早年皆有禅学一面。崇朱立场的夏炘对此深觉不妥,认为朱子"出入二氏

之时,亦不过格物致知无所不究",指出朱子早年已有圣学非仅有佛老,正式归向儒门的时间点也早于《朱子年谱》的记载。夏炘也反对李绂,李绂认为朱陆两人中年屡相见,"朱子与陆子之学"到晚年已是若合符节,唯两人互论之处冰炭不相入,因为两人晚年不及相见,无极太极之辩未及调和,已经被门人各守师说。夏炘则认为朱熹教学中偶有近于陆学的观点,只是因材施教的权宜而已,不是朱子之全论。[6]以上杜文从现代哲学的学术观点指出"朱陆无对立",与清代夏炘从传统义理分析得出"朱陆无可调和",二者论点之所以歧出,应也是杜文所说两人的"问题意识"不同所致。看来朱陆异同的学术论辨议题,仍待方家诠解。

(三)从朱子后学者考察朱子学 在历史世界中的开展

关于这方面的课题有许华峰《两种〈晦庵先生朱文公语录〉残本对朱子学研究的价值》、郑丞良《百年论定——试论黄榦〈朱子行状〉的书写与朱熹历史形象的形塑》两篇论文,以及李庆辉的硕士论文《道、道统与躬行——黄震理学思想研究》、李蕙如的博士论文《许衡对朱子学的传承与发展》等,系从朱子的几位后学者对朱学的诠释,考察朱学在历史世界中的开展。

朱熹一生讲学,众多弟子曾留下许多笔记,并在其身后汇流流传,其中影响最大的是南宋黎靖德所编的《朱子语类》。但是此书采分类编排,为求体例上的一致,对原语录文字往往予以改动,并非原始面目。许华峰一文针对考察故宫博物院馆藏的两种《晦庵先生朱文公语录》残本,指出这是语录中最早刊行的一种,保留了朱熹诸弟子较原始的记录形式,现存约二千二百七十五条,总数占黎本的 16%,十四家的语

录中,有十三家依时序编排,提供了许多线索,包括更详细的记录时间地点、大量依时间顺序编排的语录、语录的异文等。透过这些数据,不但可以了解黎本《语类》的编纂原则,补正其删略、遗漏与错误,同时更提供了相关语录条文系年的重要依据,有助于研究朱子师生互动的概况。[7]

近年来,对于理学的研究,不限于思想的哲学辨析,许多学者开始关注,朱子与其后学透过种种竞争、争论,在思想领域确立其正统地位。《朱子行状》自南宋黄榦(1152—1221)撰成后,一直被视为了解朱熹生平、思想的重要文本。不同于哲学思辨取径的道统问题,郑丞良在《百年论定——试论黄榦〈朱子行状〉的书写与朱熹历史形象的形塑》一文中试图讨论《行状》成型的过程与其背后的现实历史脉络。《行状》草成后便受到师门同志的质疑,认为应着重于学术成就与圣贤气象,而非纷扰的政治纠葛。黄榦则以为朱熹的道、理,不仅是学术上的,更是具体展现在他的政治议论与进退出处上。于是《行状》前半以关心民瘼、反对近习、批评时宰为主要书写脉络,最终则归结汇聚于朱熹晚年的庆元党禁。黄榦采"卫道必严"之书写态度,不仅依朱熹议论树立判定错综复杂政局之价值标准,亦梳理曾为同党却识道不明的宰执与异议之徒。借此,他所撰写,乃是理解朱学与庆元党禁、开禧北伐的关系,在嘉定更化的政治氛围中,形塑朱学较其他学派更具政治正当性的依据,在"百年论定"的寄托下,最终形塑出以朱熹为道体展现的当朝史观。[8]

李庆辉的硕士论文《道、道统与躬行——黄震理学思想研究》以朱子学者黄震(1212—1280)为中心,讨论"躬行"实践如何影响黄震的理学思想。南宋末年,理学逐渐确立其中心地位,但也产生了学说僵化、混淆的危机。从理学道论的认识出发,黄震提出"躬行"作为解决之道,他认为理论与实践是"道"的一体两面,当时在流弊冲击,理论与实践处于失衡状态。这样的观点,进一步体现在他对"道"与"道统"的理解上。在"躬行"实践下,他对于理学道统之"传道"、"传心"有不同的诠释,松动了道统人物的概念,虽然并未全然脱离理学之束缚,但是在安排理学人物与非理学人物已有吸收、融合的趋向。在实践活动上,李文从性论、圣人作为讨论的焦点,考察其实践的价值预设,指出他的实践概念,并不仅是心性功夫之修养,更接近于回到北宋学术的样态,以"诵书读书"、"隆师尚友"作为根据。透过黄震,可以看到理学成形之后,新一代的后学者如何在学术与现实之间进行新的转化与思考。[9]

宋明理学各有思想上精彩的开展,元代理学在这方面虽有所不及,但却是承上启下的重要环节。李蕙如的博士论文《许衡对朱子学的传承与发展》便以元代最重要的朱子学者许衡为中心,讨论这段时期的理学与其历史定位。许衡认为元代治国的困难,在于伦理纲常秩序遭到破坏,蒙古贵族嗜杀好利的文化也成为推动汉法的障碍。因而许衡并非闭门造车,而是在历史的脉动下,以经世的热忱,致力于理学的推动,为理学做了宽泛的解释。许衡相当程度做到了"内圣外王"的事业。在学术上,他不及稍后的吴澄,然而他的理学历史位置不在理论上的贡献,而在传播与制度的建立。本篇论文指出,许衡的历史贡献有两个方面:一是以易简的学术诉求、务实的经世态度,获得元帝的认可,制定各项典章制度。紧密结合时代所面临的重大问题,总结出少数民族统治者入主中原必行"汉法"的规律,影响了元初的政治走向;二是开元朝国学之先河,奠定了元朝国学的教育制度,为日后朱子学成为科举之正典建立了基础。在具体的实践上,包括保存收集杭州的官版书籍、推动国子监的书院化、兴建各地书院、理学家从祀孔庙等。经由许衡的努力,朱熹的思想被复制、简化为实用的观念与实际的行动,成为经世主张,进入社会生活。尽管因此削弱了思想的深度,但也在众多思想、信仰竞逐的元代政局中,确立了此后朱子学对整个中国社会的影响。[10]

(四)朱子学在日本、越南的研究

朱子学在越南及日本有两篇论文之研究成果,其一是林维杰的《越儒黎贵惇〈芸台类语〉中的朱子学线索》,其二是藤井伦明的《被遗忘的汉学者:近代日本崎门朱子学者内田周平学思探析》,以下综述此二文大要。

近年东亚儒学的传播受到学者重视,在日本与韩国儒学的研究上有丰富的成果,但越南儒学的研究则相对缺乏,原因来自越南士人对中国文化的接受,特色在于兼容并蓄(多旁及三教、天文、历法、医学等)与述而不作。明朝永乐年间对越南出兵,形成二十年短暂的北属时期,为时虽短,却将官修《性理大全》等书颁布于各地,使朱子学正式传入越南。林维杰从后黎朝儒者黎贵惇(1726—1784)切入,以其哲学意涵最强的著作《芸台类语》为中心,试图考察其思想的理学渊源。芸台为藏书之所,该书类似百科,内容驳杂,是选集与评论的混合。黎贵惇与朱子都是博学多闻兴趣广泛之士,寻找思想传递的痕迹颇为不易。本文使用了朱熹哲学的两组词汇——认识论的格物与形上学的理气,以"格物致知"与"理气架构"为线索分析,指出从编选的方式与目的,以及内容涉及的理学论述,都是依朱子格物论与理气论的路数进行。

另一方面,黎贵惇对"格物"与"气"的关注,则使本书带有博物书的性质;同时在宇宙论上,在吸收理学家道德形上学的德性要素之际,也保有相当程度汉儒气化宇宙论的痕迹,这可说黎贵惇学术的特点。[11]

越南有黎贵惇的朱子学被学者关注,在日本则有学者关注一位明治维新以后几近被遗忘的朱子学者内田周平(1857—1944)。内田是日本江户时代大儒山崎闇斋(1619—1682)门派的朱子学者,同时也是将德国文学、美学研究翻译成汉文介绍给近代日本社会的桥梁人物,文才也受到明治文坛的肯定。本文介绍了这位被遗忘的汉学家,分析其思想与影响。前此竹山道雄的研究曾经指出,虽然内田具有丰富的德国学问知识,却没有将之用于他的汉学研究。但藤井伦明《被遗忘的汉学者:近代日本崎门朱子学者内田周平学思探析》一文颇有不同的看法,指出内田并不限于传统汉学的方法,而强调西方哲学式的解释,并常以图表、图标论证说明。相较于当时的西学代言人井上哲次郎,内田对于宋学知识结构的掌握更加深入,至今仍具参考价值。但是内田作为崎门学者,具有强烈的护教意识,以性善为真理,排斥其他学说,缺乏与不同思想对话的空间。这一思想倾向,也就使得他在战后日本的学界中,成为被遗忘的一员。[12]

综而言之,台湾近几年来除深入朱子学内部义理及其历史发展之研究课题之外,亦颇专注东亚儒学的研究课题,如本文所提及的专书《朱子学と近世・近代の东アジア》。另外,2010 年林月惠教授已出版《异曲同调:朱子学与朝鲜性理学》(台北:台大出版中心)一书,相较以往的研究,本书系华人对朝鲜儒学的研究中,既深且广的优秀研究成果。以上的研究成果,告诉我们朱子学不仅影响中国，也深深地影响八百多年的东亚社会；同时，朱子的"理学"也具有全球的普世价值。故未来应该整合"中国朱子学"、"东亚朱子学"、全球化下的朱子学等三大研究主轴，或分进，或合击，多交流，多对话，开发朱子学的源头与活水之意义，实际应用在 21 世纪的现代社会。

注　释

［1］陶德民、黄俊杰、井上克人共编：《朱子学と近世·近代の東アジア》，台北：台大出版中心 2012 年版。

［2］陈振崑：《论朱子"心统性情"的"心"是"本心"还是"气心"?》，《华梵人文学报》18，第 1～20 页。

［3］胡元玲：《朱子学中的乾道精神》，《鹅湖》第 38 卷第 2 期，第 30～44 页。

［4］陈逢源：《道南与湖湘——朱熹〈四书章句集注〉义理进程分析》，《东华汉学》15，第 89～129 页。

［5］杜保瑞：《对王阳明批评朱熹的理论反省》，《国立台湾大学哲学论评》44，第 33～72 页。

［6］蔡九龙：《论〈述朱质疑〉对"朱陆异同"的评析效力》，《国立政治大学学报》第 27 期，第 75～115 页。

［7］许华峰：《两种〈晦庵先生朱文公语录〉残本对朱子学研究的价值》，《国文学报》49，第 31～64 页。

［8］郑丞良：《百年论定——试论黄榦〈朱子行状〉的书写与朱熹历史形象的形塑》，《汉学研究》30 卷 2 期，第 131～164 页。

［9］李庆辉：《道、道统与躬行——黄震理学思想研究》，台湾清华大学中国文学系硕士论文（2011 年）。

［10］李蕙如：《许衡对朱子学的传承与发展》，台湾东吴大学中国文学系博士论文（2011 年）。

［11］林维杰：《越儒黎贵惇〈芸台类语〉中的朱子学线索》，《当代儒学研究》第 10 卷，第 147～170 页。

［12］藤井伦明：《被遗忘的汉学者：近代日本崎门朱子学者内田周平学思探析》，《中正大学中文学术年刊》第 17 卷，第 53～81 页。

（作者单位：台湾大学历史研究所；台湾师范大学东亚学系）

朱子学书评

朱子家礼研究的一部巅峰之作

——吾妻重二《朱熹〈家礼〉实证研究》评述

吴　震

日本关西大学吾妻重二教授的专著《朱熹〈家礼〉实证研究——附宋版〈家礼〉校勘本》（上海华东师范大学出版社2012年版）可谓是近年来朱子学研究领域中出现的一部巅峰之作。

编译此书的具体设想，始于笔者2010年1月作为客座教授访问关西大学之际，当我初步翻阅此书的前身《朱熹〈家礼〉版本及其思想的实证研究》（大阪关西大学文学部2003年版）之后，便有向大陆学界译介此书的想法，因为这项研究所表现出来的将儒学置于人们的生活与行为的层面来进行考察的问题意识及审视角度，正与我当时对明清以来儒学世俗化的问题关心可谓若合符节。在历时近一年的编译之后，本书终于与读者见面了。在编译完成之后，我对于该书的学术价值等问题有一些感想，略述如下。

吾妻教授（以下根据场合，简称作者）的名字近来常在中国的学术会议论文集中出现，不过他的专著在大陆出版似是首次。所以，首先我想先从作者的研究业绩说起。我与作者相识已将近20年，据我的初步了解，作者在80年代初就学于早稻田大学以及留学北京大学时，即以宋代儒学（他喜欢使用作为体制层面的"儒教"一词）特别是朱子学为主要研究对象，他在2003年向早稻田大学提交并获得文学博士学位的论文就是《朱子学の新研究——近世士大夫の思想史的地平》（东京创文社2004年版），当然这篇博士论文是集作者20余年之研究成果而成。就在整理这篇博士论文的同时，其实他的研究兴趣已向更广泛的领域扩展，不仅从朱子哲学思想向宋代一般的思想文化延伸，而且由儒学而旁涉佛道，他最近出版的一部论文集：《宋代思想研究——围绕儒教、道教、佛教的考察》（大阪关西大学出版部2009年版）便是其代表性的成果，其中收录了作者自1987年至2009年的多篇论文。

值得一提的是，在日本学界很少将中文论著译成日语出版的现状当中，作者却花费不少精力翻译了几部经典性的中文论著在日本出版，对于推动中文学术研究在日本学界的传播仍将发挥重要的作用，这几部译著是：冯友兰《中国哲学史·成立篇》（共译，富山房1995年版）、熊十力《新唯识论》（译注，关西大学出版部2004年版）、冯友兰《冯友兰自传——中国现代哲学者の回想》1、2（译注，东洋文库本，平凡社2007年版）。作者之所以译介冯友兰，这或许与他早年曾在北大问学于冯友兰的经历有关，奇妙的是，他为何翻译熊十力的那部晦涩深奥的论著呢？我在与作者的一次交谈中终于得知，他以为这部文言本《新唯识论》其实较诸熊氏的其他论著并不难懂且非常有趣，令我慨然无言以对，显然这表明作者对熊氏哲学亦曾深感兴趣。

近年来,随着 2005 年"关西大学亚洲文化交流中心"(略称 CSAC)及 2007 年"关西大学文化交涉学教育研究基地"(略称 ICIS)的相继成立,作者的研究重点更由中国大陆向东亚地区的思想文化领域拓展,广泛涉及近世东亚的儒教思想及其礼仪制度包括东亚的书院文化。作者作为 ICIS 下设的"思想·礼仪班"的主持人,正积极展开相关的研究。现在向读者奉献的这部专著《朱熹〈家礼〉实证研究》则是属于有关朱子礼学的研究成果,其研究方法表现出思想与制度、观念与行为的结合,而其审视问题的视野并不局限在中国,而是横跨近世东亚。

那么,作者的这项研究为我们提供了哪些真知卓见?作为编者的我虽然不仅通读原书而且对译文校对过一遍,但仍然不能说已经全部掌握了本项研究的学术价值及其贡献。以下仅举四点,以窥本书学术价值之一斑。

其一,正如书名中的"实证研究"所示,本书的研究特点也是其重要的贡献之一,就在于作者通过十分严密的实证性研究,向泛中文学术圈(较汉字文化圈的涵义更为宽泛,包含以中文阅读为写作背景的西方中国学者)提供了今后可以充分信赖的《家礼》文本(text)。作者以南宋末周复本《家礼》为底本,采用了其他 9 种刊本作为参校本,在尽可能全部掌握及仔细研读原始文献的基础上,作者对宋版《家礼》进行了几乎是巨细靡遗的严密校勘。我可以负责地说,这是迄今为止学界所未见的对《家礼》的一项开创性的实证研究,可谓向学界提供了一部《家礼》"定本"。而作者在研究过程中所收集及参考的《家礼》文本还远远不止于上列 10 种,若将各种《家礼》的再编本、注释本、解说本以及日本及朝鲜的重要刻本及手抄本包括在内,则其参考的《家礼》文献的数目至少在 30 余种以上。更重要的是,作者的实证研究并没有局限于文本字句的校勘,在其有关中国儒教仪礼的思想与制度相结合的研究方面,也贯穿着实证研究的精神。作者相信实证研究是以揭示历史原貌、逼近历史真相为职志的史学研究工作者的重要方法之一,对此,编者也深信不疑。

其二,本书研究在考证上有重要创获。我们知道,朱熹《家礼》自清代王懋竑提出"伪作说"并得到《四库全书》编撰者的认同以来,几成"定说"。虽然在此之前已有学者隐隐约约地表示怀疑《家礼》可能并非朱熹亲撰,如元代"武林应氏"(经作者考证,即钱塘应本),但对此进行所谓严密考证的无疑是王懋竑。当然,自上世纪 80、90 年代以来,日本以及中国大陆的学者对此"伪作说"屡有质疑并提出了种种反驳,但是从文献考证上全面推翻王懋竑的"伪作说",认定《家礼》为朱熹亲作,惟有通过作者的本书研究才最终得以确立。因此,可以说作者的这项研究工作既具有颠覆性又具有开创性的意义,因为作者的研究结论使得《家礼》得以实至名归——重新归入朱熹名下,而且这一研究结论亦完全有可能成为此后学界可以信从的"定说"。当然作者也正确地指出,《家礼》虽为朱熹亲撰,但非完本,而是"未及更定"(黄榦语)的稿本。

其二,本书研究的视野非常开阔,例如在《家礼》对后世有何影响的问题上,作者通过坚实的实证研究断然指出,与朱熹《四书集注》相比,朱熹《家礼》不惟在近世中国后期(如明清时期),而且在近世东亚所产生的影响要更为广泛和深远。向来,在日本学界有一种见解,以为朱子学(宽泛地说,可以说儒教思想)在近世日本的影响仅停留在思想层面,只是知识人的一种研究兴趣、知识癖好,而在社会的一般生活层面,其对人们的行为方式之影响则相当有限,即便以儒教仪礼以及《家礼》为例,近世日本的儒学家对此虽有细密的研究,但基本上与当时人们的生活实践、丧葬礼俗等毫不相关。然而作者明确指出,这种观点显然有失偏颇,《家礼》不仅在李氏朝鲜——无论从研究的层面还是从实践的层面——得到过长足的发展,而且在江户日本也有明显的迹象表明,至少《家礼》一书曾受到广泛的关注,尤其是在丧祭等礼仪方面,可以看到《家礼》的深厚影响。例如江户初期的儒官林罗山仿照《家礼》为其母设计"木主"、17世纪著名的地方诸侯也是水户学的奠基者德川光圀竟然津津有味地仿制"深衣",即是其中的显著案例。重要的是,作者也注意到江户初期不少儒者抱有一种欲以中国礼制中的"深衣"成为日本儒者的正式服装的愿望,并不断进行研究、尝试制作,但最后还是由于不合日本风土以及难以复制等各种原因,而最终未能如朝鲜一般流行穿着深衣,这就表明日本儒者在接受和容纳中国儒学之际,仍然不得不受制于日本本土文化的因素。我以为作者的这些细致缜密的研究虽没有什么高深的理论作为其前提设定,然而其研究的结论却深刻表明,文化交涉并不是单向度的影响而已,事实上,在东亚文化交涉过程中充满着多元交错的复杂现象,不能说中国儒学对于日本而言,就具有宰制性、笼罩性的绝对影响,这正是作者虽未明说而又能自然得出的具有说服力的结论。

其四,此书研究具有重要的问题意识。不用说,有关仁礼的道德思想历来是儒教的重要内涵,然而就儒家经典"三礼"而言,由于自汉唐以来,一直遵守"礼不下庶人"的传统,因而使得这些经典在一般社会生活层面的落实推行就受到很大的局限,然而作为家庭乃至宗族的行为规范的礼仪问题,自北宋初以来就逐渐受到士大夫的关注。如果说王安石重视《周礼》,主要还是从国家制度的层面来考虑如何安排制度的话,那么司马光撰述《书仪》则表明,制度安排不仅要落实为仪礼规范的制定,重要的是,这套仪礼规范与如何正确引导士大夫的一般生活、规范普通百姓的行为方式密切相关。在继承二程及司马光的礼学思想的基础上,朱熹《家礼》的出现,标志着儒教仪礼由思想落实到生活、由经典转化为常识,而且随着《家礼》在此后的社会各个层面的推广实行以及跨越边界传至朝鲜和日本,正如作者所说,由此《家礼》构成了包括中国、朝鲜、日本等地在内的近世东亚传统文化的要素之一。因此《家礼》研究也就成了揭示并了解东亚文化传统的一项"不可或缺的工作"(吾妻重二语)。不得不说,作者由此一问题意识出发,展开《家礼》的实证研究就具有非常重要且深远的学术意义。以往中国的哲学史或思想史研究学者,往往比较容易偏向于对具有一贯性的重大思想问题的关注,相反对于儒学理论如何制度化、生活化乃至世俗化等具体思想问题却缺少必要的关心与扎实的研究,以至对于自身文化传统中的礼仪行为模式的了解常常落于"习焉不察"的境地。

最后,我可以坦率相告,吾妻先生的这部论著对于我们从当时的生活及制度的实际层面来重新审视朱子学的思想系统特别是全面把握朱子礼学思想体系将起到很大的推动作用,与此同时,对于我们深入了解宋代以来近世中国的礼仪思想及其行为方式亦将有莫大之帮助。

(原载《中华读书报》2012年8月22日第9版"书评周刊",
作者单位:复旦大学哲学学院)

思想史研究的旁观者视角

——评田浩先生的《旁观朱子学》

朱人求

　　在思想史研究中,视角的转换往往给我们带来"柳暗花明又一村"的惊喜。美国亚利桑那州立大学的田浩先生新近出版的《旁观朱子学——略论宋代与现代的经济、教育、文化、哲学》(华东师范大学出版社2011年版)一书,为我们提供了一个比较朱子与其同时代不同层次思想家们互动的全新视野。打开书的扉页,一幅图片让我们忍禁不住,作者田浩侧立于武夷精舍朱子身旁,以一个"旁观者"的身份仰望着朱子,图片的意象不言而喻。我们不禁追问,"旁观者"的视角如何审视朱子?"旁观者"的视角有何思想史意义?旁观与直观(包括正向直观与反向直观)是一种什么关系?或者说,田浩以"旁观者"的视角看朱子学及其发展,将会给我们带来怎样的"柳暗花明"呢?

一、朱子学的直观与旁观

　　关于朱子学研究,也许我们可以有直观与旁观两种不同的理论视角,直观又可以分为正向直观与反向直观。所谓正向直观,就是正面审视朱子,单刀直入,积极探究、弘扬或阐发朱子学的深刻内涵。这一研究视角是学术界深入探讨朱子学的基本进路,也是学术界深入探讨某一思想家或重大问题的基本进路。宋元明清的朱子后学多采取正向直观的研究路径,当代朱子学的正向直观研究路径则以钱穆、陈荣捷、刘述先、陈来、张立文为主要代表。以陈来先生为例,陈来的《朱熹哲学研究》通过严密的历史考证,把朱子思想分为早中晚三期,并在精细的考证基础上对朱子的理气论、心性论、格物致知论和朱陆之辩进行系统而缜密的哲学论证,成为当代朱子学研究的新的典范。在该书基础上增订而成的《朱子哲学研究》则增加了三篇,即前论部分的"朱子与三君子"、"朱子与李延平",本论心性论部分中的"朱子淳熙初年的心说之辩"。此外,还增加了一个附录——陈荣捷"评陈来的《朱熹哲学研究》"。陈荣捷先生是美籍华人,著名的朱子学研究专家,著作等身。其有关朱子学著述有《朱子新探索》、《朱子门人》、《朱学论集》、《近思录详注集评》、《新儒学论集》等,晚岁又在原有成果基础上著成《朱熹》一书。全书分为四个部分。一为朱子之思想,包括太极、理、气、天、格物与修养。二为朱子之活动,如其授徒、著述与行政。三为友辈之交游。与张南轩、吕东莱、陆象山、陈亮往来,各占一章。四为朱子之道统观念,朱学后继,与日韩美朱子学。陈荣捷称其正向直观研究路径为"唯人著作立论",以反对八十年代大陆学界"唯物唯心、客观主观立论"的流行研究范式。

　　所谓反向直观,主要从朱子学的对立面入手审视朱子,反对朱子学的基本理论或价值立场,以期建构一种与朱子学相抗衡的思想体系的研究进路。反向直观同样以朱子学为主要研究对象,其研究方法多采取批判的方法。历史上中国朱子学的反向直观研究路径以王阳明、李贽、戴震、阮元等为代表,当代有些阳明学者也对朱子学持批评态度,可视为朱子学的反向直观者。日本学者山下龙二有《朱子学与反朱子学》(东京研文社 1991 年版)一书问世。该书主要介绍了儒教的宗教性格、朱子学、中国的反朱子学(象山与阳明)、日本的反朱子学(阳明学与徂徕学,分别以中江藤树、大盐平八郎与荻生徂徕、本居宣长为代表)。

相对于朱子学的直观立场,旁观者的立场非常有趣。用田浩的话说,旁观即"非直面的视角"(田浩:《旁观朱子学》,华东师范大学出版社 2011 年版,第 1 页。下引此书,仅注页码),注重把朱子学放进特定的历史时空进行多元化、动态的考察,注重揭示朱子学与其他思想流派之间的比较与互动,充分展示思想史研究的多元性与丰富性。"非直面的视角"并不急于直接进入研究主题,更多愿意采用"负的方法",即烘云托月的方法来展开研究。他们往往通过对朱子生活的思想世界的揭示或通过比较朱子与同时代思想家(甚至是反对者)而得出相应的结论。旁观者以余英时和田浩为代表。余英时先生的《朱熹的历史世界》就是从社会政治文化史的视角切入,向我们展示出一个丰富多彩的朱熹的政治文化与历史文化图景。作者自序称:"本书是关于宋代文化史与政治史的综合研究,尤其注重二者之间的互动关系。"该书认为,"回归三代"、"合理的人间秩序的重建"和实现儒家的整体规划乃是整个宋代儒学的目标。与余英时先生的外在的文化史研究取径不同,田浩的《朱熹的思维世界》把注意力凝聚在儒学内部的复杂关系上,采用思想史与社会史相结合的方法,他关心的是南宋不同儒家流派的谱系问题,特别是朱熹"道学"为什么最后竟取得"正统"的地位,对朱熹的"霸权"充满疑问。在此意义上,我们可以说,《旁观朱子学》接续着《朱熹思维世界》的思路,把"旁观"的方法贯彻到底。

当然,所谓正向直观、反向直观与旁观只是一种方便的划分,三者之间并非绝对分割开来,关键看以哪种方式为主。有时候正向直观的研究也会引入社会思想史的描述(旁观)但以正向直观为主。反向直观的同时也可能先正面论述然后展开批判,也许还有理论背景的揭示。旁观者也有可能是反对者,或是温和的反对者。在某个选题上,我们或许可以期望有一种能兼顾上述三种研究视野的经典之作,立体地展示思想史的丰富性和多元性。

二、朱子学的旁观者视角

蒙文通有言:"事不孤起,其必有邻。"田浩的《旁观朱子学》是一本作者自选集,全书分五个部分:思潮与经济发展、教育与创造力、模范与文化、哲学与思想史、方法与对话,共十二章。这些文字通过对朱熹同时代社会、政治、文化背景的展现,让我们从旁观者的角度来观察中国儒家文化的中流砥柱,有助于我们深入理解朱熹的思想。概而言之,田浩主要从社会经济思想史研究的视角、非主流的视角和现代性的视角等三重面向"旁观朱子学"。

社会经济思想史研究的视角是田浩思考朱子学的出发点。田浩选择南宋儒学为研究对象,与关注南宋儒家所面临的社会、思想困境及如何应对这种困境有关。与余英时先生一样,田浩重视将儒学思想与社会、政治行为和背景结合起来展开研究,注意观察儒家思想与行动背后的社会政治网络及其影响。在该书的第二章《社会、经济领域中选择性的儒家价值观和社群关系网》中，田浩以社仓和吴火狮的研究为个案展开分析，将两个截然不同的历史时期与历史多样性融为一体，这是一种大胆的探索。

通常认为，朱熹是社仓的创建者。田浩却发现，早在朱熹从事社仓活动的十余年前，于1150年代的中期，他的朋友魏掞之（1116—1173）已建造了一个地方性的社仓，成为后来朱熹效法的模型。即便是朱子亲自建立的五夫社仓，朱熹与刘如愚（1142年进士）及其他地方乡绅成员一起工作，是刘如愚而非朱熹担任了更多的领导者角色。因此，田浩认为，"朱熹自己并没有独自创造出社仓的观念或使社仓成为现实。""社仓明显是从社会网络以及自愿的联合中发起的，而这种自愿的联合是由当地的社群和中央政府官员保持合作的道学群体组成的。"（第29页）和社仓的例子一样，朱熹重建白鹿洞书院是依靠与士大夫、政府官员以及与朱熹当地的精英和中央政府官员两者都紧密联系的地缘上较远的精英所组成的网络完成的。（第35页）在这些社会网络中，朱熹"最初只充当了一个重要的配角"（第22页）。这些观点，看到了政府和社会群体网络的强大力量，自成一家之言。但我们也应该对此进行适度的批评，毕竟田浩忽视了其中作为主要推动者的努力，这是一种后现代主义的解构，即对中心的否定力量。应当指出，我们是站在不同视角得出了不同的结论。田浩先生是从社仓的起源着笔，笔者是从社仓的建构方式、管理方式以及朱子对社仓的推动上来理解的（详见第三部分），朱子后学真德秀对社仓推动功劳更大。

一般认为，儒家文化对亚洲四小龙的腾飞是正相关的，儒家文化与伦理对东亚现代化模式的形成影响深远。吴火狮（1919－1986）是二十世纪台湾著名的企业家，台湾第六大民营工商集团——新光集团的总裁，田浩的老师余英时先生称道他"将儒家美德运用到生意场上"（第44页）。然而，田浩在文章中却发出另外一种声音，他指出，吴火狮公开宣称他必须教给年轻一代的最核心教导是人情与义理在生意场中的重要性。不过，吴火狮也很关注西方注重商业效率的管理科学，努力用它来增加利润和效率。他说："排除人情的干扰"、"建立合理的制度"、"讲求效率"、"追求最高的利润"（与效用），这些口号无可置疑地已被确定为现代企业经营的目标，我个人十分同意，也十分欢迎这个时代的来临。（第46页）吴火狮坦白曾受到陈亮与涩泽荣一所阐发过的对利润的追求以及对私利进行伦理辩护的激励，不仅表明他与正统的朱熹版的儒学如何不同，而且也表明他热爱多元的文化观，并对大众的人际关系实践情有独钟。可见，朱熹的正统传统与吴火狮所重视的支流传统之间存在明显的断裂和相互排斥，田浩声称，"从被广泛称赞的朱熹主流之外的儒家思想学派或谱系中寻找有益于经济发展的儒家伦理资源的探索应是可能的"（第23页）。尽管在主观上我们很不情愿看到这一点，但这也是我们不得不面对的现实，这也是田浩作为旁观者的独到的见解。

非主流的视角也是田浩作为"旁观者"重要的理论视点。一提起儒将，大家都自觉不自觉地想到诸葛亮。何谓儒将？刘子健先生确信，理想的典型儒将是一个以儒学为职业，制定军事战略，并在战斗中亲自指挥军队的人。（第128页）田浩认为，诸葛亮这个历史人物实际上是一个博学的望族，他主要学习法律和治国之道，而不是儒家伦理,他成为儒将经历了几个世纪的角色转变而最终成为"英雄",以致被许多中国人确定或推举为效法的榜样。该书举出了一个反例,何去非(约1023-1095后),福建浦城人,生活在北宋晚期,宋神宗任命他为武学博士,著有《何博士备论》,与苏轼的蜀学圈子联系紧密。何去非把蜀国领导人的两个致命错误,追溯到诸葛亮的身上。首先,诸葛亮没有意识到荆州的固有危险。其次,诸葛亮不去发展蜀国自己的实力,而是将其白白浪费在攻击北方上。何去非还指责诸葛亮不懂战术,批评他没有能力去指挥军队、运用战略。很显然,何去非没有把诸葛亮作为儒将的典型。与之相反,朱熹的时代处境与诸葛亮所面临的挑战有相似之处,朱熹在参拜武侯祠之时就意识到,诸葛亮所处的时代恪守从篡位者手里收复北方的承诺,与朱熹时代南宋面临的强大外来政权统治了北方的尴尬处境相同。当然,因为诸葛亮的品德和成就,他是《近思录》中关于圣贤一章里唯一的军事政治家。当学生问到诸葛亮学问不纯正时,朱熹的回答是"权变"之宜。何去非与朱子对诸葛亮是否为"儒将"之比较分析,我们看到了历史丰富多彩的一面,也看到了诸葛亮"身份重塑"的历史进程,这也是"旁观"的思想魅力所在。

注重朱子思想的现代性的阐发,这是田浩作为旁观者的第三个理论视角——现代性的视角。朱子集理学之大成,构建了以性理学说为核心的形而上的理学体系。《朱子家礼》一书是朱子将其理学思想应用于庶民,影响于草根,深入到社会的最基本细胞——家庭的一个社会实践。根据朱子编修《家礼》的成功经验,华东师范大学朱杰人教授尝试对朱子《家礼》"婚礼"作现代化的改造。其目的是为了求证:一,时至今日朱子《家礼》是否仍有生命力;二,面对西风席卷,西俗泛滥,中华传统社会礼俗被全盘西化的社会现实,代表本土文化和传统的儒家婚俗,是否可以对全盘西化发起一次挑战,以寻得中华文化自我救赎的一席之地。2009年12月5日,朱杰人的儿子朱祁在上海西郊宾馆举行了一场现代版的朱子婚礼,婚礼办得精彩纷呈,美轮美奂,收到意想不到的效果,尤其是在年轻人中引起极大反响。这场婚礼的成功说明,时至今日,朱子婚礼依然具有强大的生命力,它的复活是完全可能和可以预期的。田浩教授以朱杰人先生的婚礼改造实践为案例着重探讨了朱子《家礼·婚礼》的现代化。指出朱子《家礼》影响了元朝以降的中华帝国晚期很多社会仪式的实践活动,反映了儒家的家礼观。朱杰人还原了朱熹婚礼仪式并使之现代化,这些努力只是复兴和普及儒家家礼的第一步;他更希望看到的是,在当代中国文化复兴的某一天,这些礼仪会作为传统的精华而重获施行。如同《大学》一样,朱杰人试图通过整合个体与社会之间的渐进联系步骤以达到许多目标。他不仅在向一个家庭介绍另一个家庭,而且,他想将过去与现在、个体夫妇与社会联系成为一个整体。考虑到当代中国公众对待婚姻性质期待的不稳定性,朱杰人完全是为了创建现代中国的文明社会而重建儒家的基础。因此,尽管朱杰人将儒家伦理作为解决社会问题的实践方案,但这一实践在实际运作中起到了捍卫根深蒂固的传统信仰的作用。朱子《家礼·婚礼》的现代化努力希望能促进中国社会的稳定与和谐。中华传统的礼俗文化,完全可以在现代化的进程中、在西俗铺天盖地的压迫下找到自己的位置和发展的空间。在现代性的视域中,旁观者的视角与正向直观的视角不约而同地走向了重合。

三、对旁观者的"旁观"

"旁观者"有两重意义,作为思想史上的"旁观者"(如朱子同时代的众多经常被忽视思想家)和作为研究者的"旁观者"(如田浩)。对于前者,田浩已经做了许多精当的分析,因此,在这里,笔者仅对作为研究者的"旁观者"田浩的某些论点进行"旁观",提出自己的不同意见。

在教育思想上,田浩比较了朱熹和吕祖谦的教育理念。[1]指出,"将吕祖谦和朱熹对学生教育经验的构建并列齐观,我们藉此能更清楚地认识作为教育家的朱熹。"(第 95 页)首先,吕祖谦的书院规约要求学生群体遵守儒家的德性和价值观,朱熹的学规似乎把更多的注意力放在个人的内在和个别的努力上。其次,吕祖谦的规约和教学法既强调学生对典籍作创造性思考,也训练学生对答案提出质疑,并将学生所学与当代问题相连接。朱熹则亲自讲学,强调把自己的观念传达给学生。最后,吕祖谦的学习社群并不取代牢固的家族连接,朱熹则把学生纳入世代传承的仪式中,并使用这些仪式向孔子祝祷和对道统献祭,试图将学习社群建构成一家族替代品。这些观点,通过对朱熹与吕祖谦教育思想的彼此关照,得出了令人耳目一新的结论。但是,田浩也有"误植"的时候,例如,在高度评价朱熹的《白鹿洞书院揭示》重视学生的"自我个人修养"(自我实现)之后,田浩指出,朱熹还是不像一些现代学者有时提及其学规所说的那样,不愿意诉诸传统规约。"朱熹对行为举止的期望和规定反映在 13 世纪明道书院的现存规约中,该规约是在 12 世纪晚期白鹿洞书院的学规基础上形成的。"(第 85 页)应该指出,以明道书院的规约作为朱子的规约是不妥当的,即

便它是在朱子制定的白鹿洞书院的学规基础上形成的。

可以说,朱子的《白鹿洞书院揭示》集中体现了朱子书院教育理念。1180 年(淳熙七年),白鹿洞书院重建落成,身为南康军长官,朱子高兴地率领同僚和书院师生举行开学典礼,升堂讲说《中庸》首章,并取圣贤教人为学之大端,作为书院师生共同遵守的学规,这就是著名的《白鹿洞书院揭示》。朱子强调:"父子有亲,君臣有义,夫妇有别,长幼有序,朋友有信。右五教之目。尧舜使契为司徒,敬敷五教,即此是也。学者学此而已。"(《朱文公文集》卷七四)《揭示》首先以儒家的"五伦"立为"五教之目",将传统的伦理纲常作为为学的目标,并强调"学者学此而已"。朱熹指出,尧舜时代之"敬敷五教",也就是实施道德教化,即用《尚书》标举的人伦教化于民众。它表明,书院的教育目标不仅仅在于士人个人的道德修养,还有传道济民的更高诉求,它是一个由道德、伦理、济世三者组成的共同体,相对于科举学校之学来说,体现出一种很特殊的浸透了道学教育理念的书院精神。朱子书院教化尤其重视"知行合一",注重道德的践履。他接着说:"而其所以学之之序,亦有五焉,其列如左:博学之,审问之,慎思之,明辨之,笃行之。右为学之序。学、问、思、辨四者,所以穷理也。若夫笃行之事,则自修身以至于处事接物,亦各有要,其列如左:言忠信,行笃敬。惩忿窒欲,迁善改过。右修身之要。正其义不谋其利,明其道不计其功。右处事之要。己所不欲,勿施于人。行有不得,反求诸己。右接物之要。"(《朱文公文集》卷七四)笃行、修身、处事、接物,无不显示出强烈的道德实践的倾向。笃行是博学、审问、慎思、明辨四项认知的归宿,即把外在的求知转化为内在的生命,在生命中生根发芽,然后在

生命实践中展开落实。这样一来,书院之"学"就落实到了现实的人伦世界,而践履人伦则成为"为学"的终极目标。为了达到这一终极目标,我们必须做到知行合一,把知识的获得与身心修炼弥合得天衣无缝,这是典型的道学家的教育理念,足见朱子书院教育的经世关怀。《白鹿洞书院揭示》既是书院精神的象征,也是儒家文化精神的高度凝聚,影响久远。《揭示》最终超越了个体书院的精神生长,成为天下书院共同遵守的准则,成为"历史上教育之金规玉律"。在根本上,《白鹿洞书院揭示》并不一否定的形式规定什么不可以做,什么可以做,具体如何做,它强调的是内心的自觉和理想的招引,通过正面的儒家精神的积极引导,达成理想人格的塑造和教育理想的实现。

社仓制度,系南宋朱熹首创一种民间储粮和社会救济制度。田浩却认为,朱熹只是一个重要的配角。其实,田浩是从社仓理念的提出与社仓的实际管理的视角而得出的结论。如果我们重新回到历史的真实世界中,我们便可以发现,田浩的观点有失偏颇。绍兴二十年(1150年),朱熹好友魏元履在建阳县创立社仓,魏元履的初衷主要在于安定灾年地方秩序,防止灾民暴乱。孝宗乾道四年(1168年),建宁府(今福建建瓯)大饥。当时在崇安(今福建武夷山)开耀乡的朱熹同乡绅刘如愚向知府借常平米600石赈贷饥民,仿效"成周之制"建立五夫社仓。"予惟成周之制,县都皆有委积,以待凶荒。而隋唐所谓社仓者,亦近古之良法也,今皆废矣。独常平义仓尚有古法之遗意,然皆藏于州县,所恩不过市井情游辈,至于深山长谷力穑远输之民,则虽饥饿濒死而不能及也。"(《建宁府崇安县五夫社仓记》,《朱文公文集》卷七七)社仓由官府拨给常平米为贩本,春散秋偿,每石米收取息米二斗,小歉息减半,大歉全免除,当息米收到相当于本米之后,仅收耗米三升,此后即以息米作贷本,原米纳还官府,"依前敛散,更不收息"。至淳熙八年(1181年),朱熹创建的五夫社仓已积有社仓米3100石,并自建仓库贮藏。这一年朱熹将《社仓事目》上奏,"颁其法于四方",予以推广。孝宗颁布的《社仓法》作为封建社会后期一个以实际形式存在的社会救济制度,实是当时的一项政治进步制度。淳熙九年(1182年)6月8日,朱熹又发布《劝立社仓榜》,勉励当地几个官员积极支持社仓的行动,他们或者用官米或者用本家米,放入社仓以资给贷。夸他们心存恻隐,惠及乡间,出力输财,值得嘉尚。重申建立社仓的意义是"益广朝廷发政施仁之意,以养成闾里睦姻任恤之风"(《劝立社仓榜》,《朱文公文集》卷九九)。很显然,朱熹设立社仓制度的根本目的仍然是要实现儒家政治思想中的仁政,与魏掞之所见的社仓有更本的区别。魏掞之的社仓建立在县城,而朱熹的社仓建立在乡村。与魏掞之建立社仓为了救荒、防暴不同,朱熹的社仓除了救荒之外,也有保护贫民尤其是"深山长谷,力穑远输之民"的意义。在管理上,魏掞之的社仓还是官办官管性质,而朱熹的社仓制度则是一个民间自我管理的社会救济制度。朱熹在五夫社仓的建设、上奏皇上请求建立社仓制度、呼吁乡绅劝立社仓等方面都是积极的实践者而非一个微不足道的配角。可见,社仓制度既是朱熹恤民思想的具体体现,也是朱熹民本思想在实践中的一座丰碑。

应该指出,"旁观者视角"为我们提供了一种"他者的视角",它把思想的发展放进当时特殊的社会、政治、文化情境中进行考察,营造出一种既生动又具体的文化历史景观,丰富了我们对思想史的认识。但它也有自己的局限，毕竟，旁观者只是置身事外，未能深入事物的本质，所以在很多问题上未免浅尝辄止，致使思想的自主性消失在历史情境之中，无法真正深入到问题的实质，有时还会带来某种化约论或历史决定论。

四、"旁观者"的思想史意义

相对于正向直观与反向直观，"旁观者视角"为我们提供了一种"他者的视角"，具有特别的思想史意义。或者说，"旁观"作为一种思想史研究范式，具有普遍的方法论意义。

首先，"旁观者视角"注重发掘来自"他者的声音"，有意凸显思想的多元与一元、片面与全面的紧张，丰富了我们对思想史的理解，为思想史研究提供了一种新的方法论。

在《旁观朱子学》一书中，田浩采取思想史与社会史相结合的研究方法，注重研究对象的社会背景的阐释，深入考察了南宋"道学"由早前的宽泛化理解为一个广泛的学术团体到朱子是逐渐走向窄化成为"遵循朱子教导的御赐范畴"（第25页）。田浩倾向于用"Fellowship"来指称宋代道学，以此来强化我们对于当时存在于儒家知识分子和官员内部自愿团体内之相互影响及网络（社会、政治的与哲学网络）的意识。"Fellowship"是一种群体、圈子或者合作团队。它传达了一种信息，即存在于秉有许多共同关怀与信念的人们中间的一种自愿联系或者友谊网络与合作关系。群体内的"社会网络"（Social networking）被各种各样频繁且史无前例的活动联系在一起：个人造访、书信往来、门派论辩、撰写墓志铭、联姻、书院教育、社仓建设、提拔任职等等，以期建立一个具有凝聚力的群体网络。因为道学群体的这种特别关系是如此密切地关注社会政治议题，以致说这一群体有点发展成弗莱德·多勒米尔（Fred Dallmayr）教授所认为的必须但却缺见于儒学中的"第六种关系"（即公民关系）先驱的性质，至少具备某些潜质。在这里，田浩有意突出了"群体"（Fellowship）与"谱系"（lineages）的差异。"谱系"在思想上中，"意指把以特定的思想家或概念为中心的世代（generation）联系起来的思想流派，但是在中国，他们更为经常以特定文本或地域为中心"（第26页）。在田浩看来，"群体"也意味着比"谱系"更为广泛、多样的人群。"Fellowship"这个字眼突出了人群内部的水平关系与网络，而谱系则凸显了一种世系的既定或权威序列。从而，"朱熹划分了界限并变成了宋代道学群体内部一个特殊谱系的中心人物"（第27页）。在随后的演变中，朱熹的特殊谱系又渐渐成为唯一的谱系，成为朱熹自己设置的"道统"的代名词。田浩宣称："如果我们对道学的演变及程学传统的发展没有多元性的观察，那么我们对那个时代的学术史甚至朱熹思想及其传播的理解在某种程度上仍是片面的。"（第15页）从该书中我们也可以看出，田浩对元代思想史研究的关注，并重视作为"反对者"的陈亮和何去非良苦用心。正如陈来先生指出，本书书名的"旁观"显示出，田浩教授所主张的，是"与主流宋代理学研究突出朱熹单线发展所不同的另一种视野。""这种视野关注宋代儒学社会发展的社会网络，强调儒学思想家群体之间的多元互动，从而为宋代思想史的研究提供了一个更为丰富、具体的视域和场景。本书的出版，不仅将有力地促进宋代的思想史研究，而且为整个宋明儒学的研究演示了一个新的方法示范。"（封底）田浩的努力本身也代表了一种他者的声音。

其次,"旁观者视角"刻意放慢历史的脚步,给"非主流的"、"民间的"声音以更多的"慢镜头",注重主流与非主流(或暗流、支流)、官方与民间的互动,力图再现或还原社会历史背景的真实场景,再现被历史或被主流遮蔽的某些环节。

思想史是主流与非主流彼此互动、彼此消长的历史。没有支流也无所谓主流。我们都会关注思想史上的主流,把握思想史律动的脉搏。但思想史的支流同样是一种历史存在,在历史长河中也许还起到一些关键性的作用。表面上,田浩是以朱熹为中心展开论述,其实,他的着笔最多的还是那些历史上的次一等级的非主流思想家,只是因为朱熹是这个时代的中心,谁也无法绕开朱熹,追随者自不必说,自立门户者也必须阐述自己立论的缘由。于是,《朱熹的思维世界》《旁观朱子学》这两本书都特别突出了陈亮与朱熹、吕祖谦与朱熹的比较与不同。只不过《旁观朱子学》中的主题略有不同,并且增加了何去非与朱熹关于诸葛亮是否为儒将的对比分析。这些本来是思想史上的支流余绪,田浩却不厌其详,充分展示出这些原本就活跃在思想史上的暗流,让他们集体发声,形成不同的思想史景观。就这样,田浩的《旁观朱子学》在一个更丰富的话语和历史环境中,更具体地把握和理解南宋道学的多元展开。这一研究方法已经得到越来越多的学者的赞同。

再次,"旁观者视角"也注意到古代与现代的互动与交融,从现代性的视角揭示出某一思想流派的现代意蕴,并对其现代价值进行多元化审视。

在很多当代思想家眼中,儒家思想是一种"Lost Soul",无论是社会生活、礼仪制度,还是民间行为、人际关系等,现代社会都已很少有儒家的东西。所以,要想用抽象的儒家思想来恢复儒家传统,虽好玩,但已没有了社会基础。基于这一信念,田浩力图从礼仪制度和家族价值系统的视角来重新评估朱子学的现代价值,重建儒家知行合一的传统,这一视角十分独特。《旁观朱子学》不仅花费大量的笔墨书写朱杰人先生对《朱子家礼》的现代改造,还着力宣扬《朱子家训》的"普世价值"。田浩不仅把《朱子家训》翻译为英文,也十分赞赏世界朱氏联合会从民间社会开始、从家庭伦理落实儒家价值观的实践路径。在一次访谈中,针对"波士顿儒学"注重儒家价值来影响当代社会的价值取向,田浩还是委婉地保持批评的立场。他认为,"实际上,历史上的儒学思想以及其他一些思想传统,包括宗教,一直在演变。作为一个历史学者,就需要深刻去体会那种历史演变的意义,它会帮助我们去了解不同时代的思想状况。"(第 257 页)对儒学的现代发展,田浩持审慎的态度,他目前正在研究民间组织"世界朱氏联合会与民间儒学的复兴"这一课题,期望通过一个独特的旁观者的理论视角来揭示出传统儒学的当代复兴,揭示出儒家思想的现代意义。尽管经由"旁观者视角"得出的现代性还是与传统的现代价值的揭示有所不同,但田浩坚信,任何思潮的形成与发展最初都是由民间开始的,他对儒家的文化复兴充满了信心。

最后,"旁观者视角"这一研究路径趋近于美国史学界的"观念史研究"进路,这是未来思想史研究的一个新的方向。

广义的观念史是一个跨学科领域,它关注那些在推动人类社会和历史中发挥作用的"关联性观念"(articulate ideas)和不是那么有关联性的观念。所谓"关联性"(articulation),就是需要识别各不相同但又相互联系的各个部分。思想史更多关注如何在历史语境中定位这些观念和话语,观念史更多关注观念的出现及其意义演变,关注特殊的类型、文本和论点之特征。美国弗吉尼亚大学历史系阿兰·梅吉尔教授指出,当代美国思想史或观念史经历了三个发展阶段,二十世纪六十年代美国史学界的兴趣转向了社会史,到八十年代早期转向了文化史,九十年代中期开始到2000年以来,认真对待关联性观念的观念史重新得到了重视。[2]在《旁观朱子学》一书中,田浩的思想史研究开始不自觉发生了转变。当我们把目光落在田浩关于"吕祖谦和朱熹有关学生学习理论构建"(第四章)、"何去非和朱熹对诸葛亮作为'儒将'的评价"(第七章)、"陈亮与中国的爱国主义"(第八章)、"张栻的哲学与朱熹"(第九章,主要讲性、心、仁与修养等)、"朱熹论天和天心"(第十章)、"朱熹与道学的发展转变"(第十一章)等问题时,我们发现全书有一半的篇幅在论述朱子学中的价值观念及其发展演变。田浩从社会思想史到观念史的转变与当代美国史学界的"观念史研究"的转向暗合。或许我们可以说田浩的《朱熹的思维世界》运用的是社会史的方法,余英时的《朱熹的历史世界》运用的是文化史的方法,到了《旁观朱子学》,田浩的研究路径开始向观念史研究倾斜,可以说,该书开启了当代朱子学研究的一个新的方向。

综上所述,《旁观朱子学》系田浩《朱熹的思维世界》一书的续笔,进一步论证和丰富了其对朱熹思想的认知,是新世纪研究朱子学的一部独具风格的力作。尽管书中的个别观点笔者不敢苟同,但丝毫不影响该书在方法论意义上的突破与创新,为宋代思想史甚至一般思想史研究提供了一个新的典范。苏轼《题西林壁》曰:"横看成岭侧成峰,远近高低各不同。不识庐山真面目,只缘身在此山中。"不同的视域往往带来不同的观感,作为旁观者往往能跳出山外,看到我们看不到的别样风景,这也许就是旁观的妙处所在。

注 释

[1] 田浩先生认为,朱熹和吕祖谦有许多共同之处,但他在这篇论文中主要挖掘他们的不同之处,或者说在道学群体中,他们教育理念的侧重点不同。田浩先生关于朱熹与吕祖谦的论述,可参考他的《朱熹的思维世界》(江苏人民出版社2009年版)一书中的相关章节。

[2] 参见阿兰·梅吉尔、张旭鹏:《什么是观念史?》,《史学理论研究》2012年第2期,第108~119页。

(作者单位:厦门大学人文学院哲学系)

西方汉学界朱子学研究的里程碑

——评秦家懿《朱熹的宗教思想》

曹 剑 波

牛津大学出版社 2000 年出版的《朱熹的宗教思想》(The Religious Thought of Chu His),是西方世界朱子学研究的里程碑。该书出版后好评不断,《宗教杂志》(The Journal of Religion)评论说此书是"一本内容翔实、甚至一流的关于朱熹最有争议的宗教性质的研究著作";[1]《美国宗教学术杂志》(Journal of the American Academy of Religion)评论说:"秦家懿的这本书,不仅是她所有的著作中最好的著作之一,而且,如果不是英语著作中最好的研究朱熹的著作,那也是最好的研究朱熹的著作之一",[2]并说:"这本书被认为是西方世界介绍朱熹的里程碑著作,也是说英语的世界进一步以及未来研究朱熹必不可少的参考文献。"[3]《亚洲研究杂志》(The Journal of Asian Studies)评论说,此书是无数研究朱熹著作中"脱颖而出的"一本[4],它为我们提供了"一本无价的一卷本的介绍朱熹哲学的主要特征的英语专著"[5]。

此书的作者加拿大多伦多大学宗教学、哲学和东亚学教授秦家懿(Julia Ching,1934—2001),是一位才华横溢的、硕果累累的加拿大籍华裔学者,海外知名的汉学家、宗教学家。著名学者钱钟书曾做过她的私塾教师,称赞她不愧为"名门才媛"[6];国内知名学者李幼蒸说,秦家懿是他心中的"两位女哲学家'偶像'"之一,另

一位是法国的克莉斯特娃[7];伍贻业在《哲学并不高于宗教》中称她是"国际上享有盛誉的中国宗教和哲学的学者"[8]。秦家懿精通宋明理学,兼治儒学和基督教的比较研究,成就斐然。在多伦多大学任教 20 年期间,先后出版了中英文学术著作 15 种,发表论文 80 余篇。主要著作有:《获得智慧之道:王阳明》(英、中、韩文版)、《儒学与基督教比较研究》(英、德、中文版)、《基督教与中国宗教》(与德国基督教神学家孔汉思合著,有德、英、中、法、意、捷、韩等 10 多种文字版本)等。秦家懿在传播和研究儒学上做了很多有价值的阐发,对海内外儒学的研究产生了重要的影响,推动了学术的交流与发展。除在学术上成就卓越外,她还积极参与华人社区和非政府机构的活动,致力于实现普遍人权、争取西方社会少数民族和妇女的权利。正因其成就卓越,1996 年获得加拿大安省职业性华人奖状,2000 年被授予加拿大勋章。

《朱熹的宗教思想》不仅是当今西方汉学界研究儒学的必读之书,而且也是研究朱子学、儒学的性质的必读之书。全书第一次全面而又系统地探讨了朱熹的宗教思想,勾画了朱熹哲学思考的轮廓,为"儒学即是儒教"的主张提供了一个生动的案例,有力地推进了学术界对儒家宗教思想的研究。全书第十一章加四个附录。在第一章中,秦家懿介绍了朱熹那个时代的主流儒

家思想,为朱熹的宗教思想的研究设定了智力和宗教的背景。在第二章中,她分析了"太极"概念的历史来源及演变,认为"太极"是朱熹整个哲学体系的基础和统一原则,具有类似于"绝对者"、"上帝"的角色。她说:"为了确保这种超越性,朱熹强调太极也是无极。他这样做,说明他的'太极'与其他传统的哲学和宗教所说的'绝对者'非常相似。"[9]并在附录三中说:"'太极'这个概念最接近西方有神论哲学中的'上帝'概念,它是朱熹整个形上学体系的基础和中心,用以解释万物之间的有机的相互关联。"在第三至六章中,她考察了鬼神的性质、礼仪的作用、道德的完善和自我修养,并发掘出其中与终极伦理关怀相关的儒家宗教情感。在第七章中,她分析了朱熹与他同时代人尤其是陆九渊的哲学争论,并在第八至九章中描绘了朱熹把佛教和道教的思想融合到他自己时代的宗教需要中的情形。第十章为我们勾勒了一幅清晰的、不同时代的不同评论者批评朱熹的哲学体系和概念的图画。第十一章用当代的需要和问题评估了朱熹思想的相关性。秦家懿认为,朱熹哲学的开放性使朱熹哲学能创造性地生产出有洞见的思想,朱熹关注的问题仍是我们时代不可回避的问题。正如《亚洲研究杂志》评价说:"虽然朱熹提出的问题可能不再是那些我们大多数人每天清早就能意识到,并且是许多夜晚辗转反侧以求解答的问题,然而,它们决不是那些无关紧要的问题,它们关注的决不是陈旧而又自负的少数几个问题。秦家懿提醒我们,正如朱熹所做的那样,通过坚定的人类经验和弱点(through gritty human experiences and vulnerabilities),沉思和追求超验是永远没有伤害的。"[10]秦家懿没有把她的研究局限于中文语境内。在附录中,她很有见地地用朱熹与怀特海作比较。

比较了他们的宗教思想,论证了朱熹思想的宗教性,这种比较的深刻性值得那些关心比较哲学和神学的学者借鉴。

牟宗三曾指出:"一个文化不能没有它的最基本的内在心灵。这是创造文化的动力,也是使文化有独特的所在。依我们的看法,这动力即是宗教,不管它是什么形态。依此,我们可说:文化生命之基本动力当在宗教。了解西方文化不能只通过科学与民主政治来了解,还要通过西方文化之基本动力——基督教来了解。了解中国文化也是同样,即要通过作为中国文化之动力之儒教来了解。"[11]如果牟宗二的所说是正确的,那么《朱熹的宗教思想》是一本揭示朱熹思想的宗教本质,例证儒学的宗教性,揭示中国文化的基本动力的意义重大的著作。

《朱熹的宗教思想》不仅是一本意义重大的著作,而且是一本深思熟虑的著作。写作此书,花费了秦家懿很多时间和心血。在"前言"中,秦家懿说:"我对朱熹感兴趣已经超过了二十年。"[12]"我花了不少时间去研究他。我主要把重点放在他的宗教思想上,集中在朱熹自己是如何处理这些问题的。"[13]在大量阅读第一手和第二手相关材料的基础上,秦家懿发掘了大量朱熹的宗教思想、并作了重构,"在讨论朱熹的宗教思想时,我必须处理哲学的、宗教的和历史的材料。我主要遵循的是在一种广阔的历史文化框架内的文本注释的方法。我没有简单地重复或翻译文本所说的内容,而是为了揭示它们而提供一种宗教—哲学的解释。我已经广泛地阅读了朱熹本人的著作和《朱子语类》,并把重点放在其中感兴趣的宗教上。我也从他的一些前辈和同时代人的著作中,及许多中文、日文、英语、法语和德语出版的第二手材料中学到了很多东西。"[14]"在这里,我不仅要进入朱熹的文化背景中,而且力图通过重构他的宗教哲学意识的发展来把握他的意图。"[15]任何阅读此书的读者都会对秦家懿渊博的知识留下深刻的印象,这从她广泛的参考各种文献上可以得到证明。

《朱熹的宗教思想》是一本富有启发的著作。作为一位久居海外的华裔学者,秦家懿在对朱熹进行研究时,会自觉或不自觉地受到外国文化的影响。她的思维方式,看问题的出发点、视角、方法以及结论,对国内学者其有很大的启发性。这可以借用徐中玉教授在《国外汉学史》一书的"序"中所说的一段话中得到说明,他说:"……外国学者或久居海外的华裔学者,由于所处文化环境宽松,久已养成可以充分各抒己所见的性格习惯,可以就自己的所见所感,自由阐发其特有兴趣,领会的感受,畅所欲言。所以往往能从中接触到某些新的或竟大出意外的见解,大可思考的问题。……无论思维方法,研究视野,工作领域,都有助于丰富、拓宽、开发我们自己的眼光和悟力。"[16]

"儒家是否是宗教"这个问题是近代以来儒学发展史上最重大的一个问题,《朱熹的宗教思想》与这个问题相关。在这本书里,秦家懿提出了一个最有争论的结论即"朱熹的主要思想在本质上是宗教的"[17]。《美国宗教学术杂志》评论说:"用西方所使用的更狭义然而却是更一般意义的'宗教'概念来看,如果我们仔细观察,便会发现,朱熹哲学的'宗教'维度实际上更具形上学的特征而非宗教的特征。因为朱熹的太极是导致世界的有序事物的创造原则和解释原则,而不是一个创造者即上帝。另外,在太极的概念里,没有救世或启示的意义。此外,朱熹在处理鬼神时,用气的活动给了它们一种自然主义的解释。因此,朱熹不

会比亚里士多德更具有宗教性,后者提出了不动的推动者。"[18]那么,能否说朱熹是一位自然神论者呢?答案是否定的。在秦家懿看来,朱熹是一位有神论者,相信有至高无上的神存在,认为神是有意识的,具有个性,但不是神人同形同性论上的神。她说:"至高无上的神就是朱熹所说的上帝吗?如果我们用那个词指的是理,那么答案是肯定的。可是在朱熹的思想中则存在模棱两可的地方:相信有一个至高无上、神人同形同性论的神存在是错误的,同样,不相信有全能的神的存在也是错误的。他的困难之处似乎是在处理神人同形同性论上,而非有神论上。他的'上帝'是一位哲学意义上的神,是一种哲学的理或原则,然而,与此同时,被称作神灵的不是没有意识的,我们可以赋予神灵以个性。"[19]这表明,朱熹所理解的神,介于自然神论中的"理神"与犹太—基督教传统中的"人格神"即上帝之间。秦家懿把朱熹独特的儒家精神放在基督教神学的对话语境中,全面而又系统地解说了朱熹的宗教思想,有力地论证了朱熹思想的宗教性。因为虽然朱熹可能不相信有神人同形同性论的上帝存在,也不相信有救世或启示,但在最广泛的宗教意义上,只要朱熹的信念根植于他对现实世界的形上学的理解中,只要朱熹的道德哲学建立在敬畏的基础上,人们都可以认为朱熹的思想是"宗教的"。可以断言,从此书以后,研究儒家学说的学者,如果发现儒家传统中有宗教的成分,就不必缩手缩脚、遮遮掩掩、大惊小怪了。虽然书中的观点可能不为所有人接受,但"从今以后,那些已经读过这本重要著作的人要忽视朱熹思想的宗教维度将是非常困难的。"[20]

注　释

[1] John Berthrong，Reviewed Word(s)：The Religious Thought of Chu Hsi by Julia Ching，The Journal of Religion，2002(82：2)：328.

[2] Chu Hsing-ying Cheng，Review"The Religious Thought of Chu Hsi"，Journal of the American Academy of Religion，2003 71(3)：678.

[3] Chu Hsing-ying Cheng，Review"The Religious Thought of Chu Hsi"，Journal of the American Academy of Religion，2003 71(3)：679.

[4] Oncho Ng，Reviewed Work(s)：The Religious Thought of Chu Hsi by Julia Ching，The Journal of Asian Studies，2001(60：4)：1148.

[5] Oncho Ng，Reviewed Work(s)：The Religious Thought of Chu Hsi by Julia Ching，The Journal of Asian Studies，2001(60：4)：1149.

[6] 伍贻业：《哲学并不高于宗教——中国宗教与基督教(书评)》，《读书》，1994 年第 3 期，第 44 页。

[7] http：//www.semioticsli.com/li/news.asp? id＝177

[8] 伍贻业：《哲学并不高于宗教——中国宗教与基督教(书评)》，《读书》，1994 年第 3 期，第 42 页。

[9] Julia Ching，The Religious Thought of Chu Hsi，Oxford：Oxford University Press，2000，p.46.

[10] Oncho Ng，Reviewed Work(s)：The Religious Thought of Chu Hsi by Julia Ching，The Journal of Asian Studies，2001(60：4)：1149.

[11] 牟宗三：《中国哲学的特质》，上海古籍出版社 2007 年版，第 84 页。

[12] Julia Ching，The Religious Thought of Chu Hsi，Oxford：Oxford University Press，2000，"Preface"，p.vii.

[13] Julia Ching，The Religious Thought of Chu Hsi，Oxford：Oxford University Press，2000，"Preface"，p.vii.

[14] Julia Ching，The Religious Thought of Chu Hsi，Oxford：Oxford University Press，2000，"Preface"，p.vii.

[15] Julia Ching，The Religious Thought of Chu Hsi，Oxford：Oxford University Press，2000，"Preface"，p.viii.

[16] 参见何寅、许光华：《国外汉学史》，上海外语教育出版社，2002，"序"，第 1 页。

[17] Oncho Ng，Reviewed Work(s)：The Religious Thought of Chu Hsi by Julia Ching，The Journal of Asian Studies，2001(60：4)：1148.

[18] Chu Hsing-ying Cheng，Review"The Religious Thought of Chu Hsi"，Journal of the American Academy of Religion，2003 (71：3)：682.

[19] Julia Ching，The Religious Thought of Chu Hsi，Oxford：Oxford University Press，2000，70.

[20] John Berthrong，Reviewed Word(s)：The Religious Thought of Chu Hsi by Julia Ching，The Journal of Religion，2002(82：2)：329.

(作者单位：厦门大学人文学院哲学系)

朱子学研究论著

学术专著

朱子新学案

（繁体竖排版，新校本，第1~5册）

钱穆著，北京：九州出版社，2011年1月，2120千字

该书对朱子学的讲论，通贯全部，鞭辟入里，是研究宋明理学，以至研究中国学术史必读的经典著作。全书五大册，内容分为三部分：一、思想之部：第一、二两册，又分为"理气"与"心性"两部分。二、学术之部：第四、五两册，又分为经学、史学、文学三部分，并添附校勘、考据、辨伪与游艺、格物之学。三、行事之部：第三册的主要内容，考述朱子早年从游延平的始末，及其对北宋五子与南宋湖湘之学、浙东之学的评述，以及朱陆异同等篇。书末有索引，有利于查考。书首的提纲，分32段来论述朱子学的大要，也为读者提供方便。

朱熹的历史世界
——宋代士大夫政治文化的研究

余英时著，北京：生活·读书·新知三联书店，2011年7月，706千字

该书以朱熹为中心，遍考第一手史料，将文化史与政治史贯通研究，尤其注重二者之间的互动关系，提出了宋代政治文化解释的新典范。与传统朱子研究以哲学、思想为中心不同，作者将注意力转向朱子生活的现实历史世界，突显其一向为人忽视的政治关切、政治理想一面，进而呈现宋代士大夫群体的政治文化。全书分为上篇"通论"与下篇"专论"两部分，共十二章。上篇包括回向"三代"——宋代政治文化的开端、宋代"士"的政治地位、"同治天下"——政治主体意识的显现、君权与相权之间——理想与权力的互动、"国是"考、秩序重建——宋初儒学的特征及其传衍、党争与士大夫的分化等内容，下篇包括理学家与政治取向、权力世界中的理学家、孝宗与理学家、官僚集团的起源与传承、皇权与皇极等内容。

朱子书信编年考证（增订本）

陈来著，北京：生活·读书·新知三联书店，2011年1月，418千字

该书是研究朱熹思想，在史料学方面用力甚深的一部著作，对朱子书信一网打尽，逐条考证系年，对研究朱子、宋明理学和宋史的学者来说都是有价值的工具书。作者精审确凿的考证既借鉴了以前清代学者的成果，又通过文献本身而做内证、事证、人证、义证，以确定系年，考证坚实可信。此次增订最主要部分在于添加了一份索引，索引囊括了全书2700余封信，简明切用。另外，增补了《延平答问》中的十几封信，删除了原书中重复考证的条目，使全书更为完善。通过对这些书信的整理、考订，不仅使朱子思想见解的先后发展变化的脉络有线索可以寻溯，而且勾勒和探索了南宋学术史、思想史的资料和实况。

中国儒学史·宋元卷

陈来、杨立华、杨柱才、方旭东著，北京：北京大学出版社，2011年6月，515千字

该书以叙述儒学思想史为主，在有限的篇幅内呈现出宋元的儒学史；全书框架和结构的设计以思想家和学派为单元，以突出主要的儒学思想家的贡献为目的，在写法和具体研究方面有所深入和创新。全书分为宋代部分和金元部分，宋代部分集中介绍了北宋前期的儒学与经学（胡瑗、孙

复、刘敞等),范仲淹、欧阳修、司马光、王安石、周敦颐、张载、程颢、程颐、苏轼、吕大临、谢良佐、杨时、胡宏、张栻、朱熹、朱熹门人(黄榦、陈淳、程端蒙等)、陆九渊、陈亮、叶适等人的儒学思想;金元部分集中介绍了赵秉文、李纯甫、许衡、刘因、吴澄、许谦、金履祥等人的儒学思想以及元代陆学(刘埙、陈苑、危素、赵偕、郑玉等)。

人文与价值——朱子学国际学术研讨会暨朱子诞辰880周年纪念会论文集

陈来、朱杰人主编,上海:华东师范大学出版社,2011年9月,813千字

该书是2010年10月在清华大学举行的朱子学国际学术研讨会暨朱子诞辰880周年纪念会的论文集。内容主要包括朱子与儒家的精神传统、朱子学对日本的贡献、朱子思想中的四德论、关于朱子"格物致知"及其相关问题之讨论:"继别为宗"或"横摄归纵"、南宋卓淳诸老及其文化逻辑、朱子《太极解义》研究、朱熹之前"道统"一词的用法、朱熹生的哲学、朱子论"自得"、从南宋到明代初期的朱子学"官学化"——从科举、孔庙祭祀制度改革的视点、朱熹与其《戊申封事》、朱子学在南宋巴蜀地区的流传、从朝鲜儒学"主理派"之思想看朱子理气论之涵义、"性之本体是如何"——朱熹性论的讲究、对牟宗三诠释朱熹以《大学》为规模的方法论反省等内容。

哲学与时代——朱子学国际学术研讨会论文集

陈来主编,上海:华东师范大学出版社,2012年9月

该书是有关朱子学的相关论文,收录了朱子学的特色及其时代意义;朱子四德说续论;朱子思想与现代政治伦理;朱子太极体用论;朱子议礼二题;朱子文化复兴的潜在力:以中国学生《朱子婚礼现代版》的民意调查为例;论朱熹的"心之本体"与未发已发说;论朱熹《仪礼经传通解》的特点;朱熹与刘沉;道德实践中的认知:意愿与性格——论程朱对"知而不行"的解释;宋明理学道统与政统论;朱子学在韩国高丽时代的传播与发展;韩儒郭钟锡(俛宇)的心论其对朱子思想的理解;日本汉学与朱子学——江户时代大阪"怀德堂"的学术;近三十年(1980—2010)英语世界的朱子研究——概况、趋势及意义;朱子学在越南的传播与影响;《近思录》《四子》之阶梯——陈淳与黄榦争论读书次序等文章。

展望未来的朱子学研究——朱子学会成立大会暨朱子学与现代跨文化意义国际学术研讨会论文集

陈支平、刘泽亮主编,厦门:厦门大学出版社,2012年5月,550千字

该书为朱子学会成立大会暨朱子学与现代跨文化意义国际学术研讨会论文集。中国一级学会"朱子学会"于2011年10月9日在厦门大学成立。"朱子学会"的成立,不仅为厦门大学人文学科的发展开辟了广阔的前景,也为全球朱子学学者提供了交流与合作的平台。全书选录40多篇论文,充分彰显了朱子学的丰富性、包容性和总结性。主要内容包括朱子理气关系的三种不同解读;周敦颐是怎样走向圣坛的;朱子礼学思想的理论框架及其展开;朱子论智;朱熹书院教化与道学社会化适应;世俗化的朱子:朱子学术的世俗关怀及其时代意义——以"礼"学为例;"义务的道德"和"愿望的道德":领会朱子"诚"、"信"思想的一个视角及意义;朱熹的"新民"理念——基于政治哲学视角的考察;朱子新

安后学对"理"的解构及其意义等。

朱熹口语文献词汇研究

陈明娥著,厦门:厦门大学出版社,
2011 年 4 月,410 千字

该书为李无未、李如龙主编的"朱熹口语文献语言通考"丛书之一。朱熹著作中的语言反映了中古汉语向近代汉语过渡的真实面貌,是研究宋代语文及近现代汉语语言的宝贵资料。该书利用语言理论与方法,结合文字、音韵、训诂、语法、词汇、语用等多个角度对朱熹文献的语言进行研究,综合考察朱熹文献语言特点和语料价值,全方位的探讨朱熹词汇整体面貌和发展规律,全面展示朱子语言的真实面貌,以拓展朱熹文献语言研究的广度和深度。全书共分五章,主要内容包括:绪论,《朱子语类》口语语汇研究,朱熹注疏类著作口语语汇研究——以《四书章句集注》、《诗集传》为例,朱熹文献口语词例释,朱熹口语文献的词汇特点等。

《朱子语类》语法研究

李焱、孟繁杰著,厦门:厦门大学出版社,2012 年 3 月,330 千字

该书为李无未、李如龙主编的"朱熹口语文献语言通考"丛书之二。《朱子语类》对研究汉语的发展史具有独特的不可取代的地位,但之前的研究对其语言学的价值挖掘不够,对其语法的研究也没有将全本《朱子语类》作为考察对象,属于断代的专书研究,同时缺乏一种定量分析。该书则对《朱子语类》中的语法现象进行了全面的研究,并建立了计算机能够处理的语料库,在此基础上,对语料进行穷尽性的研究,尽可能不遗漏一个实例,勾勒出一个较为完整的《朱子语类》语法体系框架。全书分为词法和句法上下两编,上编包括:代词、介词、副词、量词、连词、语气词等内容,下编包括平比句、差比句、被动句、处置句、正反疑问句等内容。

朱熹《仪礼经传通解》语音研究

李红著,厦门:厦门大学出版社,2011 年 11 月,250 千字

该书为李无未、李如龙主编的"朱熹口语文献语言通考"丛书之三。《仪礼经传通解》是朱子晚年亲自主持编纂的一部礼制方面的鸿篇巨制,也是他的绝笔之作。《朱熹〈礼仪经传通解〉语音研究》探析通解音注的分类与挑选,筛选出有效可靠的音切,从中探讨时音与方音的音变,分析音注之来源,以揭示宋代福建读书音的语音系统,寻找时音音变的蛛丝马迹,探究宋代福建方音的面貌并与现代闽方音相对比,为闽方音的发展史梳理脉络。全书共分为九章,主要内容包括:《礼仪经传通解》的注音体系,《礼仪经传通解》反切的声母系统、韵母系统、声调系统,《仪礼经传通解》直音的声母系统、韵母系统、声调系统,《仪礼经传通解》语音系统分析等。

朱熹口语文献修辞研究

叶玉英著,厦门:厦门大学出版社,
2011 年 4 月,250 千字

该书为李无未、李如龙主编的"朱熹口语文献语言通考"丛书之四。全书从朱熹的思想理念传意策略、教育传意策略、语音修辞、词汇修辞、句法修辞以及其他修辞策略等方面研究了朱熹口语文献语言中的修辞艺术。朱熹始终坚持以接受者为修辞主体的表达,这一传意策略是其教育思想的核心。其修辞观的核心则是"修辞立其诚",围绕这一核心,朱熹又提出"理精后,文字自典实"、"文道一贯"、"文字自有一个天生腔子"等修辞观,强调"道者,文之根

本;文者,道之枝叶"、"文字奇而稳方好",作文靠实,不可架空细巧。同时也广泛运用比喻、比拟、夸张、拈连、回环等各种修辞方法,重视调动声训、叠音、平仄等语音手段增强语言表达效果,讲求节律的运用,使语言具有鲜明的节奏感和旋律感。

保罗·蒂里希与朱熹
——关于人类困境问题的比较研究

区建铭著,唐清涛译,厦门:厦门大学出版社,2012年4月,250千字

该书通过分析中国大儒朱熹(1130—1200)和美国神学哲学家保罗·蒂里希(1886—1965)在人类本性观点上的相似和不同之处,阐述二者是如何诊断并试图医治人类源自世俗世界的有限性、无知和错误而造成的存在困境,揭示出朱熹思想的宗教维度和朱熹如何可以成为与基督教神学展开对话的参与者。全书由三部分组成:蒂里希部分、朱熹部分以及比较部分。在蒂里希部分,阐明蒂里希的存在论(包括存在的范畴,存在论的两极性,在人类的有限存在与非存在、无限存在的关系中人类有限性的意义,以及人类本质的和实存的本性)、上帝的观点、爱的概念,认为爱是人类实存问题的动力解决。在朱熹部分,分析朱熹的理和气之存在论结构、人性概念及"仁"的概念,认为朱熹的"仁"具有解决人类疏离问题的作用。在比较部分,不是单单罗列蒂里希与朱熹关于人性的思想,而是精心选择了三个相互关联、共属一体的概念:统一、活动、复合来作为比较工作的基本范畴。

东亚朱子学新论

张品端主编,厦门:厦门大学出版社,2012年5月,350千字

该书选收2008年以来在武夷学院举办的三次朱子学国际会议参会论文31篇,分为三个部分:上编为"朱子学与东亚文化",包括朱子怎么创造"朱子的世界"——从文化运动的观点着眼、朱熹理治社会论、朱熹对宋儒认知和处理儒、佛关系的检讨和超越、朱熹的《论语》诠释与儒学重建、日本、朝鲜对朱子学的接受及其特征、朱熹思想对朝鲜半岛的影响等内容。中篇为"朱熹'人与自然'和谐",包括人与自然如何能够和谐——谈朱子的生态观、朱子哲学中的神秘主义及生态意义、朱熹及其自然科学努力的历史地位、朱熹生态伦理观审视等内容。下篇为"朱熹书院文化、文献学",包括朱子的书院实践与理学书院观、南宋书院教化与道学社会化适应——以朱熹为中心的分析、书院祭祀中的道统意识、韩国朱子祭享书院的特点、朱子《学校贡举私议》述评、日本的《朱子语类》研究概述等内容。全书内容大致涵盖目前朱子学研究的主要领域。

旁观朱子学——略论宋代与
现代的经济、教育、文化、哲学

(美)田浩著,上海:华东师范大学出版社,2011年4月,206千字

该书是美国学者研究宋代朱子学的一本专著,由"思潮与经济发展"、"教育与创造力"、"模范与文化"、"哲学与思想史"和"方法与对话"五部分组成。书中所主张的,是与主流宋代理学研究突出朱熹的单线发展不同的一种视野,这种视野关注宋代儒学发展的社会网络,强调儒学思想家群之间的多元互动,从而为宋代思想史以

及整个宋明儒学的研究提供了一个更为丰富、具体的视域和场景,演示了一个新的方法范例。该书内容跨越古今,对于宋代儒学核心范畴的细致清理,对于历史发展错综复杂样态的清晰揭示,对于多元性以及道学演变的强烈关注,为我们提供了研究中国思想史的出色范例。

朱熹的思维世界(增订版)

(美)田浩著,南京:江苏人民出版社,2011年4月,330千字

本书以南宋道学史为主题,致力于论明朱熹与南宋道学群体的广泛交往互动,是道学运动发展的主要动力。该书主旨围绕两个主题展开:第一,当将朱熹放置于同时代的儒家思想家的大框架中,我们对于朱熹及其思想是否能有新的理解?是否能更进一步地欣赏那些与朱熹同时代的思想家?第二,在社会、政治和文化上具有共同关注的一群儒家学者所组成的道学"团体",是如何发展演变成自成一家的思想学派,乃至南宋末期正式成为政治思想上的正统学说的。其他儒家学者究竟起了什么作用呢?在朱熹生命的最后20多年里,他自己的言行是怎样影响着道学团体的狭化。全书分四部分十一章,内容包括南宋第一代学人:张九成与胡宏、张栻、朱熹与张栻、吕祖谦、朱熹与吕祖谦、陈亮、朱熹与陈亮等,代表了南宋思想史研究的一个新方向,即在一个更丰富的话语和历史环境中,更具体地把握和理解南宋道学的多元展开。

功利主义儒家
——陈亮对朱熹的挑战

(美)田浩著,姜长苏译,南京:江苏人民出版社,2012年1月,175千字

该书在新发现的陈亮作品的支持下,具体探讨了陈亮思想的演变过程,尤其是在宋代的特定历史背景下,参照着两位论辩对手的具体阅历及性格,展示了陈亮、朱熹间的"道德与事功"之辩,从而再现了中国思想的丰富性、复杂性和历史性。全书分为八个部分:导言;第一章,儒学两极化及其在宋代思想中之演进;第二章,陈亮思想与性格的发展;第三章,争论过程中的性格因素及二者关系;第四章,政治中的道德问题;第五章,历史中的道与其他价值;第六章,从收复华北及学派分化看政治与朱陈之辩;结论。

孔子、孔圣和朱熹

周予同著,上海:上海人民出版社,2012年6月,222千字

周予同先生是20世纪中国经学史的学术大师,其著作代表了中国学术界研究经学史的最高水平。本书辑入作者所著孔子、朱熹的两部传记以及研究战国至两汉的孔子圣化史的论文及其有关文章:"六经"与孔子的关系问题、从孔子到孟荀——战国时的儒家派别和儒经传授、纬谶中的孔圣与他的门徒、纬谶中的"皇"与"帝"。从经学史的角度,再现孔子、孔圣到朱熹的传记史,评述了孔子、孟子、荀子、朱熹等人在中国经学史上的地位、作用和著述,有助于经学史研究者知人论世。

绘事后素——经典解释与哲学研究

方旭东著,北京:北京大学出版社,2012年10月,211千字

该书是对儒家经典所做的一系列个案研究的论文集,以《论语》、《孟子》、《中庸》、《荀子》等古典为论述对象,充分吸取历代诠释成果,揭示经典内在理路,展开对中国古典解释学的总结与反思,探索儒家之道对未来世界的引领价值。全书分为两组,

第一组是经典解释,包括诠释过度与诠释不足:重估中国经典解释学中的汉宋之争——以《论语》"颜渊问仁"章为例、尽心与知性——朱子对《孟子》"尽心知性"的诠释问题等内容。第二组是哲学研究,包括孔子政治哲学的道德论底色——上博简《民之父母》篇论析、超越"忠恕"之道——《中庸》"道不远人"章义疏等内容。附录《通过诠释以建立哲学:内在机制与困难》则说明了经典解释与哲学研究的关系。

学术性格与思想谱系
——朱子的哲学视野及其历史影响的发生学考察

丁为祥著,北京:人民出版社,2012 年 6 月,740 千字

该书从谱系学出发,依据朱熹文本资料,紧扣朱熹学术性格与思想谱系,展开对朱子的哲学视野及其历史影响的系统考察和探讨。全书分为上下两卷:上卷系统而全面地论述了朱熹的学术经历、师承关系、哲学思想与学术性格的形成和特色,与陆象山、吕祖谦、陈亮的学术争鸣、思想交锋,以及朱熹对"四书"——《大学》、《中庸》、《论语》和《孟子》的注释及注释所反映的朱子思想,彰显了朱熹哲学的个性特征及普遍性品格。下卷从朱熹学说的历史境遇出发,依次分析宋、元、明、清朱熹理学思想的历史影响,特别是重点阐发了近现代学者如冯友兰、钱穆、牟宗三等对朱熹理学的研究和发展,凸显了现代化背景下中国传统文化不同的推陈出新途径。该书用谱系学的方法研究朱熹哲学,开辟了一个观察问题的新视角,有助于理解朱熹哲学的时代风貌和民族性格,也有助于说明朱熹哲学中的一些容易被忽略和误解的问题。

《诸儒鸣道集》研究
——兼对前朱子时代道学发展的考察

田智忠著,北京:中国社会科学出版社,2012 年 11 月,368 千字

《诸儒鸣道集》是唯一由宋人所编纂的一部传世理学丛书,而且是迄今为止我们所知道的我国第一部丛书,其中所收录的许多著作,也是我们所能见到的最早版本,其版本与学术价值显而易见。作者试图解决关于《诸儒鸣道集》中的那些最基本的疑问,进而梳理出由《诸儒鸣道集》所反映出的前朱子时代道学发展整体脉络与趋势。主要内容包括:从避讳角度看《诸儒鸣道集》的原刻时间、从刻工角度看《诸儒鸣道集》的原刻时间、从版本学角度看《诸儒鸣道集》原刻时间的上限、从反证角度看《诸儒鸣道集》原刻时间的下限等。

道的传承——朱熹
对孔子门人言行的诠释

刘贡南著,上海:华东师范大学出版社,2011 年 7 月,150 千字

该书以道的传承为视角,在细心研读朱熹文本的基础上,着重探讨朱熹治经所蕴含的生活经验,彰显宋明儒学的实践性格,是对传统朱熹研究乃至宋明理学研究的一个重要补充。全书研究的不是朱熹的诠释思想或诠释理论,而是通过朱熹对孔子门人言行的诠释,从颜回之乐与贤、子贡之知与言、子路之志与政、子夏之学与仁四个方面,阐述朱熹依据自己的生活经验对于《论语》这一经典所反映的生活世界的理解及其思考方式,从而揭示这些理解和思考的哲学内涵或普遍意义。

东亚朱子学的诠释与发展

蔡振丰著,上海:华东师范大学出版社,2012 年 1 月,206 千字

该书是台湾大学"东亚经典与文化"专题计划中"东亚朱子学"研究成果的结集,含台湾大学和韩国首尔大学等学者的八篇论文。以东亚为视野,研究朱子学在中、日、韩各地发展的同调与异趣,并集中探索东亚朱子学的发展过程,如朱子本人的思想进展,朱子门人及其后学的推衍创新,及朱子学的域外发展等,进而呼应 21 世纪全球化时代的新课题,展现 21 世纪朱子学的新意义。主要内容包括全球化时代朱子"理一分殊"说的新意义与新挑战;从"存在空间"论朱子的身心空间观及人安居于天地之论述;朱子对"道心"、"人心"的诠释;朱子与罗整庵的"人心道心"说;从良知学之发展看朱子思想的型态;朱子对佛教的理解及其限制;界定并延伸儒学之界限——朱熹论科学与超自然主题;朱子穷理学在德川末期的物理化等。

朝鲜儒者丁若镛的四书学: 以东亚为视野的讨论

蔡振丰著,上海:华东师范大学出版社,2012 年 1 月,230 千字

该书以第一手的文本研究为主,深入进行对丁若镛(茶山,1762—1836)四书学的细部诠释,及其整体理论架构的讨论。书中将丁若镛的四书诠释与中国学者做对比研究,亦以日本古学派伊藤仁斋(1627—1705)及荻生徂徕(1666—1728)的四书解释作为对照,使研究具有东亚的宽阔视野。全书共分八章,主要包含了三方面的内容:一是将丁若镛四书学置于东亚儒学的视野中进行比较研究;二是厘清了丁氏四书学的基本性质与天主教义的差距;三是将丁

氏思想放在东亚社会转型过程中去衡量。具体内容为:问题与方法;丁若镛与朱熹四书诠释取向之异;丁若镛人性论与洙泗学、朱子学及西学间的距离等;人性论的延伸——丁若镛四书诠释中"仁"、"心"、"性"、"天"的理论意义;主体性与交互主体性的开展——丁若镛的文质论;丁若镛《中庸》诠释之特色——与日本古学派的对比;丁若镛的《大学》诠释及其四书学架构等。

朱熹与经典诠释

林维杰著,上海:华东师范大学出版社,2012 年 1 月,257 千字

该书为儒学与东亚文明研究丛书之一,是一部从诠释学观点探讨朱子解经思想的著作。除了"导言"之外,全书共有九章,分属四个部分:意义论、方法论、工夫论与转向论。意义论包括:物理与文理——格物穷理与读书穷理的关联、文理与义理——经典诠释中意义与真理的交涉。方法论包括:诠释与方法——《读书法》中的诠释学意涵、以心比心与经文互解——论《论语》的理解态度与解释策略、知人论世与以意逆志——对《孟子·万章》篇的诠释学解释。工夫论包括:知行与经权——作为诠释学模式的先行分析、知行与读书——诠释与工夫的先后与相即关系、体与用——朱子体用论衡定。转向论包括自主与依他——朱陆异同的诠释学转向等内容。

朱熹《家礼》实证研究 ——附宋版《家礼》校勘本

(日)吾妻重二著,吴震、郭海良等译,上海:华东师范大学出版社,2012 年 5 月,398 千字

朱熹《家礼》在中国礼学史上之地位的重要性毋庸置疑,不惟对于 12 世纪以降中

国社会的礼仪制度乃至行为方式都有深远影响,而且其影响波及前近代的东亚社会——如江户日本及李氏朝鲜。本书主要把朱熹《家礼》放在朱熹家礼思想形成和发展的演变历程中加以考察,考察《家礼》思想内容,阐释朱熹博采古今众家的礼学特点,并结合晚年的礼学著作和语录来探讨其礼学思想的变化发展。全书由"研究篇"和"文献篇"共五章组成。在"研究篇"中,对以朱熹《家礼》为中心的儒教礼仪研究之现状与课题、江户日本的儒教礼仪研究、《家礼》刊刻与版本、宋代家庙与祖先祭祀、祭祀制度中的"木主"与"牌位"乃至中国、朝鲜、日本的有关"深衣"服饰等问题,进行了专门深入的历史考察和思想分析。作者在"文献篇"中,以南宋末周复本《家礼》为底本,另以其他9种刻本作为参校本,对《家礼》进行了巨细靡遗的严密校勘,为学界提供了一部完善而可信的《家礼》"定本",是一项开创性的实证研究。

朱　熹

陈荣捷著,北京:生活·读书·新知三联书店,2012年7月,210千字

该书从《朱子文集》、《朱子语类》等朱子本人著作立论。全书分四部分:一为朱子之思想,包括太极、理、气、格物与修养;二为朱子之活动,如其授徒、著述与行政;三为友辈之交游,与张栻、吕祖谦、陆九渊、陈亮的往来各占一章;四为朱子之道统观念、朱子后继与韩日欧美之朱子学等,朱子与佛教之交涉也有述及。所论多为中韩日学人所未言,不乏新资料。

从康德到朱熹
——白鹿洞讲演录

朱高正著,杭州:浙江大学出版社,2011年9月,263千字

该书是作者在白鹿洞书院讲学的讲稿汇编,其以《白鹿洞书院揭示》和《近思录》为主要内容,着力阐明濂洛关闽的主要思想。主要包括《白鹿洞书院揭示》的当代意义,从《近思录》看新儒学的发展,近世欧陆理性主义与新儒学的会通,"格物致知"与全方位的读书法,理学中"存养"与"克己复礼"的工夫,联邦德国的公民教育,"朱子学"对现代人修身的意义,从"新儒学"谈太极拳、新儒学对中国现代化与重建国际秩序的意义,"必也正名乎"——重点《传习录》有感,黄直卿《乾、坤二爻释义》解,古本大学新校本,古本中庸新校本,了凡四训新校本等内容。

朱熹评传(套装上下册)

张立文著,南京:南京大学出版社,2011年4月,459千字

该书凝聚了作者35年研究朱熹思想的心血与成果,以朱熹的理气为核心范畴,探讨朱熹在经济、政治、哲学、自然科学、教育、美学、论理学、历史观等方面的思想,分析其内在的思想逻辑结构,诠释其思想致广大、尽精微之所在,肯定其在中国思想史与朝鲜、日本思想史上的地位。全书十六章,包括由禅返儒集成理学、理气道器分殊流行、宇宙天文气象自然、形神魂魄鬼神屈伸、象数义理变易交易、一二动静变化中庸、格致心思持敬知行、心性情才天地气质、美善文道诗理自然、重农开源井田货币、天理君权德刑人材、理欲义利三纲五常、心术王霸元会道统、经史次第春秋正统、人伦教育小学大学、朝日官学独尊朱子

等内容。

谢无量文集(第 3 卷)朱子学派·阳明学派·王充哲学

谢无量著,北京:中国人民大学出版社,2011 年 6 月,315 千字

该书是作者文集的第三卷,包括以下内容:一是《朱子学派》1915 年初版。分两编共七章,十余万字,全面评价了朱熹的思想体系与学说等。二是《阳明学派》1915 年初版。分四编共二十章,介绍了王阳明的生平及其与陆象山的关系,王阳明的哲学、伦理学观点,总结了王阳明对前人学术观点的评论。三是《王充哲学》1917 年初版。分两编共五章,介绍了王充的生平与学术渊源、著作旨趣,重点探讨了王充哲学思想中的形而上学、伦理学和评论哲学。

朱熹《诗》韵研究

陈鸿儒著,北京:社会科学文献出版社,2012 年 3 月,361 千字

朱熹为中国最早的诗歌总集《诗经》作了注解本《诗集传》,《诗集传》的一大特色,就是给《诗经》的韵脚安上"叶音"以帮助人们诵读《诗经》。《朱熹〈诗〉韵研究》作者使用了文献考证、历史比较、数理统计、分析归纳等方法,研究朱熹《诗》韵。全书分为三章,第一章客观辨正《诗集传》叶音,重点论证《诗集传》叶音是朱熹心目中的古音;第二章平面研究《诗集传》叶音,重点归纳论证朱熹《诗》韵及朱熹的古韵观念和学术成就;第三章历史比较《诗集传》叶音与吴棫、陈第、顾炎武、江永《诗》音,重点论证朱熹在中国古韵学史上崇高的学术地位。该书有助于重新认识《诗集传》叶音及其在中国古韵学史上的价值,重新认识南宋古韵学以及朱熹对中国古韵学的历史贡献,重新认识中国古韵学史以及中国古韵学起步阶段重要古韵学家的功过和历史作用。

朱熹的《论语集注》研究——兼论《论语集注》的解释学意义

周元侠著,北京:中国社会科学出版社,2012 年 12 月,269 千字

朱熹的《论语集注》是南宋朱熹运用当时的语言,集合前人和时人的《论语》注,对《论语》所做的时代性解释。"集注"的传统形式加上宋代的理学视域,使得《论语集注》较之传统义疏体形式简明,却意味深长。《朱熹的〈论语集注〉研究》对《论语集注》这种经学传承和理学创新进行了深入剖析,并针对《论语集注》由"注"转为"经"的超越时代的现象给予解释学分析,全书包括南宋之前的《论语》注释概况,《四书章句集注》的编纂及其学术意义,《论语集注》的文本结构及其经学价值,《论语集注》的理学视域(上)——以朱熹对学、政、礼、仁等范畴的解释为例,《论语集注》的理学视域(下)——从朱熹对"性与天道"章的解释谈起,后世对《论语集注》的解释及其解释学意义等内容。

朱熹诗词研究

胡迎健著,广州:中山大学出版社,2011 年 7 月,360 千字

该书是江西省社科院 2009 年重大科研项目成果,汇集了朱熹鲜为人知的诗词,在严格校勘和深入研究的基础上,对朱熹的思想变化及其文学观做了高度概括与剖析。书中内容分为上下编,上编包括:朱熹生平与创作道路、朱熹诗学观略述、述怀言志诗、忧国忧民诗、山水游览诗、凭吊怀古

诗、即景遣兴诗、田园乡间诗、咏物寓意诗、唱和赠答诗、哀挽诗、咏史诗、哲理诗等内容。下编包括朱熹诗的艺术渊源、朱熹诗不同体式的特点、朱熹诗的艺术特征与风格等内容。

《朱子语类》问句系统研究

王树瑛著，北京：社会科学文献出版社，2012 年 4 月，323 千字

该书为"福建省社会科学规划项目博士文库"系列之一，对《朱子语类》详尽剖析，对汉语中的疑问句（特指问、选择问、反复问、是非问、反问、附加疑问等）做了几近"穷尽式"的追根溯源的研究。

朱子语类学归

冯青著，南昌：江西人民出版社，2011 年 10 月，290 千字

《朱子语类》是朱熹师生问答语录的总汇，涉及哲学、宗教、科技、生产、史实、民俗、经济、教育、服饰、职官等社会生活的方方面面。内容广大宏博，若无津涯，不易把握其要义。《朱子语类学归》从中精选朱熹语录 1300 余条按 35 个主题理气、天地、心性、德性、圣贤、仁义、礼乐、存心、持敬、主静、修身、格物、克治、学校、讲学、读书、师友、知行、政事、语言、文学、诗教、历史、民俗、辨伪、品评、规箴、异端、释道、惑溺、荒政、仇隙、兵事、悔恨、刑罚等重新编排并略加注释，展示原书的思想和精华。针对一般性词语中的偏者、难者，人名、地名、职官、典章、赋税制度等也略加注释。每门开头都做一个简单的题解，所选语录除了能代表朱子思想之内容外，还考虑其现实的价值，同时兼顾其思辨的技巧与严密的逻辑体系。

朱子文化大典

《朱子文化大典》编委会，福州：海风出版社，2011 年 10 月，1500 千字

该书是全国各地 30 多位从事朱子学研究的专家学者通力合作的结晶和成果，内容涵括朱熹的生平事迹、思想源流及其理学思想、经学思想、伦理思想、教育思想、史学思想、政治思想、经济思想、宗教思想、美学思想、文学思想、自然科学思想、朱子理学体系的建构等。全书重点阐述朱子文化思想源流及其传承发展，揭示朱子理学的内在价值，分析和阐述了朱熹如何对中国传统文化进行全面总结，在对儒学的传承中革古出新，从而对中国哲学、经学、政治、文化、教育、宗教等方面所产生的重大影响，也翔实记录了社会各界和世界朱氏联合会在推动海峡两岸朱子文化的交流，推动朱子学的全球化进程中所创立的成绩。全书共分五卷：《朱熹生平事迹》、《朱子文化源流》、《朱子文化的传承与发展》、《朱子经典文化通览》、《朱子文化与传播机构》。

异议的意义
——近世东亚的反理学思潮

杨儒宾著，台北：台湾大学出版中心，2012 年 11 月，464 页

该书探讨近东亚反理学思潮的思想史意义。东亚的反理学与理学几乎同时成立，同步发展，只是势头大小与理论成就高低颇有不同。惟重要的反理学哲人，从叶适、戴震、阮元以至丁若镛、伊藤仁齐、贝原益轩、荻生徂徕等人，皆具有深刻的哲思。作者将反理学的思潮分成相偶论与礼论两种类型，相偶论在深层的意义上可含摄礼论，它与体用论恰可作为反理学与理学两者典型的思考模式。全书共分成十一章，分别探讨东亚地区反理学思潮的类型。作

者采跨文化的视角，寻找东亚内部不同时代、不同地区的儒者的反理学之共同倾向。此角度意味着东亚内部有类似的问题意识与理论资源，它所呈现的理论因此具有超乎历史因素之外的理性知识的因素，这种视角与比较哲学的设定不一样。该书尝试将反理学思潮整编到更宏观的儒学世界中去，认为反理学思潮提供了一种多元性、交互性、他者性格的思想因素，这些因素提供了儒家很好的人文化为的图像。理学与反理学因此不必是对反的，反而可视为辩证发展出的有机性整体。

论创造性——朱熹、怀特海和南乐山的比较研究

（美）白诗朗著、陈浩译，北京：中国社会科学出版社，2012 年 3 月，260 千字

该书概述怀特海、朱熹和南乐山的创造性问题，分为两个部分，七个章节。前三个章节：创造性、上帝和世界问题，上帝观的发展，南乐山的挑战解释了为什么怀特海、朱熹和南乐山会有创造性这一观念，以及为什么对于比较过程思想来说这是一个重要问题。后四章包括新儒家的引入、新儒家的插曲、再度统一的世界、神圣事物的统一等内容。书中解释了依据比较哲学神学的跨文化方法，现代西方和中国宋代的两种十分不同的哲学体系之间，何以可能存在这样一种复杂的比较联系。

浪漫灵魂：从以赛亚到朱熹

（英）彼得·沃森著、姜倩译，北京：中央编译出版社，2011 年 5 月，567 千字

该书是"人类思想史"丛书的第一本，描述了人类思想发展的历史，对于我们理解世界，理解人类本身，都提出了一种全新的方法。全书分为"从露西到吉尔伽美什——想象的进化"和"从以赛亚到朱熹——灵魂的浪漫史"两部分，叙述始于近 200 万年前手斧的发明。作者探究了人类最初的语言和词汇、神的诞生、艺术的起源，以及金钱所造成的深刻的智力影响；描述了书写的产生、古代法律思想、科学、哲学及人文科学的起源，以及祭祀和灵魂在宗教中持久不衰的原因。第一部分包括四章：语言出现之前的创意；语言的产生和对寒冷的征服；神的诞生，房屋和家的演变；智慧之城。第二部分包括九章：祭祀、灵魂、救世主；"精神上的突破"；科学、哲学和人文科学的起源；犹太人的思想；耶稣的思想；亚历山大里亚；公元零年的西方与东方；法律、拉丁语、读写能力和文科；异教徒与基督教徒；地中海与日耳曼传统；书的近乎消亡；基督教艺术的诞生；巴格达和托莱多的法尔萨法和奥尔加；印度数字，梵语和吠檀多；中国的学术精英、理学及毛笔文化。

朱熹思想结构探索——以"理"为考察中心

（日）藤井伦明著，台北：台湾大学出版中心，2011 年 2 月，269 页

该书所收各章论文，为作者针对朱熹思想中，历来学者所持见解、诠释多有出入的重要概念，诸如"诚"、"理"、"知"、"心"等，尽可能就朱熹的著作，依据朱熹本人的思考模式、思维逻辑而来加以分析、检讨，试图阐明朱熹思想世界之真貌，以及朱熹思想之整体结构性。透过该书的探讨、分析所描绘出的朱熹思想世界之样貌，其显然并非一以外在"静态式"之"理"为基础而建构出的思想；而是一以内在"动态式"之"理"为基础而开展出的思想。也就是说，对朱熹而言，这世界的所有自然现象以及道德行为，原原本本系内在之"理"活泼泼

地发露、开展,而且朱熹思想的存在论、心性论、工夫论等,无一不是以此一动态式之"理"为基础而建构出的。全书主要内容包括:宋代理学中"真实无妄"之"诚"析论、"从凡夫到圣人——理学工夫论之本质"、流行之"理"——朱子之"理"的再检讨、朱子伦理学说的道德成立性结构——以"理"之展现为探讨中心、朱熹"格物致知"说的工夫论进路诠释、朱熹思想中的"心"——"心统性情"析论、朱熹思想之整体结构等。

エマソンの思想の形成 と展開—朱子の教義との 比較的考察—

（日）高梨良夫著,金星堂出版,2011年4月

该书是美国作家爱默生(Emerson)与宋明儒学、尤其是朱熹之思想之间的比较研究。高梨在认定两者之间有很大共通点的判断之下得出了如下结论:两者之思想都并非抽象之形而上学,而是从人间伦理到宇宙自然之间的"生命"思想,他们都以"理"或"道德之法"作为思想之核心,但是这同样也以生命原理为基础。在以超越之世界存在为前提的情况下,两者都重视形而下现实世界之事物以及现象的展开。同时高梨指出,在明治、大正时期日本知识分子将爱默生更多地视为与阳明学、朱子学或者禅宗佛教之"空"思想一致的把握与理解有失偏颇,爱默生在接受东方思想之影响的同时,依然保持着西方基督教文化之脉络而形成其独特的思考。主要内容包括:爱默生与新儒教(东洋思想与爱默生、新儒教之形成与展开、明治、大正时期的日本人所理解的爱默生思想与新儒教的类似性、新儒教与爱默生)、自我探究与实现、宇宙自然与人间伦理、世界之根本原理与生成等。

（陈晓杰）

朱子家礼と東アジアの文化交渉

（日）吾妻重二、朴元在编著,汲古书院,2012年3月

2009年11月3日,由韩国国学振兴院以及关西大学文化交涉学教育研究据点(ICIS)共同在韩国举办了"朱子家礼と東アジアの文化交渉"的国际研讨会,2012年正式出版同名论文集。该书主要围绕朱熹的《家礼》在东亚各国(中国、朝鲜、越南、琉球、日本等)之传播与受容而展开。《家礼》作为冠婚丧祭之指导性读物,在十六世纪以后的东亚各个地区都不同程度地作为日常之通过仪式或者葬礼实践的重要指导,但是在目前为止的仪礼研究相对于思想等研究领域的大幅落后情况下,相应地对家礼之受容情况以及多元化展开的研究也很少。该书即以此为主要问题意识和焦点,从思想(《家礼》与朱熹的礼学思想乃至朱子学体系中的定位问题)、传播(东亚各国的《家礼》传播以及版本、文献相关研究)以及具体思想家对于《家礼》之实践与思考等角度,做出了多方位的详细考察。

（陈晓杰）

入門　朱子学と陽明学

（日）小仓纪藏著,筑摩书房,2012年12月

作为启蒙性读物,该书以非专业人士为对象,对中国的儒教以及朱子学、阳明学进行了介绍与解读。该书一开始就强调士大夫阶层对于阅读古典之快感,以及儒教之生生世界观,与近年来研究开始强调儒教之宗教性的潮流一致的同时,小仓特别注重道德能量(energy)、美意识等等,这可能与其对法国哲学家柏格森的偏爱有关。另外,小仓特别指出,儒教的鬼神观很重要,并将生命哲学等西方思想的要素进行融合,提出了其独到的见解。全书主要包

括儒教的"宇宙快感"与"宇宙认识"、首先理解儒教、朱子学之门槛、朱子学之核心——"理"是什么、阳明学之核心——"合一"、围绕"空虚"而展开的思索、鬼神与社会、气与生命等内容。

（陈晓杰）

学术论文

事物间的差异究竟意味着什么？
——试论朱熹的"各一其性"说
方旭东 《中国哲学史》2011 年第 1 期

朱熹习惯于从"理一分殊"角度理解"各一其性"，即把"各一其性"与"太极各具于一物之中"勾连。可是在为《太极图说》作注时，他也不能不顺着周子原文脉络，而对"各一其性"做出类似于"物各有自性"这样的理解。而一旦承认"物各有自性"，就不能不面对在坚持"理同"的前提下解释万物之异的困难。站在朱子理一分殊的立场，在哲学上，事物间的差异究竟意味什么？回答必然是：事物间不存在本质上的差异，在本质(本性)上，事物是相同的，犹如万川之水、万实之间，差异只是外在形式而已。

孔子"诗论"与
朱子诗学理论的比较研究
周淑舫 《孔子研究》2011 年第 1 期

战国楚竹书的孔子"诗论"，以总论、分类论、重章叠论的不同形式，彰显出孔子的诗学理论。汉代诗学虽曰传其衣钵，却背离了孔子诗论宗旨，以经学家法训诂释义，把诗变成穿凿附会的道德品行说教。体现朱子诗学理论的《诗集传》，其论虽有依其旧说之嫌，但辨识否定，认同人之情感，与孔子论诗不期而合。遇合之中又在文本体味、创作群体、天性人欲、赋比义释说、意象审美上有着删减增益，彰显出朱子诗学改造、发展、拓新儒家思想的鲜明特点。

朱熹"《易》本是卜筮之书"疏论
张克宾 《中国哲学史》2011 年第 2 期

朱熹通过对历史文献和《周易》经传的考察，主张《易》本是卜筮之书，虽然是古调重弹，但其中又别具新思。朱熹此举并非止于揭示一个历史事实，一方面认为圣人作《易》教民卜筮，乃是传授给民众一个开物成务、为善去恶的实践方法；另一方面则由卜筮之特点而进入到《易》文本的意义表达方式之中，提出"《易》是个空底物事"的精妙论断，深入发掘《易》的"象语言"之特质，并在卜筮的语境中昭示出象数与义理的原发性关系。更为深刻的是，朱熹论证指出，作为卜筮之书《易》的终极意义来源和价值根基乃是作为宇宙本体的自然之理。

论冯友兰的朱子学
柴文华 《中国哲学史》2011 年第 2 期

冯友兰是理学一系的现代新儒家学者，自然对以朱熹为核心的宋明理学格外重视。在他的"三史"《中国哲学史》、《中国哲学简史》、《中国哲学史新编》以及其他著作中，系统地勾勒和阐释了自己的朱子学思想。冯友兰的朱子学是历时性的，尤其以《中国哲学史新编》最为完备。在《史》和《简史》中，冯友兰对朱子学的研究具有自己的特点，一是诠释框架不同，运用成熟的"以西释中"的框架对朱子学进行了诠释，其中进行了不少与柏拉图和亚里士多德哲学观念的比较。二是哲学意味更浓,以一个哲学家的深邃眼光审视中国哲学和朱子学。三是阐释的比较详细和全面,从"理"、"太极"、"气"、天地人物之生成、人物之性、道德及修养之方、政治哲学、对于佛家之评论等方面专门探讨了朱子学说。《新编》内容进一步深化,结构上更加严谨、完备,分别描述和解析了北宋道学所引起的哲学问题、朱熹的生平及其著作、理、太极、气、宇宙形成论、性、心、情、才、修养方法、"王霸之辩"、辩证法思想、前期道学的高峰等。

朱子易学之哲学的分析

——通过《易学启蒙》理解"理"的"穷极"义

金祐莹 《周易研究》2011 年第 2 期

通过对朱熹《易学启蒙》的分析,考察作为象数易学和义理易学的基础的先天易学和后天易学的基本原理和相互关系,由此进一步研究作为象数易学和义理易学的共同基础的"理"的意味。朱熹的易学不是在象数和义理哪一个的立场上对两种易学的综合,而是试图确立易学的基础,进而把对理的意味的系统的解释和说明作为最终目标。朱熹坚信理的穷极意义可以通过人类持续性的科学知识的蓄积而得到阐明。

人心道心之辨与后朱熹
时代朱子学方法的奠定

王宁 《哲学研究》2011 年第 3 期

《中庸章句序》所论述的"人心道心"关系问题,在朱熹的弟子中,成了一个聚讼不休的问题。这场论争是以朱门弟子二三为群、互通书信的方式展开的。"人心"、"道心"之辨之所以在朱熹弟子中造成了相当程度的混淆,究其实质,是朱门弟子普遍地没有谨守《中庸章句序》,致谬论频出,朱熹学说受到歪曲,出现了重大的分歧。不过,在像黄榦、陈淳这样的优秀传人的不懈努力,后朱熹时代的朱子学引入了一系列学术方法,从而为正确地继承和创造性地发展朱熹思想打下了坚实的基础。这种学术方法的主要特征可以概括为基要主义与四条基本原则("或足其所未尽,或补其所未圆,或白其所未莹,或贯其所未一")。基要主义强调必须严格遵循朱熹那些理论上高度成熟的经典著作,因为这是朱子学的理论内核;只有严格遵守这些经典著作,方能坚定学者对朱子学的信仰。在基要主义的前提下,朱子学虽然以朱熹命名,对朱熹的个人崇拜也有着广泛的市场,但个人崇拜并没有成为后朱熹时代的主流,其重点仍在于"学"。而这不得不归功于四条基本原则所内含的理性思辨力量,正是它阻止了朱子学的宗派化甚至宗教化。

"性之本体是如何"
——朱熹性论的考究

向世陵 《孔子研究》2011 年第 3 期

朱熹的理本论体系是在对"性之本体"问题的思考中逐步充实和完善起来的。朱熹主张"性之本体"与"性"的"二性"和"继之者善"与"人性善"的"二善"说。性之本体是先天完具的仁义礼智,是实理,性兼理气而善专指理。弄清性之本体为何并由此去构筑其理论,是朱熹理学基本的考虑。"性即理"的构架不仅在说明人性即天理,同时也通过"所谓理,性是也"的反向路径,使实理在实性的基础上真正得以落实。朱熹讨论"性之本体"问题的意义也就不限于学派自身,更反映了整个理学发展的一般趋向。

朱熹的"新民"理念
——基于政治哲学视角的考察

谢晓东 厦门大学学报(哲学社会科学版)2011 年第 4 期

以《大学》的"新民"观念为中心,朱熹

重构了儒家政治哲学。在其新民学说中，明明德是新民的基础，而新民是明明德的目的。从内在依据、主体、方法、心理基础与落实等方面可以看出，朱熹的新民理念具有明确的内在逻辑结构，对该结构的分析同时就是对"新民何以可能"这一问题的回答。朱熹的新民理念为儒家政治哲学勘定了逻辑边界，相对于中国古代的其他学派具有理论优势。不过，从现代政治哲学的视域来看，其新民学说在政治与道德之间缺乏一种分界观念。解决之道在于平衡君子的责任与个人自主。

朱子、张栻"仁说"辨析

许家星 《中国哲学史》2011 年第 4 期

朱子与张栻"仁说"异同乃一聚讼纷纭之论题，在吸收时贤高论基础上，我们就此论题提出以下意见：其一，朱子、南轩各自作有《仁说》，彼此内容有同有异，易于混淆。其二，张栻始终坚持五峰的"心之道"说，朱子在己丑年间亦采用该说，壬辰前后采用"性之德"说，癸巳后完全确定为"心之德"说，此为朱子心性思想演变的必然反映。其三，朱子"仁说"包含《仁说》与《克斋记》，《克斋记》时间晚于《仁说》、内容优于《仁说》；"天地生物之心"与"天地以生物为心"不能作为判定朱、张"仁说"、朱子《仁说》与《克斋记》异同高下的根据，无论来源、内容还是使用，此二说皆无高低进退之分，差别仅在于表述之强调与平易、运用之特殊与普遍。其四，仁之名义与工夫是朱、张"仁说"的关切点，双方对此各有侧重而相互取益，张栻在名义剖析上受朱子影响，朱子则在为仁工夫上受张栻影响。故朱、张"仁说"并无"胜负"之分，二贤在切磋砥砺中仍坚持了各自的学术立场，为儒家仁学的发展作出了各自贡献。

美国朱子学研究发展之管窥

卢睿蓉 《现代哲学》2011 年第 4 期

朱子学跨出国门之后，日韩独领风骚，欧洲也吸引了一定的关注，惟独在中国学研究日益兴盛的美国倍受冷落，这和美国中国学发展的战略政策不无关系。百年来，中西学者共同努力，朱子学研究逐步进入美国学术视野并赢得一席之地。朱子学研究在美国发展的历史轨迹，再现了美国中国思想史研究发展的社会、思想和学术背景，及其研究视角与进路的变化历程。20 世纪 70 年代至 21 世纪，朱子学研究随着美国中国哲学研究队伍的扩大而逐步走向兴盛，从散兵游勇式的零敲碎打到形成主流研究体系，再到开放、多元的研究局面，美国的朱子学研究在其流变中获得了更久远的生命力。

"明德"与"明明德"辨义

—— 以《朱子语类》为中心

王 硕 《中国哲学史》2011 年第 4 期

朱子于《大学》三纲领之"明明德"所论甚丰，其中以《朱子语类》卷十四《大学·经上》中的讨论最为集中、详尽。"明德"在朱子，一方面是人所固有的，另一方面还可显现自身。朱子将"明德"定位成一个涵括心、性的整体性概念，从而贴合于其"心之全体"之说。在"明明德"工夫问题上，朱子的工夫论不同于陆王，主敬涵养、格物穷理为宗旨，格物致知等八条目皆是"明明德"之事。提撕、竦然等主敬涵养的工夫，可使人心湛然虚明，不为外欲气禀所拘，故而能使浑然之性理，粲然于中；而格物致知之学，则可使此心超越于气禀物欲之上，切实体知众理，但归处仍落在去除遮蔽、明得此心、恢复本体。

朝鲜儒者巍岩的未发心性论以及对朱熹理论的新阐释

邢丽菊 《中国哲学史》2011 年第 4 期

未发与已发问题最初见于《中庸》,是儒学思想中研究心论的原型。中国宋代大儒朱熹也对此进行了深入探讨。朝鲜后期代表儒者李柬在继承了朱熹思想的基础上,对未发问题进行了更加深入的阐释。他将未发分为浅层意义上的"不中底未发"和深层意义上的"大本底未发",并强调后者是本质意义上的未发。前者之气是本然之气,湛然纯一;而后者之气是血肉之气,有清浊粹驳和刚柔善恶。未发状态下,虚灵洞彻的心体起主宰作用,所以未发心体纯善。不仅如此,他还提出了本然之心与气质之心,并使之对应于本然之性与气质之性,主张"心性一致"。这一观点并不是说心等同于性,其核心在于心与性在价值论上的一致性。心性一致论在哲学性和思想性上起着连接朱子学和阳明学的作用,体现了朝鲜中后期儒学的"心学式"发展,在思想史上具有非常重要的意义。

天理与人文的统一
——朱熹论礼、理关系

殷 慧 《中国哲学史》2011 年第 4 期

朱熹关于礼、理关系的思想综合了先秦和宋代诸儒的意见,在继承和批评的基础上形成了礼、理双彰的思想。朱熹的礼、理学思想的最大特色在于既重视高明的形上学理论建构,又强调下学工夫的践履,既重视理的本体理论综合,又重视礼的工夫论。朱熹礼、理双彰的思想是极高明而道中庸的体现,也是其思想能够深远影响中国以及东亚政治和社会的根本原因。所以,清儒认为宋儒只讲理而不言礼不确,朱熹是天理与人文的统一。

朱子和谐四重奏与当代社会

朱人求 《合肥学院学报(社会科学版)》2011 年第 4 期

在朱子哲学中,"和"既是一种状态,也是一个过程,一种境界,它是一种生命创造和社会发展的积极力量。朱子和谐观包含四重含义:心和、人和、协和、中和,它们分别指向身心和谐、人际和谐、世界和谐与天人和谐,具有多维性和普遍性,是一个逐步放大的同心圆,一个逐步上升的理想境界。朱子的和谐四重奏,由低级到高级,由自我到他人,由人际到国别,由人类到宇宙,奏响了一曲美妙的乐章。朱子的和谐观具有多维性和普遍性,只有深刻理解和全而认识这和谐的四重奏,保证各方的积极参与、关心和责任担当,身心和谐、社会和谐、世界和谐、宇宙和谐才有可能实现,一个真正意义上的和谐社会也会因此而诞生。

《大学》、《中庸》天人范式议论
——以朱子疏释为关键的视域

麻尧宾 《哲学研究》2011 年第 5 期

《大学》、《中庸》经历"理学化"全面的洗礼,大略从朱子发轫(以朱子著《四书或问》、《四书章句集注》为标志);它们"究天人之际"的面向,由此展开原始(先秦儒)和理学(朱子学)的两系。先秦天人范式经历了从大人相贯到天人相通的转折,这一转折发生的重要原因在于人的自我主宰意识的觉醒。在朱子系的构造中,"天人相贯"与"天人相通"得到统一的呈现。《大学》、《中庸》天人范式的理学化演绎,也循此轨迹。朱子眼中的《尚书》、《中庸》、《大学》都是可以通贯看的,以皆先秦儒者之撰述故也。《中庸》是就着道心的本体说,《大学》是就着道心的发用、运施说。《大学》、《中庸》天人系统呈现的整体性格是"上及天道,下推人事"——也就是"继天立极"。

朱熹的道统论与建本类书中的先贤形象

方彦寿 《孔子研究》2011 年第 5 期

书院是朱熹传播道统论的主要途径,而宋元建版图书则是另一重要传播媒介。将类书《事林广记》中的先贤图与朱熹《沧洲精舍告先圣文》等加以考量可知,《事林广记》从晚宋一直流行到元明,为朱熹道统论作了跨越三朝、旷日持久的宣传,为此一学说向民间普及提供了广阔的空间。从晚宋到元初,相关的历史文献很少,而一部来自民间的"非主流媒体"的日用类书,为我们弥补了这一方面的若干缺憾。

"性即理"与"心即理"本义辨析

蒋国保 《江南大学学报(人文社会科学版)》2011 年第 5 期

"性即理"与"心即理"有内在的根本不同。程朱理学的主要命题"性即理"最早由程颐提出,其主旨在于以"理"善定"性"善。朱熹顺着程颐的理路发展"性即理"说,一方面,认为以"理"定"性",虽然是将仁义礼智确定为人的本性,但仁义礼智没有形状,因此人的本性不是以一个感性的存在物确定人所以为人的性质,而是强调在人唯有"这一个道理";另一方面,认为以"心"定"性"是以"知觉为性"。朱熹从天、理、性、心本质一致的意义上,认同了孟子心性论的认知逻辑,将"尽性"问题最终归结为"尽心"问题,否定了"性"的主观性,将"性"说成"天理"命于人心。陆王心学的主要命题"心即理"由陆象山提出,并不是针对程朱"性即理"说,而是反对当时士人把儒家做人的学问变成博取科举功名的不良风习。但王阳明重提"心即理",就是反对

程朱的"性即理"说,其目的在于将"理"说成是人的"心之本体",为的是"于虚灵知觉中辨出天理",把"天理"说成是"虚灵知觉之自然恰好处",否定"天理"独立于人"心"的客观绝对性。

从"湖洛之争"看朝鲜儒者的朱子性理学诠释

文碧方 《现代哲学》2011 年第 6 期

在辨析并说明朱子性理学的内在义理和逻辑的背景下,对朝鲜时代几位重要儒家学者的朱子性理学诠释及其著名的"湖洛之争"作一分析和讨论,以期对朱子所谓的"心"及其相关概念、命题的理解与把握提供较新的视角。"湖洛之争"是发生在朝鲜朝后期儒学史上南塘与魏岩的一场重要论争,主要就"人性物性异同"问题以及与其关联的"未发时之心体是纯善抑有善有恶"问题展开了讨论与论争。南塘主张人、物之性异,坚信"天地之性人为贵",而未发时之心体有善有恶。魏岩主张与强调人、物性同之说,提出"未发时之心体纯善"。通过对"湖洛之争"的考察与分析,发现:朱子学不仅是朝鲜朝儒者们进行讨论与辩难的存有论前提,而且轨约着他们言说与义理的脉络。

朱熹理治社会论

徐公喜 《福建论坛·人文社会科学版》2011 年第 9 期

中国宋明社会与先秦汉唐社会是两个特征明显不同时期,宋明社会已经转向到"以理治国"为核心治国之道的"理治"社会时期。宋以后中国传统社会以朱子理学为宗,完成了由礼乐政刑向德礼政刑治理路径的转变,创立了儒家学说的"道统"体系,描绘了"天下平"理治社会的理想境界,并在此基础上建构起独具理论特色和现实价

值的理治社会论。朱熹理治社会论的内涵与特征主要有：以天理为宗，以德礼政刑为路径，追求国家道德伦理化、法律化的统一，追求礼制与政治制度理性化、法律理学化，实现天下平的理想社会的治国之道。朱熹理治思想是"汇纳群流，扩其范围"的结果，兼具包容性、多样性的特点。朱熹理治社会论是其"体用皆备，重于政事治道"的结果，兼具经世致用性和社会实效性。朱熹以天理为核心的理治体系对于宋以后基层社会产生了巨大影响。

朱熹的《周易》观

王新春　《哲学研究》2011 年第 10 期

朱熹站在易学史发展的高度，通过重新审视体认天人宇宙之理，研判古今《易》说，推出了极具见地的《周易》观，为易学的发展注入了理学的新内涵。他虽视《周易》为卜筮之书，认为这是它的本质和历史的真实，但绝不同于一般术士对此的理解，而是将其视为有画前之易与画后之《易》深刻内蕴的卜筮之书；他也不是为了教人单纯用《易》占筮，而是加入了用占筮接通太极之理的新内涵，着眼于引领人们体认《易》所蕴涵的人所置身其中的作为生命共同体而存在的宇宙之理，学会针对不同情势通权达变，用生命去了悟并践行基于太极之理的人生应然之道，化《易》之道为自身之道。经过朱熹的这番辩证拨乱，《易》之学问最终落实为了一种生命之学、实践之学，还《易》以本来面目。

朱子《易》学诠释思想的形成与特点

尉利工　《哲学动态》2011 年第 10 期

《易》为群经之首。朱子对《易》的诠释在他对整个儒家经典的诠释体系中占有重要地位。朱子主张探求《易》之经文本意，认为《易》的特点是以"形而上"说"形而下"，《易》的本质就在于《易》是卜筮之书，《易》之义理寓于卜筮，因此要以卜筮占决求经文本意，然后据经文本意推而说之，求得义理。又提出经传相分的观点，把《易》分为三《易》。认为古《易》经传相分，后世义理派则把经传混合为一，使得经文本意晦而难明。可以说，在对《易》的解释上，朱子既重义理，又重象数，指出应由象数而推及义理，融合了象数派和义理派的观点，同时也是对两派的超越。朱子《易》学是对宋代《易》学的总结和发展。

道德实践中的认知、意愿与性格：论程朱对"知而不行"的解释

方旭东　《哲学研究》2011 年第 11 期

西方哲学在处理"知而不行"问题时，或强调认知，或强调意愿/意志，或归结于非理性自我，而在程朱（尤其是朱熹）这里，这些思考以一种综合的面貌呈现。程朱的一些具体论断，比如有关"见理"、"自弃"、"懦弱"以及"气禀"的观点，正是典型的"汉哲学思维"，闪烁着中国智慧的光芒。朱熹"知而不行"的"知"只是一种"浅知"，不是"真知"。程颐"知"是区别于"常知"的"真知"，"真知"之"真"是从"知"的效果上讲，强调"真切不虚"。这种"真知"更多的是一种出于亲身实践的亲知，求知或致知也更多地表现为一种"体道"或"见理"的道德践履。在"知而不行"问题的解释上，程朱注意到认知之外的其他多重因素，包括人的意愿乃至性格等非理性因素，从而将思维的触角伸向了道德实践的深层机制。

朱子"心论"试析

吴　震　《儒家文化研究》第 4 辑，北京：三联书店，2012 年 3 月

朱熹"心论"具有多义性特征，然其论

心详密有余,意欠圆融,故不免引发种种理论纠缠,以至于今人对其心论的评议竟然歧见迭出。本文认为朱熹"心论"的基本义有二:知觉义和主宰义。其"心论"的基本立场是:不能承认"心"为形上本体。由其"'心'字只一个字母"以观,"心"不是一个独立的价值存在,故其主宰义就不免落空;由其"心是做工夫处"之命题来看,"心"是工夫的对象而非工夫之主脑。总之,在朱熹哲学的系统中,"心"不是本体论问题而是工夫论问题。

知先行后与知行合一: 朱熹与王守仁知行观比较

魏义霞 《儒学与精神文明建设》,吉林人民出版社,2011 年

作为著名的理学家,朱熹和王守仁都提出过系统的知行观。一方面,朱熹主张"论先后,知在先",王守仁宣称"知行合一"、不分先后,并且对朱熹的知行观予以批判。这表明,二人的知行观存在着不同容认的差异和区别。另一方面,朱熹、王守仁的知行观具有相同的理论初衷和价值旨趣,其共同点和一致性同样不容低估。这些相同点彰显了宋明理学的共同特征,带有鲜明的宋明哲学的独特烙印。

朱子《中庸章句》论"诚"及其与 "三达德"、"五达道"的关系

乐爱国 《儒教文化研究》(国际版),韩国成均馆大学,2011 年 9 月

《中庸》论"诚",又讲"三达德"、"五达道";在《中庸章句》中,朱子对"诚"作了界定,提出"诚者,真实无妄之谓",而且进一步从天道与人道统一的层面对"诚"的内涵作了诠释,认为诚既是天之道,也是人之道;同时还对"诚"与"三达德"、"五达道"的关系作了新的阐述,认为"诚"是"三达德"、

"五达道"之本,从而为儒家伦理找寻到形上学的根据。这既是朱子解读儒家经典的特点,也是朱子对于儒家思想的发展和贡献。

近三十年(1980—2010) 英语世界的朱子研究
——概况、趋势及意义

彭国翔 《湖南大学学报(社会科学版)》2012 年第 1 期

对 1980—2010 年间英语世界的朱熹研究进行考察。介绍了这三十年间英语世界中朱熹研究的概况,包括朱熹文献的翻译、以朱熹为题的博士论文以及以朱熹为题正式出版的学术著作。在这三十年间英语世界的朱熹研究中,朱子研究呈现出了多样化的面貌,当今英语世界的学者从当代西方学界各种问题意识的角度重新审视朱子思想中的相关因素,其中,宗教学的取径是一个重要的趋势。在世界范围而非仅仅中文世界的朱子研究中居于前沿,国际性的学术视野是不可或缺的。中文世界的学者不仅需要具有充分的自觉,还应全面深入某一思想或某一传统本身或者其历史意义。

朱子门人群体特征概述

邓庆平 《中国哲学史》2012 年第 1 期

朱子门人作为朱子学派的重要组成部分,理应给以足够的重视,然而目前对于朱子门人群体特征的认识还不够清晰。通过在从学时间、问学机缘、地域分布、社会阶层、讲学著述、兼学他师以及学派贡献等方面对朱子门人进行分类,我们认为朱子门人这一复杂庞大学术群体的基本特征具体表现为:1. 聚集过程分阶段;2. 问学机缘多样;3. 地域分布广阔;4. 社会阶层来源

广泛;5. 重视讲学著述;6. 兼学现象普遍;7. 学派贡献各有差异又有同一之处。

也论朱子对《周易参同契》的整理

田智忠 《周易研究》2012 年第 1 期

论文系对"朱子删改《参同契》文本说"的回应。该说法认为,朱子以宋代之后才出现的"先天方位"思想作为诠释《参同契》思想的基本方向,为弥合其注释与正文之间的矛盾,朱子有选择地删改了《参同契》的文本。作者对该说的几个主要论据做出回应:针对在朱子之前《参同契》文本不稳定的观点,指出,《参同契》文本在唐代已经基本稳定,而唐宋之际阐发《参同契》的文献大量出现,导致了《参同契》与之相混同的现象;针对朱子首次把《参同契》所本无的"先天方位"思想强加到对《参同契》的解释中的说法,指出,在朱子之前已有先例以"乾坤坎离"释《参同契》的"牝牡四卦"的说法,而《参同契》本身也是陈淳、邵雍"先天方位"说的思想来源之一;最后,就"朱子删改《参同契》文本说"的具体条目做出了分析,指出其判断多有失误。

李侗对朱熹四书学的影响

周元侠 《中国哲学史》2012 年第 1 期

李侗是从洛学到闽学之间的重要人物,其继承了杨时、罗从彦一系的理学,对朱熹的四书学和理学的形成都发挥了指导和启发的作用。李侗对朱熹《论语》思想的影响首先体现在强调《论语》的工夫论上;其次,李侗推动和完善了《论语》原有范畴的理学化。最为典型的例子有两处,一是将"吾道一以贯之"与理一分殊联系起来,二是用天理来解说"仁"字。李侗和朱熹对《孟子》七篇的讨论主要集中在"养气"章、"夜气"章,以及"人之所以异于禽兽者"章,这三章与理学的本体论、人性论、工夫论等密切相关。李侗对朱熹的《大学》思想的影响主要表现为两点:一是强调《大学》修己治人的政治现实意义;二是李侗提倡的"融释"、"洒落"启发了朱熹对格物致知的解释。"未发处存养"的重要修养方法,则对朱熹的《中庸》思想以及心性论的发展产生了很大影响。

祭之理的追索

——朱熹的鬼神观与祭祀思想

殷 慧 《湖南大学学报(社会科学版)》2012 年第 1 期

朱熹对鬼神之理一直在追究穷索,在鬼神的本质与转化以及其在人事中的体现等问题上,都有精致的综合性论述。朱熹对待鬼神总的态度是:认可孔子所言"敬鬼神而远之"的态度,赞同孔子"未能事人,焉能事鬼"的反诘,认为应该专用力于所宜的人道而不惑于难知的鬼神,知晓事人之道可尽事鬼之道。在有人询问一般意义上鬼神的有无问题时,朱熹也委婉地告知以往圣人"未尝决言之",主张对一般的学子而言,不妨对鬼神采取回避的态度,不去讨论是否真有一具体的物象。朱熹推崇程颢所言"若以为无,古人因甚如此说? 若以为有,又恐贤问某寻。"他认为鬼神之理为"第二著"之事,应尽量理会眼前能够看得见摸得着的事物,而对玄乎无形影的鬼神应采取默认或姑且阙疑的态度。朱熹从义理层面论述了祭祀与鬼神的关系:强调鬼神的本体论意义,重视其天地转化的功能;认为鬼神既是阴阳二气物质,也是二气相互作用、转化的功用与性质。朱熹的祭祀思想与实践引人注目,强调义理与礼制并举。

朱子哲学中"心之德"的思想

张凯作 《中国哲学史》2012 年第 1 期

朱子继承了程颐偏言仁与专言仁的思

想,认为一方面仁是与义礼智并列的德性,另一方面仁又包含了义礼智在内,在前一种情况下,仁是爱之理,在后一种情况下,仁是心之德。朱子所说的心之德首先包含了得之于心的涵义;其次,心之德是兼性情而言的;再次,心之德包含了生意流行的意思在其中。通过对这一问题的分疏会发现,在仁学问题上,朱子对程颐的继承主要是形式上的,而对程颢的继承往往是内容上的,从哲学气质上来看,朱子的仁学更接近程颢的理论。

简析山鹿素行对朱子心性论的批判

张　捷　《中国哲学史》2012年第1期

山鹿素行是日本江户时代初期的儒学者,兵法家,古学派的先驱,山鹿派兵法的开祖。早年即接触朱子学,青年时代潜心研究,并节选、抄录、出版朱子著作,中年开始怀疑并著书批判朱子学,主张古学。因此罹笔祸而被幕府流放。流放期间重新审视日本历史,认为本国文化优于他国,尚武的传统万世一系,主张日本中朝主义。山鹿与朱子学渊源甚深,批判朱子学的始末与其思想上历经的五段变迁("模倣时代"或称"修学时代"、"三教一致时代"、"朱子学时代"、"古学时代"、"日本学时代")是密切相关的。山鹿批判的是朱子学形而上的部分。在朱子理先气后说,性即理说,天理人欲说,居敬穷理说等方面提出了不同主张。山鹿并未反对朱子学中形而下之部分,而是将朱子学中形而上部分中先验的、绝对的、主观的道德法则及其功能去除,改之以经验的、客观的事物之理来说明理气论及心性论。

朱熹论修身

蔡方鹿　《江南大学学报(人文社会科学版)》2012年第2期

朱熹的修身思想是其理学的重要组成部分,他继承了孔孟儒家的修身思想,并在新的历史时期加以发展,通过注解儒家经典尤其是"四书",他在同陈亮的讨论中指出:"已往是非不足深较,如今日计,但当穷理修身,学取圣贤事业,使穷而有以独善其身,达而有以兼善天下,则庶几不枉为一世人耳。"把修身与穷理联系起来,而具有新时代修身思想的特征。朱熹在重视和提倡修身的同时,亦强调把修身落实到笃行上,主张修身之要在于实际去做,而非空谈心性修养:"须修身齐家以下乃可谓之笃行耳。日用之间且更力加持守而体察事理,勿使虚度光阴,乃是为学表里之实。近至浙中,见学者工夫议论多靠一边,殊可虑耳。"朱熹的修身思想对于现代社会具有一定的借鉴意义和现实价值。

朱子理学与古典儒家礼教

张凯作　《北京大学学报(哲社版)》2012年第2期

以往学者在探讨朱子理学与古典儒家礼教的关系时,往往侧重强调二者的差异性,而较少关注二者的承继关系。事实上朱子理学的形成在很大程度上是源于他对于古代礼教在当时已丧失之状况的回应,朱子的宗旨是重建古代礼教,而不是另创一种新异的哲学,只不过,当时由于社会环境的改变,他的诠释与重建也必然在传统礼教的基础上对其有所增损。朱子理学对于传统礼教而言,更多的是增补的作用,而非取代。朱子对古代礼教的最主要的传承即在于他对个人心性修养之学的发扬。由此我们也可以更深入地了解清代礼理之辨的实质。朱子对礼教的重建是多层面的，而乾嘉学者对朱子哲学的理解却有失于平面化。乾嘉之际的礼学是随着考据学的兴起而产生的，它主要是一种学术上的考究，与朱子之经世致用的哲学有着本质的不同。

从生存基础到力动之源
——朱子哲学中的"气"论思想
丁为祥　《北京大学学报（哲社版）》2012 年第 2 期

理气观是朱子哲学的核心，但其理气关系不仅在于凸显天理的超越性，同时也反显着气的实在性。因此，对于朱子的理气观，不仅需要从理的角度进行理解，同时也需要从气的角度进行解读。从理气关系的角度看，气始终充当着一切存在之前提基础的作用；而从生物之具到人的生存基础，就是朱子哲学中的气在宇宙天道与人生世界中的两种不同的表现。但无论是生物之具还是生存基础抑或是宇宙发展的力动之源，气既是作为所有存在之前提基础出现的，同时也代表着人所必须超越、驾驭与主宰的对象；而从生存基础到力动之源，则充分展现了从自然到天性这一人既生存其中，同时又不得不时时面对的世界。

朱熹与中国思想的道统论问题
陈　赟　《齐鲁学刊》2012 年第 2 期

朱熹道统论思想的背景是儒、佛、道三教并立，其道统论一方面意在以新儒学在新的历史条件下承继帝、王、孔子，另一方面则在确立儒教在三教状况下的主导性，后者是其道统思想中的正统论面向。朱熹承接了孔子时代业已具有的道统论的两条线索，即治统上断自尧舜、教统上始自伏羲神农黄帝的两重道统论，并重点突出以教统方式承接道统，其方式有二：一是建立

新经学体系，即《四书》，新经学不再是与治统相关的王官学，而是以成人为目标的教化体系；二是建立师道传承的谱系，使包括自己在内的二程一系的学统由作为一家一派的子学或三教之一的儒学而进升至道学，由此与列于《儒林传》的旧经学意义上的儒家区别开来。

性善之善不与恶对
——以张九成为中心讨论宋代性善论涵盖的两个问题
李春颖　《中国哲学史》2012 年第 2 期

宋代道学以天理作为性善论的形而上学基础，这暗含了两个困难：一、与传统儒家经典之间的矛盾；二、性之本体至善无恶，那么恶的来源何在。道学中无论是理学还是心学都必须面对这两个困难，并给出解答。以张九成"性善之善不与恶对"的思想为例，通过张九成与二程、张载、杨时、朱熹、胡宏等思想家的比较，展现性善论在宋代发展完善的思想脉络，并厘清道学对以上两个困难的解决途径。特别是通过讨论恶的来源问题以及善恶究竟是实质义还是形式义，来分析二程、张九成、朱子与胡宏之间对性善的不同理解。

西方认识论还是儒家工夫说
——谁误读了"格物致知"？
朱汉民　《光明日报》2012 年 3 月 6 日

现代学人用西方哲学的思维方式、逻辑体系是"误读"了朱熹。在朱熹思想体系中，格物致知论并不能等同于西方哲学的认识论或知识论，而是关于如何实现和完成修己治人的工夫论的一个组成部分。只有将格物致知纳入到朱熹思想中那个完整的修己治人的工夫论行程中去，才可能对格物致知作出合乎历史实际、文化精神的解读，而不致于将其从工夫论中剥离出来，

片面地将其与西方哲学的认识论作比附。所谓的工夫论体系,既包括"大学"的工夫论"规模",也要注意朱熹关于"小学"工夫的补充,因为后者更进一步明确了"格物致知"的工夫论意义与内涵。朱熹的"格物致知"的思想,无论是从其目的、内容、过程来看,均与西方哲学的认识论不同,表现出一种修身工夫论的鲜明特征。"格物致知"的目的是"明明德"的伦理政治,主体内容是人伦日用,是一种为如何合乎"天道"、"天理"的主客合一的实践活动。

朱熹与胡宏门人及子弟的学术论辩

陈代湘 《船山学刊》2012年第3期

朱熹与胡宏的门人和子弟进行了长期而艰苦的学术论辩。他们的辩论主要围绕着性之善恶、以觉训仁、涵养与察识、观过知仁等问题而进行。朱熹认为胡宏是"性无善恶"者,胡宏的从弟胡实提出不与动对之静等观点来证明胡宏不与恶对之性论,遭到朱熹的批驳。胡宏门人和子弟推崇以觉训仁以及观过知仁等观点,亦为朱熹反对。在察识与涵养问题上,朱熹主张涵养和察识并进,而以涵养为本,胡宏的门人子弟等湖湘学者则只主张先察识后涵养。

仁的工夫论诠释

—— 以朱子"克己复礼"章解为中心

许家星 《孔子研究》2012年第3期

学界对《论语》"克己复礼为仁"章的解读多从仁之名义、仁礼关系入手,朱子则基于工夫论立场对本章作了前所未有的深度阐发。朱子的工夫论诠释首先体现于对"克"、"为"、"一日"、"归"等词数易其说的曲折解读,导致后世议论纷纭;其次为凸显工夫的心性和事为两面,以"本心之全德"、"天理之节文"对"仁、礼"作出了独特揭示。由此,朱子创造性揭示了克复工夫

笃实、亲切、健勇、精细、彻上彻下的"切要"特点,尤其对"理"与"礼"、"克己"与"复礼"、彻上与彻下等问题反复其说,诱发了后世极多争议、误读。总之,朱子本章之解,体现了其致广大、尽精微的学术特质,显现了经典诠释的工夫论目的和现实教化的使命意识,从一个侧面反映了朱子思想由依傍程门到走向独立的过程。这同时也启示我们,朱子"不用某底工夫,亦看某底不出"之说,实为准确理解其思想之密钥。

朱熹《中庸章句》对"慎独"的诠释

—— 兼与《礼记正义·中庸》的比较

乐爱国,钟小明 《中国哲学史》2012年第4期

以朱熹《中庸章句》对"慎独"的诠释作为立论的依据,结合朱熹《大学章句》对"慎独"的诠释,与汉郑玄、唐孔颖达《礼记正义·中庸》注疏"慎独"进行比较,特别强调朱熹把慎独之"独"诠释为"人所不知而己所独知之地",而与汉郑玄注、唐孔颖达疏《礼记正义·中庸》注疏"慎独"曰"慎其闲居之所为"、"慎其独居",有着较多的不同;同时朱熹的"慎独"是谨慎于"念虑初萌处",专就"已发"上说,要求谨慎于人的内心活动,与马王堆帛书《五行》篇的"慎独"意在"内心专一"、郭店楚简《五行》篇的"慎独"即指"慎心",有许多相似之处。

道南一脉考

申绪璐 《中国哲学史》2012年第4期

对《龟山年谱》中程门立雪的记载进行辨析,同时参考《游定夫年谱》等相关资料,对道南一脉中两项重要的思想史实进行考证,重新厘定程门立雪的年代。程门立雪不在元祐八年杨时41岁,而在元祐三年(1108年)杨时36岁。罗从彦师事杨时的时间不在政和二年罗从彦41岁,而当早

于大观元年罗从彦 36 岁。元符三年（1100 年）罗从彦 29 岁时即已初见杨时，杨时的另外一个重要弟子陈渊，亦是于此年始师事杨时。可以说，杨时倡道东南，始于此时。

宋代经学诠释与朱熹
对儒学终极关切的构建

李丽琴 《孔子研究》2012 年第 4 期

"士志于道"，"道"与儒士同一而又超越，而"道"的呈现必然仰仗"经"的媒介。所以，作为关乎儒士终极关切的经学诠释学，从一开始的设定就是存在论诠释学，而不完全是技艺论诠释学。当朱熹以"心性理"的诠释为仁义之道设定了一个不言而喻的绝对基设之时，完成了对"理"或"道"的本体论论证，儒士所一直寻求的儒学终极关切在本体论意义上的构建也得以完成儒学终极关切的确立，最终为儒士觅见足以安身立命的"自家安宅"。

朱熹科学研究之特色及当代启示

詹志华 《自然辩证法通讯》2012 年第 4 期

朱熹科学研究涉及天文、地理、动物学、植物学、医学等领域，其科学研究颇具特色，主要体现为"主宾之辨"的认识论前提、"理一分殊"的宇宙观基奠、"格物致知"的核心方法论以及求真务实的科学理性精神等几方面。这些研究特色成就了作为科学家的朱熹，而同时亦限制着朱熹在科学研究上难有更大的作为。朱熹对中国古代科学的发展主要贡献在于，他通过格物致知论，在学术上为科学争得了一席之地，并且还身体力行地研究自然。格物致知思想成为后世自然科学研究的一种推动力。通过对朱熹科学活动的个案研究，对人们正确认识评价朱熹及其科学研究、儒学与科学的关系乃至科学与哲学的关系以及科学哲学学科的建设都有重要的启示作用。

宋代政治思想史上的"皇极"解释
——以朱熹《皇极辨》为中心

吴 震 《复旦学报》2012 年第 6 期

"皇极"是《尚书·洪范》中的一个重要概念，自汉唐以来直至朱熹以前，训"皇极"为"大中"是主流解释，然而朱熹在遭受极大政治打压的晚年，毅然将《皇极辨》公诸于世，强调指出"皇极"应当解释为君主必须以身作则，为天下树立道德楷模。本文首先概观了历史上各种"皇极"解释，然后考察了朱熹《皇极辨》的主要内涵，最后将朱熹的皇极新解置于当时的政治文化背景之中，试图提出一种新的观察，指出皇极诠释之争不仅是概念问题，更是当时的政治问题。

当代海外的朱子学研究及其方法

黎 昕 赵妍妍 《哲学研究》2012 年第 5 期

以研究著作的主要研究方法为依据，适当参照研究时段、地区和研究者的研究方法，选取若干具有代表性的学者的著作或论文，对当代海外的朱子学研究及方法进行讨论。提出了考证、史学、义理分析、文化思想比较、体认式等五种研究方法。考证方法包括声韵训诂和校勘考据。史学方法致力于探究朱子所处时代的政治文化背景，梳理朱子思想的形成过程及发展脉络（包括朱子一门的师承关系），考察朱子的教育、交游等方面的实践活动。义理分析方法立足于朱子原典，作一些义理阐发。文化思想比较方法注重引用中国哲学之外的概念和思想（特别是西方哲学的概念和思想）对朱子思想进行哲学分析。体认式方法关注的是通过阅读体会使自身心灵融入朱子文字背后的血脉,以道统为己任。这五种研究方法并非截然相分,它们彼此间有交集。

西学映照下的宋明哲学与思想史研究
——20世纪中国学术史的几帧剪影
何　俊　《杭州师范大学学报(社会科学版)》第5期

现代中国学术史建构中的中国哲学与思想史研究应是西学映照下的传统演进,而不纯粹是西学化的建构。中国哲学与思想史的学术传统不仅是一种知识谱系,而且是一种价值系统。沿着梁启超所开辟的以新史学为旗帜的现代学术道路,无论是冯友兰、牟宗三以哲学的名义,或者侯外庐的思想史进路,以及钱穆对传统经史之学的继承与开新,他们都不仅对宋明哲学与思想给予了丰富而深刻的揭示与阐明,而且还以显著的风格树立了不同的学术典范,从内容到形式有力地建构起了现代中国学术。虽然这样的建构无一例外地映照于西学而展开,但传统的知识与价值终究在新的理解下获得了新的生命。

朱子静坐工夫略论
崔海东　《深圳大学学报(人文社会科学版)》2012年第5期

朱子建立起"静→动→敬"涵养工夫格局。在这格局中,静坐为初学工夫。朱子对静坐辩证看待。一方面,朱子认为,静坐是一种规范性、操作性较强的工夫下手方式,可以伏除杂念,人心通体纯澈;澄明心体,百理充盈;思绎道理,万理森然,当下具足,天理存则人欲灭;养卫精神,休养生息;使人养出气象,动容貌、出辞气皆可表现高尚的涵养修证。另一方面,朱子也看到静坐的缺陷。儒家义理本来动静并举,而静坐是孤执一边,离却了儒家最重要的

人伦日用。就实际生活而言,人心是变动不居的,上至治国平天下,下至洒扫应对,皆可做动的工夫,这就显示出静坐只是工夫下手处之一。静坐并不能适合所有人,只与那些喜欢静的人相应,不是儒家工夫的共法。从静坐的效果来看,这种工夫并不易掌握。上智之人或许易于领悟静坐的奥秘,而下愚对此不可捉摸。就静坐者的心理而言,朱子认为静坐只是下手工夫,静坐者的心理状态尚须提升到敬的高度。另外,静坐形式简单,容易误导一些人喜静厌动,放弃在事上磨炼。从儒家的异端来看,静坐更倾向于佛老,这不是儒家的主要修养方法。虽然朱子既肯定静坐的有效性,也看到它的局限性,但总的来说,静坐只是朱子涵养格局的下手工夫。

道南与湖湘
——朱熹《四书章句集注》义理进程分析
陈逢源　《东华汉学》2012年第6期

杨时"气柔"、谢良佐"气刚",所传道南与湖湘两系各走一端,于儒学各自经营,成为南宋最重要之学术流派,朱熹从道南到湖湘,从"静"入"敬",又以"敬"摄"静",由本体以见工夫,又由工夫以见本体,完成工夫论的思考,于儒学心性、本体,终于有清楚的观察。从佛入儒是朱熹标示儒学事业的开始,"中和"新说确立二程学术之究竟,无疑是理学事业的完成,往复之间,朱熹融铸超越,用心至微,不仅汇整两系心法,也逐步完成四书体系的建构,《四书章句集注》保留朱熹诸多思考,检核其中,得见朱熹承继与发展方向,从义理讲论而及经义的思考,遂有进一步检证的依据。

宋代儒学重建视野中的朱熹《仪礼》学

殷　慧　《湖南大学学报（社会科学版）》2012 年第 6 期

朱熹的礼学思想以道德性命之理为礼义基础，以《大学》中修齐治平的理想进阶为依据，进一步发展了以家、乡、邦国、学为基础的礼仪传统与仪节规范，对中国古代的礼学思想及其发展产生了深远的影响。朱熹对《仪礼》尤加重视，重申《仪礼》为本经的重要性。朱熹《仪礼》学思想的产生与宋代的社会、学术、政治之间有着紧密的联系。基于复兴儒学的伟大使命，朱熹直接针对王安石新学的学术影响，决心重振社会秩序，积极推行礼下庶人的礼仪运动。反思宋代礼学研究，朱熹试图通过编撰《仪礼经传通解》振兴《仪礼》学研究，消除《礼记》学研究中出现的种种弊端，为士人学子学习《仪礼》提供指导。

朱熹与科学

陈　玲　《自然辩证法通讯》2012 年第 6 期

朱熹是中国传统文化中的大儒，又是一个注重观察与研究自然现象的学者。儒学的发展对朱熹的科学研究起到了一定的促进作用，比如朱熹的天地生成说与地在气中说、日月五星左旋说、天体的多层次说是对宋以来宇宙理论集大成且富有创新意义的成果；反之，朱熹对自然现象的关注和研究，也推动了儒学的进一步发展，主要是将儒学的"格致学"从科学研究的角度予以优化，格物致知后经徐光启、南怀仁的发展，成为中国科学发展的前近代形态。朱熹对自然现象的关注及研究促进了科学文化与人文文化的交融。朱熹对科学的研究显现出与西方科学研究不同的特点，其研究科学的目的是为其理学思想服务。

佛教与儒学的三大差异
——朱熹的分辨与判断

李承贵 王金凤　《湖南大学学报（人文社会科学版）》2012 年第 6 期

儒佛差异体现在"道体的特性"、"伦理的关怀"和"工夫的路径"三个方面。在"道体的特性"方面，儒学是"体用为一"，佛教是"体用两分"。从表述道体范畴的关系看，儒学的"道"是一，佛教的"道"是二；由本体末用关系看，儒学的"道"是一，佛教的"道"是二；由内圣外王关系看，儒学的"道"是一，佛教的"道"是二；由下学上达关系言，儒学的"道"是一，佛教的"道"是二。儒学是"一"，佛教是"二"。在伦理的关怀方面，儒学是"有缘之慈"，佛教是"无缘之慈"。在道德规范上，儒学是有，佛教是无；在道德关怀上，儒学是深，佛教是浅；在道德实践上，儒学是存，佛教是弃。在"工夫的路径"方面，儒学是无心以动静顺时，佛教是刻意以栖心淡泊。由识道工夫看，儒学是品节灿然，佛教是混乱无序；由教学工夫看，儒学是循序渐进，佛教是邪遁波淫；由修养工夫看，儒学，儒学是自然如此，佛教是刻意做作。佛教与儒学不仅存在末用之异，也存在本体之别。朱熹对佛教与儒学差异的辨析，是对北宋以来儒者辨佛教、儒学之异的总结，朱熹在辨析佛教、儒学之异实践中所表现的对佛教的误读也需要加以关注。

体用与阴阳：朱子《太极图说解》的本体论建构

杨立华　《哲学研究》2012 年第 10 期

朱子在《太极图说解》中确立的本体论架构，是他的中岁定法，之后始终没有改变。太极是理，是体，而非用。朱子有时讲太极之体用，只是理论表述上的不得已。

"阳之动"对应的是用,而"阴之静"对应的是体。朱子强调"体用一源,显微无间"立言角度的不同。"体用一源"从理上说,理虽是形而上者,但其中已有万象;"显微无间"从象上说,至著之象虽然是形而下者,但理即寓于其中。"体立而后用行",体非独立之体,体自有象;用则是体之发用,体在其中。义智为体、仁礼为用。太极作为理,"不离于形",也"不囿于形",太极有动静。理无造作,但理必有气,气自然能凝结创造;理无动静,但既有理,便有气、有象,便有动静。

朱熹《中庸章句·第三十三章》"不显之德"的阐释

乐爱国 《儒教文化研究》（国际版）2012 年 8 月

对于《中庸》第二十六章所引《诗》云"于乎不显"与第三十三章所引《诗》曰"不显惟德",朱熹作了不同的解释。与把第二十六章之"不显"释为"岂不显"不同,朱熹认为,第三十三章之"不显"就是不显。这一解释与郑玄、孔颖达《礼记正义·中庸》的注释截然相反。朱熹的解释意在于阐明第三十三章的"不显之德",虽然看似不显,但"幽深玄远",因而是"不显中之显"。与此同时,朱熹还把《中庸》第三十三章引《诗》八条看作是对"不显之德"的步步深入,是"不显之德"的成德之序;而且还通过将《中庸》第三十三章与《中庸》首章对应起来,认为《中庸》第三十三章讲"不显惟德",蕴含着首章的"慎独"、"戒慎恐惧"之意,并要求通过一步步地向内"收敛",达到"反身以谨独"。

"颖悟"与"笃实"
——朱熹《四书章句集注》孔门系谱之建构考察

陈逢源 《第五届世界儒学大会论文集》,2012 年 9 月

宋人对圣人形象的揣摩,对孔、颜乐处的追寻,前人关注颇深,然而朱熹不仅留意于此,更扩及孔门弟子的分析与检讨,推究过深,固然有偏颇之失,但检视孔门儒学之传,分析弟子高下,从道统思惟重新定位《论语》,《论语》不仅是了解孔子言行的典籍,更是检视孔门儒学之传的线索。《大学》、《论语》、《中庸》、《孟子》彼此衔接,圣贤之间,"道统"相传,儒学有了新的思考方向。为求了解其中转变之处,笔者检核朱熹《四书章句集注》中有关孔门弟子的讨论,检讨历来有关「贬抑圣门」的检讨,推究朱熹"颖悟"、"笃实"两分的分类依据,以及儒学"道统"相传的线索,期以还原朱熹思索之所在。

"义务的道德"和"愿望的道德":领会朱子"诚"、"信"思想的一个视角及意义

萧仕平 《展望未来的朱子学研究——朱子学会成立大会暨朱子学与现代跨文化意义国际学术研讨会论文集》,2012 年 5 月

朱子主张"诚"就是天的最本质特征,"诚"是天理的本性。"诚"意味着人摆脱物欲之限,获得了合于天道的超越境界,达到彻底的道德自为。对于信,朱子注重"信"自身的经验性意义,将"信"看成是人际交往时的表里如一,言行相顾,"信"是社会得以维系的基本条件。借助美国法理学家朗·富勒提出的"义务的道德"和"愿望的道德",朱子"诚"相当于"愿望的道德",而"信"给人们提出的是一种"义务的道德"。将"诚"、"信"分别对应于"义务的道德"和"愿望的道德",为现时代建立诚信社

会提供了很好的启发。"义务的道德"提示我们应以公共法规进行诚信制度的建设,确保人们达到朱子所谓"凡事都著信"之境。"愿望的道德"提示我们回味朱子"'诚之者,人之道也',便是信",借助信仰力量夯实个体的诚信道德的基础。

朱子学与中国现代哲学的思想空间
——20 世纪朱子学的宏观审视

王 秋 《展望未来的朱子学研究——朱子学会成立大会暨朱子学与现代跨文化意义国际学术研讨会论文集》,2012年5月

现代朱子学应对现代哲学的批判,主要从三个理路展开:文献的考证、选择性的诠释、创造性的转化。从这三个理路出发对朱子学与中国现代哲学形成发展的内在关联进行深入的探究将是朱子学研究和重新理解中国现代哲学形成、发展的重要途径。相应于20世纪朱子学研究中国现代哲学具有三重基本维度:第一,知识学的积累层面;第二,批判性的反思层面;第三,创造性的建构层面。20世纪朱子学研究与中国现代哲学的形成与发展具有哲学基本问题、基本研究范式、义理结构上的同构性

朱子学在韩国高丽时代的传播与发展

李甦平 《哲学与时代——朱子学国际学术研讨会论文集》,2012年9月

朱子学由中国元代时的高丽人安珦、白颐正、权溥等人传入朝鲜高丽王朝。经过李齐贤、李穀、李穑、郑梦周等人的演绎与阐发,朱子学在朝鲜半岛得到了很大发展。其中,李穑在"气化"和"修养"等方面阐释与发展了朱子学;郑梦周则主要是在性理学方面继承与发展了朱子学。其后的郑道传、权近等人为朱子学在朝鲜半岛的深入发展做出了重要贡献。

朱熹与刘沅

蔡方鹿 《哲学与时代——朱子学国际学术研讨会论文集》,2012年9月

朱熹思想对清代中后期著名思想家刘沅(1768—1855)产生了客观的影响,刘沅在理学和经学方面均受到朱学的影响,而一定程度地加以继承和认同,如坚持以义理为重,批评那种忽视义理,徒为训诂的治学倾向,基本认同存理去欲的价值观等;同时,受清代"是汉非宋"学风的影响,刘沅也对朱熹道统论、理学知行观提出了批评,又创造性地提出先天、后天说,扬弃和发展了朱熹理学,这与清代汉学家的基本否定不同。通过探讨刘沅与朱熹的关系,既可看出刘沅所具有的重经学,批评和扬弃理学,认同天理的思想特征,为经学和理学、清代学术乃至巴蜀哲学的发展做出了重要贡献,也从一个侧面可以看到朱子学在清代中后期的影响。

论朱子哲学中的道德自然主义面向

张锦枝 《哲学与时代——朱子学国际学术研讨会》,2012年9月

自然主义是贯穿朱子道德哲学中的一个重要方面,主要表现在:本体为自然之天理,包括本源上之本然、行事中之当然和归结处之必然,以仁义礼智为内容,是朱子哲学中理、性、命、天、仁等概念都具有的基本特征;工夫之自然,即"不假毫发意思安排,不着毫发意见夹杂",其内涵为顺理和执中。朱子所谓自然与道家所谓自然有相通之处,但本质不同。自然主义主义工夫论为理学自身解决自己的问题而产生。朱子哲学中体现的自然主义无处不在,主要针对成德工夫中理性的设定和安排及其导致的德性的驳杂和工夫的间断的问题。朱子的道德自然主义面向是朱子对于道德功利

主义,即道德成圣中的急功近利的解决,同时也消解了道德成圣为自我中心的问题。

论朱熹的仁学思想

魏义霞 《朱子学与文化建设学术研讨会论文集》,2012 年 8 月

朱熹在理本论的框架内对仁予以新诠释。他对天理的推崇就包含着对仁的推崇和界定。朱熹对仁的论证和阐释接续了先前儒家的核心话题,同时带有理学的独特意蕴和时代特征。朱熹对仁的界定直接继承了二程的主张,对仁之诠释更为完善。朱熹的理本论不仅成为道德形上学,而且成为对仁之地位的提升。在将包括仁在内的五常说成是宇宙本原的前提下,朱熹进一步凸显仁在五常中的特殊地位,最终将仁推向了无可比拟的首要地位,在此基础上,朱熹强调仁与爱、恕、公密切相关,即是对孔孟儒家的敬意,又赋予仁以时代内涵。在仁之身份递嬗和地位提高的前提下,朱熹进行了两方面的工作,一方面,把仁界定为与天地万物为一体的宇宙境界和本体维度,另一方面,强调仁之为天地万物为一体的践履和展开是在公、爱和恕中进行的。由此,朱熹进一步用"天地生物之心"为仁之境界赋予了新解。

宋明期儒学における静坐の役割及び三教合一思想の興起について

(日)马渊昌也 《言语・文化・社会》2012 年第 10 号

该文以"静坐"为题,研究范围则从南宋时期开始直到清初,但又并不是一般意义上的泛泛之谈和资料汇编,而是围绕宋明儒者承认对静坐之收摄身心为有效之手段的同时,对静坐之"静"所可能指向的空虚寂灭之佛老路数又戒备很强,由此形成的朱子学与阳明学对静坐所采取的"不即

不离"的暧昧态度作为讨论主轴。例如明末东林党的高攀龙通过静坐而获得的工夫体验很有名,但是清初朱子学者陆陇其对此提出严厉批评,认为高攀龙和顾宪成等学者都陷入了佛老之道而背叛了朱子学。同时在论文后半段则重点以明末"三教合一"思潮之背景下、对静坐之戒备相对放松,学者们对之前一直语焉不详的适合儒学之静坐如何可能的问题进行了思考与实践。并将王龙溪、颜均、袁黄和高攀龙的事例整合起来进行考察,指出高攀龙的"复七规"可能是儒学历史上首部完全不含佛教、道教色彩的儒学静坐之指导书。(陈晓杰)

朱熹の「慎独」の思想

(日)小路口聪 《东洋大学中国哲学文学科纪要》2012 年第 20 号

该文以《大学》以及《中庸》中的"慎独"思想为核心,在关注层面上更兼顾到本体论之层面与工夫论层面的整合、经书之间的体系性整合的朱子学特点。文章首先以对佛教的批判意识开题,并联系到程灏的论天道之"纯亦不已",而天道之连续不间断性正是天之所以为"诚"的表现,人之生命与本质都由天赋予,故最终之境界也应当是与天一样的连续不间断的"纯亦不已",而要达到这一点,就需要做"慎独"的工夫。在《大学》中,"慎独"属于"诚意"之工夫,作者分别分析了"自欺"和"自慊",指出朱熹强调了非为他人的自足性状态("为己"与"为人")。这种无待于外的工夫必定最终归结到自己当下一念之发动,由此文章过渡到对一念之"几"、也就是一念刚出现之瞬间的分析,学者往往能明辨善恶,但是当下无法做到百分之百的"好善恶恶",此即是"自欺",就是"不诚",就是与道体不相似。作者接下去进一步对《中庸》的"慎独"工夫进行了介绍,指出"戒慎恐惧"与

"慎独"在朱熹的工夫论体系中的不同意义,前者指向"未发"工夫,后者是"一念萌动"之处的"已发"工夫,但不论已发未发,都当戒慎恐惧,如此方能做到工夫之连贯性。作者最后指出,王阳明的"致良知"和王龙溪的"一念独知"思想都可以上溯到朱熹的"慎独"论上。　　　　　　(陈晓杰)

《中国自然神学論》の鬼神
―ライプニッツの朱子解釈―

堀池信夫　　《东洋研究》2012 年第184 号

作为欧洲最早的认真研究过中国哲学的西方哲学家,莱布尼兹以及其著作《中国自然神学论》是非常有名的。堀池的文章把考察重点放在宗教观上,他指出,当时的天主教会认为以朱子学为核心的中国哲学是无神论,由此凸显出基督教之上帝才是唯一之神的正统性。但是在 1687 年,Couplet 出版了《中国哲学者孔子》,书中以张居正的朱子学解释为焦点,认为朱子学是有神论,这种观点很大程度上影响了当年就阅读到该书的莱布尼兹。莱布尼兹在完成《单子论》之后的 1715 年写下了《中国自然神学论》,其主张朱子学为有神论之动机有两点:其一,"至高神"(至高单子)和上位"天使"(被造单子)分别对应于中国的"一者"与"鬼神",由此莱布尼兹证明了自身的哲学体系的普遍性;其二,莱布尼兹通过有神论之主张而间接支持耶稣会,反对正统的罗马天主教会。事实上,莱布尼兹对朱熹的"鬼神论"的分析,尤其是强调鬼神虽然是二气之良能、但同时超越于气的"生气"(la vigueur)、"活力"(l'activité),以及"祭祀"之场与鬼神的紧密联系,即便放在当代众说纷纭的"朱熹鬼神观"理解之中,依然有其重要的参考价值,莱布尼兹之思想敏锐性由此可见一斑。　　(陈晓杰)

朱子学研究

硕博士论文荟萃

博士论文

朱熹训诂研究

贾璐(复旦大学 2011 年,指导教师:杨剑桥教授)

该文以朱熹的《诗集传》、《四书章句集注》、《楚辞集注》和《周易本义》为主要研究材料,综合运用训诂学、音韵学、文字学、词汇学、语法学、修辞学、校勘学等学科的理论,深入探讨了朱熹的训诂原则和训诂方法,总结了朱熹的训诂成就与不足。论文内容涵盖了朱熹在语音、文字、词汇、语法、修辞和校勘等领域的研究成果,全面阐发了朱熹的训诂思想,全文分七个部分进行论述:

绪论部分对朱熹的生平与著作情况作了简要介绍,同时阐述了本选题的研究现状、选题意义和研究方法。

第一章从总体上概括了朱熹的训诂原则,这些原则从不同的角度反映了朱熹对待训诂的态度,几乎贯穿于朱熹的整个训诂过程中。

第二章以朱熹对古籍语音的训释为研究对象,着重分析了朱熹的叶音说,对叶音说在研究宋代实际语音方面的应用价值予以了充分认识,同时总结了朱熹在语音训释中所体现出的训诂思想。

第三章是该文的重点,以朱熹对古籍词汇的训释为研究对象,系统地阐述了朱熹训释词语的方法以及在词语训释中体现出的训诂思想,指出朱熹将宋代金石学的研究成果引入到训诂学领域是针对传统训诂方法的一大突破。该章还就朱熹在词语训释方面的创获与不足做了个案分析,对导致失误的原因进行了探讨。

第四章以朱熹对古籍语法的训释为研究对象,重点探讨了朱熹在古汉语虚词研究方面取得的成就。朱熹对一些语法现象的正确解释,在分析句读时所运用的方法,特别是朱熹对前人误释为实词的某些虚词的纠正,都表明朱熹已经具有了较为先进的语法观念。

第五章以朱熹对古籍修辞的训释为研究对象,首先分析了朱熹对古籍中一些常见的修辞表达方式的说明,接下来重点论述了朱熹对赋、比、兴的定义,朱熹在为《诗经》和《楚辞》标注赋、比、兴时与前人的不同之处以及朱熹首次提出的赋、比、兴三者可以兼用的修辞现象。

第六章以朱熹对古籍的校勘为研究对象,对朱熹校勘古籍的内容与方法做了归纳与总结。在校勘方法上,朱熹根据古籍中错误的实际情况,综合运用了多种校勘方法,对古籍作出了别具特色的校勘。

文章既在共时的平面上研究朱熹训诂的内容及方法,又把朱熹放在训诂学史的背景中考察其训诂得失。对于朱熹的训诂材料,既从宏观上总结其训诂原则,又从微观上进行个案的调查与分析。在理论总结方面,既注重朱熹自身对训诂的理解与认识,又结合朱熹的训诂实践来与这些观点相互印证,力求结论可靠。

"心与理一"与"超凡入圣"之学——朱子心论研究

吴冬梅(上海师范大学 2011 年,指导教师:陈卫平教授)

该文认为儒学以"圣人"为最高理想人格,以培养"圣人"为讲学目的,以修身养性"成圣"为为学目标,儒学为"超凡入圣"之学。为了应对佛学之竞争,也为了儒学思辨性发展的需要,朱子以"心与理一"为其

"心性论"的核心命题,以此与佛学的"心与理二"相区别,以此显示儒学优于佛学之处。

朱子认为佛学所标榜的"心与理一"与象山的"心即理"均不同于自己的"性即理",前二者貌似心与理合一,其实质是心与理截然为二。朱子"心"中有"理",象山"心"中有"理",而佛家"心"中无"理",这是儒学与佛学的根本区别。"心"是否要受"理"这个规范的引导,即,是"理"主宰"心",还是"心"主宰"理",是朱陆二人的分界线,也是朱子将象山与佛学一同批评的根本原因。佛学"心中无理",因而谈不上是"理"主宰"心",还是"心"主宰"理"。这是儒释之间的第二个区别。儒释之间的第三个区别是"心"是否能在世俗活动中得到净化,儒学的回答是肯定的,而佛学则认为只有脱离世俗才能净化心灵。因此,佛学是出世之学,而儒学是"超凡入圣"之学。

"心与理一"思想传统悠久,从孔子之"从心所欲不逾矩"到二程之"理与心一",汇成了儒学"心性论"的长河。朱子在汲取历史营养的同时发展了儒学"心性论"。他认为,儒释之所以有"理一"与"理二"的区别,是因为儒学强调"一心",而佛学主张"二心";儒学认为心有体用,心之体为"性",心之用为"情","心统性情",而佛学以"心"为"性",以"情"为"心",颠倒、错乱了心之体用关系。因为"心中有理",心之性为"理",所以儒学之"心"既具有认识的功能,又是认识之本身,是"能觉"之灵与"所觉"之理的合一。因而佛学只能寻求出世之平静,而儒学却能入世而得超脱之乐。易言之,儒学认为可以在现实生活中达到"心与理一"的最高人格境界。在朱子那里,"心"搭起了"理"与"性"之间的桥梁,"心"是下功夫处,通过"涵养"与"穷理"等"心地功夫"的修养可以融"道心"于"人心",使"人心"合于"道心",追寻自然与循理统一的圣贤气象。

朱熹自然观研究

王　霞(安徽大学 2012 年,指导教师:王国良教授)

朱熹是南宋儒家的杰出代表,是宋代理学的集大成者,他融合儒、释、道三家,建构起自然、人生与社会相统一的思想体系。在朱熹博大精深的哲学思想体系中,"自然观"是重要的组成部分,具体内容包括:"宇宙观"、"生命观"和"天人观",分别体现了朱熹对于宇宙的认知,对于生命的看法和对于天人关系的观点。朱熹的"自然观"集中体现了他对于自然的总看法和根本认识,是其哲学思想不可分割的组成部分。

两宋时期随着经济的发展和社会的进步,文化得到高度繁荣,科技文明的进步也达到中国古代最为辉煌的时刻,这些正是朱熹"自然观"产生的现实环境和时代因素。传统儒家的自然思想是朱熹"自然观"形成的重要理论渊源,北宋周敦颐、张载、邵雍、程颢、程颐的有关自然哲学的理论是朱熹"自然观"形成的学术背景。朱熹的"自然观"体现了对传统儒家所强调的人与自然"相即相融"和谐共存思想的继承,和对周敦颐的"太极观"、张载的"气化论"、邵雍的宇宙生成论以及二程的"理本"思想的继承与发展,先秦儒家关注自然的思想和北宋儒家自然哲学思想融汇于朱熹的"自然观"中,体现为对于茫茫宇宙的探索,对于生命的理性探究,和对于天与人和谐共生的思考。

朱熹的"宇宙观"认为"理"是宇宙形而上的本原,"气"是宇宙形而下的根源,气的运动形成宇宙万物,同样也因为气的运动变化促进宇宙结构的形成。

宇宙的结构就是:宇宙中充满了气,无

形无质的天在地之上,悬浮在气中的地在中央,天地之间就是山气的运动而形成日月星辰,山川草木,人物禽兽等物事。气是宇宙万物的物质性根源,是实体性的存在,气的运动是宇宙形成的动力,而气的运动就体现为"动与静"和"变与化"的形式,宇宙间的种种天体运动和天地之间的种种自然现象正是宇宙运动的体现。朱熹的"宇宙观"不仅体现了他对于宇宙的本原、宇宙的生成、宇宙的结构和宇宙的运动的理性思考,而且在其"自然观"中也占有重要的地位,是"生命观"和"天人观"的理论基础。

朱熹的"生命观"认为理是生命的本原,世间万物的生命都是由气的凝聚而生成,生命的过程有始有终,体现为人的生命是有生有死的,因而要尽力实现生命的价值。人的生命价值不仅在生命本身,更在于生命所蕴含的道德价值,所以人要坦然面对生与死,做到"安于死而无愧",淡然面对理与欲,强调道德自律精神。在现实中,人要以修身来不断培育和充实生命的内在善性,完善道德生命。朱熹的"生命观"发展了儒家关于生命的思想,是对于生命的本原、生命的形成、生命的过程和生命的价值等方面有意义的探索,体现了朱熹对生命的理性认知和对于现实人生的感性理解。朱熹的"生命观"是在"宇宙观"的基础上,将天之道联系于人之道,是对于人类生命的整体把握。

朱熹的"天人观"是关于天、人及二者相互关系的理论,继承传统儒家天人观中有关"天人合一"的思想,并加以发展,在人与自然的和谐统一中强调人作为"天地之心"的重要作用,体现了天人所为各自有分的意蕴,强调了人的主体精神。主要内容为:天人本只是一理、天与人和谐共生、人是天地之心以及"循理而行"的实践。朱熹的"天人观"以天和人的关系为中心,既考虑到自然的化生万物,发育万物的作用,也充分体现了人的价值,人是自然不可分制的组成部分,人懂得天地万物为一体的道理,便会自觉地参赞天地之化育,便会在行动上促使万物生命蓬勃发展。"天人观"是在"宇宙观"和"生命观"的基础上将天之道与人之道结合起来,体现对于整个大自然的探索和理解。

朱熹的"自然观"体现了对于佛家和道家思想的吸收和创新。在"宇宙观"方面,朱熹吸收佛家的宇宙形成和道家的宇宙形成与运动等相关思想因素。在"生命观"上,汲取佛家思想中珍惜生命的观点和道家生命观中关于生命产生与形成思想等合理因素。在"天人观"上,融汇了佛家重视发挥心的主观作用的因素和道家"自然观"中所强调的"天人一体"的意蕴。在以上基础之上,朱熹的"自然观"突出儒家重视道德的价值取向,既体现了对于宇宙、生命和自然万物的现实关怀,也注重对于人类生命德性价值的理性思考,更加强调人类在天人关系中的主体地位和积极作用。

朱熹将他对宇宙的关注,对生命的关爱和对自然的关心溶注于其哲学思想之中,虽然他没有明确提出"自然观"这一概念范畴,但是他的哲学思想处处体现出关注自然、关心生命的思想倾向。朱熹的"自然观"对于其弟子、后学以及后世思想的发展有着重要的影响,在科技高度发达,人与自然的关系日益密切的今天,朱熹的"自然观"仍具有独特的魅力和不可忽视的现代价值。

王弼、朱熹《周易》注释比较研究

王娅维(陕西师范大学 2012 年,指导教师:党怀兴教授)

自汉代始,《周易》就位列儒经之首,一直为历代经学家、思想家和哲学家所关注,由此产生了以《周易》为研究对象的专门之学——易学。在"述而不作"观念的影响下，我国古代易学著作多以"注释"的形式出现。魏王弼的《周易注》和南宋朱熹的《周易本义》是易学史上的两座里程碑，是《周易》注释中集大成并兼有创新的著作。研究《周易注》和《周易本义》的注释，梳理两者的注释内容，探讨不同的注释者如何注释《周易》，比较两者的注释特征，寻找造成注释差异的原因，对于探索《周易》注释的一般方法，指导《周易》注释的实践，以及提炼典籍注释的一般理论，都有重要的意义。

注释是一种复杂的传意行为，是沟通作者、原典和读者的桥梁和纽带。该文选取了诠释学这一新的研究视角，以王弼《周易注》朱熹和《周易本义》的注释为具体研究对象，通过对这两种注释的比较以展开研究。

全文共分为六个部分。

第一部分，简述选题的意义，明确研究旨趣。西方诠释学传入国内后，学术界很快就掀起了一股研究浪潮，对中国经典注释传统的探讨成为其中的重要议题，其中易学诠释研究则更受学界的普遍关注。分析王弼、朱熹《周易》注的注释内容，总结两者的注释特征和注释思想，为中国古代经典注释提供理论支撑，对丰富注释学的内涵有十分重要的意义。

第二部分，王弼、朱熹注本对《周易》文本语言层面注释的考察。经典注释活动本身就是用语言解释语言，语言文字层面的字、词、句的辨析和疏通，是阐释其深层意义的基础和前提。时代的变迁、语言的发展、原典文本在流传中形成的脱衍错讹、注释者思想的差别以及对原典的不同理解，造成了不同注释文本中消除语言障碍的信息的不同，因而《周易注》和《周易本义》在

注音释词、文字校勘、句读分析、文意串讲等方面呈现了不同的倾向。

第三部分，王弼、朱熹《周易》注释的义例阐释。《周易》古经由卦画、卦辞和爻辞组成，这就使得言、象、意三者之间的关系问题成为易学永恒的话题，使得象数和义理这一对形式与内容之间充斥着巨大的张力和阐释空间。在这两个问题基础之上形成的易学体例，是《周易》注释中不可或缺的内容。虽然从大的方面可以分为取象和取义两类，但细化到具体方法，不同注释文本的义例阐释往往各有所重，差别颇大，甚至发展创造新的义例。

第四部分，王弼、朱熹《周易》注释特点的归纳。在分析比较王、朱二注内容的基础上，归纳其各自的特点，揭示这两种注释文本的特色。王弼《周易注》的特点是：以《传》解《经》；贯彻了"得意忘象"的阐释思想；注重爻位和卦时；以道家思想和儒家思想解《易》。朱熹《周易本义》在文本编排上采用了经传分离的古本；认为伏羲、文王、周公、孔子之《易》有一脉相承之处，但终究为不同，因而注本中对经文和传文有所区分；朱熹认为《易》为卜筮之书，故注文多见阐释占筮之辞；对象数与义理的关系，主张由象数入义理；并于卷首列九图，以图解《易》。

第五部分，王弼、朱熹《周易》注释差异之成因探讨。任何注释文本的出现，都不可避免地打上注释者个人的烙印。王弼所处之时，魏晋玄学流行，朱熹所处之时，理学大兴，而王、朱二人又是其各自时代思潮的代表人物，本体论哲学深刻地影响着王弼的易学思想及其《周易注》，理气关系论影响了朱熹对《周易》理、象、数、辞关系的认识，"《易》乃卜筮之书"的观点奠定了《周易本义》的主格调。此外，注释者的注释观念对注释实践也有直接的影响。

第六部分,结语。在全面考察和比较王弼《周易注》和朱熹《周易本义》的注释内容、注释特点基础之上,在分析了影响这两种注释文本差异的因素之后,进而探讨以注释者和注释文本为核心的经典注释活动中,原典意义的保持,注释的创新,新意义的附加,以及读者的理解和接受对注释有效性的反映等问题。

明初朱子学研究

郭锋航(陕西师范大学 2012 年,指导教师:刘学智教授)

明初理学继承宋元理学的精神,以程朱理学为主流。明初朱子学是向"阳明心学"转型的过渡阶段,具有承前启后的作用。学者们在论述明初朱子学时取径比较单一,草草收笔,对其缺乏整体性、系统性的阐释和分析。围绕朱子学在本体论、心性论、工夫论上的问题域,分析其内在矛盾,展现明初理学家是如何进行不同的"体认和阐发",显现出明初理学的真实面貌和发展内在理路,为理解理学的转型提供一种新的分析路径。

在明初,程朱理学被独尊及南北学风相互激荡的格局下,理学发展一方面受到朱子学的束缚,不敢逾越;另一方面,明初许多理学家在尊崇朱子学的前提下,对朱子学进行了不同程度的体认和阐发,开始对朱子学进行修正和突破,形成了新的学术取向,又促进了理学的发展。

明初曹端、薛瑄的理学思想与朱子学特征是尊崇与修正,他们是北方理学代表。曹端继承了程朱理学观点建立了以"太极、理"为最高范畴的学理体系,并从太极与理,太极之动静两方面进行阐释。太极或理是其思想终极根基。太极(理)与阴阳二气乃至宇宙万物的关系是形上与形下的相即不离的关系。太极之动静则是太极本有

的性质,包括本体意义上的动静和作为宇宙生成过程的动静两个方面涵义。在心性论上,在"理一分殊"视域下,重构天人宇宙图景。落实在工夫论上寻找"孔颜乐处"。他对"心"的地位抬的很高,但只是"心"的本然状态,还不具有本体意义,并没有超出朱子学的范围,心性由应然向实然的过渡。薛瑄继承朱子理气关系论,针对朱子"理先气后"说,主张理气"决不可分先后"、"理气无缝隙",强调"实理实气",从一定程度上消解了"理"的形上性和超越性。

同时,他还吸收了张载的关学思想,提升"气"的地位,以气化解释万物的生成变化。表现出由"理"向"气"的内在转化,这为朱子理学向气学的反转、明代关学中兴开了先声。人性论上,继承了程朱的"性即理",强调"论性是学问大本大原",突出了"性"的本体地位。工夫论上主张"复性"。这些都预示着朱熹理学在明代有可能在更高层次上向陆九渊"心学"复归。

明初吴与弼、胡居仁理学思想与朱子学特征是尊崇与突破,他们是南方理学代表。他们自觉做着朱子学与心学的整合工作。在本体论上,一方面继承和发展了朱熹理学的某些内容,对朱子学仍然是尊崇;另一方面大量地接受了心学的基本观念,有突破之意。吴与弼在心性论上,主张"静观"、"洗心"。在工夫论上,将宋儒的持敬穷理说、佛道的静坐观悟说及儒释道通用的反思静虑的修养方法结合起来,表现出明显的综合化倾向。胡居仁,在理气关系上提出了"有此气则有此理,理乃气之所为",是对朱子思想的继承和发展,仍不出朱子学的"规范"。在心性工夫论上,主张"主诚敬以存其心",对主敬穷理做了新的阐发。工夫论上更加注重心上的"着实"体验,偏于向内用功。他们均表现出对"心"地位的抬高,这些都说明了当时程朱理学

影响在缩小，而心学的影响在扩大。吴与弼思想的二重性，预示着理学发展不同路径。可以说，吴与弼是阳明心学的开启者。

陈献章心学思想是在朱子学的包裹下挺立起来的，与其师吴与弼相比，在更大规模上突破了朱子学。自此，理学地位发生转向，由过去的程朱理学为主转为以心学为主。陈献章在本体论上，"杂释老"建立道本论代替理本论，又"超释老"，将"心"置于"道"之上，建立起心本论。在心性工夫上，追求静坐中的善端呈现，放弃朱子学的读书路径，并发展为一种教学法，以觉悟证心体。可以说，陈献章的心学思想基本上完成了对朱子学改造，理学地位发生了变化，为阳明心学全面转向奠定了基础。因而，陈献章是理学转向的关键人物。

明初理学家对朱子学的体认和阐释表现出两个嬗变轨迹：一是重视实然宇宙论探讨，强调实然之"气"，凸显下学的躬行践履工夫，发展成为明代气学。二是重视主体心性的探讨，凸显"心"的本体地位，表现为上达工夫，发展成为明代心学。这也是明初朱子学的理论贡献。从这种趋势表现来看，可知明初朱子学在明初理学家间进行体认和阐释中，所关注问题侧重点的不同，也体现出南北之间的学风差异。作为历史影响，明初朱子学对考据学、实学、书籍编撰等其他方面产生了积极影响。明初理学家在朱子学内部的阐释、修正、突破，显示出儒学新的发展方向。明代理学在明初朱子学的催生下呈现出了敝旧成新、返本开新与推陈出新的特点。

概念场词汇系统及其演变研究
——以《朱子语类》为中心

甘小明（上海师范大学 2012 年，指导教师：徐时仪教授）

该文以《朱子语类》概念场词汇系统及其演变研究为切入点，旨在探讨概念表达和词汇系统的关系问题。二者的关系可以表述为：1.同一个词表达不同的概念，在语言中表现为"一词多义"，涉及相关概念与同一个词的词义系统之间的关系问题；2.不同的词表达同一概念，在语言中表现为"一义多词"，涉及同一概念与意义相近的不同的词组成的词汇系统之间的关系问题。

基于在汉语词汇史的研究框架内，汉语词义、词汇系统演变研究完成了以单个词为中心的"点"式研究方法；以历时考察为中心的"线"式研究方法，该文的创新点在于充分发挥"点、线"式研究方法的基础上开拓以概念场为结构框架的结合共时描写和历时演变并整合语言本体研究和认知理论研究的"面"式研究方法。通过对《朱子语类》中涉及"运动、状态、评价"共十九个概念场词汇系统及其演变的分析研究，该文得出的结论主要有以下两方面的内容：

一、对于"一词多义"，即单个词的词义系统而言，一方面，一个词的词义系统中义项的延伸演变与该词所处概念场词汇系统的其他成员的基础义有着密切的联系，这些义项相互之间具有基于表达同一概念的语义关联性，这是属于语言内部发展规律调整的结果。另一方面，一个词的词义系统中义项的产生与该词的其他义项没有直接的语义相关性，它们借用一个"音近"的词去记录语言中的另一个词，这类词的本体义与其记录的那个词具有客观存在或人们主观臆想的联系，该义项的产生属于一种因语音相近（相同）、语义相关和概念整合多重因素而导致的词义演变模式，包含着外力干扰的因素。

二、对于"一义多词"，即表达同一概念的词汇系统而言，在特定概念场词汇系统的历时层面上出现过的任何一个成员,都是从一个特定维度对这个概念的诠释。一方面,词汇表达概念的维度是判断和评价一种语言中词汇表达概念多方位、多角度、多层次的基本参数。只要特定的概念存在,人们的无限可能的认知维度就会形成语言中词汇表达概念维度的无限可能。然而任何一种语言的词汇系统都只能无限接近要表达的概念,却永远不可能准确、完整的去诠释一个概念,就像人类只能无限接近真理,却永不可能抵达真理一样。另一方面,人类在对概念的认知过程中,客观性和主观性同在,思想性和文化性并行,语言中的词汇对概念的解读像苏东坡笔下的庐山:"横看成岭侧成峰,远近高低各不同。"这就决定了研究语言,包括词汇系统、词义系统都必须和人类的认知规律相结合。

"太极"概念内涵的流衍变化
——从《易传》到朱熹

程　强(上海师范大学 2012 年,指导教师:陈卫平教授)

该文旨在考察中国哲学史上儒家一个最为重要概念——"太极"内涵的流衍变化。

从《易传》的文本看,易道以乾坤为基始,易之三则:不易、简易、交易皆以乾坤为基,所谓"乾坤毁,则无以见《易》",太极不得越乾坤而独存,因此把太极作为超越天地的本体或生成之母来理解不符合《易传》整个体系。从"太极"的诠释史看,太极为大中一义最为认可,自汉人董仲舒至清学者,两千余年罕有反对者。大中一义可贯通汉学、宋学,打通程朱、陆王,统摄三个不同的体系:董仲舒天人学术,程朱的本体论,周、邵、张等浑沌体系。一言以譬之,太极之为大中可以贯通整个儒学的精神。太极的其余诸义(元气、无、天理、心、蓍草不

分等)都显具时代特色,毁誉参半,各体系派别的扞格纷争也由之而起。因此,该文把大中一义作为《易传》太极本义来考察,并在这个基础上考察太极概念内涵的流衍变化。

战国末期,道家《老子》的浑沌体系通过对《易传》太极概念的解读而开始渗入到儒家,《鹖冠子》、《吕氏春秋》便是这两个体系融合的结果,它们把《易传》太极两仪的形式与《老子》浑沌说合二为一,太极与元气的合一首次实质性出现在这两部著作中。

汉人的太极观沿着两条路线发展:一,因袭《易传》的体系而为董仲舒的天人学术,太极被明确地解释为天地之"中",太极与元气未做到形式上的连接,元气的具体涵义乃是阴阳调和而偏重于阳气。二,顺着《鹖冠子》、《吕氏春秋》的浑沌之源进一步追溯,《淮南子》、《乾凿度》都在浑沌(太极)之先置一绝对虚无。

然而,不生成的太易如何生成浑沌之太极?郑玄为应付此矛盾,把"忽然而自生"引入太极,太极自生自成,太易之为无又混同于太极,此两点至要的创造性解释使学术史发生了重要改辙:汉学向玄学过渡。王弼顺此进一步把太极元气取消掉,独留下太极为无一义,"忽然而自生"被简释为"独化"——万物"独化"于自己的"无","自本自根"于自己的"太极"。王弼的革新仅在于把太极这一新内涵发挥成一套严密的体系,从而造就一时代之学。

隋唐经学沿袭汉人与王弼的太极观,兼摄太极之为无与元气两义,无独创。然而,隋唐经学的太极观中经韩愈、李翱而影响宋儒,这使得宋学初创者的太极观,自胡瑗、邵雍、周敦颐至司马光、张载、苏轼无不兼摄三义:元气、无、性,周敦颐的《太极图说》典型地代表这个新融合的独创。

然而二程却远离这个新传统,仅保留周、张等太极为性一义,他们在气论把"动静无端,阴阳无始"发挥到极致,太极元气说便无法立根。朱熹继承二程,又试图融合周氏《图说》体系,同时又夹杂了汉人的浑天说,他的博大体系发生了裂痕,使得他不得不应付太极与气的先后关系。

理学宇宙本体论研究
——以朱熹为中心的考察
郭红超(暨南大学 2012 年,指导教师:张其凡教授)

宋代理学以儒家经学的义理为根本,在吸取汉代宇宙论和魏晋本体论的基础上,借鉴佛、道的关怀视域及思维模式,以追求成圣及圣贤境界为目的,赋予儒学原有概念如太极、道、理、天、性、心等以新的内涵,将宇宙本源及道德本体融汇为一新的宇宙本体。宇宙本体既可被视为天道自然之所以生生不息的终极本原,同时也是人类社会道德价值之所以产生的超越源头。太极、道、理、天、性、心等词语只是这一宇宙本体的不同称谓而已,它们分别从不同的角度揭示了宇宙本体的特点,宋代理学家们正是通过使用这些词语来表达他们对宇宙本体的看法、观点等,这些观点和看法均可视为理学的宇宙本体论。

北宋五子的宇宙本体论呈现出多姿多彩的特色。周敦颐以太极为宇宙本体,著《太极图说》与《通书》以阐明其观点,被尊为理学开山。张载、邵雍则分别以太虚、太极(心为太极)等为宇宙本体,其宇宙本体论均较周敦颐为复杂,有进一步探究的必要。二程则继承周敦颐的思想,但却独创"天理"二字作为其最高的宇宙本体,被尊为儒学的正宗。

朱熹的宇宙本体论以理为核心。其理既有对周敦颐的太极、张载的太虚、二程的天理说的继承,也有对邵雍先天易学的吸收。朱熹的理具有普遍性、实有性、客观性、公共性、内在性、超越性、当然性、必然性等特点,既是外在世界的客观规律,又是人类社会道德价值的源泉。朱熹的理不仅是存有的,而且是能动的。朱熹的宇宙本体论不仅在理论上把心性论、格物致知论等揉为一体,使他的哲学思想成为一个完整的体系,而且他还把他的宇宙本体论思想作为解读儒家经典著作的理论依据,用"理"贯穿于其文学、史学、美学、教育、经济、军事、天文及历法思想等各方面,可谓一以贯之,其宇宙本体论思想在其中起着提纲挈领的作用。

该文试图把宇宙本体论研究作为平台,并以之为视角,对理学及理学以前的宇宙本体论作一梳理,力求有所突破,并对宇宙本体论范畴如太极、理、天、道、性、心等概念进行考察,同时,挖掘宋明理学家这些概念的阐释及其之所以如此阐释背后所依据的思想理论形态。

朱子诗经学的民间立场
李云安(华东师范大学 2012 年,指导教师:陈勤建教授)

该文分四个章节展开论述。

第一章主要说明问题提出的因由、研究现状述往,对该文使用的主要学术概念进行界定,进而说明该文的研究方法和研究框架。

第二章论述朱熹诗经学中的民间立场形成。该文认为,朱熹诗经学中的民间立场,首先源自其日常生活的实践。长期的、传承性的民俗生活,使朱子具有丰富的民间立场。而朱熹仕宦中提出的"爱民如子"、"取信于民"、"与民同乐"、"富民为本"等重民主张,大都基于其民间立场提出,只是其中蕴含有丰富的儒家入世思想和经世济民的历史责任感。此外,宋人强烈的主体意识和求真精神,催动朱熹在平心格物求理的过程中,使朱子的民间立场具有独特的情韵。

第三章讨论《诗集传》中的民间素质开掘。该文认为,《诗集传》集中体现了朱子诗经学中的民间立场。首先,通过有序的有形物质民俗和行为社会民俗展演,体现朱子对理想民间生活的向往;通过揭橥无形心意民俗,解读《诗经》中的民间祭祀空间。此种民俗生活世界,是一种立体的、多维的、累积生成的文化意义之网,它既有远古的《诗经》时代所本有的民俗生活、民俗情趣和民俗事理,又融入了朱子时代的、为朱子所体验的民俗生活、民俗情趣和民俗事理,更有朱子所向往的、并积极参与社会实践的理想民俗生活、民俗情趣和民俗事理,是朱熹民间立场在诗经解释中的自然流露。

第四章论述朱熹诗经阐释过程中的民间立场。分四节。第一节从以下三个方面论述随文释义中的民俗叙述:引用方言、俗语和街陌巷语来训释词意;阐发诗句的文化义;解释诗文创作的民俗土壤。第二节探究诗艺评点中的民间立场。第三节探求诗旨提炼中的民俗立场。此节分两个话题展开:以人情说《诗》为立论点批驳"美刺"说;有意识搭建民俗语境来提炼诗旨。第四节分析朱熹理想民间的诗性建构。通过品读朱熹提炼的诗旨,该文爬梳出朱熹内心深处的感恩意识和淑世情怀:《诗经》中的民俗生活方式及其理念,或因契合朱熹的理想民俗观而被朱子大加赞美,或因完全与他的理想民俗观相违逆而遭到批判,或与他的不完全相合则借以引申,朱子对民间社会秩序和民间价值本源的追问亦可窥视一斑。

总之,唯有动态地考察朱子诗经学中的"民间",将传统的"民间"看法从静态的、闲散的、乡土的民众生活空间走向动态的、密集的、庙堂的民众生活空间,此时,我们就会发现,其实,朱熹诗经学中的"民间"弥散于《诗集传》的每一个角落,其民俗生活无处不在,民俗事理无所不有,只不过形态发生空间转化,由《国风》中的乡土、邦国,转向《雅》《颂》中的宗族、庙堂。"民"的华丽"转身",让我们看到:朱子对《风》《雅》《颂》的注疏,内在蕴含着一以贯之的民俗诗"理",是朱子"理一分殊"哲学理论的诗性表达。而朱熹诗经学坚守的民间立场是他生活时代的民俗生活的艺术折射。我们研究古代文论,只有立足于文本产生时代的民俗情境和作者本有的民俗叙事方式,才能真正实现古代文论的"文心"现代转型。

硕士论文

《朱子语类》比较句研究

刘建国(北京大学2011年,指导教师:刘子瑜副教授)

该文以《朱子语类》为研究对象,对其中的比较句式进行了穷尽性的调查和描写。该文首先将《朱子语类》中的比较句分为平比句和差比句,然后以比较词为标准,运用形式与意义相结合的方法,进行定量统计和定性分析,对各类比较句式的结构特点和表义功能进行了归纳和总结,以求揭示南宋时期比较句的发展特点和它在比较句发展史上的历史地位。

《朱子语类》中的平比句数量丰富,主要有"与"字句、"于"字句、"如"、"似"、"若"字句和"比"字句。从使用频率来看,"与"字句最高,"如"、"似"次之,"若"的频率已极低,"比"仍处于兴起、萌芽阶段。从句式上看,平比句出现了很多新的形式,如"X 与 Y 一般/一样＋(W)"、"X 如 Y 样＋(W)"、"X 比 Y 不同"、"X 比 Y 相似"等;但同时仍然保留了一些较具文言色彩的句式,如"X 同/异于 Y"、"X 与 Y 相似"等。我们还对其中的一些语法现象进行了分析,例如在平比句中用作助词的"相似"、"一般(一等、一样)"和"样"的虚化途径,"与"字句的两种否定方式以及新型平比句式"X＋与/如/似＋Y＋助词＋W"的产生和发展特点等。总体来说,《朱子语类》中的平比句类型多样,为平比句的发展打下了基础,其后的发展变化主要表现为一种词汇兴替的过程。

《朱子语类》中的差比句数量也较为丰富,主要有"于"字句、"如"、"似"、"若"字句和"比"字句等。从使用频率来看,"于"字句最高,"如"、"似"次之,"比"也较高,"若"字句已趋于消亡。从句式上看,差比句主要是继承和发展了宋代以前出现的旧有形式,但也出现了"一＋N＋W＋于/如/似＋一＋N"递进式差比句。"于"字句的大量存在,说明《朱子语类》具有一定的文言成分。"比"字差比句已经发展得较为成熟,而且出现了三种平比句式。不过,由动词"比"构成的比动句和泛比句在该书中仍有较多用例,且类型丰富,可以表示平比、差比和极比三种语义类型,说明《朱子语类》中的"比"字句仍具有新老过渡的特点。

在该文最后部分,我们参照前人的研究成果,对各类比较句式从先秦至近代的发展脉络进行了简单的梳理,以发展演变的观点进一步揭示了《朱子语类》比较句的特点,指出它在比较句发展史上起着承上启下的重要作用。

朱熹论礼与理的关系

延玥(南京大学 2011 年,指导教师:李承贵教授)

该文主要通过文本解读的方法,将朱熹礼学思想与理学体系结合起来,一方面,在整体上展示一个完整的朱子礼学,揭示朱子礼学中的"理学"特色;另一方面,从朱子礼学反观朱子整体思想,力求在礼学角度认识朱子学说,探讨"礼学"与"理学"之间的相互关系。

全文分六个部分,由序言和一、二、三、四、五章构成。

第一章"以理训礼"概说,系统阐述朱子礼学思想产生的背景,宋代儒学"以理训礼"的历程,并概述朱子对礼的定义:天理之节文,人事之仪则。本章最后从心性本体、价值本体、修养工夫三个层面描述朱子最高哲学范畴"理",为下文理与礼的关系张本。

第二章阐述朱子赋予礼以内在性和至上性,出色地解决礼与性之间的紧张。朱子提出,礼是理的"气化",礼同一于天理,礼内在于人性,这三点共同从根本上解决了这种紧张。第一,礼是人固有的性,"仁义礼智,性也",给予礼以充分的内在性;第二,礼与理的同一,"礼,只是理,只是看合当恁地",给予"礼"的存在以至高的正当性。

第三章讨论礼的"仁"义。仁是理在人心的表现形式,仁包有仁义礼智,因此仁义礼智也是理在人心的外化;礼仍保持着天理之节文的属性,同时还内在于仁中,这就是仁、礼、理之间的关系。仁、礼、理是贯通一气的,仁是理在人心上的投射,礼是理的外化显现,践礼是体仁、明天理的过程。这样礼与理的关系就由"仁"深化、固化了;同时礼的内在性也更加牢靠地根植于人心之中。

第四章谈习礼工夫。朱子强调习礼用敬和格物穷理,认为吾人时时收拾心神,点滴做起,层层剥离,最终可以明天理。这样的方法最大的好处是给常人以信心,联系起德性之知和见闻之知,既尊德性又道问学,最终统一起来为学方法。朱子用一个"敬"字统一了明天理与习礼的态度,使礼与理在修养工夫论上达成一致。

第五章谈礼学在朱子学说中的地位,并从朱子礼学角度看士大夫的基层敦化思想。朱子认为礼与理的关系是下学与上达的关系,如果只谈理,那么只能落于悬空飘渺、不可把握。朱子的以理训礼一方面对空谈义理做了纠偏的努力,把修养工夫放置于更重要的位置上;另一方面给礼仪赋予了更根源性的含义,防止礼仪的虚文化。

礼学是朱子学说的"外化"的途径,是朱熹的"理"在日用生活当中得以实现伦理教化的方式,具有实用性和目的性。礼学在朱子学说当中占有十分重要的位置,考察朱熹礼学的整体脉络,可知礼是上源于天,内在于心的;同时从礼学角度回溯儒学,可知儒学自始至终都承载着对文化、秩序、和谐的诉求。

朱子之"理"的形上诠释

袁君华(复旦大学 2011 年,指导教师:郭晓东副教授)

该文对朱晦庵哲学中的"理"的概念进行了研究,探讨了这样的几个方面:首先,对现代著名思想家对于晦庵之"理"的概念进行了检讨。在冯友兰先生和牟宗三先生那里,他们在根本上是把"理"当作一种"存在性"或者"有"来理解,而张君劢先生则把"理"分在了自然和人伦两个世界进行讨论。该文还对于现在一般的以"理气"作为研究进路的方法进行了反思,认为这可能是对于"理气"这对概念本身的一种"物"式的理解。

针对这样的问题,在第二章中着重由"无极而太极"这个命题而讨论了"理"通有无的特点,即"理"既是无规定性,却又是"万化之根",是"有"之所以生。以此来回应冯、牟二先生对于"理"的观点。同时,由"无极"的特点进一步说明"理"非同于一物的特点,并对此展开进一步的讨论。在第三章中,主要从"五伦"关系入手,讨论了"理"作为社会角色的所以然和所当然。这里面涉及了"所以然"和"所当然"的统一、社会角色和社会关系的统一、"常"和"变"的统一对于"理"的几个方面的问题。在第四章中,主要讨论了"善"和"性"这两个概念的一系列问题。这两个概念都围绕"理",表述"理"之"生"的特征,这一对范畴也牵涉到前一章所讨论的"所以然"和"所当然"之"常"和"变"的问题。"理"也是"善"和"性"的统一,正是这两个概念共同完成了对于"理""生"之特征的表达。最后一章,回到关于"理"的最重要的一个命题——"理一分殊"来加以讨论。提出"理一"和"分殊"其实仍然是一对同一的概念。所谓的"理一"表达的是"理"在万事万物中的有差异的统一性。正在这个意义上,也仅在这个意义上,我们可以说"理"可以有"理一"和"分殊"的两面性。

通过全文的分析,可以看到"理"是一个充满张力的概念。尽管在文中看到了很多"理"不是什么,但是这不是什么也正引导着我们向"理"是什么而行进。虽然,我们最终也无法给出一个最终的结论说"理"究竟是什么，但是在这些紧张关系中看到了"理"之意涵的丰富性，这便是有价值的。

朱熹《论语集注》与刘宝楠《论语正义》比较研究

张海珍（华中师范大学 2011 年，指导教师：刘韶军教授）

《论语》作为儒家经典著作，在中国思想史上占有重要地位，各朝各代不乏为其作疏作注者。其中最重要的当属宋代朱熹的《论语集注》与清代刘宝楠的《论语正义》，两者体现了宋代理学与清代朴学的学术特点，对注释学的发展有重要意义。

该文在承袭前人研究成果的基础上，基于对《论语集注》与《论语正义》注文的研读，比较两者注释方法与注解内容的不同，并分析造成这种不同的原因。

文章第一部分介绍选题价值及意义，对相关学术研究成果进行说明，并简要介绍文章的基本结构与大体内容。第二部分主要从五个方面比较了《论语集注》与《论语正义》注释方法的不同：一是《集注》重释文义，《正义》重释字词；二是《集注》以道理为注，《正义》以历史背景或事件为注；三是《集注》多从自身内在角度注解，《正义》多从外在史料角度注解；四是《集注》层层递进、整体连贯之法，《正义》并列、比较之法；五是《集注》重教育后学，《正义》重考据辨析。第三部分主要从解释句意、关注内容、引申之义、阐释思想四个方面比较了两注的不同。第四部分主要从朱熹、刘宝楠的时代背景、学术渊源、个人经历、注书目的等方面分析造成两注书不同的原因。最后对文章进行了总结，《论语集注》与《论语正义》虽然在注释方法与内容上有很大不同，但都代表了宋代理学和清代朴学的最高成就，对《论语》学的研究与注释学的发展有

重大意义。

朱子鬼神观研究

傅锡洪（复旦大学 2012 年，指导教师：吴震教授）

该文在揭示了先秦时代确立下来的儒家鬼神观的基本特色之后，分别从"以气释鬼神"、"鬼神以祭祀而言"和"实践视域中的鬼神观"三个角度梳理了朱子鬼神观的思路及其特色。

在第一章，该文介绍了宋以前儒家的鬼神论述，主要分为两个部分，首先简要分析先秦时代子产论述"魂魄"的独特视角，以及儒家从修身与教化的角度对其言论的转化。其次分析孔子对于鬼神"敬而远之"的后置立场和"祭神如神在"的诚敬态度，这成为儒家鬼神论的基本纲领。

第二章开始进入朱子鬼神观的正题，就朱子鬼神论的基本立场而言，鬼神是"第二著"，是无形象的、难理会的、不可测的。"以气释鬼神"是其鬼神观的基本思路，这主要表现为伊川"鬼神者，造化之迹也"以及张载"鬼神者，二气之良能也"的观点。在谈到鬼的含义时，反思了以"自然化"和"理性化"等来解读朱子"以气释鬼神"的基本思路时可能会出现的一些偏差。随后讲到了鬼神的分类，鬼神可分为三类，不论是"阴阳造化"，还是"人死为鬼"、"神示祖考"，都是"气"的某种作用显示。也指出祭祀之鬼神与阴阳二气之鬼神并非是作为分类的依据，而是观察鬼神问题的不同视角和思路。

第三章进入"鬼神以祭祀而言"的探讨。首先分析了就阴阳二气而言，鬼神是"说无却有，说有却无"的观点，并且从历时性的角度，揭示了鬼神的存在形式的特点，即依赖于不同时期人心和社会风气的正邪。在澄清了鬼神"说道无，却有；说道有，

却无"命题的内在逻辑,并进而在祭祀实践中对"鬼神有无"问题作了分析之后,转入全文的重点,即朱子认为只有在祭祀活动中才能确认鬼神为实在,也就是"神之有无,皆在于此心之诚与不诚"。祭祀过程必须在观念上设定鬼神为有,而诚敬心是证实"鬼神亦只是实理"的关键。而由人的诚敬心所确认的鬼神是一个具体而非普遍一般的鬼神。由于鬼神的实在性端赖于祭祀中的诚敬,故朱子说"鬼神之理,即是此心之理"。在鬼神问题上强调实践行为,诉诸内心情感的重要性,是朱子鬼神论述的一大特色。同时须指出,"鬼神以祭祀而言"的主旨,决不是对"以气释鬼神"的基本思路的排斥,而是将其纳入进来作为祭祀鬼神论的内在环节。

基上述分析,在第四章进入实践活动的视域,透过朱子大量的祭祀、祷告和反对异端的行为,更好地理解朱子鬼神观与其思想的整体立场及其具体的生活实践之间的密切关系。朱子强调祸福由理,反对"淫祀";顺生安死,反对"轮回";沟通圣人,继承道统,展现了其理论与实践的内在关联。

朱熹《孟子》学研究

王治伟(福建师范大学 2012 年,指导教师:朱人求教授)

朱熹是南宋理学家,孟子是先秦思想家,两人处于不同时代。可是朱熹通过《孟子》文本对孟子思想进行了阐释和评价。朱熹《孟子》学即是对朱熹解释《孟子》论著的考察。朱熹对《孟子》的论述方式、解释原则以及思想体系的建构与分析都是我们考察的对象。这种考察的意义在于,了解朱熹的思想背景,认识《孟子》思想的后世价值,也从而深入对朱子思想的理解。朱熹《孟子》学展示的是一个独特的思想体系,是朱子面对《孟子》文本的深入思考和

积极建构。

全文共分五个部分:

绪论主要是阐述了研究的背景及其意义,并对相关研究文献进行了简要的梳理和评析。笔者试图通过文本对照、思想追溯等方式探寻朱熹《孟子》学思想。在比较朱熹和孟子的过程中去寻求朱熹意识的澄清和思想的分理。

第一部分从历史的视角,对朱熹《孟子》学的研究对象做一客观的再现。通过对《孟子》思想的历史演变的追述,对宋代思想状况的客观考察,对《孟子》思想特质与宋代社会需求的适应等方面的深入考察,最终引入朱熹对《孟子》学的贡献,确立了朱熹《孟子》学的研究对象。

第二部分从解释学的视角,对朱熹《孟子》学进行分析。朱熹对《孟子》的解释有其原则立场,但经过解释学的评判和分析,朱熹《孟子》学仅仅处在另一个历史场域之中,不可能达到对《孟子》思想的还原目的。从朱熹的诠释原则来看,他所声称的寻求文本本意是不可能实现的;他所坚持的体验圣人之心、通经以明理等原则,正是他偏离《孟子》原意,走向自我创造的重要步骤。

第三部分是文章的重点,是对朱熹《孟子》学思想性的考察。朱熹《孟子》学是依赖于《孟子》的朱子学,不能无视《孟子》文本的基础性地位。本部分首先展开朱熹对性善论的解释。性善论是性即理命题的基础。朱子还不满性善理论的简单,用气来补充性善论的理论不足。其次,朱熹对《孟子》中心性关系的解释确立了心、性、情各自的位置和功能。并且确证了其在解释《孟子》过程中的由性到情的逻辑关系,从而承认性的至高无上的本体地位。再次,朱熹对"求放心"的解释应该受到关注。因为"求放心"是《孟子》中的重要思想,在很多时候被当作个人修养的方式。朱子对

"求放心"的解释不仅分别了"求"的两种不同意义,进而否定了"求"的必要性,而且扩展了"求放心"的内涵,使之成为一种操存工夫的表述。通过文本比照,探讨朱熹对《孟子》思想中的概念诠释,对理解和把握朱熹心性之学的来源与发展脉络具有直接的指导意义。

第四部分是朱熹《孟子》学研究的当代问题思考。文章的结论对全文进行简要总结并指出其局限性以及有待研究的方面。与近几年相关研究成果相比,该文是在历史地呈现朱熹《孟子》学的基础上,进行思想的分析和归纳,从而补充朱子学的理论基础并推动思想建构方式的探寻。

朱熹生命观研究

赵静(安徽大学 2012 年,指导教师:王国良教授)

朱熹思想中包含了丰富生命思想内容。从生命观的角度对朱熹思想的进一步研究和探讨,能够有助于更加深刻的理解朱熹思想,从而凸显其思想的生命活力。该文主要从生命的内涵,生命的修养,生命的境界等几个方面,阐释论述了朱熹思想中生命观内容。

该文第一部分从两个方面论述朱熹生命观思想产生的背景,包括社会历史背景和思想理论渊源。

第二部分论述了朱熹生命观思想中生命产生与内涵等内容。朱熹生命观的生命产生与内涵是通过"生—心—仁"的路数展开的,由"生生之理"到"天地以生物为心"再到"生底意思是仁"。天地宇宙以生为心,而人以仁为心,可以说生即是心,心即是仁。心—生—仁,这一生命观的内在结构为朱熹的生命哲学思想提供源源不断生命养料。

第三部分论述了朱熹生命观中生命修养的内容,朱熹认为生命的修养不能只有道理和口号,关键是能在具体的实践中完成。所以他提出了从"格物致知"到"仁民爱物"生命修养目标,和"持敬"与"穷理","慎独"与"意诚"的具体修养功夫。对于人类来说,至高无尚的至善仁德,是我们从天理流行中体贴出来的,使人类具有了道德主体性,如何穷得爱物的仁理,并完成实践爱物的仁德,为人类生命修养提供了可能性。而"穷理"之方是"格物致知"外向功夫。"格物致知"为其"居敬"和"穷理"的功夫做铺垫,打基础,为修养功夫的实践提供了可能性。慎独的修养功夫,又可以看成是"敬"的功夫的特殊运用。慎独是诚意功夫的必需,就像是人的饥渴得到满足,是之于自身而言的,不能有半点勉强自欺的成分。通过"慎独"、"诚意"的功夫,能达到"遏人欲而存天理"的目的,恢复人的本心自然,也能达到修身成德的终极目的。朱熹认为,人只有像这样,在生命修养功夫上,严格要求自己,才能具有圣人的人格,达到圣人的境界,体验圣人的乐趣。

第四部分论述了朱熹生命观中生命境界的思想,主要从达观的生死境界,善之仁与真之诚的境界,圣人之乐境界三个方面入手而阐述的。在有限的生命中达到无限的生命境界追求体验,这是朱熹对待生命的终极追求。

最后一部分,论述了朱熹生命观思想的价值意义,并对文章进行了总结。

朱熹"中和"说与理学内圣之道

曾令巍(湖南师范大学 2012 年,指导教师:徐仪明教授)

作为理学集大成者,朱子哲学思想系统宏大,统摄理气、中和、性情等哲学范畴,涵盖本体论、心性论和格物致知论等内容,条理缜密,意蕴丰富。该文以中国哲学中之心、性等重要哲学范畴及其关系为切入点,针对朱子"中和"学说以及与之有关的成圣问题展开详实论述,而此成圣问题又可化解为"致中和"问题。

在中国哲学史上,先秦诸子关乎心、性论述均有文献可查阅,但是最有影响的,能发出莫大声光的是由儒家学派创始人孔子发起端。然而中国心性之学有所忽略,其原因大可由"性与天道不可得而闻"与"罕言性命"数语获知。但是孔子所倡导的仁学就是要将以仁、礼、乐等为核心的周礼之外在约制形式内在化,即转道德他律为道德自律。这在某种程度上意味着孔子之仁学思想欲开心性学之源的倾向。继而孟子沿此思路发展并详细阐述之,进而开出"尽心、知性、知天"的由内在性最终指向超越性的道德向路。

儒家经典文献《中庸》中关于"中和"即"已发"、"未发"思想有明确的阐释,但是和如何做涵养心体的工夫关系不大。而在宋代,这个问题又被拓展为如何具体落实"已发未发"时工夫的问题,成为理学中非常重要的话题,其中最醒目的是以二程为代表的理学家。与二程有师承渊源的朱子对"中和"的体认先后经历了丙戌和己丑两次"中和"之悟,这两次"中和"表明了朱子摆脱道南学派的心理体验模式而在哲学上体验已发未发究竟何为,以及由此引发的心性情理论体系。为此厘清心、性、情三者关系对于解读朱子哲学思想有重要意义。此外,在对"中和"思想的体认过程中,朱子也分别确立了以"居敬涵养"为特征的道德理路和以"格物致知"为特征的理性思路,从而从内在性和外在性两个维度为成圣成贤之可能奠定了基础。

关于成圣的问题势必要对成圣何以可能的问题加以解释,即性善论假设可证之可能。成圣的问题亦可化解为"致中和"的问题,而前人关乎该问题的阐述大多就"中和"而论甚至滑向内心的神秘体验;然而自朱子始,不仅从理论上加以阐述,而且亦从操作层面上给出了明确的修养方法和工夫,从而使得由心性修养以至"致中和"成为可能。

朱子学界概况

学者简介

朱崇实

厦门大学校长、教授、博士生导师。1954 年 12 月出生于福建建瓯。1982 年 2 月厦门大学经济系毕业,1990 年 5 月南斯拉夫贝尔格莱德大学国际经济系毕业,获经济学博士学位;1999 年至 2000 年作为富布赖特学者于美国波士顿大学法学院、哈佛法学院访问、进修。现兼任朱子学会会长、厦门大学汉语国际推广南方基地理事长、中国法学会经济法研究会副会长、福建省社科联副主席、厦门市社科联主席等职。研究方向为经济法、国际投资与国际投资法。先后主持完成"外商投资的社会经济效益评价"、"银企关系及若干法律问题研究"、"资产证券化的法律保障研究"、"金融创新的基础法律保障研究"、"资产证券化的法律保障研究"、"中国金融监管法律基础理论与新兴问题研究"、"美国银行法研究"等课题。在《现代法学》、《经济研究》等刊物上发表论文四十余篇,主要著作有《中南两国外国人投资法比较研究》、《外商投资的经济社会效益评价——理论与方法》(合著)、《经济法》(主编)、《金融法教程》(主编)、《共和国六十年法学论争实录(经济法卷)》(主编)等,科研成果先后获"孙冶方经济科学奖"、"国家首届人文社科优秀成果奖"等。

陈 来

清华大学国学研究院院长、哲学系教授、博士生导师。1952 年出生于北京,祖籍浙江温州。1976 年中南矿冶学院(现名中南大学)地质系毕业。1981 年北京大学哲学系毕业,获哲学硕士学位,同年留系任教。1985 年北京大学哲学系博士研究生毕业,获哲学博士学位。师从张岱年先生、冯友兰先生。现兼任朱子学会名誉会长、中国哲学史学会会长、教育部社会科学委员会委员、全国古籍整理规划小组成员、教育部学科指导委员会委员、国家社会科学基金学科评审组专家、国家出版基金评审专家等职。2012 年 6 月被聘任为中央文史研究馆馆员。学术领域为中国哲学史,主要研究方向为儒家哲学、宋元明清理学、现代儒家哲学,其研究成果代表了目前本领域的领先水平。著有《朱熹哲学研究》、《朱子书信编年考证》、《朱子哲学研究》、《有无之境——王阳明哲学的精神》、《宋明理学》、《哲学与传统:现代儒家哲学与现代中国文化》、《古代宗教与伦理——儒家思想的根源》、《中国宋元明哲学史》、《诠释与重建——王船山的哲学精神》、《传统与现代:人文主义的视界》、《燕园问学记》、《东亚儒学九论》、《宋明儒学论》、《竹帛五行与简帛研究》、《现代中国哲学的追寻——新理学与新心学》等。另编有:《中国现代学术经典——冯友兰卷》、《北大哲学门经典文萃》、《早期道学话语的形成与演变》等。多部著作与论文被译为英文、日文、韩文等。2009 年三联书店将其已出版的专著整合为《陈来论著集》十二种出版。

朱杰人

华东师范大学出版社董事长,华东师范大学终身教授、博士生导师。1954 年出生,江苏省镇江市人。1964 年上海师范大学中文系毕业,1981 年上海师范大学古籍研究所毕业,获哲学硕士学位,并留校任教,后调华东师范大学古籍研究所。现兼任世界朱氏联合会秘书长、朱子学会副会长、中国历史文献研究会副会长、上海出版工作者协会副主席等职。作为古典文献学、先秦及宋代文学研究领域的专家,近年来主要从事朱子及朱子学的研究与组织工作。主要著述有《朱子格言精义》、《诗经要籍解题》、《文化学视野中的诗经情诗》、《北宋诗人梅尧臣和苏舜钦的比较研究》、《论八卷本"诗集传"非朱子原帙兼论"诗集传"之版本》、《朱子诗论》、《朱子气节论》、《朱子一百句》等数十种。其领衔主编的《朱子全书》获国家图书奖提名奖。《朱子全书》是迄今为止收集朱熹著述文字以及朱熹研究资料最完备的一部著作。按四部分类法,以经、史、子、集排次,编为 27 巨册,约1436 万字,共收入朱熹的著述 25 种。

朱汉民

湖南大学岳麓书院院长、教授、博士生导师。1954 年出生,湖南邵阳人。1978 年就读于湖南大学,毕业后留校任教。现兼任朱子学会副会长、国际儒联理事、国家社科基金评审专家、中国社会科学院哲学所客座研究员、教育部教学指导委员会委员、中国实学会副会长、湖南省社科联副主席等职。主要从事中国思想文化史的研究与教学。主持国家重大学术文化工程《清史•湘军》及国家社科基金项目、教育部"振兴行动计划项目"、国家重点图书以及其他部省级科研项目、国际合作项目十多项。主持"中国书院博物馆"的筹备建设以及岳麓书院及中国书院数字博物馆的建设。著有《湖湘学派与岳麓书院》、《圣王理想的幻灭》、《湖湘学派源流》(合著)等学术专著10 多部,在海内外学术刊物上发表论文近300 篇,其学术著作有多种被纳入国家重点图书,多次获得国家图书奖、中国图书奖等奖项。主编丛刊《中国书院》、《原道》,"湘军史料丛刊"项目主持人之一。

周桂钿

北京师范大学哲学系教授、博士生导师。1943 年 1 月生,福建省长乐市人。1969 年中国人民大学哲学系毕业,获哲学学士学位;1981 年中国社会科学院研究生院哲学系毕业,获哲学硕士学位,同年到北京师范大学哲学系任教至今。现兼任朱子学会副会长、中国哲学史学会副会长、中华孔子学会副会长、国际儒学联合会理事、北京市哲学会中国哲学专业委员会会长、中国社会科学院东方文化研究中心特约研究员等职。主要研究中国传统哲学、秦汉哲学、中国传统科学、中国传统政治哲学等,在中国大陆和香港、台湾、澳门等地区和日本、韩国等国发表学术论文 200 多篇。出版著作二十多种:《精神瑰宝——周桂钿儒学讲义》、《中国儒学讲稿》、《中国古人论天》、《王充哲学思想新探》、《中国传统政治哲学》、《王充评传》、《秦汉思想史》、《虚实之辨》、《董学探微》、《中国传统管理思想的现代价值》、《十五堂哲学课》、《国学的智慧——中国人立身之道》、《中国传统哲学》(国家社科"九五"规划重点项目成果)等。

陈支平

厦门大学人文与艺术学部主任委员,国学研究院常务副院长、教授、博士生导师。1952 年 11 月出生,福建省惠安县人。1977 年进入厦门大学历史系学习,1987 年获历史学博士学位。现兼任朱子学会副会长、中国经济史学会副会长、中国明史学会副会长、中国民族学与人类学研究会副会长、中国西南民族研究会副会长、中国商业史学会副会长、闽南师范大学闽南文化研究院学术委员会主任等职。主要从事明清社会经济史、福建社会文化史的研究。代表性著作有:《清代赋役制度演变新探》、

《近 500 年来福建的家族社会与文化》、《明清时代福建的土堡》、《福建宗教史》、《福建族谱》、《客家源流新论》、《民间文书与明清赋役史研究》、《民间文书与台湾社会经济史》、《历史学的困惑》、《福建六大民系》、《基督教与福建民间社会》、《明史新编》、《中国通史教程(第三卷)》等,主编《透视中国东南——文化与经济的整合研究》、《台湾文献汇刊》(100 册)、《闽台民间族谱汇编》、《台海研究丛书》、《中国经济史研究丛书》、《闽南文化丛书》等。在《中国社会经济史研究》、《中国经济史研究》、《光明日报》等期刊发表论文 200 余篇。

田　浩(Hoyt Cleveland Tillman)

美国亚利桑那州立大学(Arizona State University)终身教授,1944 年 7 月生于佛罗里达州的克里斯由(Crestview)。本科学习美国史和欧洲史,研究生转向中国史研究。1976 年取得哈佛大学东亚语言与历史学博士学位。主要导师是史华慈(Benjamin Schwartz)和余英时。毕业后,加入亚利桑那州立大学历史系(2009 年历史系并入历史、哲学、宗教学院),主要从事宋元思想史研究。曾任教于哈佛大学、夏威夷大学、北京大学、台湾大学等著名高校,现兼任北京大学中国古代史研究中心兼职研究员,华东师范大学古籍所访问研究员等职,美国著名中国学家之一,在中、美学术界的沟通和对话中发挥了重要作用。他著有《功利主义儒家:陈亮对朱熹的挑战》、《朱熹的思维世界》、《儒学话语与朱子说的主流化》(*Confucian Discourse and Chu Hsi's Ascendancy*)、《旁观朱子学——略论宋代与现代的经济、教育、文化、哲学》等,编有《宋代思想史论》。

李甦平

中国社会科学院哲学研究所研究员、博士生导师。1946 年 10 月生,河南人。1968 年毕业于中国人民大学哲学系,主要研究中国哲学史、东亚比较哲学、东亚儒学。通过对东亚比较哲学的研究,和中国人民大学教授张立文先生一起提出“东亚意识”概念。“东亚意识”是指以中国、日本、韩国为主的东亚地区内在性的以儒学为核心的一种意识。“东亚意识”包含着主体意识、反省意识、经世意识、多元意识等。在对中日韩传统文化的研究中,提出了“舜水学”、“石门心性学”、“霞谷学”等观点。主要著作有:《转机与革新——论中国畸儒朱之瑜》、《中国传统思维向现代思维的转型》、《圣人与武士——中国传统文化与现代化比较》、《朱舜水》、《朱熹评传》、《朱熹》、《中国、日本、朝鲜实学比较》、《韩非》、《朱之瑜评传》、《东亚与和合——儒释道的一种诠释》等。主编《中外儒学比较》、《儒家思想与现代社会》、《东方哲学史》(五卷本)等。译著有《日本人视野中的中国学》。

蔡方鹿

四川师范大学首席教授、博士生导师。1951 年生,四川省眉山县人。1976 年毕业于四川师范大学中文系。现兼任四川省朱熹研究会会长、四川省中国哲学史研究会会长、国际儒学联合会理事、中华朱子学会副会长、国家社科基金评审专家、中华孔子学会学术委员会委员等职。主要从事宋明理学、朱子学、中国学术思想史、中国哲学范畴、经学、传统文化与现代化等中国哲学与思想文化领域的研究。个人著作主要有《朱熹经学与中国经学》、《中华道统思想发展史》、《朱熹与中国文化》、《宋明理学心性论》、《儒学——传统与现代化》、《程颢程颐与中国文化》、《一代学者宗师——张栻及其哲学》、《华夏圣学——儒学与中国文化》、《宋代四川理学研究》、《中国经学与宋明理学研究》等书。合著有《廖平学术思想研究》、《宋明理学新探》、《道》、《气》、《心》、《性》、《蒙文通经学与理学思想研究》等。在《哲学研究》、《中国哲学史》、《人民日报》、《光明日报》、《孔孟月刊》(台湾)、《退溪学论丛》(韩国)、《南洋学报》(新加坡)、《人文中国》学报(香港)等刊物发表学术论文 300 余篇。

吴 震

复旦大学哲学系教授、博士生导师。1957 年生于上海。1982 年华东师范大学历史系毕业,1985 年复旦大学哲学硕士,1996 年获日本京都大学文学博士(中国哲学)。曾先后在上海市社会科学院哲学研究所、日本关西大学工作。现兼任浙江社会科学院国际阳明学研究中心特聘研究员。研究方向为中国哲学史、宋明理学、东亚儒学。发表专著《聂豹、罗洪先评传》、《阳明后学研究》、《明代知识界讲学活动系年:1522—1602》、《王阳明著述选评》、《罗汝芳评传》、《明末清初劝善运动思想研究》、《〈传习录〉精读》、《泰州学派研究》等,译著《中村元比较思想论》,编校《王畿集》,合编《思想与文献:日本学者宋明理学研究》,主编《中国理学:第四卷》、《宋代新儒学的精神世界——以朱子学为中心》等。

何 俊

杭州师范大学副校长、教授、博士生导师,兼国学院院长。1963 年生,浙江长兴人。杭州大学外国哲学专业博士,从事以儒家哲学与思想为主的中国近世哲学与思想史研究。曾任浙江大学哲学系教授、博士生导师。曾任美国哈佛大学燕京学社访问学人(2001 年 7 月—2002 年 6 月)与助理研究员(2002 年 7 月—2003 年 6 月)、香港中文大学崇基学院访问教授(2003 年 12 月—2004 年 5 月)、台湾中研院中国文哲研究所访问学者(2006 年 12 月)、美国哈佛大学费正清东亚研究中心访问学人(2008 年 12 月—2009 年 2 月)等职。个人著作主要有《南宋儒学建构》、《南宋思想史》、《刘宗周与蕺山学派》等。编译《余英时英文论著汉译集》、《余英时学术思想文选》。在《哲学研究》、《中国史研究》、《历史研究》、《光明日报》、《北京大学学报》、《中山大学学报》等刊物发表多篇学术论文。

吾妻重二

日本关西大学文学部学部长,教授。1956 年 1 月出生,日本茨城县出身。1978 年毕业于早稻田大学文学部东洋哲学专业,1981—1983 年作为高级进修生留学北京大学哲学系。主要研究方向是东亚思想文化史,也关注朱子学与儒教仪礼、书院研究,并积极的对中国、韩国、越南、琉球、日本国内等地进行实地调查。主要著作有《朱熹〈家礼〉实证研究——附宋版〈家礼〉校勘本》、《朱子学的新研究》、《宋代思想的研究——围绕儒教、道教、佛教的考察》、《家礼文献集成·日本篇 1》等,译注有冯友兰《中国哲学史·成立篇》、熊十力《新唯识论》、《冯友兰自传——中国现代哲学者的回想》1—2 、《〈朱子语类〉礼关系部分译注 1》等,主编《思想与文献:日本学者宋明儒学研究》,课题报告有《关于朱熹〈家礼〉的版本与思想的实证研究》等。

何乃川

厦门大学哲学系教授。1935 年 6 月出生,福建泉州人。1959 年厦门大学中文系毕业。长期从事宋明理学研究与中国传统文化研究。现兼任福建省中国哲学史研究会副会长兼秘书长、福建省闽学研究会副会长、泉州老子研究会会长、厦门易学研究会会长等职。曾组织和参与组织过朱熹、杨时、李光地、苏颂、李贽、林希元等先贤大、中型学术思想研讨会。被省社科联四次评为先进工作者。他以科研促教学,其所讲授的中国哲学史被评为厦门大学优秀主干课,曾被评为厦大教书育人先进工作者。其程朱理学系列论文受到好评,如《杨时开闽学之先河》、《罗从彦及其道统论》、《李侗的理学思想及其对朱熹的影响》等。曾赴新加坡和港、台参加大型学术研讨会,发表《孔子为政以德简论》、《孔学三议》、《两宋宇宙生成说的发展》等。并赴菲律宾马尼拉大学向文科研究生讲授"中国古代的哲学和宗教"课程。著有《闽学困知录》,编著《朱子学研究》、《闽学丛书》、《儒家文化现代透视》等。

高令印

厦门大学哲学系教授。1935 年 11 月生,山东阳谷人。1960 年毕业于厦门大学历史系,1964 年毕业于中国人民大学哲学系研究生班。现兼任朱子学会名誉会长、武夷山朱熹研究中心副理事长、全国中国哲学史学会理事、国际中国哲学会学术顾问等职。获韩国"第四届退溪学国际学术奖"及政府等多种学术奖。主要研究朱子学、禅学,讲授中国哲学等。学术的起点和特点,是运用谱志、考察等地方文献研究朱熹,开启了朱子学研究的新领域。研究朱熹的家事、生计、遗迹等,弄清了朱熹远祖的籍贯,纠正黄榦《朱子行状》的谬误。发表文章 200 多篇,出版专著《朱子学通论》、《福建朱子学》、《朱熹事迹考》(韩国朱昌均译部分为韩文)、《闽学概论》、《李退溪与东方文化》(韩国李楠永译成韩文)、《中国文化纲要》、《王廷相评传》、《游酢评传》、《简明中国哲学通史》、《中国禅学通史》等。

刘泽亮

厦门大学人文学院副院长、哲学系教授、博士生导师。1964 年 11 月生,湖北天门人。1996 年毕业于武汉大学哲学系,师从萧萐父、唐明邦、李德永教授,获哲学博士学位。现兼任朱子学会秘书长、福建省哲学学会秘书长、中国佛教文化研究所学术委员会委员、特约研究员、中国宗教学会理事、《佛学与人文》学术丛书主编等职。主要研究领域为中国哲学、中国佛教哲学、中国禅宗哲学、儒佛会通,主编《佛教研究面面观》,点校《永明延寿禅师全书》(上中下)。专著有《黄檗禅哲学思想研究》、《宗说俱通——佛教语言观》、《易文化传统与民族思维方式》、《易学与人文》等多部,在《世界宗教研究》等杂志发表学术论文近百篇。主持国家、省部级社科基金多项,主持大型横向研究课题 1 项。主要教学课程:中国哲学史、中国佛教哲学研究、佛教经典选读、禅道与人生智慧。

朱人求

厦门大学哲学系教授、硕士生导师。1971 年生,安徽宿松人。中山大学哲学博士,北京大学哲学博士后。现兼任朱子学会副秘书长、福建省朱子文化发展促进会副会长、《中国哲学年鉴》特约编辑、《朱子文化》杂志编委等职。主要从事中国儒学和文化哲学研究,尤集中于南宋后期至明代前期的朱子学研究。出版专著《儒家文化哲学研究》、《大学衍义》(点校),合著《朱子文化大典》、《朱熹大辞典》,编著《福建文献汇编》(160 册)。在《哲学研究》、《新华文摘》、《哲学动态》、《中国哲学史》、*Frontiers of Philosophy in China*、《孔孟学报》等海内外期刊发表学术论文 70 余篇。主持 2011 年国家重大课题"朱子学文献整理与研究"子课题"朱子学史专题研究"、2012 年国家课题"理学话语研究"、2012 年教育部重大课题"百年朱子学研究精华集成"子课题"百年朱子学研究论著概要"等多项课题。

朱子学研究机构

朱子学会

2011 年 10 月 9 日在厦门大学成立。朱子学会是经教育部和民政部报请国务院常务会议批准的国家一级学会、全国群众性学术团体，挂靠厦门大学，由教育部主管。朱子学会会长为厦门大学校长朱崇实，副会长为朱汉民、朱杰人、周桂钿、陈支平。聘陈来、高令印为学会名誉会长。

朱熹是继孔子之后儒家思想文化史上成就最大、具有世界影响力的学者和思想家，是宋代新儒学集大成者。朱子建构的哲学体系庞大周密，留给后世的著述内容繁富，对后世社会产生了深远影响。经过历代学者的努力，对朱子学术的研究及其成果，不仅涵盖了易、礼、春秋等传统经学的基本内容，还涉及了史学、文学、文献学、政治学等诸多领域，形成了一门内容极为丰富、内涵博大精深的专门学问——"朱子学"。随着学术研究的发展，现在的朱子学不仅仅是指朱子本身的学术，还包括他影响到的各朝朱子学，以及日本、韩国及东亚其他国家的朱子学研究，其学术工程相当庞大。但长期以来，包括建国 60 多年来，朱子学研究与其学术地位还有相当大差距，这也正是朱子学会成立的主要原因和必要性所在。朱子学会的建设目标是建成中国和世界的朱子学交流和研究中心。

学会旨在整理朱子学派的文化典籍，翻译朱子学派的主要传世经典，发掘朱子学派的精神文化遗产，开展相关的文物保护工作；编辑、出版学术性书刊，举办朱子学的基础教育、经典导读，开展培训活动；开展朱子学的学术咨询、法律咨询和身心健康咨询、环境与生态文化咨询工作；设立朱子学研究奖学金、奖教金，鼓励和支持文化工作者和其他民间人士积极从事朱子学研究；开展对台、港、澳地区及海外的朱子学的学术交流与合作等。

中华朱子学会

2010 年 10 月 19 日成立，2011 年 3 月 16 日在华东师范大学揭牌。该会由张立文、蒙培元、陈俊民等任顾问，清华大学国学研究院院长陈来任会长，朱杰人任常务副会长兼秘书长，束景南、李甦平、蔡方鹿、朱汉民任副会长。来自全国各相关研究机构和高等学府的 40 多位知名的朱子学研究专家、教授为该研究会的理事。美国亚利桑那州立大学教授、著名的朱子学专家田浩是研究会的名誉会员。学会认为，朱子的思想以二程思想为基础，充分吸收了北宋以来其他儒学思想家的思想营养，深入同应了佛道二家的思想挑战，建立起了一个贯穿天地人的庞大的理学思想体系。这一思想不仅是宋代理学的高峰，也是中国哲学史发展的一个高峰。朱子学不仅是哲学，更是一整套思想文化的体系，对应于社会文化的不同侧面，适应了近世中国和东亚社会文化需要，确立了这一时期社会所需要的价值规范,从而,对宋以后的中国社会与文化发展起了重要的作用,对宋以后知识人的精神世界发挥了主导性的作用,对元明清时代的社会精神文明的发展起了积极的作用。朱熹思想自13世纪开始向世界传播之后,在日本、韩国的历史上曾得到充分的发展,成为东亚近世文明共有的思想形态。对朱子学的研究不仅要重视其思想世界,也要重视朱子学与社会文化的关联;学者们不仅重视朱子个人的研究,也重视朱子学的群体乃至南宋儒学群体的研究;不仅重视朱子哲学与东亚现代社会的关系研究,也重视朱子学与当代世界的思想课题的关联。当今的朱子学研究已经处在一个比以往时代更富于包容性的时代。中华朱子学会的成立,对朱子学研究工作发挥显著积极的促进作用。

福建省朱子文化发展促进会

2012年10月21日成立。学会致力于推动海峡两岸朱子文化研究和交流,以"海峡两岸朱子文化研讨会"为契机,以弘扬朱子文化为主题,通过举办研讨会,推动两岸文化交流活动,更好地促进海峡两岸朱子文化交流活动蓬勃发展,进一步增强台湾同胞对中华民族和中华文化的认同感和归属感。学会将建设以电视连续剧《朱熹》拍摄景点为主题的文化创意,兼容两岸风情的影视旅游基地。建设以市场为导向,文化创意研发设计、信息交流、教育培训、展览展示等功能于一体的综合性朱子文化创意园。在武夷山、尤溪、建阳等朱熹生活过的地点创建朱子文化长廊,打造集文化、娱乐、科研、农业项目开发、商贸、影视拍摄基地为一体的旅游园区。福建省朱子文化发展促进会的成立,为热心朱子文化的有识之士、研究朱子文化的学者们提供了又一个崭新的平台。同时,也为海峡两岸推动朱子文化的交流、传承、发展、创新,又创造了一个重要的载体。

福建省朱子文化发展促进会会长为吴建华,林小英为常务副会长兼秘书长,刘泽亮、乐爱国、朱人求、方彦寿、刘刚、郑建光、陈长根、傅德露为副会长,赖星山为监事;聘请古今生、何少川、朱清为名誉会长;朱茂男、陈秋平、卢美松、黎昕、朱向、骆季超、张英慧、朱土申、纪优梓为顾问。

朱子学研究重大课题

朱子学文献整理与研究

2011年度国家社科基金重大项目
(课题编号:11&ZD087)

戴扬本

"朱子学文献整理与研究"是华东师范大学古籍所目前承担的一项国家重大社科研究项目,首席专家为古籍所所长严佐之教授。这是古籍所研究人员自上世纪90年代初进入朱子学文献整理和研究领域以来,继完成了《朱子全书》、《朱子全书外编》两项教育部全国高校古委会重大古籍整理项目后,在朱子学研究领域的又一个重大举措。

朱熹是儒家思想文化史上继孔子之后成就最大的学者,也是对近世社会产生了深远影响的一位思想家。钱宾四先生曾言：“中国历史上，前古有孔子，近古有朱子。此二人，皆在中国学术思想史及中国文化史上发出莫大声光，留下莫大影响。旷观全史，恐无第三人堪与伦比。”朱熹建构的理学思想体系，在长达七百余年的时间里，不仅对中国思想、学术、社会、政治诸方面具有划时代意义，其影响还辐射到了周边国家，对于日本、韩国、越南等东亚诸国的思想文化，都有着深刻而持久的影响。换言之，理学的发展过程，亦即朱子学的形成和发展的过程。

自 20 世纪 80 年代以来，朱子学研究已经成为海内外学术界的一个热点，持续多年仍呈现为方兴未艾的态势，反映了学界对朱子学之深远意义的高度共识。不过，从已经取得的丰硕研究成果来看，我们不难发现，研究者的目光较多集中在对于朱熹本人著述和思想的研究，而对于绵延七百余年的朱子学研究，却显得相对单薄。可喜的是，关于推进整体的和通贯的朱子学研究的想法，近年来亦已逐渐成为学界的一个共识。如以“朱子学”为主题的国际学术研讨会，在大陆、台湾、韩国等地数度举办，如《朱子学通论》等“朱子学”研究著述相继问世。而 2010 年“中华朱子学研究会”的成立，既意味着一个“学术共同圈”的形成，也标志着作为一门独立学科的“朱子学”研究，已经进入一个新的历史阶段。学者们已经明确提出，新时期“朱子学”研究的任务和特点，就是要对南宋以降诸朝的朱子学以及每位朱子学家的重要的见解进行分析，把他们流传下来的书籍、文献进行整理、研究。

作为我们研究对象的“朱子学”，包括朱熹生前留下的丰厚著述，及其体现在他的著述中的博大精深的思想体系，同时，也包括了七个多世纪来，朱熹的同道、学友、门人、弟子，包括后世“尊朱”、“宗朱”学者

对其著述、学说的阐发与研究。正是经历了这样一个数百年历史长河过程中累积形成的思想文化，构成了现如今我们所研究的“朱子学”的宝库。具体而言，作为整体的、通贯的“朱子学”，其学术范畴不仅涵盖了《易》《诗》《礼》《四书》等传统经学领域，更涉及哲学、史学、文学、政治学、教育学、社会学、文献学等诸多学科，既是一座内容广阔、内涵精深的传统思想宝库，一份极富开掘意义和传承价值的文化遗产，也是名副其实的一门具有多学科交叉特色的综合性学科。

研究朱子学的意义，毫无疑问是为了更好地梳理近世中国思想学术发展的历史脉络，总结经验教训，分辨精华糟粕，发掘可供社会主义新文化建设汲取的传统思想文化优质资源。因此，对于文化、教育、思想、国民素质等诸多方面的积极价值是不言而喻的。而我们正在进行中的“朱子学文献整理与研究”课题，即在为汗牛充栋、浩若烟海的历代朱子学文献，作一次全面、系统的调查、梳理和集聚，为整体、贯通的朱子学研究，提供详备、可靠的文献储备和检索平台。

我们在全面、系统地整理与研究朱子学文献的时候，需要使用多方面的研究方式，包括传统与现代文献学研究手段和撰述体裁。故本课题研究的意义，还将通过我们的实践来提供研究的案例，通过丰富和充实多种研究的方式，为推动古典文献学（历史文献学）的学科建设与发展作出富有成效的贡献。

通过整理与研究朱子学文献，我们将以前所未有的规模来搜集、清理、整合宋元明清七百年来有关朱子学的历史文献，使混沌者重现条理，使散落者重归脉络，故其本身就是一项具有“文化传承”和“学术积累”意义的大型文化学术工程。这是本课

题研究的主要价值之一。

课题研究的成果，包括两个方面的内容：

一、从现存的儒学文献中，梳理出属于"朱子学"学科的基本文献资料，并建构"朱子学文献"的分类体系。通过收集历代朱子学研究与朱子学家重要著述的阅读文本，包括经过甄审别类的历代朱子学研究所有散落文献，形成一个以文献构成为主体的、能全面反映朱子学渊源流别的专史研究撰著的系统，以期实现为进一步深入、系统地研究朱子学储备粮草利器，构建信息平台的目的，编纂一部完整的《朱子学文献大系》

二、运用文献学研究方法对于朱子学史进行深入的研究，旨在进一步厘清朱子学文献演进的历史脉络，为学术界撰写《朱子学通史》作前期工作准备。如编纂《朱子学文献总目》、《朱子学文献通考》等，并以《朱子学学案》的形式编撰相关材料。

我们将通过自己的努力，按照预定的步骤完成上述研究计划。同时，我们真诚地希望并期待海内外同仁对于我们的研究工作能够给以最大的支持和帮助。

（作者单位：华东师范大学古籍所）

百年朱子学研究精华集成

2012 年度教育部哲学社会科学重大课题攻关项目（课题编号：12JZD007）

乐爱国

该项目重点在于对 1912 年至 2012 年 100 年间中国大陆和港台地区、韩国、日本以及欧美国家的朱子学进行全面总结和精华聚集。项目内容主要分为五个部分：一是通过考察百年朱子学研究的重要论著，提炼和聚集学术论著之精华；二是通过编撰百年朱子学研究的学术编年，提炼和聚集学术活动之精华；三是通过阐述百年朱子学研究的重要理论，提炼和聚集学术理论之精华；四是通过考察百年朱子学研究的重要学者及其思想，提炼和聚集学术思想之精华；五是通过分析朱子学研究的学术创新及其与时代发展的关系，提炼和聚集学术创新之精华。

（作者单位：厦门大学哲学系）

鄱阳湖地区理学传衍的时空研究

2012 年国家社科基金项目（课题编号：12BZX040）

冯会明

鄱阳湖地区是宋明理学的发源地和重要的传播地之一，诞生了黄灏、李燔、程端蒙、饶双峰、程钜夫、吴澄、胡居仁、罗钦顺等一批理学家群体。鄱阳湖地区理学的传衍，尤以环鄱阳湖的鄱阳、余干、都昌等县市表现得最为集中，形成理学传播与创新的优势带。

课题对鄱阳湖地区理学的传衍进行时空轨迹的探索，分析该区域政治、经济、文化、社会等诸因素对理学发展的影响；梳理出各理学名家的学术传承关系，勾画出该地区理学传播的直观图景和思想流动的空间轨迹；总结提炼该区域理学的核心要旨、思想体系及其特殊性；还原鄱阳湖理学与闽学、浙学和湖湘学的交锋互益情形；也可以进一步诠释丰富鄱阳文化的内涵和底蕴，为赣鄱文化的研究提供充沛营养。课题框架如下：

一、鄱阳湖理学传衍的基本脉络

1. 宋代鄱阳湖理学的兴起与传播

鄱阳湖理学之缘自周敦颐始。道学宗主周敦颐为官江西，在九江建濂溪书堂，讲学授徒，开理学与书院结合之风气，是鄱阳湖理学传播的第一人。

朱熹复兴白鹿洞书院，鄱阳湖理学传

播的中心地位确立,掀起了鄱阳湖理学高潮,使鄱阳湖、庐山成为理学文化的高扬之地。

鄱阳湖理学群体的形成。北鄱阳湖理学群以德安王阮、都昌黄灏和建昌李燔为代表;南鄱阳湖理学群体有鄱阳程端蒙,著《性理字训》,成为理学入门工具书。董梦程是鄱阳学派的主要代表,创立了"介轩学派"。余干县是理学传播的主阵地。赵汝愚东山书院是理学在余干传播的学术起点和发展的第一个平台。随后培养了"余干三才"等一大批本地理学人才,弟子饶鲁是鄱阳湖理学传播的关键人物,被誉为"江右理学巨子",培养了学生程若庸。

2.元代鄱阳湖理学群体对理学的传承与发展

元代是理学传播、普及并上升为官方哲学的时代。程若庸的弟子新建程钜夫和崇仁吴澄,成为入元以来最重要的理学家,在元代掀起了传播理学的又一高潮。

程钜夫是元世祖重用的第一个南人,他建议实行科举考试,并从《四书》《五经》中命题,以朱熹《四书集》注作为标准答案,使程朱理学在元朝圣传不绝。

元代"国之名儒"吴澄与许衡是最有名的学者,有"南吴北许"之誉,在元代理学中具有崇高地位。他反对持门户之见,是理学发展史上"和会朱陆"的第一人。

3.明代鄱阳湖理学家对程朱理学的捍卫与创新

明代理学沿着朱陆异同的讨论而发展、成熟,并随着王阳明后学的分化而转向。

吴与弼开创崇仁学派。他"实能兼采朱陆之长,而刻苦自立"。注重"静时涵养,动时省察",特别是培养了陈献章和胡居仁两位弟子。胡居仁开创余干之学,是明初诸儒中恪守朱学最醇者。"主敬"为其学术主旨,且重视"为己"之学,与"名儒高足,心学前驱"的娄谅创立了"余干之学",使明初江西成为程朱理学传播的重要区域。

"宋学中坚"罗钦顺,在阳明心学流行南北之际,如中流砥柱,恪守程朱理学,与王阳明心学进行批驳论争,被视为"宋学中坚"、"紫阳功臣",被誉为"江右硕儒",实现了理本论向气本论的转变,并开创了明清之际的实学思潮。

二、鄱阳湖理学与其他学派的交锋互益

理学好尚论辩、相互吸取,各学派间展开了激烈的论辩。鄱阳湖理学与象山心学、张栻"湖湘学"、吕祖谦及陈亮、叶适等"浙江学"诸学派之间互相驳难,交锋互益,在学问路径、价值取向上的争辩,更促进了理学的发展。

浙学倡言事功,务去空言,注重经世致用,主张打破学术藩篱,博采众家之长。理学同浙学的论辩是道德与功利两种不同文化价值走向的对立。

湖湘学派以底蕴深厚和影响广巨且持续恒久而著称于世,对内强调身心修养,对外主张经世致用,将儒家的内圣外王的理想,化为实践行动。朱熹与湖湘学派进行了关于"中和"与"仁"说的多次论争。

以金溪三陆为代表的江西之学,以简易之法,吸引了众多学子来归,形成了"槐堂诸儒",并很快扩大到两浙。朱子与陆学之间有了"鹅湖之会"、"观音寺之会"、"南康之会"三次的论辩;明代罗钦顺以朱学后继者身份与王阳明心学也进行三次批驳论争。

三、鄱阳湖理学繁荣的原因

五代以后经济重心南移,北方移民、学者的南迁,鄱阳湖地区良好的自然条件,有

利于农业的发展,成为鱼米之乡。经济的繁荣,为文教的发达创造了坚实的物质基础。

该地区有着交通地理优势,赣江—鄱阳湖黄金水道成为南北交通的枢纽,为本土文化与其他地域文化的交融创造了便利的条件。朱学、陆学和浙学在这里绞成了一股文化学术的旋涡,不同学派碰撞、吸收、融合。

鄱阳湖地区自古有质朴纯厚的君子遗风,加上唐以后书院教育的发达与科举的直接推动,形成了重视文教的社会风气。宋代以文治国的方针更促进了环鄱地区文化的大普及。

庐山、鄱阳湖向来是骚人墨客隐遁卧游、谈禅说法的仙家胜境,是禅风盛行的天地。南禅五家七宗中三家两宗的本山在江西,而龙虎山则是道教的圣地,佛道的流行,有利于理学的成长,更使心学盛行。

四、鄱阳湖理学的贡献与地位

鄱阳湖地区是理学开源、心学萌生之地,是理学发展的核心区域。不仅在宋代非常突出,在元代、明代也都很发达。吴与弼、胡居仁扛起了"崇仁之学"和"余干之学"两面大旗。可以说鄱阳湖地区是宋元明时代理学发展的核心区域。

理学家们致力于书院教育,将教学、学术研究、文化人格的建设和传递融为一体,把传统精英文化进一步世俗化,起到了文化下移的作用,也促进了鄱阳湖地区文化的发展,形成了鄱阳湖文化鲜明的理学特色。

理学家们重视教育与师道,把"文章、道德、气节"作为人生的三大追求。以社会清流维系着世道人心,把自律道德揭高到本体论的高度,在维护社会正义等方面起了重要的作用。

(作者单位:上饶师范学院历史系)

宋代礼学与理学研究

2012 年国家社科基金项目
(课题编号:12BZX042)

殷 慧

礼学是古代儒家学说的核心组成部分,理学是宋代以降儒学的哲学化形态。从宋代思想学术发展的全过程上看,礼学与理学有着深刻的内在联系。这种联系可以从礼经、礼义、礼仪三个方面加以把握。

首先,理学的兴起使传统礼经学的学术形态发生重大变化。一方面,宋代的《礼记》学因重礼义而与理学结合最为紧密,理学学者探讨的心、性、情、理的关系以及格物致知、中和等问题大多来自《礼记》,他们以《礼记》学为依据建构起理学体系,促进了儒家学说由传统经学向理学的转型。另一方面,三礼学受宋代政治、文化的影响也出现了重要的沉浮变化,值得关注。

其次,礼义的创发成为宋代礼学的最大特色,从某种意义上说,理学就是创造了既有哲学普遍意义又有宗教超越意义的新礼学。理学在礼义发挥上最大的成就在于论证了"礼即理"。如果说孔子对礼乐传统加以哲学上的重新阐释,其结果是最终将"仁"视作"礼"的精神基础,那么宋代以程朱为代表的理学家对礼乐秩序做出的哲学突破则在于,将"理"作为"礼"的精神基础。礼理关系的建立与沟通一直是宋代礼学发展的主要方向,也是理学着力发展的根基所在。

最后,理学家对新礼义的追求不是为了空谈心性,而是为了新礼仪的建设。无论是讨论道德性命的存养"内圣"功夫,还是自觉承担的"外王"责任与义务,宋代理学家无一例外地利用礼来成就其圣贤气象的追求和化民成俗的理想。总之,无论是从理论层面还是实践层面,宋代礼学与理学在体、用、文等方面的结合程度之深,理论创新之大以及影响面之广,都值得学术界引起重视、深入研究。清代学者对宋代理学攻其一端、不计其余的观点也值得重新审视与评价。

本课题着眼于从经典、思想、社会等内外结合的角度来探讨宋代礼学与理学的关系,试图理清唐宋思想与社会转型中宋代理学脱颖而出的思想理路和社会背景,从思想和现实层面对宋代理学与礼学结合的必然及其原因予以考察。我们希望运用义理建构、经典诠释、历史分析的方法,尤注重学术史、思想史、社会史的结合,力图对宋代礼学与理学的关系作出较为全面的分析、研究。

此课题的阶段性成果"The Canon's Pivotal and Problematic Middle Era"主要探讨了宋儒以理释礼的思想历程及其困境,在2013年美国历史学会年会上发表。

（作者单位:湖南大学岳麓书院）

理学话语研究

2012年国家社科基金项目

（课题编号:12BZX039）

朱人求

本课题运用西方哲学界慎用的话语分析方法来剖析理学,提出了话语的内在解释的理论方法,即以某个时代的核心话语为中心,深入文本和历史去发现话语本身所隐含的问题意识、时代主题及其解决之道,再现思想史上某些重要的环节。

理学话语的展开,立足于日常生活世界,强调认知与行动的一致性,恰好与话语分析所坚持的基本原则相吻合,它也有力地证明了话语分析方法在理学研究中的优先地位。理学是关涉内圣外王的思想整体,是宋元明清重要的社会意识形态和价值观,有自己的独特的话语系统、意识形态、面子系统和社会化适应模式。理学由上述核心话语构成了其丰富的话语系统,它关涉社会生活的方方面面。理学话语秉承尧舜禹文武周公孔孟的道统文化精神,坚持王道政治理想,倡导为己之学,关注"身心的修炼"(即"哲学的修炼"),主张塑造道学新人格,书院教化是其社会化适应的主要模式。尤其是理学家的书院教化运动极大地推进了宋明理学的社会化适应。书院的社会教化主要通过创造、传播新的知识、价值观和信仰即理学来影响社会革新,促进社会的变迁;通过理学价值观的教化与认同,塑造新的人格,从而完成书院师生的社会化;通过不同观点的学术争锋来传播理学核心话语;通过科举实现对精英人才的筛选和分配。理学思潮也在官民两种力量共同推动下最终成为国家意识形态,实现了其对社会的控制,迎来了自身发展的高潮。从话语建构模式上分析,理学上升为国家最高意识形态有它的历史必然性。

该项目的具体内容包括上篇和下篇两个部分,上篇:理学话语总论,下篇:理学话语个案分析。上篇主要探讨理学话语的历史发展、特征、意识形态、面子系统、社会化适应、社会实践等问题,揭示出理学话语体系及其实践的发展脉络、基本问题意识、社会关怀、内在规律及其独特的历史地位,并由此总结出人类存在和思想发展的基本形态及其规律。下篇主要探讨理学中有关本体、工夫、政治、境界等话语,主要包括:天理与良心、无极而太极、理即事,事即理、心即理、理一分殊、见天地之心、定性、识仁、慎独、操存省察、事上磨练、勿助勿忘、自得、心统性情、心学与心法、尊德性与道问学、尊孟与非孟、致良知、致知力行、衍义体、帝王之学、正君心、民胞物与、出处、国是、教化等核心话语的发展脉络、基本内涵和历史影响。

本课题一方面抛弃以往以范畴体系为中心的研究范式,运用话语分析的理论方法,注重语篇和语境分析,通过对理学的核心话语和社会政治、文化因素之间的关系的探索,极大地拓展了理学的研究空间和理论内涵,一大批以前较少关注的理学话语开始进入中国哲学研究者的视野。另一方面,本课题大胆地运用西方哲学界慎用的话语分析方法来剖析理学,已经取得了一系列有一定影响的学术成果,对于理学研究乃至于中国哲学史研究具有方法论意义。本课题还进一步从理学话语个案分析的基础上总结出人类存在和思想发展的基本形态及其规律,对中国哲学的当代发展与重建意义深远。

（作者单位:厦门大学人文学院哲学系）

道学经典诠释:
以朱熹《太极通书解》为例

2011 年国家社科基金项目
（课题编号:11BZX040）

杨柱才

道学经典,是指由道学家创造的文本,或由于朱熹对道学家文本的诠释而对后世思想发展起到典范性作用,故而称之为经典。在此意义上,道学经典包括《西铭》、《太极图说》、《通书》、《识仁篇》、《伊洛渊源录》、《近思录》、《太极通书解》等。朱熹所著《太极通书解》(包括《太极图解》、《太极图说解》、《通书解》)可以说是道学的一部最具哲学诠释性的著作,这一著作既是朱熹理学的哲学造诣的标志,也是宋代道学的一部著名的哲学经典,对后世产生了深远的影响。但学界迄今仍缺乏对朱熹《太极通书解》这一重要著作的专门研究。本课题的研究就是希望对此做一个必要的补充。一方面,研究《太极通书解》可以从一

个特殊的角度详细考查朱熹哲学的形成和演变问题,从而进一步深化朱熹哲学的研究。另一方面,以道学自身的重要经典《太极通书解》为依据,内在地探讨道学的哲学问题及其演变,从一个重要的侧面将周敦颐、二程、张载到朱熹的道学的形成和发展过程做出较具体的研究,以补充目前学界在宋明理学如何形成和演变这一问题上较偏重于宏观研究,而微观研究仍显不足的缺憾。

本课题主要研究内容如下:

1.周敦颐《太极图说》、《通书》在两宋之际的流布。着重考察此二书在程门后学中的影响,此二书的思想主旨及其与二程、张载思想的相关的共通之处。这主要是为了考查周敦颐著作在朱熹之前的流传和影响,尤其周敦颐著作在哪些方面、如何进入了道学的思想系统。

2.朱熹对于周敦颐《太极图说》、《通书》的整理过程和注解过程。朱熹在其 50 余年的学术生涯中,在不同的时期对于《太极图说》、《通书》做了多次校订,也不断修订他所做的注解,并在与学者友人论学的过程中表述了许多与其《太极通书解》不同的看法和论说(主要根据《朱文公文集》、《朱子语类》)。这些都值得深入考查,并通过这种考查来了解朱熹本人思想的发展和变化。

3.论述朱熹《太极通书解》的主要思想。着重论述此书以理气论为中心的宇宙论和本体论思想,折衷主静与主敬的为学方法,及有关心性论的思想等。这是思想阐述的主体部分。

4.以《太极通书解》为核心,论述朱熹思想的形成和演变。《太极通书解》的成书过程在某种意义上体现了朱熹哲学思想的形成和演变过程,可以了解朱熹是如何通过注解周敦颐的著作来建立其哲学思想的

框架,并对其中的主要观念不断加以修订。

5.论述朱熹《太极通书解》在道学中的地位和影响。这主要表现在南宋以后的理学家注解周敦颐《太极图说》、《通书》无不秉承朱熹之说,或深受朱熹学说的影响,这也说明《太极通书解》在宋明理学诸多文献中具有独特的意义和价值。

总体而言,与长期以来有关宋明理学研究当中的一般性的宏观研究有所不同,本课题的研究有意识地选取道学本身的有代表性的重要经典做个案研究,通过研究朱熹《太极通书解》这一道学当中最具哲学诠释性的著作,来揭示道学形成和发展的内在理路,道学所达到的理论成就及思想高度。

(作者单位:南昌大学哲学系)

朝鲜儒教在东亚的地位的研究
——日本朱子学重大课题
(研究课题编号 23242009)

[日]井上厚史(王增芳、吴光辉译)

本研究是受到日本学术振兴会科学研究费补助事业基础研究(A)的认定,为期5年(2011—2015年)的国际研究项目。本研究将朝鲜儒教研究置于广泛的东亚儒教研究之中,旨在克服迄今为止朝鲜儒教研究的缺陷与问题。

本研究的特征可以归结为:(1)本研究不仅汇聚了日本国内的朝鲜儒教研究者,而且一批韩国、中国大陆、台湾与香港的著名研究者也参与进来,可谓现阶段世界最高水平的学术研究;(2)本研究吸纳了一批以朝鲜儒教、中国思想、日本思想为对象的学者参与进来,站在多角度的立场探讨朝鲜儒教的特征和地位,力求改变日本过去的、封闭的朝鲜儒教研究之状态,将它作为"东亚思想史研究"的一环来认识,以期实现开放性的研究,展开学术对话。

一、本研究的学术背景和问题意识

本研究的主持人井上厚史一直以来就以李退溪为中心,展开了朝鲜儒教思想的研究,现阶段正准备出版以李退溪为对象的研究著作。在这之前,日本国内出现了阿部吉雄《日本朱子学和朝鲜》(1965年)、高桥进《李退溪和敬的哲学》(1985年)的为数不多的先行研究,可以说那一时期日本国内几乎没有朝鲜儒教的研究者。井上厚史通过参加日本国内的朝鲜史研究会、韩国举行的国际研讨会,从而结识了日本国内的朝鲜儒教研究学者,并通过于2007—2009年实施的科研基础研究(B)"东亚文明的冲突和'天'的观念的变迁"(研究课题编号:19320020、2007—2009年度)的共同研究,深刻了解到中国大陆、台湾和香港的朝鲜儒教研究取得了巨大发展,成为了一个显性研究。

不过,东亚国家一方面越来越重视朝鲜儒教的研究,一方面却存在了彼此相互孤立、不进行学术对话的问题,对此,井上厚史也产生了一系列根本的疑问:(1)迄今为止,研究韩国的学者通过以退溪学国际学术会议为代表的学术会议,积极与日本筑波大学、中国人民大学孔子研究院、台湾大学等一道举行国际研讨会,但是,我们不难发现,研讨会的重点不过是将韩国人的通论拓展到海外而已;(2)韩国研究者的专著极少被介绍到海外,韩国学者的研究成果大半是局限在了朝鲜文字的世界之中,海外几乎没有充分探讨韩国学者的研究成果之机会;(3)不必说韩国,即便是日本、中国大陆、台湾、香港的研究者,大多是基于各自的兴趣来进行研究,而未充分参考彼此的研究成果,处在了一个各自孤立的状况之下。

因此,为了打破这样的研究状况,有必要将日本、韩国、中国大陆、台湾、香港的朝鲜儒教研究者凝聚在一起,拓展研究空间,加强学术对话,客观冷静地展开朝鲜儒教的研究。与此同时,为了阐明朝鲜儒教的特征,就要突破儒教的局限,将它置于一个包容了佛教、道教、神道教、国学等的东亚思想史研究之中来加以研究。

基于此,本研究以日本大学为据点,不仅召集日本国内外的朝鲜儒教研究者,还积极招徕跨学科领域的学者加入进来,力图以本研究为朝鲜儒教研究的新起点,引导学术间的对话,开创广阔的研究空间。

日本国内研究者:

井上厚史(朝鲜儒教、日本思想)

权　纯哲(朝鲜儒教、日本近代思想)

中　纯夫(朝鲜儒教、中国哲学)

边　英浩(朝鲜儒教、政治思想)

刑　东风(中国佛教、日本佛教)

李　晓东(日本政治思想、中国近代思想)

木村纯二(日本思想、伦理学)

吉田真树(日本思想、伦理学)

海外研究者:

李明辉(台湾"中央研究院")

林月惠(台湾"中央研究院")

陈　来(清华大学)

黄敏浩(香港科技大学)

崔在穆(韩国岭南大学)

高熙卓(韩国延世大学)

二、研究内容

本研究首先相互介绍迄今为止各国或者各地域的朝鲜儒教研究的现状和问题点,通过反复的答疑与批判性的讨论,加深相互理解,致力于形成共同的分析视点。其次,充分利用五年的研究时间,邀请该研究领域或其他领域的专家,举行专题讨论会,反复推动学术讨论,不断累积讨论重点。

基于这样的推进模式,本研究来尝试树立朝鲜儒教在东亚的位置:

(1)"朝鲜性理学"可谓是朝鲜儒教的代名词。本研究以代表性儒学家李退溪的《天命图说》、《圣学十图》、《朱子书节要》、《自省录》,李栗谷的《击蒙要诀》、《圣学辑要》等著作的文本分析为中心来研究"朝鲜性理学",并进一步将涉及岭南学派、畿湖学派的一批儒学家纳入到研究的范畴之内。与此同时,借鉴中国大陆、台湾、香港等地的宋明理学研究者的比较研究,来综合阐明朝鲜"性理学"的基本特征。

(2)"朝鲜实学"代表了朝鲜后期儒教的基本特征,本研究以李星湖的《星湖僿说》,丁若镛的《论语古今注》、《牧民心书》、《经世意表》等的文本分析为中心,通过对他们的思想的阐释,并借之与黄宗羲的经世济民思想、太宰春台为代表的日本"政治家"的儒学思想进行比较研究,来阐明朝鲜实学的基本特征。

(3)以郑齐斗为首的"朝鲜阳明学"研究。本研究以江华阳明学派的儒学家的文本分析为中心,通过与中国阳明学、日本阳明学之间的比较研究,来阐明朝鲜阳明学的基本特征与社会功能,并进一步验证19世纪东亚"阳明学"的普及对东亚各国的近代化所带来的影响。

(4)结合最新的研究成果,明确了朝鲜初期的儒教曾受到佛教禅宗的巨大影响,且保持了贯彻重视真德秀的《心经(附注)》的传统。在此,通过与中国佛教禅宗、道教,日本的古学派儒学、神道、国学的比较研究,来确立"东亚思想史"上的朝鲜儒教的地位。

三、本研究的学术特色 与预期意义

本研究以研究资源的共有化和问题意识的尖锐化为平台,力图为东亚各国孤立状态下的朝鲜儒教研究提供一个汇聚各国前沿学者,积极展开自由讨论的空间。迄今为止,尽管我们曾采取研讨会的形式进行过了这样的综合性的尝试,但是皆只是匆匆结束,未及深入。如今,韩国与中国的研究者之间的交流迅速发展,但是日本、台湾、香港研究者极少加入,更不曾出现一个众多学者展开共同研究,形成学术共识的迹象。

本研究的目的,就是为了应对朝鲜儒教研究的高涨,并试图改变各自为阵、缺乏对话的困境。迄今为止的研究之中,几乎完全是站在朱子学(性理学)的立场来把握朝鲜儒教的整体形象,几乎没有将"实学"和"阳明学"纳入到研究的大视野之中,几乎没有将之与中国禅教、日本国学来展开比较性的研究,因此,发掘朝鲜儒教内涵的可能性,寻找东亚思想史的共同点,也就成为了过去研究的缺陷之所在。

本研究最后要强调的一点,就是日本在东亚的朝鲜儒教研究之中处在了最为落后的地位。在过去的阿部吉雄和高桥进的研究之后,日本的朝鲜儒教研究陷入了停滞。在此期间,台湾、中国大陆、香港的朝鲜儒教研究发展了起来,且接连出版专著,极为活跃。日本的朝鲜儒教研究处于了落后地位,且极可能引起日本研究者在东亚思想史研究之中陷入孤立的重大事态。即便是为了提升日本国内的研究水平,本研究也不失为一个重要的研究项目。

四、实施状况

2011 年夏,井上厚史主持岛根县立大学的全体会议,通过彼此介绍与自由对话,就今后如何展开研究而交换意见,确认:(1)以朝鲜儒教先驱性研究的前辈学人为邀请对象,举行纪念演讲活动,围绕迄今为止的朝鲜儒教研究与方法展开讨论;(2)为了把握朝鲜儒教的特征,探讨朝鲜王朝建立之际,朱子学是在什么样的体制之下传入朝鲜,以期加深理解。与此同时,展开朝鲜儒教与中国明王朝的朱子学、日本江户幕府的朱子学的比较研究,来进行综合性的考察;(3)日本的儒学研究注重"理气论"的理论性考察。为了把握朝鲜儒教的特征,有必要理解《朱子家礼》的接受过程。

基于这一方针,2012 年夏,在弘前大学以"朝鲜前期的儒教思想"(其一)为主题,邀请山内弘一先生(上智大学)举行了以"日本的儒教研究成果分析及展望"为题的纪念演讲,并追加了一系列的研究发表和学术讨论:(1)夫南哲(韩国·灵山大学)"朝鲜建国期间的儒教和政治";(2)木村拓(东京大学·朝鲜文化研究部)"朝鲜王朝的对明事大主义——以繁荣的侯国而自居";(3)吉原裕一(国士馆大学)"江户幕府的建国神话";(4)伊东贵之(国际日本文化研究中心)"清朝的儒教与自我正当化的逻辑——清朝的王权理论和明清交替的影响";(5)李元泽(韩国·延世大学)"十七世纪朝鲜的服制礼颂及其内涵";(6)张东宇(韩国·延世大学)"朝鲜儒学家的《朱子家礼》研究"。

在这之后,为了进行学术交流,本研究在厦门大学举行专题讨论会(work shop),邀请了一批学者进行了学术讨论:(1)高令印:李退溪儒学研究;(2)朱人求:朱子学研究;(3)张品端:朱子与武夷山;(4)吴光辉:日本思想史研究的方法与问题。专题讨论会之后,经张品端陪同,本课题组访问了武夷山的武夷学院,参观了朱子遗迹,万分激动。

2012 年冬,本研究于爱媛大学举行了以"朝鲜前期的儒教思想"(其二)为主题的

研究会。首先,由李明辉先生做了以"比较视野下的韩国儒学研究——脉络化和去脉络化"为题的纪念演讲,之后进行了研究发表和自由讨论:(1)田世民(台湾·淡江大学)"近世日本的'礼'的接受";(2)板东洋介(东京女子大学·客座)"近世日本的'敬'学说的接受和展开——前期";(3)邢东风(爱媛大学)"禅宗对于《太极图说》的影响";(4)高熙卓(韩国·延世大学)"日本视野下的朝鲜朱子学";(5)边英浩(都留文科大学)"李退溪和李栗谷——站在共同(公共福祉)的视点";(6)朱人求(中国·厦门大学)"真德秀《心经》与韩国儒学";(7)井上厚史"李退溪的敬说的特征——朱子后学的敬说的系谱学";(8)高令印(中国·厦门大学名誉教授)"退溪学在朱子学的文化价值";(9)张品端(中国·武夷学院)"朱子学在朝鲜半岛的传播与发展"。

通过迄今为止的研究会和专题讨论会,本研究渐渐刻画出了东亚儒学之中的朝鲜儒学的基本特征。接下来的一年(2013年),计划将以"朝鲜实学的特征"为主题开展两次研究会、专题研究会、知名学者的纪念演讲会。

井上厚史:

【主要著作】

(共著)《高校倫理からの哲学 3　正義とは》,岩波书店,2012

(共著)《西周と日本の近代》,ぺりかん社,2005

(共著)《歴史の中の"在日"》,藤原书店,2005

【译著】

河宇凤《朝鮮実学者の見た近世日本》,ぺりかん社,2001

【代表性论文】

《李退溪の"誠"と王陽明の"誠"——二人の思想の異同をめぐって—》(島根県立大学北東アジア地域研究センター《北東アジア研究》第 21 号、pp. 1～21、2011年 3 月)

《近代日本における李退溪研究の系譜学—阿部吉雄·高橋進の学説の研討を中心に—》(島根県立大学総合政策学会《総合政策論叢》第 18 号、pp. 61～83、2010年 3 月)

(作者单位:日本岛根县立大学)

朱子学动态

朱子学会议信息

朱子学会成立大会暨朱子学与现代跨文化意义国际学术研讨会

2011 年 10 月 9 日,朱子学会在厦门大学揭牌成立。当天开幕式后,朱子学会还举行了学会第一次会员代表大会及第一届理事会第一次会议,厦门大学校长朱崇实教授当选朱子学会第一届会长。"朱子学"指由中国宋代朱熹集大成的儒家学术流派,包括朱熹的思想和学说,也涵盖朱子后学对其学说的发展以及朱子思想对科学、哲学、政治、教育、伦理、宗教、文学艺术等各个领域的影响。朱子学对中国文化的影响广泛深刻,并且流传海外,日本、韩国、新加坡、美国、加拿大等国学者都高度重视对朱子学的研究,"朱子学会"已成为国际学术界的重要术语概念。新揭牌的朱子学会挂靠厦门大学,由教育部主管,为国家一级学会,属全国群众性学术团体。厦门大学校长朱崇实在成立大会致辞时表示,"朱子学会"的成立,是厦门大学的一件大喜事,也是全球朱子学学者的大喜事,不仅为厦门大学人文学科的发展开辟了广阔的前景,也为全球朱子学学者提供了交流与合作的平台。作为"朱子学会"的依托单位,厦门大学将尽最大努力支持"朱子学会"的发展,努力把"朱子学会"建成中国以及世界的朱子学研究中心。研讨会收到论文 60 多篇,充分彰显了朱子学的丰富性、包容性和总结性。

"全球化时代视野中的朱子学及其新意义"学术研讨会

2011 年 10 月 8 日—9 日,由台湾朱子学研究协会、台大人文社会高等研究院、台湾朱氏宗亲文教基金会与两岸四地(福建、台湾、江西、安徽)共同举办的"全球化时代视野中的朱子学及其新意义"学术研讨会在台北国际会议中心举办,并颁发第二届青年学者朱子学研究优秀成果奖、海峡两岸朱子学交流合作签订仪式。两岸四地联手共建朱子学研究平台的新局面业已形成。

哲学与时代:朱子学国际学术研讨会

2011 年 10 月 19 日—22 日,由中华朱子学会、南昌大学江右哲学研究中心、南昌大学人文学院哲学系、庐山白鹿洞书院管理委员会、九江学院联合主办的"哲学与时代:朱子学国际学术研讨会"在庐山白鹿洞书院召开,来自日本、韩国、美国、德国、法国、中国香港、中国台湾、中国大陆等 8 个国家和地区的 50 余位朱子学研究学者汇聚一堂,发表弘论。与会学者就朱子哲学、朱子学术、朱子门人后学、海外朱子学、朱子理学教化、朱子学与当代社会等问题展开了深入探讨。陈来教授在闭幕式上将此次会议作了六方面的归纳,同时概括出它的三大特色:体现出朱子学概念的广泛涵盖性;对明代朱子学有较集中深入的讨论;青年学者扮演了更积极角色,江西本地研究势头很好,出现了论文质量颇高的后起学者。本次朱子学国际学术会议的成功举办,对于进一步加强朱子学研究的国际合作与交流,提升朱子学研究的水平,扩大江

西思想文化在国内外的影响,具有重要的作用和意义。　　　　　　(许家星)

"朱子经学及其在东亚的流传与发展"国际学术研讨会

2012 年 5 月 6 日—8 日,"朱子经学及其在东亚的流传与发展"(Zhu Xi's Classical Studies and its Transmission and Development in East Asia)国际学术研讨会于在美国汉学重镇亚利桑那州立大学(Arizona State University)隆重召开。会议主办方有美国亚利桑那州立大学 AC-MRS(Arizona Center for Medieval and Renaissance Studies),台湾"中央研究院"和上海华东师范大学。来自美国、中国、台湾、日本与德国等国家和地区的近三十名朱子学领域的专家学者汇聚一堂,共同出席了会议。这是首次在美国大陆召开的朱子学国际学术研讨盛会,参会专家学者围绕"朱子经学"和其"在东亚流传与发展"这一主题共向大会提交了相关论文及报告 22 篇,内容广泛,涉及朱子经学研究的各个方面,反映了近年来朱子经学研究和其在东亚传播及发展的最新研究成果,是一次参会人员较多,学术水平较高的国际性学术研讨会。此次盛会整体上反映了国际朱子经学研究的水平和发展局面,在朱子学研究交流的平台上,准确的把握了当前朱熹研究的学界热点,有助于推动未来朱子学研究的更加深入地开展,它的成功召开必将对海内外朱熹经学研究产生重大的学术影响,为二十一世纪朱子经学的光明未来添上浓墨重彩的一笔。　　(吴思远)

第四届海峡论坛·海峡两岸朱熹陈淳学术研讨会

——　　2012 年 6 月 16 日至 19 日,第四届海峡论坛·海峡两岸朱熹陈淳学术研讨会在福建漳州召开。会议由中国朱子学会、漳州龙文区人民政府、漳州师范学院闽南文化研究院联合主办。来自新加坡国立大学、台湾成功大学、慈济大学、佛光大学、高雄师范大学、中国社会科学院、清华大学、中国人民大学、复旦大学、厦门大学、吉林大学、华东师范大学、湖南大学、南昌大学等单位著名专家学者及社会各界嘉宾 130 多人参加了会议,共同探究朱熹陈淳学术思想及其现代价值。在这此会议上,来自海峡两岸及日本、新加坡等国家和地区的朱子学研究知名专家济济一堂,共同探讨朱熹陈淳的哲学、礼学、文本与实践,话题的丰富,方法的多元,学科的对话与碰撞,达到了前所未有的高度,积极促进了海峡两岸以及海外的朱子学的学术研究、交流与合作。

朱子学与文化建设学术研讨会

2012 年 8 月 23 日,朱子学与文化建设学术研讨会暨 2012 年朱子之路研习营在福州举行。中共福建省委常委、副省长陈桦,老领导、省闽学研究会会长何少川出席研讨会并致辞。陈桦向与会代表简要介绍了福建省情和经济社会发展情况。她说,当前,文化越来越成为民族凝聚力和创造力的重要源泉。朱熹是我国古代著名思想理论家、教育家,朱子学是中国优秀传统文化的重要组成部分,蕴含的维护祖国统一、崇尚人格塑造、海纳百川的开阔胸襟等宝贵思想资源,影响中国文化近 800 年之久,对今天的文化建设仍具有重要现实意义。在任何一个技术创新活跃、经济建设硕果累累的时代,都需要创新文化。研究传统文化,就要对传统文化进行综合性创新。当前,福建省正在全力推进文化大发展大繁荣,陈桦希望,通过深入研究朱熹闽学学术体系及其思想影响,把握和转化其积极因素,使优秀传统文化焕发青春活力,成为与时俱进的先进文化的一部分。来自福建、台湾、安徽、江西四地的朱子学专家学者围绕朱子学与书院文化、朱子学在台湾等地的影响、朱子学在两岸文化交流中的作用、朱子学对当代文化大发展大繁荣的启迪价值、朱子学与社会主义核心价值体系建设等问题展开研讨,以推进朱熹学术思想与现代社会融合。

传承与开拓:朱子学国际学术研讨会

2012 年 10 月 24 日至 25 日,由朱子学会、中华朱子学会联合主办、湖南大学岳麓书院承办的"传承与开拓:朱子学国际学术研讨会"在历史悠久且具有理学学术传统的岳麓书院召开,来自日本、韩国、台湾等地的 50 余名学者参加了此次盛会。与会学者围绕朱子的哲学、经学、礼学以及比较朱子学、朱子后学以及元明清朱子学等诸多议题,报告了自己的研究心得,与同道展开了热烈的讨论,取得了丰硕的成果。此次会议,正值麓山"霜叶红于二月花"之时,与会学者遥想 845 年前朱张会讲之盛况,体悟、开掘朱子思想之精髓,会晤于书院明伦堂、文昌阁,谈玄论道,倍感其乐无穷。

(殷　慧)

朱子学研讨会综述

朱子学的人文追求与当代价值
——"人文与价值"朱子学国际学术研讨会综述

王玲莉　朱人求

2010 年是朱子诞辰 880 周年,10 月 19 日,由清华大学国学院和华东师范大学古籍研究所主办的"人文与价值"朱子学国际学术研讨会——暨纪念朱子诞辰 880 周年纪念会在人民大会堂开幕,清华大学国学院院长陈来教授郑重宣布中华朱子学会正式成立。此次会议规格高、规模大,来自中国、美国、德国、法国、日本等国家和地区 60 多名朱子学专家出席了本次盛会,与会学者就朱子哲学、经典诠释学、朱子思想文化、朱子礼学与当代社会等问题进行了深入的探讨。

一、朱子哲学思想的当代解读

朱子思想体系"致广大,尽精微"、"综罗百代",其哲学思想更是达到中国古典哲学的高峰,集中关注朱子哲学思想是本次大会的一大亮点。

朱子思想中,有关四德以及五常的讨论,以往关注不多。事实上,朱子有关四德五常的思想对后来的哲学,特别是明代哲学的讨论影响甚大。清华大学陈来教授指出,北宋以来,天道的四德(元亨利贞)和人道的四德(仁义礼智)的关系在道学中渐渐成为重要的论题。朱子贯彻了"生气流行"的观念来理解四德。他认为,分别来看,仁义礼智各是一个道德概念,连接起来看,仁义礼智都是仁,都是作为生意的仁在不同阶段的表现。这就把仁义礼智之间的关系看成与元亨利贞同样的流行,二者有同样的流行关系和结构,都可以用来描述自然流行的阶段变化。于是,仁义礼智在一定程度上也变成为具有宇宙论流行意义的实体——气,而这里的元亨利贞也不能说只是性了。以上讨论,使得朱子思想中心、性、气的关系不再像以前人们所理解的那么简单,其中包含的哲学意义值得做更深入的探讨。中国社会科学院蒙培元研究员也认为,朱子哲学中的天,是生命及生命创造的整体,其中既有理,又有气,理是"生物之本",气是"生物之具",二者缺一不可。为了说明天地自然界生命创造的深层意义,朱子提出天地生物之心以及与人心的关系,即人之仁心。人心是天地之心的实现,仁德是天地之德的实现,其间贯穿了"生意",即生命情感和目的性原则。另一方面,"仁则生矣",仁心又是完成自然界生命创造的关键,这正是仁的根本意义。

与上述从"生气流行"来贯通天道人道重建朱子哲学的整体性的努力不同,浙江大学束景南教授重新梳理了朱子"理一分殊"思想,以期完成对朱子哲学的整体性把握。他指出,朱子的"理一分殊"是从体用关系上对他的整个理学体系的哲学本体论概括,是一种世界观和方法论的统一、智的认识论与德的修养论相统一的本体论模式。因而可以说"理一分殊"是一个体用统一的本体论模式,以"理一"为体,以"分殊"为用,它包含并规定了道与理、理与气、道与器、性与气、天与地之心与人物之心、仁与义、乐与礼、忠与恕等多重体用关系,并由此决定了他的即"用"求"体"的分殊体认方法论与格物致知认识论。上海师范大学方旭东教授也对朱子"理一分殊"与"各一其性"作了精细的分析。

工夫论也是朱子哲学思想重要的一环,朱子尤其重视主敬、穷理和自得。复旦大学吴震教授认为,朱熹主敬工夫不是道德本心的直接发动,而是对心的知觉意识等各种功能的控制调整,其云"敬只是此心自做主宰处"、"以敬为主而心自存"、"将个敬字收敛个身心",都是在这个意义上说的。朱熹主敬的核心关怀在于如何解决现实人心的障蔽问题,未尝不是儒学工夫论的一种理论形态。台湾慈济大学林安梧教授针对朱子学的核心论题"致知格物"提出相关反思,特别是针对牟宗三先生的朱子观提出反省批评。朱子学一方面强调"格物穷理",但另一方面则强调"涵养主敬",如车之双轮、鸟之双翼,此中隐含知识与道德的辩证性结构。它并非一"静涵静摄的横摄系统",而是一"横摄归纵的系统"。换言之,朱子学仍是孟子学,只是它开启了孟子学的道德理智主义,此不同于阳明学之为道德的主意主义。为学之道,贵在自得。朱子深谙治学之道,对学贵自得有深入的思考和体会。湖南大学朱汉民教授认为,朱子十分重视治学过程中的"自得",并对此亦有历经多年的深入思考与实践。朱子关于自得的思想主要内容包括自己之得、得之自身、自然而得之于己等多重意蕴。朱子主张的自得论是其一生研习圣贤之道的原则与方法,在其思想学术中占有重要地位。

朱子哲学的形上世界一直是学术界关注的热点。中国人民大学向世陵教授指出,朱熹的理本论体系,是在对"性之本体"问题的思考中逐步充实和完善起来的。本体无"亏欠",是实体而非虚体。朱熹的性之本体不与气相杂,主张"性之本体"与"性"的"二性"和"继之者善"与"人性善"的"二善"说。性之本体是先天完具的仁义礼智,是实理,性兼理气而善专指理。台湾东吴大学马恺之(Kai Marchal)教授针对朱熹式的内在超越形态加以整理与诠释,然后从泰勒的世俗时代的问题意识来讨论一种"强的存有论"(strong ontology)在伦理与政治领域上是否仍然可能。他坚信,宋明理学(特别是朱熹)没有使得泰勒式的"缓冲的自我"产生,反而更强调内外的互动,即"超越"与"内在"之间的某种辩证性互动关系。在世俗化时代,朱熹实在论式的"内在超越"形态值得我们重新参考吸纳。

二、朱子学的语词研究与 经典诠释

朱子学的语言翻译、语言风格和解说词问题研究是本次会议小组讨论的又一主题。德国慕尼黑大学业翰(Hans van Ess)教授指出,如果要把朱熹的作品翻译成西方的语言我们须要更丰富的词汇。西方学者如果把"理"翻译成 principle,"道理、义理"翻译成 moral principle,这个翻译不一定是错的,但是恐怕也不会让西方的读者完全理解朱熹的思想。我们如果要翻译他的"理、道理、义理",我们须要很多词(如原理、理由、辩论、纹理等)来翻译才能更好地给西方读者介绍朱熹的思想。日本明治大学垣内景子教授考察了《朱子语类》记录中口头语和书写白话的关系,提出了很多深刻的问题:在《朱子语类》中,怎么区别、或怎样感觉文言和白话之间的差异?白话资料有什么样的文言资料所没有的价值?口

头语和书写白话之间,感不感到距离?如果把《语类》翻译成现代汉语,有没有恰当的文体?垣内景子真切希望中国专家能关注和解答这些看似不成问题的问题。日本广岛大学市来津由彦教授特别分析了朱熹四书集注中解说语措词的形成。他指出,"理解",被权宜地划分为亲身经历因而印记在身心中的"实践知",以及解说性质的"学知"。"修己治人"这一朱子学的核心课题,就是这样大幅度倾向于实践知的。因此不得不承认,它是极其难以理解、难以传达的。朱熹通过四书注释这一行为,将"修己治人"这个课题放到了"解说语"之上。进一步说,"修己治人"这一课题,认为"修己"的根据具备于主体之中,并将对此的确信作为其理论的出发点。这个根据具备于主体之中的问题,被看做是形而上内在于形而下现象世界,通过论理性的解说语成为学知的问题展现出来。由于涉及抽象的论理世界,因此仅靠单纯的体验之谈是难以使读者理解的。包括这些部分在内,朱熹的四书注释作为解说引导着读者去理解。其结果便是,熟读这些文章的读者,能够运用这样的说明方式和用语,并且能够使用这些文字来描述其自身。

"理"与"太极"是朱子哲学的核心话语之一。中央党校赵峰教授批评了冯友兰、牟宗三对朱子之"理"的误读。他指出,仁是天地之心、万善之源,是价值澄明之"不可易"与生命力量之"不可已"的终极源头。如果说初级的"所以然"需要逻辑论证,而在终极的所以然层面上内在体验是决定性的,因而在体验中确保价值方向之"不可易"就变得尤为重要;那么,"所当然"则虽需要内在体验来验证价值力量,但重点却在通过逻辑论证来完成价值分辨,因而在推证中确保体验到源自自性深处的真实力量之"不容已"又变得尤为关键。这应该就

是朱子把理定位为"所当然而不容已与其所以然而不可易"的用意所在。南昌大学杨柱才教授着重讨论了朱子对周敦颐《太极图说》的注解——《太极解义》。《太极解义》以"无极而太极"即是"无形而有理",太极为万物之根本,万化之枢纽,太极之有动静即是天命之流行。研究《太极解义》,可以从一个侧面反应朱子思想的形成与发展。

朱子的经典诠释为朱子赢得了生前和身后莫大的荣誉。华中师范大学曹海东教授以朱熹的经典解释弊病论为研究对象,在发掘、爬梳相关材料的基础上,着重梳理和阐发了朱熹对解释态度之弊和解释方法之弊所作的理论论述,前者具体涉及为人、走作、妄意、苟简,后者具体涉及躐等失序、陵籍训诂、说高说妙、坐诵空言。台湾大学杜保瑞教授对牟宗三诠释朱熹以《大学》为规模的方法论进行反省。在《心体与性体·第三册》论朱熹的《大学》诠释部分,牟先生有几个特别的意见,即以"顺取"说《大学》之工夫,以"明德"为德行而非德性,以穷理之所穷为存有论意旨,以格物致知为泛认知主义,以《大学》为与《论、孟、庸、易》不同的经典,以他律道德说格物致知工夫,以诚意与格致不是同一种工夫等等,这些议题的哲学立场与全书其他章节的立场完全一致。

三、朱子学的思想文化史研究

朱子学的形成、发展及其影响受到众多学者的关注。北京大学吴国武尝试从经学与政治互动的角度讨论北宋经筵讲经问题,特别是讲读活动对程朱理学形成之影响。从宋太祖御前召讲开始,真宗、仁宗朝经筵制度已趋成熟,至南宋高宗朝经筵讲读极为兴盛。从程颐讲《论语》,到杨时讲《论语》和尹焞讲《论语》、《孟子》,再到朱熹

讲《大学》,《中庸》之义则贯穿其间,经筵进讲《四书》渐趋完备,程朱理学谱系也就水到渠成。浙江大学何俊教授对南宋绍淳年间的道学士群——乾淳诸老展开分析。这一道学士群决不是一个有着共同纲领的组织,而只是一个有着共同趣味的群体。他们大都科举出身,关系融洽,通经史,明理义,主张抗金,重视教育,要求秉持理义、端正人心,追求平实而充满理趣的文风,代表了一种新的文化风格。日本茨城大学井泽耕一指出,在国家规模尊崇体制的确立中,朱子及其后学把自己学派所编的新解释书作为科举教材颁布于天下,并且由孔庙配享制度的改革,成功地提高了学派的威信。朱子学在南宋至明代的长时间中,构筑了国家规模的尊崇体制。台湾"中央研究院"刘述先先生在《朱子与儒家的精神传统》的主题报告中强调,儒家的精神传统,不只是俗世伦理,它是精神的儒家、政治化的儒家、民间的儒家的统一体。儒家哲学经历了三大时代:先秦、宋明和现代。朱子学是圣学的一支,朱子建构道统,编纂《近思录》,建立了一个综罗百代的思想体系,自1313—1905年,历代科举考朱子的《四书集注》,影响深远。当代精神儒学的复兴必须注重对朱子"理一分殊"的阐发,以面对"全球地域化"的挑战。

与会学者还注意到朱子之前和朱子之后的道统观。德国慕尼黑大学苏费翔(Christian Soffel)仔细爬梳了"道统"一词的来源。近来出土一篇刻于698年的唐代墓志铭——《大周故处士前兖州曲阜县令盖府君墓志铭并序》中就出现了"道统"一词。北宋李若水(1093—1127)的《上何右丞书》、刘才邵(1086—1158)的《乞颁圣学下太学札子》、南宋李流谦(1123—1176)的《上张和公书》都早于朱子使用"道统"一词。武夷山朱熹研究中心方彦寿研究员指

出,书院是朱熹传播道统论的主要途径,而宋元建版图书则是另一重要传播媒介。《事林广记》,这部来自民间"非主流媒体"的日用类书,从晚宋一直流行到元明,为朱熹道统论做了旷日持久跨越三朝的宣传,为此学说向民间普及提供了广阔的空间。与此相关,法国巴黎南特尔拉地风斯大学戴鹤白(Roger Darrobers)教授认为,《戊申封事》标志朱熹政治上高度成熟,表现出作者卓越的分析能力与不可否认的政治勇气。文中所提及的"人心"与"道心"的概念,在作者次年撰写的《中庸章句序》中进一步得到发挥。香港科技大学陈荣开教授则从天道人道的分野进一步剖析了朱子《中庸章句》的"诚明"思想。

朱子学还远播日本、韩国、越南,在东亚世界影响深远。日本早稻田大学副校长土田健次郎教授认为,日本江户时代各种新的问题意识及思想表现之手段,皆源自于朱子学。朱子学对近代化做出的贡献也不容忽视,历来认为朱子学阻碍近代化的观点是错误的。作为教养的基础,日本人因朱子学的存在,被要求对抽象问题进行思考训练,并将各种思想相对化后进行选择与调整,这是朱子学对日本近代化的最大贡献。福建师范大学朱人求教授指出,朱子再传弟子真德秀积极宣传和发扬朱子学,创造了经典诠释的新体例——衍义体,在元明清风行一时。衍义体强调经典的经世化、有序化和通俗化,强调经典的当代效用,表现出对以往儒生空谈心性的不满,引领儒学从内圣走向外王,从精英走向大众,从国内走向国外,在儒教文化圈影响下的高丽时代、朝鲜时代、日本德川时代和越南后黎朝时期、阮朝时期,衍义体也备受推崇。

四、朱子礼学与当代社会

朱子集理学之大成,构建了以性理学说为核心的形而上的理学体系。但他同样关注与重视"天理"与"人心"的连结与过渡,重视"天理"对形而下的世俗社会的影响与干预。在他看来,"礼"就是进行这种影响和干预的最有力的手段。《家礼》一书确实是朱子将其理学思想应用于庶民,影响于草根,深入到社会的最基本细胞——家庭的一个社会实践。根据朱子编修《家礼》的成功经验,华东师范大学朱杰人教授尝试对朱子《家礼》"婚礼"作现代化的改造。其目的是为了求证:一,时至今日朱子《家礼》是否仍有生命力;二,面对西风席卷,西俗泛滥,中华传统社会礼俗被全盘西化的社会现实,代表本土文化和传统的儒家婚俗,是否可以对全盘西化发起一次挑战,以寻得中华文化自我救赎的一席之地。2009年12月5日,朱杰人的儿子朱祁在上海西郊宾馆举行了一场现代版的朱子婚礼,婚礼得精彩纷呈,美轮美奂,收到意想不到的效果,尤其是在年轻人中引起极大反响。这场婚礼的成功说明,时至今日,朱子婚礼依然具有强大的生命力,它的复活是完全可能和可以预期的。中华传统的礼俗文化,完全可以在现代化的进程中、在西俗铺天盖地的压迫下找到自己的位置和发展的空间。这次会上,朱杰人教授还现场播放了他一手策划改造的现代版的朱子婚礼录像,引起了与会学者极大的兴趣和热烈的讨论。

美国加州大学伯克利分校田梅(Margaret Mih Tillman)和美国亚利桑那州立大学田浩(Hoyt Cleveland Tillman)教授以朱杰人先生的婚礼改造实践为案例着重探讨了朱子《家礼·婚礼》的现代化。指出朱子《家礼》影响了元朝以降的中华帝国晚期很多社会仪式的实践活动,反映了儒家的家礼观。朱杰人还原了朱熹婚礼仪式并使之现代化,这些努力只是复兴和普及儒家家礼的第一步;他更希望看到的是,在当代中国文化复兴的某一天,这些礼仪会作为传统的精华而重获施行。如同《大学》中一样,朱杰人试图通过整合个体与社会之间的渐进联系步骤以达到许多目标。他不仅在向一个家庭介绍另一个家庭,而且,他想将过去与现在、个体夫妇与社会联系成为一个整体。考虑到当代中国公众对待婚姻性质期待的不稳定性,朱杰人完全是为了创建现代中国的文明社会而重建儒家的基础。因此,尽管朱杰人将儒家伦理作为解决社会问题的实践方案,但这一实践在实际运作中起到了捍卫根深蒂固的传统信仰的作用。

清乾隆时期编纂《四库全书》吸收了王懋竑提出的朱熹《家礼》为伪的观点,定《家礼》为后世伪作之书,上海师范大学汤勤福教授深信这个结论是错误的。判断朱熹《家礼》真伪,必须考虑三个方面:一是朱熹在淳熙三年后是否进行过修订,二是朱熹门人及南宋时期学者如何看待《家礼》,三是元明清三代绝大多数学者对《家礼》的看法与该书的实际影响。湖南大学殷慧认为,朱熹的礼学思想以《仪礼》为本经,情文相称,礼理双彰,考证注重义理,强调因时制宜的践履。朱熹礼学建构与实践对宋元以降的中国及其东亚社会产生了深远的影响。

与会学者还就朱子的生活世界、朱子《小学》、朱子风水观、朱子对韩国儒学的影响等问题作了深入探讨。在这此会议上,我们欣喜地看到来自世界各地的朱子学研究知名专家济济一堂,共同探讨朱子学的哲学与礼学、话语与诠释、文本与实践,话题的丰富,方法的多元,对话的层次与学科的碰撞,达到了前所未有的高度,向我们充分展示了新世纪朱子学研究全球化的画卷。

(本文部分内容原载《哲学动态》2011 年第 2 期,现全文刊发。

作者单位:厦门大学国学院;厦门大学人文学院哲学系)

哲学与时代:朱子学国际学术研讨会综述

许家星

2011 年 10 月 19 日—22 日,由中华朱子学会、南昌大学江右哲学研究中心、南昌大学人文学院哲学系、庐山白鹿洞书院管理委员会、九江学院联合主办的"哲学与时代:朱子学国际学术研讨会"在庐山白鹿洞书院召开,来自日本、韩国、美国、德国、法国、中国香港、中国台湾、中国大陆等 8 个国家和地区的 50 余位朱子学研究学者汇聚一堂,发表弘论。与会学者就朱子哲学、朱子学术、朱子门人后学、海外朱子学、朱子理学教化、朱子学与当代社会等问题展开了深入探讨。

一、朱子哲学

朱子理气问题是本次会议讨论的一个重点。陈来教授深入讨论了朱子四德说,指出朱子四德说包含"从理看","从气看","从物看"三种论述,朱子不再把元亨利贞仅仅理解为理,而注重将其看作兼赅体用的流行之统体的不同阶段,仁义礼智不仅仅是性理,也被看作生气流行的不同发作形态,表明朱子的哲学世界观不仅有理气分析的一面,也有流行统体的一面,后者更显现出朱子思想的总体方向。

乔清举教授就朱子理气动静问题提出新解,指出朱子"动"、"静"概念可分为形而上下两个层次:理或太极之动静为本体意义之动静,气之动静为现象意义之动静,在道体流行境界,太极之动静表现于气之动静。太极是具有使气运动的本体力量,是活理。理对于物具有支配、主宰与决定作用。赖功欧教授指出,朱子理学以理气二元结构为基本特征,以天道自然观为基础,存在二元悖论困境。曾春海教授就朱熹理一分殊的理气论与冯友兰新理学展开了对比研究,认为朱子的理气论契合机体论,而与冯先生采用的新实在论的逻辑分析法不同,显示了冯先生接着讲而非照着讲的特色。林乐昌教授分析了朱熹理气观与张载虚气观的关系问题,指出朱熹理气观主要继承濂溪"太极阴阳"模式,而非张载"太虚即气"模式。

与会学者还就朱子心性论、太极、诚意、鬼神诸思想提出新解。向世陵教授分析了朱子"心之本体"包括知觉、体用合一、自明诸内涵,指出"心统性情"说的意义在了能全面解释从体到用、从本然到端绪的心性情的整体,使心之本体与性之本体合而为一。杨柱才教授分析了朱子"太极本体"说、太极体用说,强调太极作为全体之

理,是阴阳及五行万物的最终根源,太极自身是体用的合一。许家星博士通过细致考察朱子对"诚意"章所作反复修改,辨析诚意章在文本上的差异及其反映的哲学问题,指出"诚意"在朱子思想中的地位应引起重视。吴震教授认为朱子视鬼神为阴阳造化之迹,是一种自然主义的看法,在鬼神问题上强调祭祀实践行为的重要性,是朱子宗教思想的一大特色。

方旭东教授运用道德哲学分析朱熹对知而不行问题的解释,探讨它对当代道德行动的研究带来的启发。张锦枝博士阐释了朱子哲学的道德自然主义的表现、涵义、意义及其与道家自然主义之异同。吴长庚教授从总体上论述了宋明江西心学的发展。平飞教授归纳了当前朱子学研究的五大范式。吴吉民老师从宇宙的目的与人的使命出发,论述了朱熹生命宇宙观思想。

二、朱子学术

朱子经学是朱子学术的重要内容,四书学是其中的核心论题。陈荣开教授细致剖析了朱子对《中庸章句》二十二章的解释,指出朱子虽未在形式上将经文分节,却已在实质上将之分成三个部分,《章句》对圣人尽己之性尽人之性尽物之性的理解有同有异。顾宏义教授分析了《四书》之名的来由,指出以"四书"作为专书之名,大体出现于宋宁宗嘉定年间。井泽耕一教授通过解读上海图书馆藏《金匮要略方》的"纸背文献",阐释了南宋末期士大夫的《四书》解释研究。田智忠博士以有力证据逐条回应了《周易参同契》经朱子删改说之问题。

朱子礼学是朱子学术中实践特色颇浓的部分。田浩教授以中国学生对《朱子婚礼现代版》民意调查为例,探讨了中国文化复兴的潜在力。朱杰人教授认为,礼学是朱子学术世俗关怀的集中体现,阐释了朱

子礼学在现时代的实践意义。戴扬本教授讨论了朱子礼学与时俱进、注重教化的特色。殷慧博士分析了朱子《仪礼经传通解》重实用的特点，指出其目的在于礼治工夫和义理适得其所，达到安邦定国的大治境界。朱茂男先生阐释了朱氏宗亲会在推动朱子之礼在生活中实践的行动与成就。

朱子文学是朱子学术的应有之题。胡迎建教授探讨了朱子哲理诗局势大，气格高的特点，显示出朱子烛照天地、探究事物之源的哲人形象。方笑一教授讨论朱熹经学与古文的密切互动关系。

三、朱子门人后学

朱子门人的研究是本次会议的重要论题。朱荣贵教授从思想史角度论述了真德秀及其门人在宋末元初对朱子学的继承与传播。方彦寿教授从关注民生与书院建设两方面论述了朱门弟子陈宓。苏费翔博士分析了陈淳与黄榦关于《近思录》与《四子》在读书次序上的争论。徐福来教授探讨了吴与弼读书之功夫与境界。邓庆平博士论述了胡居仁工夫论卫道、主敬、穷理、重实践的特点。林月惠研究员以罗钦顺《困知记》为线索，选取日本德川时代三位朱子学者思想为例，探究日本朱子学者对明代朱子学者罗钦顺思想的接受，呈现出东亚朱子学发展的面貌。

四、海外朱子学

朱子学在海外具有广泛而重要的影响，海外朱子成为本次会议的重要论题正反映了朱子学的这一特点。彭国翔教授介绍了近三十年英语世界朱子研究的概况、趋势及意义，提出了解西方相关研究对于国内学者从事朱子学的必要意义。杨祖汉教授基于韩儒郭钟锡的心论的分析比较了其与朱子思想的异同。姜真硕通过对薛

文清与李退溪哲学思想的对比性研究，认为若把研究朱子学的视野放在东亚地区，则所谓"明代时期朱子学之没落"的见解应被修正。汤浅邦弘教授通过图文并茂的方式解读了代表日本江户时代知识据点的"怀德堂"所体现的朱子学特征，竹田健二教授就重建"怀德堂"所发生的学术活动的考察，认为其主要目的之一在于借助包含朱子学在内的汉学来提高国民道德。

五、朱子理学教化

朱子理学思想具有切实而广泛的教化功能。日本吾妻重二教授考察了东亚的书院、私塾，并且用文化交涉的观点对中国、朝鲜、越南、日本作了比较研究，强调以朱熹等人为首的民间学校"书院"在近世东亚文化的发展发挥了极其重大的作用。朱人求教授以朱熹为中心，从整体上论述了南宋书院教化与道学社会化适应的关系。鹤成久章教授探讨了明代科举与朱子学的关联，由此分析了体制化教学所带来的学习模式的变化。郭宏达老师用现代语言解读了朱熹的《白鹿洞书院揭示》。

六、朱子学与当代社会

在全球化时代理解朱子学与当代社会的关联无疑是必要的。李明辉教授探讨了朱子思想与现代政治伦理的关系，指出"内圣外王"的思想在现代民主制度中依然不失其意义。戴鹤白教授通过对朱子《庚子应诏封事》和《辛丑延和奏札》的研究，高度赞赏了朱子是道学理想和政治实践交相辉映的典范。吴国富教授分析朱子"天理"观的客观性，认为这是朱子救国救民政治主张的最高纲领。

陈来教授在闭幕式上将本次会议作了六方面的归纳，同时概括出它的三大特色：体现出朱子学概念的广泛涵盖性；对明代

朱子学有较集中深入的讨论;青年学者扮演了更积极角色,江西本地研究势头很好,出现了论文质量颇高的后起学者。本次朱子学国际学术会议的成功举办,对于进一步加强朱子学研究的国际合作与交流,提升朱子学研究的水平,扩大江西思想文化在国内外的影响,具有重要的作用和意义。

（原载《中国哲学史》2012年第1期,作者单位:南昌大学哲学系）

共襄盛会谈朱子,学人齐聚凤凰城
——"朱子经学及其在东亚的流传与发展"国际学术研讨会综述

吴思远

旨在促进推动朱子学,尤其是朱子经学的研究,和国际学术的交流与互动,"朱子经学及其在东亚的流传与发展"（Zhu Xi's Classical Studies and its Transmission and Development in East Asia）国际学术研讨会于2012年5月6日至8日在美国汉学重镇亚利桑那州立大学（Arizona State University）隆重召开。会议主办方有美国亚利桑那州立大学ACMRS（Arizona Center for Medieval and Renaissance Studies）,台湾"中央研究院"和上海华东师范大学。来自美国、中国、台湾、日本与德国等国家和地区的近三十名朱子学领域的专家学者会聚一堂,共同出席了会议。这是首次在美国大陆召开的朱子学国际学术研讨盛会,参会专家学者围绕"朱子经学"和其"在东亚流传与发展"这一主题共向大会提交了相关论文及报告22篇,内容广泛,涉及朱子经学研究的各个方面,反映了近年来朱子经学研究和其在东亚传播及发展的最新研究成果,是一次参会人员较多,学术水平较高的国际性学术研讨会。

5月7日会议开幕式由美国亚利桑那州立大学伯夷（Stephen Bokenkamp）教授主持,大会主题报告发言人台湾"中央研究院"文哲所林庆彰教授和上海华东师范大学古籍研究所所长严佐之教授分别就近年来朱子经学的研究成果做了历史回顾,提出目前研究存在的困难和问题,并展望未来的研究发展方向。林庆彰教授在发言中介绍了当代朱子经学的研究活动和未来课题,指出朱子学不仅仅是对于中国,而且对于东亚诸多国家也产生了意义深远的影响。严佐之教授认为,研究朱子学,就要以类似宗教信仰者抱有使命感的精神来进行,读经要改进做人,承认其价值,就应该遵循其内容。在接下来的两天中,各路学者专家展开了激烈和富有建设意义的学术讨论。

作为影响中华文化历史的学术伟人——朱熹,其经学思想和重大理论价值及其实际意义向来为中外学术界所关心和重视。华东师范大学古籍研究所朱杰人教授做了题为《〈朱子著述宋刻集成〉与朱子著作的宋代刻本》的报告,详尽介绍了出版社对于朱熹著作宋代刻本的稽考与收录概况。朱熹著述内容广博,其著作在朱子生前即已大量刊刻传世。治版本目录学者,向来以宋版为重,而 2010 年也恰逢朱子诞辰八百八十周年,因此为了铭记这位中国历史上的文化伟人,华东师范大学出版社决定编修《朱子著述宋刻集成》。然而庆元易簀后,更以空前之规模和速度被复制、被重新组合、甚至被仿冒而刻印问世。因此收集、鉴伪工作之艰巨,与宋刊朱子著作之文献与史料价值一样,是难以估量的。出版社近期已完成并将计划出版其整理目录中三种刻本:《周易本义》、《诗集传》和《孟子或问纂要》。

国际著名经学研究专家,台湾"中央研究院"文哲所林庆彰教授作了题为《杨慎对朱子的批评》的报告,林教授举出杨慎《升庵外集》卷二十四至三十七中对于与朱子说经之言的批评,内容详实,证据要言不烦,分别涉及《周易》、《尚书》、《毛诗》、《春秋左传》、《三礼》、《论语》、《孟子》和《尔雅》等等。林教授运用生动的实例举出朱熹在解释《诗集》中有些概念的错误,诸如:佩饰、车驾、刀剑、泾渭二水位置等,并指出这与当时时代以及政治经济条件限制有关。林教授演讲引起与会学者广泛热烈的讨论。其间也探讨了对于经书材料真伪问题,林教授寄语年轻后学要精进努力,不断整理辨别,为未来朱学做更大贡献。

华东师范大学古籍研究所所长严佐之教授在其《朱子经学管窥——读〈近思录致知篇〉札记三则》的报告中,集中讨论了三个概念。首先是读经之义,即为"格物致知"。严教授认为,经学不等于理学,只是程朱理学思想体系中一个重要环节,另外理学"格物致知"的功夫主要途径是读书,圣贤之道,具载于经。其次,"自得"和"真知"的概念也是理学中重要的部分。最后,借用程朱理学中"路径"和"门庭"的概念,指出,为学读经,须先从大方向上寻对路径,进而须从师讲问,得立其门庭,最后要

"归而求之",去寻求"自得于心"的"真知"。在讨论环节,台湾国立政治大学中文系车行健教授提出朱熹思想世界中关于"理学"和"经学"的关系问题。严教授认为,从著作原典来看,朱熹并未将"经学"描述为一种工具性的角色,或是一种能达到理性的步骤,因此"经学"的地位并不是可有可无的。台湾大学中国文学系张素卿教授认为,读经为得治人,然而现实未必尽然,因此提出如何解决"内圣扩展,外王萎缩"的问题。严教授认为,修身治人不是所有人都能获得的经验,读经修身人人可得,然而治人则为部分人所得,不应用势功角度审视意义更大的人生工程。

中国社会科学院历史所汪学群教授在其题为《朱熹的易学观》的报告中提出,第一,从《周易》的次序来说,先有卜筮,象数,然后是义理,因此将《周易》定义为卜筮之书是强调其源头,并非等同于其为卜筮之书。第二,义理或理是卜筮、象数之理。反过来,《周易》之理有可以指导卜筮和象数。台湾政治大学中国文学系林启屏教授在讨论中提出"范畴"和"语境"的关系问题。汪教授援引清华大学国学院陈来教授的"范畴要围绕问题"的观点来说明,"理气"和"心性"等概念都应该放到具体语境中去探讨,若将某一个概念简单的放置于任何语境下,那么矛盾是自然而然都会存在的。

其间,部分与会学者也着力于用不同的诠释视角来审视朱熹经学研究,提出了不少较有启发的观点。例如,台湾政治大学中文系林启屏教授在其《朱子读书法与经典诠释:一个心理架构的进路》报告中主张,有关朱熹读书法的"心理架构"形成,重点不是读书法,而在心理的轨迹。因此一切伦理学问题也就转化成读经问题,读经为学问之"文眼"。林教授认为,通过阐释学的视角可以提供一种不同的面向和方

式,因此易于彰显学术和思想的纹路。伽达默尔将"创作者"供起来的做法,易于读者主观动态动力的介入,因此新的意义也就产生。

　　朱熹对于礼仪的论述在其著作中占据重要位置,其意义和影响也较为深远。因此有不少中外学者对于此范畴着力研究。美国亚利桑那州立大学历史、哲学与宗教学学院田浩(Hoyt Tillman)教授向大会提交名为《当下关于〈朱子家礼〉现代化的复古响应—以婚礼为视角的观察》论文,田浩教授介绍了在北京举行的两场儒家婚礼,即复古知识分子张祥龙为其儿子举办的儒家婚礼,和北京大学宋代礼仪的研究生雷博和菁慧的复古婚礼,同时着重描述了朱杰人儒家的婚礼,认为《朱子家礼》在后世的传延,尤其是为朱杰人儒家婚礼仪式的现代化提供了灵感。通过展示当前力图恢复儒家经典礼仪的人们中间存在的多样性观点,以及面对朱杰人婚礼版本时所存在的差异,田浩教授希望藉此勘验当代中国这些恢复古礼或使之转化的尝试中所存在的复杂性、积极性和面临的挑战。很多复古支持者认为朱杰人仪式文本严格忠于《朱子家礼》,过于特别而没有广泛意义,并且有损中国新的全球化价值理念。田浩教授认为,通过强调朱子文化的普世价值,朱杰人试图提出一个新的标准,凭借遵崇朱子学与现代性别平等观念的结合,朱氏婚礼颠覆了许多西方学者关于现代性普世价值的预期。讨论中,有学者认为,形式反应思想,朱杰人婚礼仪式是遵循经典的现代优秀范本,值得推广和提倡;也有学者质疑,在全球化趋势愈演愈烈,中国的现代社会思潮不断影响的背景下,此种尝试是否有利于仪式,尤其是婚仪的复古问题。

　　同样关注婚礼仪式的还有台湾国立高雄师范大学经学研究所郑卜五教授,在其《朱子〈家礼〉对台湾婚礼习俗之影响》中,郑教授认为,台湾现在的婚礼形式是中西合璧,古今随用的新形式,他主张观察传统婚礼仪式的演变与禁忌,重点要解析台湾"婚礼"仪式中所蕴含的意义。另外,关于礼仪方面,杭州师范大学国学院姚永辉老师作了《宋代官私修礼仪文本的庶民化:以丧仪为中心的讨论》的报告,她提出,在世俗实践方面的影响中,官修和私修的仪典不可同日而语,从《书仪》、《家礼》等书的刊刻来看,但是应该有较为广泛的传播。社会舆论所宣扬的价值观念必定对民众生活产生影响,明代地方志中大量出现庶民以践行《家礼》为荣的现象,正是这些社会倡导的远效应。

　　德国慕尼黑大学汉学系学者(Universitaet Muenchen, Institut fuer Sinologie)苏费翔(Christian Soffel)博士向大会提交了《黄榦、陈淳与〈四子〉》的报告,他用详实的史料分析了朱熹弟子黄榦、陈淳对于《四书》和《近思录》的不同看法,通过二人的信件实例阐释出《四子书》和"道统"的建立之间的关系。讨论中朱杰人教授主张,在了解朱子门派弟子对于四书看法的基础上,也应该爬梳朱熹自己对于四书顺序的认识。

　　此外,在东亚流传和发展的研究领域方面,日本学者,台湾国立师范大学东亚学系藤井伦明教授分析了日本江户崎门朱子学派三宅尚斋有关"格物穷理"论或"知觉"论之论述,探讨了其对于"格物穷理"理解的结构和特色,阐明有关日本崎门朱子学与中国朱子学相异之思维面向以及思想特点。台湾师范大学国文系金培懿教授也作了关于日本皆川淇园《问学举要》论其为学法与古学、朱子学折衷的报告。在传播和影响方面,台湾"中央研究院"文哲所张文朝博士通过对朝鲜、中国传入《诗经》相关书籍及藩校的《诗经》教学,日本学者的《诗经》相关著作等的统计、分析、论述,分析了朱熹《诗集传》在江户时代的流传状况,作证其在日本江户时代的影响力。

大会总结暨闭幕式于五月八日召开,主持人为美国亚利桑那州立大学田浩(Hoyt Tillman)教授,发言人分别为上海华东师范大学古籍研究所朱杰人教授和台湾"中央研究院"文哲所林庆彰教授。朱教授首先高度评价了此次盛会的意义及其将在学术界产生的重要影响,此外,他通过回顾台湾经学界,尤其是以林庆彰教授为核心的学术团体所取得的研究成果以及对于大陆经学研究所做的推动贡献,并援引《论语》中"古之学者为己,今之学者为人"来提出大陆经学研究面临的问题和挑战。他指出,"学"和"行"不应该分割开来,因此读书"内圣"的功夫要加以强调。他认为,中国学术无法离开中国的政治、经济和文化,就学问而谈学问是不能达到良好效果的。林教授在发言中总结,此次会议提交论文设计领域广泛,分别探讨了群经总类、经学史、版本目录学、四书学、易学、诗经学、书学、三礼学等领域,对于日本经学的研究也关注较多。他强调大学的经学研究系统要加强,这样才能使得朱子经学的研究后继有人,同时主张扩大朱熹经学研究的领域。

此次盛会整体上反映了国际朱子经学研究的水平和发展局面,在朱子学研究交流的平台上,准确地把握了当前朱熹研究的学界热点,有助于推动未来朱子学研究的更加深入地开展,它的成功召开必将对海内外朱熹经学研究产生重大的学术影响,为二十一世纪朱子经学的光明未来添上浓墨重彩的一笔。

(原载《中国文哲研究通讯》第 22 卷第 2 期,作者单位:美国亚利桑那州立大学国际语言文化学院中国文学系)

传承与开拓:朱子学国际学术研讨会会议综述

殷　慧

2012 年 10 月 24 日至 25 日,由朱子学会、中华朱子学会联合主办、湖南大学岳麓书院承办的"传承与开拓:朱子学国际学术研讨会"在历史悠久且具有理学学术传统的岳麓书院召开,来自日本、韩国、台湾等地的 50 余名学者参加了此次盛会。与会学者围绕朱子学的诸多议题,报告了自己的研究心得,与同道展开了热烈的讨论,取得了丰硕的成果。

一、继续深入朱子哲学、经学等思想的研究

清华大学国学院院长陈来教授与华东师范大学吴震教授都探讨了朱熹对皇极说的理解,陈来教授认为一方面肯定皇极之辩,的确涉及政治文化范畴。另外一面,朱子在和他的学生朋友之间讨论皇极的时候,更多地是把这个问题当作和朱熹经典

解释中常常遇到的其他问题一样，从学术和思想上来加以讨论。对朱子来说，经典的义理解释本身毕竟是第一位的，在此基础上申发其政治思想的应用。吴震教授则首先概观了历史上各种"皇极"解释，然后考察了朱熹《皇极辨》的主要内涵，最后将朱熹的皇极新解置于当时的政治文化背景之中，试图提出一种新的观察，指出皇极诠释之争不仅是概念问题，更是当时的政治问题。两位教授对同一问题的探讨，得出了不尽相同的结论，引起与会学者极大的兴趣。

朱熹的哲学思想一直是朱子学研究的重中之重。中国人民大学哲学院向世陵教授从仁心、觉心、本心的角度理解朱熹心论，指出朱熹心论的目的，在引出主体自身的存养状态并保持仁德的不失，以便从实践中解决心与仁的一致性问题。反求本心也就成为了朱熹心论最后的诉求。

中国社会科学院历史所研究员汪学群集中探讨了朱熹对命的思考，认为在朱熹的视域当中，命的自然属性与社会道德属性相辅相成、互动形成一种张力，作为命的主体——人正是这种张力的承担者及运用者，在现实中展示各自不同的人生。华东师范大学戴扬本教授则从祭祀的角度，分析了朱熹鬼神观念中的"天"之意义。

湖南大学岳麓书院院长朱汉民教授注意到近代以来关于朱熹格物致知论的"误读"，认为在朱熹思想体系中，格物致知论并不能等同于西方哲学的认识论或知识论，而是关于如何实现和完成修己治人的工夫论的一个组成部分。只有将格物致知纳入到朱熹思想中那个完整的修己治人的工夫论行程中去，才可能对格物致知作出合乎历史实际、文化精神的解读。

复旦大学哲学学院郭晓东教授探讨了朱子对《中庸》"致曲"的诠释，认为朱子《中庸》中所谓致曲的工夫，应当可以视同于《大学》格致之工夫。文章结论同时指出，简单地衡断朱子之工夫论，特别是其格物理论，为一种由知识而进入道德的工夫路径，恐怕有所偏颇。

岳麓书院肖永明教授就理学视域中的《中庸》中和论进行考察，在分析"中""和"内涵的基础上，探讨了"中"与"和"、"中"与"诚"之间的关系，认为"中"是"和"的本体，"和"是"中"的发用。"诚"是"中"的根本，"中"是"诚"的外在显发。

南京大学哲学系李承贵教授关注朱熹的儒佛差异论，指出朱熹判别儒佛，选择了"道体的分际"、"伦理的认知"和"工夫的路径"三个方面加以展开。朱熹对儒佛关系评判的主要特征在于：深层性、整体性、方法性（策略性）。

陕西师范大学哲学系林乐昌指出，朱熹诠释的"理一分殊"模式在概念使用和命题表述方面、《西铭》着眼点理解方面、《西铭》思想重点理解方面、《西铭》蕴涵的形上与形下运行方向理解上、对《西铭》仁爱观念所蕴涵的矛盾关系及其解决方式理解上都偏离了《西铭》的主旨。华东师范大学方旭东教授则关注朱子对邵雍观物说的批评。

同济大学哲学系曾亦教授从《大学》中的"功夫—效验"问题出发，探讨了朱子的工夫论学说。韩国外国语大学姜真硕教授则提交了英文论文，探讨了朱熹的工夫论和其哲学治疗的意义。

南开大学哲学学院乔清举教授探讨了朱子的境界论思想，撰文指出，朱子的境界论分为天理流行、仁、功夫论几个方面，核心是主客体的审美性的统一。上饶师范学院朱子学研究所所长徐公喜教授认为，宋明理学构筑了追求克己复礼到复理为仁的循环回归性模式，将克己复礼、复善、复性统一到复理,由内圣到外王,制度建设与道德约束的并行,实现了成圣的理想人格。

厦门大学哲学系朱人求教授认为,在朱子思想体系中,小学与大学是一个有机的整体,小学是大学的基础和前提,大学是小学的必然归宿。朱子的小学与大学在本体、认知、工夫与境界上都是贯通的,二者之间一以贯之。

另外,朱子的经学思想也备受与会学者关注。殷慧、冯兵、姚永辉三位青年学者提交了关于朱子礼学的论文。朱子的四书学、朱子对经学的选择性凸显及其自我建构、朱子的解经实践等议题也引发了学者们的诸多思考。

二、继续拓展比较朱子学研究、朱子后学研究以及元明清朱子学研究

台湾师范大学陈昭英教授从美学的角度,比较了朱子与日本儒者伊藤仁斋对《论语》诗乐的诠释,发现朱子对艺术的体会已炉火纯青,非可以呆板的道学家视之。他的美学思想已成为儒家美学传统的一部分,后世儒者的诗乐理论想绕过朱子另辟新径,诚非易事。仁斋在诗乐美学方面对朱子有继承,甚至发扬。仁斋正是在朱子诗乐观的基础之上,为《论语》做出了新解。

台湾大学哲学系杜保瑞教授针对牟宗三先生所著《从陆象山到刘蕺山》第二章的讨论,反思了牟宗三谈朱陆之争的主要论点,认为牟先生在面对朱陆的基本态度、对象山学是第一义的定位、尊德性与道问学之争、对朱熹中和说的种种批评上,都应重新检讨,予以反对。

韩国全州大学苏铉盛教授探讨了朱子与张南轩的仁说论辨,发现朱熹常常将纯粹人性的问题放到宇宙论领域去探索,以此来确保仁的先验的、超越的普遍涵义与权威;而南轩对仁的理解和讨论则纯在人的心性论上展开。两人仁说论的分歧已经预示着宋代哲学从宇宙论或本体论方向逐渐转向心性论探索。南昌大学江右哲学研究中心杨柱才教授从太极混沦、性气关系、心性关系等方面对朱子门人陈淳的理气关系论做了深入的讨论。方彦寿研究员阐述了朱子嫡传弟子黄榦在福州书院、庙宇和民居的艰苦教学实践,考证了朱子后学为发扬光大朱子学所作出的努力。日本茨城大学井泽耕一教授关注上海图书馆收藏的程陈尧道所撰《中庸》《大学》注,探讨了南宋末期士大夫的《学》《庸》解释研究。华东师范大学古籍所朱杰人教授则对朱子著作在宋代的刻本作了全面、详细的介绍。

学者杨泽论述了元代理学家胡炳文对朱子《大学章句》的继承与发挥。湘潭大学陈代湘教授、江西师范大学副教授邓庆平关注明代中后期理学家罗钦顺对朱熹政治思想的继承,以及为完善朱学体系而做出的努力。田智忠、张天杰博士分别研究了夏炘、刘宗周与朱子学之间的关系。学者王胜军指出,从"大学之教"向"小学之教"的转变,是清初朱子学一条特别值得关注的进路,也是清代理学有别于宋、明理学的重要特征之一。台湾师范大学蔡振丰教授论述了清代茶山学与朱子学的关联,指出丁若镛的论说与朱子学具有互补的意义,而与清代的气学不属同一路向。北京大学哲学系彭国翔教授以清代康熙朝理学的异军彭定求的《儒门法语》为中心,探讨了清代理学立言、为学之间的紧张关系。安徽大学哲学系王国良教授探讨了朱熹与新安理学之间的关系以及新安理学对朱熹学说的继承与发展,充分肯定了朱熹及其新安理学的社会价值。

厦门大学高令印教授以退溪学和退溪学研究为中心,介绍了退溪学的特色以及

中国退溪学的研究状况。湖南大学蔡慧清副教授介绍了朱子学在英语世界的最早传播与研究,指出朱子学在英语世界的最早译介并非始于裨治文和卫三畏主办的《中国丛报》,而是 Edward Cave 英译自法文竺赫德的《中华帝国全志》;最早的研究则始于马礼逊和米怜主编的《印中搜闻》。

值得一提的是,此次会议,正值麓山"霜叶红于二月花"之时,与会学者遥想845年前朱张会讲之盛况,体悟、开掘朱子思想之精髓,会晤于书院明伦堂、文昌阁,谈玄论道,倍感其乐无穷。

(作者单位:湖南大学岳麓书院)

资料辑要

2011—2012 年部分朱子学新书目录

朱子新学案(繁体竖排版 新校本,第 1—5 册)/钱穆著. —九州出版社,2011.01.

朱熹的历史世界——宋代士大夫政治文化的研究/余英时著. —三联书店,2011.07.

朱子书信编年考证(增订本)/陈来著. —三联书店,2011.01.

中国儒学史宋元卷/陈来 杨立华 杨柱才 方旭东著. —北京大学出版社,2011.06.

哲学与时代——朱子学国际学术研讨会论文集/陈来主编. —华东师范大学出版社,2012.09.

人文与价值——朱子学国际学术研讨会暨朱子诞辰 880 周年纪念会论文集/陈来 朱杰人主编. —华东师范大学出版社,2011.09.

展望未来的朱子学研究——朱子学会成立大会暨朱子学与现代跨文化意义国际学术研讨会论文集/陈支平 刘泽亮主编. —厦门大学出版社,2012.05.

朱熹口语文献词汇研究/陈明娥著. —厦门大学出版社,2011.04.

《朱子语类》语法研究/李焱 孟繁杰著. —厦门大学出版社,2012.03.

朱熹《仪礼经传通解》语音研究/李红著. —厦门大学出版社,2011.11.

朱熹口语文献修辞研究/叶玉英著. —厦门大学出版社,2011.04.

保罗·蒂里希与朱熹——关于人类困境问题的比较研究/区建铭著 唐清涛译. —厦门大学出版社,2012.04.

东亚朱子学新论/张品端主编. —厦门大学出版社,2012.05.

旁观朱子学——略论宋代与现代的经济、教育、文化、哲学/(美)田浩著. —华东师范大学出版社,2011.04.

朱熹的思维世界/(美)田浩著. —江苏人民出版社,2011.04.

功利主义儒家——陈亮对朱熹的挑战/(美)田浩著 姜长苏译. —江苏人民出版社,2012.01.

孔子、孔圣和朱熹/周予同著. —上海人民出版社,2012.06.

绘事后素——经典解释与哲学研究/方旭东著. —北京大学出版社,2012.10.

学术性格与思想谱系——朱子的哲学视野及其历史影响的发生学考察/丁为祥著. —人民出版社,2012.06.

《诸儒鸣道集》研究——兼对前朱子时代道学发展的考察/田智忠著. —中国社会科学出版社,2012.11.

道的传承——朱熹对孔子门人言行的诠释/刘贡南著. —华东师范大学出版社,2011.07.

东亚朱子学的诠释与发展/蔡振丰著. —华东师范大学出版社,2012.01.

朝鲜儒者丁若镛的四书学:以东亚为视野的讨论/蔡振丰著. —华东师范大学出版社,2012.01.

朱熹与经典诠释/林维杰著. —华东师范大学出版社,2012.01.

朱熹《家礼》实证研究——附宋版《家礼》校勘本/(日)吾妻重二著 吴震、郭海良等译. —华东师范大学出版社,2012.05.

朱熹/陈荣捷著. —生活.读书.新知三联书店,2012.07.

从康德到朱熹——白鹿洞讲演录/朱

高正著. —浙江大学出版社,2011.09.

朱熹评传(套装上下册)/张立文著. —南京大学出版社,2011.04.

谢无量文集(第3卷)朱子学派·阳明学派·王充哲学/谢无量著. —中国人民大学出版社,2011.06.

朱熹《诗》韵研究/陈鸿儒著. —社会科学文献出版社,2012.03.

朱熹的《论语集注》研究——兼论《论语集注》的解释学意义/周元侠著. —中国社会科学出版社,2012.12.

朱熹诗词研究/胡迎健著. —中山大学出版社,2011.07.

《朱子语类》问句系统研究/王树瑛著. —社会科学文献出版社,2012.04.

朱子文化大典/《朱子文化大典》编委会. —海风出版社,2011.10.

论创造性——朱熹、怀特海和南乐山的比较研究/(美)白诗朗著　陈浩译. —中国社会科学出版社,2012.03.

人类思想史　浪漫灵魂:从以赛亚到朱熹/(英)彼得·沃森著　姜倩译. —中央编译出版社,2011.05.

朱子语类学归/冯青著. —江西人民出版社出版,2011.10.

朱子语类词汇研究/程碧英著. —巴蜀书社,2011.11.

朱熹与理学/徐小敏编著. —海峡文艺出版社,2012.03

图解朱熹解易/殷美满编译. —内蒙古文化出版社,2011.01.

朱熹诗文选译/黄坤译注. —凤凰出版社,2011.05. —(古代文史名著选译丛书)

理学宗师——朱熹/张金喜著. —贵州教育出版社,2011.01. —(中华历史人物经典读本)

朱熹:人类与自然的故事/(韩)李钟兰著　吴荣华　齐芳译. —黄山书社,2011.07.

诗集传(宣纸线装)/(宋)朱熹撰. —黄山书社,2012.08.

小学句读(线装,一函四册)/(宋)朱熹　刘清之编撰. —中国书店出版社 2012.02.

影宋本楚辞集注(全六册)/(宋)朱熹注. —江苏广陵书社有限公司,2011.02.

周易本义/(宋)朱熹注　王玉德 朱志先整理. —凤凰出版社,2011.01.

近思录——中华思想经典/(宋)朱熹等撰. —中华书局,2011.01.

周易本义/(宋)朱熹著　柯誉整理. —中央编译出版社,2011.01.

国学经典导读——朱子/王瑞明等著. —中国国际广播出版社,2011.01.

2011 年部分朱子学论文索引

朱子思想中的四德论/陈来//哲学研究,2011.01

朱子心性论的结构及其内在张力/乔清举//哲学研究,2011.02

《大学》、《中庸》天人范式议论——以

朱子疏释为关键的视域/麻尧宾//哲学研究,2011.05

朱子伦理思想与明清徽州商业伦理观的转换和建构/徐国利//安徽史学,2011.05

朱子学与阳明学及其现代意义/陈来//泉州师范学院学报,2011.03

论冯友兰的朱子学/柴文华//中国哲学史,2011.02

人心道心之辨与后朱熹时代朱子学方法的奠定/王宇//哲学研究,2011.03

《朱子家礼》与朝鲜礼学的发展/张品端//中国社会科学院研究生院学报,2011.01

朱子与儒家的精神传统/刘述先//湖南大学学报(社会科学版),2011.01

孔子"诗论"与朱子诗学理论的比较研究/周淑舫//孔子研究,2011.01

朱子对"为己之学"的诠释与建构/周之翔,朱汉民//湖南大学学报(社会科学版),2011.01

"更是《大学》次序,诚意最要"——论朱子《大学章句》"诚意"章的诠释意义/许家星//南昌大学学报(人文社会科学版),2011.01

朱子、张栻"仁说"辨析/许家星//中国哲学史,2011.04

事物间的差异究竟意味什么?——试论朱子对"各一其性"的解释/方旭东//中国哲学史,2011.01

《朱子语类》校补疏误订正/张春雷,冯青//求索,2011.01

朱子对书院文化的贡献及其意义/蒙培元//杭州师范大学学报(社会科学版),2011.06

一部影响深远的家庭礼仪著作《朱子家礼》/靳惠//兰台世界,2011.10

朱子自然哲学的审视与纠偏/袁名泽//重庆大学学报(社会科学版),2011.02

朱子《学校贡举私议》述评/李存山//中国社会科学院研究生院学报,2011.02

《朱子语类》中"只是"的主观性和主观化/王小穹//汉字文化,2011.03

"虚心"与"怀疑":钱穆、胡适对朱子读书法的不同体认/李宝红//广东社会科学,2011.06

朱子《中庸章句》"慎独"解析/裴骞//安徽职业技术学院学报,2011.03

《朱子语类》反复问句研究——兼论反复问句历史发展中的相关问题/刘子瑜//长江学术,2011.03

朱子《中庸辑略》芟节石·《中庸集解》原本条目考——兼论芟节原本条目的经典诠释意图/严佐之//湖南大学学报(社会科学版),2011.01

朱子四德说续论/陈来//中华文史论丛,2011.04

木主考——到朱子学为止/吾妻重二,吴震//云南大学学报(社会科学版),2011.05

朱子门人之蔡氏家族考/杨艳//史林,2011.02

朱子易学之哲学的分析——通过《易学启蒙》理解"理"的"穷极"义/金祐莹//周易研究,2011.02

王船山的《中庸》新解析——以与朱子解析的比较为中心/林玉均//衡阳师范学院学报,2011.02

伊斯兰学者刘智的"元气"与日本儒者伊藤仁斋的"一元气"思想——朱子学"理"、"气"学说的批判与重构/阿里木·托和提//回族研究,2011.01

我国近年来朱子礼乐思想研究述评/冯兵//渭南师范学院学报,2011.05

从庆元党禁到嘉定更化:朱子学解禁始末考述/王宇//国际社会科学杂志(中文版),2011.04

朱子读书法与当代语文教学/张静莉//渭南师范学院学报,2011.04

《朱子家礼》与《满洲四礼集》对比研究/王志跃//历史教学(下半月刊),2011.

09

《朱子语类》词语拾遗/高长平//唐山师范学院学报,2011.01

朱子《论语》集注中的"仁"之论辨析/王连弟//龙岩学院学报,2011.04

试析朱子与阳明的"格物致知"/陆翠玲//内蒙古农业大学学报(社会科学版),2011.02

美国朱子学研究发展之管窥/卢睿蓉//现代哲学,2011.04

从《大学》"新民"看朱子"六经注我"与"我注六经"之统一/陈美容//江汉大学学报(人文科学版),2011.01

发明朱子之学的蔡清易学观/高原//山东大学学报(哲学社会科学版),2011.02

从"湖洛之争"看朝鲜儒者的朱子性理学诠释/文碧方//现代哲学,2011.06

朱子与中国文化/朱瑞熙//国际社会科学杂志(中文版),2011.04

朱子《易》学诠释思想的形成与特点/尉利工//哲学动态,2011.10

"人文与价值"朱子学国际学术研讨会综述/朱人求//哲学动态,2011.02

两种诸宫调和《朱子语类》词语的地域差别比较研究/张海媚//宁夏大学学报(人文社会科学版),2011.04

朱子《家礼》的实质及其特色/刘艳//洛阳师范学院学报,2011.09

朱子学在新加坡的传播与影响/张品端//武夷学院学报,2011.04

《朱子语类》新词札记/程碧英//重庆师范大学学报(哲学社会科学版),2011.03

程朱学脉中朱子的自我身份认同/朱叶楠//阴山学刊,2011.05

朱子学在台湾传播的途径及其功效研究/杨国学,李世财//合肥学院学报(社会科学版),2011.03

朱子僣藏刻书考/王京州//图书馆杂志,2011.10

道德判断与历史判断——论朱子与陈亮的德性与功业之争/盛霞//合肥学院学报(社会科学版),2011.03

朱子和谐四重奏与当代社会/朱人求//合肥学院学报(社会科学版),2011.04

《朱子语类》校勘十则/甘小明//巢湖学院学报,2011.04

《朱子语类》之读书法/卫阿利//文学界(理论版),2011.04

从《周易本义》看朱子之易学观/赵青青//安徽文学(下半月),2011.04

从《朱子家礼》看儒家的家庭伦理观/王蓉,孙晋书//才智,2011.17

朱子学与全球化/方彦寿//博览群书,2011.02

朱熹民本思想对朱子学者的影响/李尾咕//山西广播电视大学学报,2011.05

朱子学本体论思想的批判与重建——日本古学者山鹿素行思想为中心/阿里木·托和提//理论界,2011.01

《朱子语类辑略》含介词标记差比句/范允巧,唐韵//内蒙古农业大学学报(社会科学版),2011.01

19世纪朱子学文献英译概况考察/张奇智//长江大学学报(社会科学版),2011.11

新中国成立以来朱子学文献英译概况考察/张奇智//福建教育学院学报,2011.03

厦门可以打造"朱子文化"品牌/颜立水//群文天地,2011.04

湘西武陵山区"朱子家礼"仪式及仪式音乐遗存初探/曾丽蓉//大众文艺,2011.024

朱子理学诚信观及其现代商业意蕴/朱文典//内蒙古农业大学学报(社会科学版),2011.03

敬义夹持视域下的朱子哲学工夫论/李敬峰//中国社会科学院研究生院学报,2011.06

当代经济视阈下进行朱子理学研究的社会意义/陈利华//湖北经济学院学报(人文社会科学版),2011.09

康熙御笔朱子诗考析/刘光启//收藏家,2011.05

尤溪茶艺——红醇绿翠朱子情/张娴静,孙云//福建茶叶,2011.06

关于朱熹所传两则调弦法文献的律学分析/王虹//天津音乐学院学报,2011.04

朱熹的《周易》观/王新春//哲学研究,2011.10

对朱熹哲学思想的重新认识——兼评冯友兰、牟宗三解释模式之扭曲/金春峰//学术月刊,2011.06

"性之本体是如何"——朱熹性论的考究/向世陵//孔子研究,2011.03

戴震早年对朱熹学术的评判——以戴震《毛诗补传》与朱熹《诗集传》为例/程嫩生//江西社会科学,2011.09

莱布尼茨的"单子"和朱熹的"理"之异同——兼论莱布尼茨对朱熹之"理"的理解/李中祥//河北理工大学学报(社会科学版),2011.03

从《白鹿洞书院揭示》看朱熹的教育理念/王雅克//保定学院学报,2011.01

论朱熹对"继善成性"说的规范/向世陵//周易研究,2011.01

朱熹哲学中的天与上帝——兼评利玛窦的以耶解儒/桑靖宇//武汉大学学报(人文科学版),2011.02

朱熹"《易》本是卜筮之书"疏论/张克宾//中国哲学史,2011.02

人心道心之辨与后朱熹时代朱子学方法的奠定/王宇//哲学研究,2011.03

略论朱熹"敬论"/吴震//湖南大学学报(社会科学版),2011.01

天理与人文的统一——朱熹论礼、理关系/殷慧//中国哲学史,2011.04

从叶适到朱熹:"过不及"辨略/麻尧宾//四川大学学报(哲学社会科学版),2011.01

宇宙生成论的中西比较——以朱熹和托马斯·阿奎那为例/刘光顺//世界宗教研究,2011.01

论朱熹的"心统性情"说/蒙培元//天水师范学院学报,2011.03

朱熹的"新民"理念——基于政治哲学视角的考察/谢晓东//厦门大学学报(哲学社会科学版),2011.04

论朱熹"生"的学说/蒙培元//鄱阳湖学刊,2011.01

对牟宗三诠释朱熹以《大学》为规模的方法论反省/杜保瑞//湖南大学学报(社会科学版),2011.01

朱熹礼学思想建设的启示/殷慧,肖永明//湖南大学学报(社会科学版),2011.01

朱熹的宇宙生成论研究/刘光顺,李达理//北京工业大学学报(社会科学版),2011.01

近现代西方哲学的朱熹理学因素——以莱布尼茨、李约瑟为例/徐刚//东南学术,2011.04

论朱熹与徽州宗族文化之间的关系/张体云//学术界,2011.01

"义""利"的对立与统一——朱熹的义利观辨析/冯兵//北华大学学报(社会科学版),2011.04

浅析朱熹《大学章句》/杨佳//辽东学院学报(社会科学版),2011.04

朱熹《诗集传》所注二反、二音考/雷励,余颂辉//语言科学,2011.03

朱熹"致知"须假"格物"原因探析/刘光顺//广西社会科学,2011.04

论朱熹对艮卦的阐释/郭振香//周易研究,2011.01

朱熹《中庸章句》对"诚者,天之道也"的诠释——兼与《礼记正义·中庸》的比较/乐爱国//中共宁波市委党校学报,2011.05

朱熹对苏轼政治作为的评价/徐楢//首都师范大学学报(社会科学版),2011.S1

朱熹的道统论与建本类书中的先贤形象/方彦寿//孔子研究,2011.05

论朱熹"淫诗"说的学术背景及内在理路/谢海林,周泉根//海南师范大学学报(社会科学版),2011.01

朱熹《诗序辨说》试论/雷炳锋//宁夏大学学报(人文社会科学版),2011.02

朱熹哲学体系概说/张品端//武夷学院学报,2011.01

朱熹"格物致知"说研究/李红//学理论,2011.31

书院语境下的文学传播——以朱熹《白鹿洞赋》为考察对象/李光生//山西师大学报(社会科学版),2011.03

论朱熹《家礼》的社会教化功能/周永健//兰台世界,2011.19

新儒学理论的系统建构和展示——论朱熹在《中庸章句》对"天人合一"的哲学诠释/胡健//安徽冶金科技职业学院学报,2011.01

朱熹《诗经》诠释之"兴起"说浅论/孙雪萍//烟台大学学报(哲学社会科学版),2011.04

散文与经学关联视野中韩愈文道观的本体论内涵及意义——兼与刘勰、朱熹文道观比较/宁俊红//兰州大学学报(社会科学版),2011.05

朱熹选择人居环境的文化意蕴/林振礼//福建师范大学学报(哲学社会科学版),2011.03

朱熹的散文思想/马茂军//安康学院学报,2011.03

朱熹的"自得"思想/朱汉民,周之翔//社会科学战线,2011.06

讲道以化科举:南宋书院建设的目标与理想——以朱熹、张栻等理学家为中心的讨论/邓洪波//北京联合大学学报(人文社会科学版),2011.03

从朱陈之辩看朱熹陈亮的王霸思想/王心竹//社会科学,2011.11

朱熹易学思想与诗歌关系考论/李育富//洛阳师范学院学报,2011.01

朱熹"以理释礼"思想的形上依据/刘艳,姜波//齐鲁师范学院学报,2011.04

"性"的失语与"情"的独语——以朱熹为重点的儒家性情思想考察/叶青春//社会科学研究,2011.05

论朱熹敬的学说/蒙培元//天水师范学院学报,2011.04

白寿彝先生与朱熹研究/刘永祥//回族研究,2011.01

浅析朱熹哲学"理一分殊"思想/张年荣//福建论坛(社科教育版),2011.04

试论朱熹在八闽的山水诗/胡迎建//闽江学院学报,2011.03

朱熹通识教育思想刍议/鄢建江//广东石油化工学院学报,2011.02

朱熹鬼神思想中的志怪空间/袁文春//福建论坛(人文社会科学版),2011.11

朱熹咏物诗赏析/胡迎建,程越华//厦门教育学院学报,2011.03

朱熹女性观探析/彭华//现代哲学,2011.06

朱熹未赴陈亮、辛弃疾铅山之会原因再探究/汲军,马宾//上饶师范学院学报,2011.01

朱熹理治社会核心价值论/徐公喜//

江淮论坛,2011.03

从"文质彬彬"到"文道合一"——兼论朱熹文道观的哲学建构及其价值超越/陈明海//科教文汇(上旬刊),2011.07

朱熹论"屈原之过"/赵乖勋//求索,2011.06

朱熹理学范畴初探/王德胜,宋洁//白城师范学院学报,2011.06

朱熹理学思想中的系统生成论/刘光顺,薛虹//系统科学学报,2011.01

论朱熹对苏轼词学的接受/汪超//上饶师范学院学报,2011.02

朱熹对"明刑弼教"的阐释和发展/姜颖//法制与社会,2011.08

朱熹对科举态度的转变及其改革主张/张全明//南都学坛,2011.05

论朱熹辨《书》与其"既疑且信"/李燕//学术界,2011.01

基于旅游竞合的朱熹故里之争解决策略/林红//三明学院学报,2011.01

朱熹生态哲学思想及其实践浅析/朱惠莉//经济与社会发展,2011.01

论朱熹的"去旧习"说/卢其薇//华东师范大学学报(哲学社会科学版),2011.05

郑樵、朱熹《诗》学传承关系考论/汪祚民//安庆师范学院学报(社会科学版),2011.12

论朱熹对科举态度的三次转变及其改革主张/张全明//国际社会科学杂志(中文版),2011.04

朱熹《诗》乐思想/郑俊晖//交响(西安音乐学院学报),2011.01

褒贬抵牾:朱熹何以如是论杜甫?/彭燕//西南民族大学学报(人文社会科学版),2011.08

政、教之间的心路徘徊——论朱熹教育思想的政治诉求/王少芳//邢台学院学报,2011.01

略论《大乘起信论》对朱熹心性论的影响/张树青//白城师范学院学报,2011.02

论朱熹的格物穷理思想及其"科学理性精神"/屈志勤,冯慧卿//南华大学学报(社会科学版),2011.06

诗歌视野下的朱熹心态管窥/邱蔚华,林富玲//哈尔滨学院学报,2011.04

朱熹门人冯椅小传辑补/冯青//古籍整理研究学刊,2011.02

朱熹在武夷山与道士交游事迹略考/冯兵//华北电力大学学报(社会科学版),2011.04

略论朱熹伦理观及其现实意义/邹云,晏功明//景德镇高专学报,2011.03

论洪迈与朱熹对《高唐》《神女赋》评价的差异——兼及宋玉辞赋批评标准与方法的把握/何新文,徐三桥//中国韵文学刊,2011.04

朱熹道德哲学与意识形态/许兰//重庆教育学院学报,2011.04

论朱熹及其《大学章句》/胥思省//中外企业家,2011.14

再论朱熹籍贯三省之争/沈素珍,钱耕森//安徽师范大学学报(人文社会科学版),2011.05

朱熹理治社会论/徐公喜//福建论坛(人文社会科学版),2011.09

论朱熹德育思想的现实启迪/李倩//衡水学院学报,2011.02

曾祥芹先生对朱熹读书诗的赏析/徐雁//大学图书情报学刊,2011.02

朝鲜儒者魏岩的未发心性论以及对朱熹理论的新阐释/邢丽菊//中国哲学史,2011.04

《毛诗序》、朱熹与文化积淀/杨希英//时代文学(下半月),2011.11

朱熹对大学格物致知的错解及其对后世的影响/余惠先//高等函授学报(哲学社

会科学版),2011.11

朱熹的隐士情结及其影响/兰宗荣//合肥学院学报(社会科学版),2011.04

朱熹哲学体系中的人性与道德探微/朱学军//闽西职业技术学院学报,2011.03

论朱熹的田园农事诗/胡迎建,吕荣荣//农业考古,2011.04

"实"而"中庸"——试论朱熹关于"中庸"的解读/张锦波//福建论坛(社科教育版),2011.12

朝鲜儒者南塘的人物性异论及对朱熹理论的新发展/邢丽菊//社会科学战线,2011.01

略论朱熹《戊申封事》的特色和宋孝宗的度量/祝总斌//北京联合大学学报(人文社会科学版),2011.02

论朱熹的庐山诗/胡迎建//九江学院学报(社会科学版),2011.02

朱熹与陆九渊德育思想比较研究/杨露,董伟//世纪桥,2011.21

"诚信"的体用一源与生活世界的主体性建构——兼论朱熹的诚信思想/李星//湖南农业大学学报(社会科学版),2011.02

从公理化诠释看朱熹对《论语》的误读/吴国富//九江学院学报(社会科学版),2011.02

朱熹和李侗在南平九峰山的行踪考辨/陈利华//武夷学院学报,2011.04

论朱熹诗"士不遇"情结中的文化审美意蕴/邱蔚华//嘉应学院学报,2011.10

朱熹《晦庵词》考论/汪超//合肥学院学报(社会科学版),2011.04

滞泥失经意 穿凿侮圣言——朱熹经典解释弊病论研究/曹海东//湖北行政学院学报,2011.03

关于朱熹《琴律说》的调弦之法/付晓芳//大众文艺,2011.13

朱熹的土地改革思想/许卿彦//合肥

学院学报(社会科学版),2011.03

朱熹著作东传日本及其影响/陈国代,张品端//合肥学院学报(社会科学版),2011.03

名校之于名师——从朱熹、陆九渊看宋代私学发展/孙增娟//吕梁教育学院学报,2011.03

朱熹"主静"思想的现代诠释/葛荣晋//党政干部学刊,2011.04

朱熹思想中的"圣贤气象"浅析/钱萌萌//文学界(理论版),2011.05

浅探陆学、禅学之异同——兼议朱熹指陆学"本自禅中来"之意见/王法贵//皖西学院学报,2011.01

从《诗集传》看朱熹的《诗序》之辨/朱思凡//安徽文学(下半月),2011.07

文化还原下的朱熹诗忧患情结研究/邱蔚华//文艺评论,2011.10

朱熹《诗集传》训诂指瑕/范义财//鞍山师范学院学报,2011.05

论朱熹德育思想的形成/傅文玉,王欢//淮北职业技术学院学报,2011.01

论朱熹修养论的双重向度及其当代意义/李星//山西农业大学学报(社会科学版),2011.06

论朱熹传统主义的经典诠释方法/张新国//中共四川省委党校学报,2011.01

朱熹父子与苏轼的《昆阳城赋》/张进//名作欣赏,2011.31

试论刘智哲学宇宙论对朱熹理学本体论思想的"中介化"过程/沈毅//北方民族大学学报(哲学社会科学版),2011.06

朱熹《论语集注》中"六经注我"的诠释方法对当下教育的指导意义/江先忠//福建教育学院学报,2011.06

朱熹的醇儒教育研究/张莉,张凯//沧桑,2011.01

朱熹民本思想对朱子学者的影响/李

尾咕//山西广播电视大学学报,2011.05

朱熹政治学说中的"诚意"思想/许卿彦//湖南广播电视大学学报,2011.03

朱熹理学思想与精神对闽南梨园戏发展的制约/陈雅谦,谢英//闽江学院学报,2011.04

浅析朱熹晚年人性论对宇宙论的支持/张建//湖北经济学院学报(人文社会科学版),2011.02

论朱熹的诚信观及对和谐海西建设的启示/李星//三明学院学报,2011.01

关于朱熹《仪礼经传通解》的梳理/余瑞霞//太原城市职业技术学院学报,2011.03

朱熹政治思维下的"诚意"阐述/许卿彦//顺德职业技术学院学报,2011.04

论朱熹"明违而阴从"之诗序观/张芳//牡丹江大学学报,2011.05

论朱熹的景观设计思想/兰宗荣//全国商情(理论研究),2011.07

朱熹生命观中的道家思想/赵静//绥化学院学报,2011.05

朱熹理学审美与闽画之风/王英暎//新疆艺术学院学报,2011.02

朱熹召集编辑会议/李士金//编辑学刊,2011.06

朱熹重农思想探微/许卿彦//湖南广播电视大学学报,2011.04

朱熹理欲之辨与医患道德修养的契合/张希圆//华西医学,2011.06

朱熹与中华文化元典/马照南//福建质量技术监督,2011.06

原意复归——意义创生:朱熹诠释学追寻的最佳境界/王堰永//安徽广播电视大学学报,2011.02

廖纪《中庸管窥》对朱熹《中庸章句》思想的遮蔽与彰显/王征//沧州师范专科学校学报,2011.01

朱熹的美学思想与社会审美情趣提升机制的构建/包绍亮//理论界,2011.07

朱熹卜筮思想探微/朱学军//湖北职业技术学院学报,2011.03

朱熹经典诠释方法——从其读书法中探究/赵婷婷//佳木斯教育学院学报,2011.02

戏曲电视剧《朱熹与丽娘》的叙事策略分析/孙媛//佳木斯教育学院学报,2011.03

喜欢拿妓女说事儿的朱熹/陈蓉//文史博览,2011.05

浅析易佩绅《诗义择从》对朱熹诗论的批评/方鹏,宋朝群//文学教育(上),2011.11

简论朱熹的德育方法/李倩//科学大众(科学教育),2011.04

柏拉图哲学与朱熹哲学之比较/毕秀芹//商品与质量,2011.S5

《诗集传》对〈诗经〉篇章结构的探讨/徐有富//南京师范大学文学院学报,2011.02

朱陆"禅学辩"刍议/郭文//太原理工大学学报(社会科学版)》,2011.02

"性即理"与"心即理"本义辨析/蒋国保//江南大学学报(人文社会科学版)》,2011.05

从"朱陆之辩"看南宋理学与心学的分歧/刘成//唯实,2011.10

朱子《中庸章句》论"诚"及其与"三达德"、"五达道"的关系/乐爱国//儒教文化研究(国际版),韩国成均馆大学,2011.09

朱子论《中庸》大义/乐爱国//诸子学刊(第五辑),上海古籍出版社,2011.12

朱熹理学思想与科学发展观/方彦寿//朱子文化,2011.01

朱熹与光泽李氏诸贤/杨道喜//朱子文化,2011.01

试论朱子学视野中的朱子门人研究/邓庆平,王小珍//朱子文化,2011.01

放宽历史的眼界——"理一分殊"视野中的人类社会发展规律/吴吉民//朱子文化,2011.02

浅解朱熹"存天理,灭人欲"/金文钦//朱子文化,2011.02

朱熹经济思想简论/朱人求//朱子文化,2011.02

论朱熹及其闽北文化的背景/徐晓望//朱子文化,2011.02

天人关系的两大统一——试探朱熹"理一分殊"中天人关系的理论框架/吴吉民//朱子文化,2011.03

朱子政治哲学新探/刘 刚//朱子文化,2011.03

张九成对德福与天命的重新诠释/李春颖//朱子文化,2011.03

朱熹《孝经刊误》在明代的流传与反响/刘增光//朱子文化,2011.03

朱熹的土地改革思想/许卿彦//朱子文化,2011.04

我国近年来朱子礼乐思想研究述评/冯 兵//朱子文化,2001.04

小议朱子的"至公无私"——兼论与"存天理,灭人欲"的关系/乐爱国//朱子文化,2011.05

朱子和谐观与当代社会/朱人求//朱子文化,20101.05

朱熹与从祀孔庙的福建理学家/方征//朱子文化,2011.05

"水流无彼此,地势有西东"——全球化视野中的朱子学及其意义/陈来//朱子文化 2011.06

朱子《仁说》在德川日本的回响 /(台湾)黄俊杰//朱子文化,2011.06

从朱子学谈《朱子家训》对建构现代和谐社会的意义/(台湾)朱高正//朱子文化,2011.06

2012 年部分朱子学论文索引

朱子理学与古典儒家礼教/张凯作//北京大学学报(哲学社会科学版),2012.02

"明德"与"明明德"辨义——以《朱子语类》为中心/王硕//中国哲学史,2012.01

当代海外的朱子学研究及其方法/黎昕,赵妍妍//哲学研究,2012.05

从生存基础到力动之源——朱子哲学中的"气"论思想/丁为祥//北京大学学报(哲学社会科学版),2012.02

仁的工夫论诠释——以朱子"克己复礼"章解为中心/许家星//孔子研究,2012.03

体用与阴阳:朱子《太极图说解》的本体论建构/杨立华//哲学研究,2012.10

朱子哲学中"心之德"的思想/张凯作//中国哲学史,2012.01

鬼神以祭祀而言——关于朱子鬼神观的若干问题/吴震//哲学分析,2012.05

朝鲜古写徽州本《朱子语类》考/徐时仪//古籍整理研究学刊,2012.03

朱子门人群体特征概述/邓庆平//中国哲学史,2012.01

近三十年(1980—2010)英语世界的朱子研究——概况、趋势及意义/彭国翔//湖南大学学报(社会科学版),2012.01

《朱子语类》知晓概念词语类聚考探/

徐时仪//上海师范大学学报(哲学社会科学版),2012.05

论朱子的理气动静问题/乔清举//哲学动态,2012.07

罗钦顺与日本朱子学/林月惠//湖南大学学报(社会科学版),2012.01

元代新安理学从"羽翼朱子"到"求真是"的转向/刘成群//江汉论坛,2012.01

朱子学的身体哲学再诠释/林玮//江西社会科学,2012.02

朱子理气关系的三种不同解读/丁为祥//江南大学学报(人文社会科学版),2012.01

《朱子语类》同义近义词语考/徐时仪//宁波大学学报(人文科学版),2012.04

我国第一部系统研究《朱子语类》经学思想的学术专著——《〈朱子语类〉经学思想研究》绍介/林志刚//湖南科技学院学报,2012.05

《朱子语类》中"把来"结构的词汇化及"把""来"的语法化过程/王小穹,危艳丽//中南大学学报(社会科学版),2012.04

朱熹"理一分殊"问题中的二重性思辨——从《朱子哲学研究》相关探讨的不足与限度谈起/张柯//中州学刊,2012.05

简析山鹿素行对朱子心性论的批判/张捷//中国哲学史,2012.01

论朱熹与朱子学研究的五大范式/平飞//江西社会科学,2012.06

人心与人欲——《〈朱子语类〉中两条重要语录辩误》之辨误/许家星//学术界,2012.07

也论朱子对《周易参同契》的整理/田智忠//周易研究,2012.01

朱子小学的逻辑结构/薛孝斌//东南学术,2012.06

《朱子语类》俗语词考释/冯青//湖北社会科学,2012.03

论朱子哲学中的气质之性/张凯作//东方论坛,2012.01

从《朱子语类》看朱熹的"俗语"观/程碧英//成都大学学报(社会科学版),2012.01

孔门传授心法——朱子《四书章句集注》对儒家道统论的理论贡献/杨浩//首都师范大学学报(社会科学版),2012.03

《朱子语类》佛学词语考/徐时仪//南阳师范学院学报,2012.07

《易》本卜筮之书:朱子论《易》的形成/吴宁//衡水学院学报,2012.03

司马光《书仪》与《朱子家礼》之比较/安国楼,王志立//河南社会科学,2012.10

《朱子语类》词语考/徐时仪//南阳师范学院学报,2012.02

日本朱子学者的产生与新汉学的传播/王玉强//东北亚论坛,2012.01

《朱子语类》被字句的衍变/郑淑花//宜春学院学报,2012.01

朱子"理先气后"的发生学解读/丁为祥//唐都学刊,2012.05

与朱子的对峙:试释永康之心性路径/麻尧宾//四川大学学报(哲学社会科学版),2012.05

朱子学在日本的传播与发展/张品端//中共福建省委党校学报,2012.06

"哲学与时代:朱子学国际学术研讨会"综述/许家星//中国哲学史,2012.01

朱子理欲新论/高予远//深圳大学学报(人文社会科学版),2012.02

朱子学与阳明学的会通/杨祖汉//杭州师范大学学报(社会科学版),2012.05

朱子心性论的结构及其内在张力——与乔清举先生商榷/张新国//江汉论坛,2012.11

尽心与知性——朱子对《孟子》"尽心知性"的诠释问题/方旭东//西北大学学报

（哲学社会科学版）,2012.06

从生存实在到理气世界——朱子理气双重视角的形成/丁为祥//人文杂志,2012.06

从经典选择到不同思路之辩——简论朱子理气观的形成/丁为祥//陕西师范大学学报（哲学社会科学版）,2012.06

江户初期日本朱子学者的哲学自觉/王玉强,陈景彦//学习与探索,2012.06

朱子静坐工夫略论/崔海东//深圳大学学报（人文社会科学版）,2012.05

释《朱子语类》中的"款"类词/程碧英//四川文理学院学报,2012.01

让朱子文化辉耀民族复兴的时代星空/张建光//政协天地,2012.12

南平政协的朱子文化心路/秦友莲//政协天地,2012.12

朱子理学的当今价值/方彦寿//政协天地,2012.12

致力朱子文化传承的"美珍姐"/蔡戎//政协天地,2012.12

瞻孔子故地,思朱子文化传播/王金清//政协天地,2012.12

我们到哪里去瞻仰朱子？/ 孙雯//政协天地,2012.12

朱子读书心德/陈敏//福建教育学院学报,2012.06

民国时期朱子学与科学关系的讨论/乐爱国//学习与实践,2012.10

论《毛诗原解》中朱子改序说/周挺启//淮北师范大学学报（哲学社会科学版）,2012.06

朱子读书法与现代教育心理的内在关系/张静莉//佳木斯教育学院学报,2012.12

敬义夹持视域下的朱子哲学工夫论/李敬峰//重庆师范大学学报（哲学社会科学版）,2012.02

北京大学图书馆藏朱子遗集一种小考/李雄飞//中国文化研究,2012.01

《朝鲜古写徽州本朱子语类》的传播过程考订/胡秀娟//学术界,2012.05

基于 SWOT 分析的武夷山朱子文化旅游发展的探索/邹赣华//扬州教育学院学报,2012.03

浅谈江户时代朱子学官学教育/黄逸//常州大学学报（社会科学版）,2012.04

《朱子语类》引诗的特点及其成因/甘小明//宿州学院学报,2012.06

论朱子《仪礼释宫》设计美学思想/刘基玫,邹其昌//苏州大学学报（哲学社会科学版）,2012.05

朱子的境界论思想简论/乔清举//湖南大学学报（社会科学版）,2012.06

《大学》中的"功夫－效验"问题与朱子的工夫论学说/曾奕//湖南大学学报（社会科学版）,2012.06

以德为本,彰显人格魅力——朱子教育思想与辅导员工作精细化研究/王志阳//漳州职业技术学院学报,2012.01

《朱子语类》并列式复合词语素音序的第三种规则/赵小刚//西北大学学报（哲学社会科学版）,2012.03

《朱子语类》词语选释/胡绍文//阜阳师范学院学报（社会科学版）,2012.06

朱子与张南轩的仁说论辨/苏铉盛//湖南大学学报（社会科学版）,2012.06

邵雍"观物"说的定位——由朱子的批评而思/方旭东//湖南大学学报（社会科学版）,2012.06

易何为而作:朱子论《周易》的成书过程/吴宁//渭南师范学院学报,2012.05

《朱子语类》"乐"论诠释学美学初探/刘基玫,邹其昌//艺苑,2012.04

游走在黄杨木里的精灵——朱子常黄杨木雕品赏/高启新//文艺生活（艺术中

国),2012.02

伊藤仁斋《论语古义》对朱子学的异化/李少鹏,郑毅//北华大学学报(社会科学版),2012.04

南宋浙江朱子学发展的境遇和特点/李同乐//江南大学学报(人文社会科学版),2012.06

论朱子对《中庸》"致曲"的诠释/郭晓东//湖南大学学报(社会科学版),2012.06

迫切、缘由及境遇:论李侗对朱子的期许面会/刘刚//北京电子科技学院学报,2012.01

从形上之辨到理气分殊——《朱子文集·答黄道夫书》与宋明理学的思想逻辑/谢昌飞//河南社会科学,2012.12

论朱子学在英语世界的最早传播与研究(上)/蔡慧清//湖南大学学报(社会科学版),2012.06

朱子"格物"理论中"知"的特点/冯晨//中国石油大学学报(社会科学版),2012.05

《朱子语类》副词"没"的功能分析/郑淑花//乐山师范学院学报,2012.07

朱子常:游走在黄杨木里的精灵——温州市博物馆馆藏黄杨木雕鉴赏/高启新//文物鉴定与鉴赏,2012.03

朱子学"人性"论思想的批判及其重构——日本武士道学者山鹿素行思想为中心/阿里木·托和提//理论界,2012.07

试论宋元明初江西朱子学发展的若干特性/周茶仙,胡荣明//上饶师范学院学报,2012.02

朱子《四书章句集注》"切己体察"读书法探析/杨浩//学理论,2012.15

经学苑中的哲学花——读杨燕《〈朱子语类〉经学思想研究》/冯兵//中华文化论坛,2012.03

"海东朱子"论《九曲棹歌》/金银珍//

常州工学院学报(社科版),2012.02

以理释天——朱子《四书章句集注》对"天"概念的诠释/杨浩//黑河学刊,2012.04

论朱子对"明德"的诠释/王志刚//理论界,2012.05

选题成熟 史学价值高 申报材料详实——学术巨制《朱子著述宋刻集成》出版纪实/斯嘉//全国新书目,2012.01

概论《朱子语类·释氏》中的反佛思想/杨永胜//学理论,2012.29

《朱子家训》在大学生道德素质教育中的应用/韩剑锋,马志东//知识经济,2012.18

《朱子实纪》/王蕾//图书馆学刊,2012.05

朱熹的农业思想概述/郭红超//安徽农业科学,2012.01

论朱熹易哲学中的"生生"与仁/张克宾//中州学刊,2012.01

朱熹先天易学思想探析/张宏华//晋阳学刊,2012.01

朱熹对张载思想的继承与发展/陈永光//晋城职业技术学院学报,2012.01

从《朱子语类》看朱熹的"俗语"观/程碧英//成都大学学报(社会科学版),2012.01

朱熹理欲观视域下的伦理转向与异化/陶新宏//福建论坛(人文社会科学版),2012.01

论朱熹的"心之本体"与未发已发说/向世陵//湖南大学学报(社会科学版),2012.01

朱熹理一分殊的理气论与冯友兰新理学之对比研究/曾春海//湖南大学学报(社会科学版),2012.01

祭之理的追索——朱熹的鬼神观与祭祀思想/殷慧//湖南大学学报(社会科学

版),2012.01

朱熹童蒙教育思想及实践探索/涂爱荣//湖南师范大学教育科学学报,2012.02

朱熹《中庸章句·哀公问政》的为政以诚思想——兼与《礼记正义·中庸》比较/乐爱国//厦门大学学报(哲学社会科学版),2012.01

论朱熹"存天理、灭人欲"思想/黄太勇//赤峰学院学报(汉文哲学社会科学版),2012.02

李侗对朱熹四书学的影响/周元侠//中国哲学史,2012.01

王船山数责朱熹"过于忠"论的原因探究/杨兴华//衡阳师范学院学报,2012.01

郑《笺》、孔《疏》与朱熹《诗集传》"兴"论略析/刘顺//广西社会科学,2012.02

"革欲复理"、"剥落物欲"与"理在欲中"——朱熹理学、陆王心学与明清实学理欲观之比较/杨华祥//合肥学院学报(社会科学版),2012.01

浅论朱熹的学习观/陈晖//沈阳工程学院学报(社会科学版),2012.01

朱熹童蒙文献的理学传播意义/孙赫男//吉林大学社会科学学报,2012.02

晁补之《续楚辞》、《变离骚》与朱熹《楚辞后语》比较研究/刘真伦//文学遗产,2012.02

朱熹《中庸章句》对"致中和"的注释及其蕴含的生态思想——兼与《礼记正义·中庸》比较/乐爱国//江南大学学报(人文社会科学版),2012.01

论朱熹对儒家法制原则的改造/张维新//北方论丛,2012.02

朱熹之前"体用一源"说的历史演变/申元凯//福建省社会主义学院学报,2012.01

朱熹《中庸章句》的天道观/傅小凡,周克浩//信阳农业高等专科学校学报,2012.

01

试论朱熹的"存天理、灭人欲"思想/王萍//卫生职业教育,2012.06

朱熹蜀汉正统论/杨静静//宜春学院学报,2012.01

朱熹家庭伦理思想研究/杨晶//孝感学院学报,2012.02

朱熹"李太白始终学选诗,所以好"说刍议/沈曙东//绵阳师范学院学报,2012.01

朱熹"克己复礼"之解辨正——兼论"理"与"礼"的关系/孔凡青//牡丹江大学学报,2012.04

略论阳明心学视域中的静坐功夫——兼与朱熹的静坐论思想比较/胡勇//孔子研究,2012.02

朱熹法律伦理思想简析/邹云,郝海望,晏功明//景德镇高专学报,2012.01

朱熹论修身/蔡方鹿//江南大学学报(人文社会科学版),2012.02

论朱熹的社会发展思想/陶有浩//社会科学战线,2012.01

朱熹《中庸章句》对"致中和"的注释及其蕴含的生态思想——兼与《礼记正义·中庸》比较/乐爱国//鄱阳湖学刊,2012.01

朱熹与中国思想的道统论问题/陈赟//齐鲁学刊,2012.02

典籍与教科书同构:朱熹纂辑《四书》的理路/翟广顺//齐鲁学刊,2012.02

朱熹诗闲适意趣的文化审美视境/邱蔚华//北京工业大学学报(社会科学版),2012.02

论朱熹经学与文章之学的关系/方笑一//华东师范大学学报(哲学社会科学版),2012.02

典范的意义——朱熹的辞赋创作/王仕强//辽东学院学报(社会科学版),2012.01

朱熹对《孟子》"仁民而爱物"的诠释——一种以人与自然和谐为中心的生态观/乐爱国//中国地质大学学报（社会科学版），2012.02

朱熹的行政伦理思想及对当代启示——以《朱文公政训》为视角/李红英，汪远忠//和田师范专科学校学报，2012.02

朱熹论诸葛亮/杨静静//语文知识，2012.01

风人之旨 谁可独得——略论毛奇龄对朱熹"淫诗"说的批评/周怀文，经莉莉//合肥学院学报（社会科学版），2012.03

予"敬"予"和"：朱熹的礼乐价值论/冯兵//江汉论坛，2012.05

《大学》成书问题新探——兼谈朱熹怀疑《曾子》十篇真实性的内在思想根源/刘光胜//文史哲，2012.03

从人的个体性视角看奥古斯丁与朱熹的心身学说/徐弢，李思凡//武汉大学学报（人文科学版），2012.03

朱熹德育思想对中小学德育的启示/张务农//教学与管理，2012.15

朱熹儿童教育思想研究/陈兴华//长江师范学院学报，2012.04

朱熹《楚辞集注》版本述略/李永明//兰台世界，2012.12

居乡状态中的南宋理学士人——以朱熹为辐射中心的群体探讨/孔妮妮//学术月刊，2012.02

扬弃朱熹理学的阳明心学/何静//齐鲁学刊，2012.03

"诚之"至"诚"：朱熹"中和"思想探微/李山河//江汉大学学报（人文科学版），2012.03

朱熹对张载"民胞物与"的诠释——一种以人与自然和谐为中心的生态观/乐爱国//中共宁波市委党校学报，2012.03

盖世之气与匹夫之勇——朱熹眼中的项羽/丁波//宁夏社会科学，2012.03

"克己复礼为仁"之本义澄清——兼论朱熹的"误读"及其意义/李方泽，王培//江淮论坛，2012.03

朱熹的教育思想与意义评析/魏燕明//兰台世界，2012.15

余英时"政治文化"的特色及其形成——再读《朱熹的历史世界——宋代士大夫政治文化的研究》/丁为祥//哲学分析，2012.03

从《武夷棹歌》浅析朱熹的山水审美观/邓维明//三明学院学报，2012.03

周文王王道政化的里巷歌谣——朱熹文学、理学二元一体的《二南》解释学/郝永//南阳师范学院学报，2012.05

朱熹与狐仙传说的文化源头及伦理意蕴/林振礼//漳州职业技术学院学报，2012.02

朱熹的子学思想及其特征和地位/蔡方鹿，解著//哲学研究，2012.06

朱熹哲学散论/陈遵沂//中共福建省委党校学报，2012.06

朱熹"官德"思想述论/冯会明，刘佩芝//中共福建省委党校学报，2012.06

论朱熹的天人观及其实践/王国良，王霞//社会科学战线，2012.04

论颜元在人性论上对朱熹的批判/赵子杰//韶关学院学报，2012.05

论朱熹的"正统"观/黄太勇，于晓杰//牡丹江师范学院学报（哲学社会科学版），2012.03

朱熹的《论语》观/梁洋//湖南第一师范学院学报，2012.03

试论朱熹《论语集注》对德的阐述/古亮//集宁师范学院学报，2012.01

论朱熹与朱子学研究的五大范式/平飞//江西社会科学，2012.06

朱熹教育思想对职业院校思想政治教

育实践的启示/毕新英//职业教育研究，2012.07

朱熹科学研究之特色及当代启示/詹志华//自然辩证法通讯，2012.04

"郑风淫"是朱熹对孔子"郑声淫"的故意误读/徐正英，陈昭颖//中州学刊，2012.04

朱熹《大学》"明明德"诠释的理学意蕴/朱汉民，周之翔//哲学研究，2012.07

朱熹与黄庭坚诗学的离与合/吴晟//南昌大学学报（人文社会科学版），2012.04

宋代经学诠释与朱熹对儒学终极关切的构建/李丽琴//孔子研究，2012.04

朝鲜本朱熹诗文选集《雅诵》考论/周茜//社会科学战线，2012.05

朱熹理学对徽州装饰雕刻的审美影响/杨帆//宿州学院学报，2012.06

论朱熹建构鬼神理论的必然性/袁文春//史学集刊，2012.04

儒家社会治理思想的价值取向分析——论李觏与朱熹对儒家核心价值体系的不同梳理/张春贵//中共贵州省委党校学报，2012.04

本体论视域中的"天地之性"和"气质之性"——以张载、朱熹为代表的分析/张立新//人民论坛，2012.17

朱熹论杜矛盾现象评析/杨胜宽//杜甫研究学刊，2012.02

论朱熹的科学思想方法/陈玲//福建广播电视大学学报，2012.03

朱熹与胡宏门人及子弟的学术论辩/陈代湘//船山学刊，2012.03

朱熹童蒙道德教育的心理学解读/江如瑞，袁莉//现代教育科学，2012.08

朱熹对古代文献及其传播贡献的研究/刘亚玲//大学图书情报学刊，2012.04

简谈朱熹《诗》学思想及其形成/刘芳//文学教育（中），2012.08

试论朱熹与吕祖谦历史观之异同/李同乐//社科纵横，2012.09

论析朱熹的行政伦理思想/汪远忠，李红英//人民论坛，2012.20

朱熹的科学研究途径和方法/乐爱国//徐州工程学院学报（社会科学版），2012.05

朱熹"理一分殊"问题中的二重性思辨——从《朱子哲学研究》相关探讨的不足与限度谈起/张柯//中州学刊，2012.05

论朱熹词/胡迎建，刘诗频//江西广播电视大学学报，2012.03

论朱熹心理领悟学习研究方法及其特色/毛庆//江汉论坛，2012.09

朱熹思想对大学生"四成"教育的借鉴与启示/钱敏，朱之润//辽宁行政学院学报，2012.09

朱熹王夫之对屈原精神的阐释/赵明玉，吴长庚//武夷学院学报，2012.03

朱熹委托修书之举隅/陈国代//武夷学院学报，2012.03

朱熹法律思想中的法家因素/陈海波//武夷学院学报，2012.03

论朱熹对张载读书思想的继承和发展/肖发荣//西安石油大学学报（社会科学版），2012.04

朱熹与王阳明"格物"说探析/石兰荣//求索，2012.08

朱熹在百姓族谱谱序中的礼仪思想探析/来玉英//青海社会科学，2012.04

民国时期白寿彝对朱熹从学于道谦的论证/乐爱国//福建论坛（人文社会科学版），2012.09

朱熹与严州理学的发展/周晓光，方宁//安徽师范大学学报（人文社会科学版），2012.04

寻找支点：朱熹经典诠释思想析微/郭淑新，王子廓//安徽师范大学学报（人文社

会科学版),2012.05

无所思与无邪思:苏轼与朱熹关于"思无邪"的对立阐释/程刚//安徽师范大学学报(人文社会科学版),2012.05

朱熹教育思想研究/徐婷//剑南文学(经典教苑),2012.09

"诗哲"与"文道"——以柏拉图与朱熹为例/王玉琴//盐城师范学院学报(人文社会科学版),2012.05

朱熹的人才教育观/赵峰//人才资源开发,2012.10

管窥朱熹陆九渊对佛家思想的继承/徐成尚//中国—东盟博览,2012.10

朱熹山水心探源/李尾咕,林国平//中北大学学报(社会科学版),2012.05

浅析程朱理学与经院哲学之异同——以朱熹和托马斯·阿奎那为例/刘京虹//常州大学学报(社会科学版),2012.04

朱熹《牧斋净稿》述评/马宾//上饶师范学院学报,2012.04

朱熹与闽南多元宗教/林振礼//泉州师范学院学报,2012.05

泉州将举办"朱熹及其后学与泉南文化"研讨会/许旭//泉州师范学院学报,2012.05

《道的传承:朱熹对孔子门人言行的诠释》/刘贡南//石河子大学学报(哲学社会科学版),2012.05

朱熹《西铭》研究的三个特点/肖发荣//唐都学刊,2012.06

试论朱熹对欧阳修《本末论》的继承与突破/付佳//中国典籍与文化,2012.03

紫阳过化 薪传不绝——朱熹在泉南的教育活动拾零/叶茂樟//长江论坛,2012.05

"性"—"心"—"情"——朱熹心性哲学解读/于雷//才智,2012.28

朱熹与科学/陈玲//自然辩证法通讯,2012.06

闽学大师朱熹与兵部侍郎福清林栗辨易探究/陈建仁,杜兵//淮阴工学院学报,2012.06

朱熹理学思想中的审美元素/邓维明//艺术探索,2012.05

论朱熹《诗经》学的王道思想/郝永//周口师范学院学报,2012.06

白寿彝对朱熹生平事迹的研究/乐爱国//史学史研究,2012.04

朱熹《中庸章句》对"慎独"的诠释——兼与《礼记正义·中庸》的比较/乐爱国,钟小明//中国哲学史,2012.04

朱熹作过《〈横渠集〉校补》吗?——束景南"朱熹有《〈横渠集〉校补》并刻版"说献疑/肖发荣//西安石油大学学报(社会科学版),2012.05

仁心、觉心与本心——朱熹心论三议/向世陵//湖南大学学报(社会科学版),2012.06

佛教与儒学的三大差异——朱熹的分辨与判断/李承贵,王金凤//湖南大学学报(社会科学版),2012.06

宋代儒学重建视野中的朱熹《仪礼》学/殷慧//湖南大学学报(社会科学版),2012.06

宋代政治思想史上的"皇极"解释——以朱熹《皇极辨》为中心/吴震//复旦学报(社会科学版),2012.06

朱熹教育思想浅论/刘清//大学教育,2012.12

朱熹幼儿教育思想探微/刘静//佳木斯教育学院学报,2012.11

朱熹的终身教育思想及其现实价值/戴艳,潘建//科学教育,2012.06

试论宋代的《天问》注释特色——以洪兴祖、朱熹、杨万里三家为考察对象/韩锋,黄建荣//东华理工大学学报(社会科学

版),2012.04

得理至善:朱熹政治伦理思想的内在理路/徐恩火,余龙生//江西社会科学,2012.11

朱熹视域中的荀子人性论/刘涛//现代哲学,2012.06

朱熹与孔子"有德无位"事件/王光松//现代哲学,2012.06

朱熹《中庸章句》"诚"论——与郑玄、孔颖达《礼记正义》之比较/乐爱国//西南民族大学学报(人文社会科学版),2012.12

朱熹与《太极图》及道统/张克宾//周易研究,2012.05

民国时期白寿彝的朱熹易学研究/乐爱国//周易研究,2012.05

朱熹礼学思想中"宜时用"原则概述/吴哲//兰台世界,2012.36

朱熹的心性论和康德的道德律之对比/谷潇//商业文化(下半月),2012.07

朱熹的诚信思想及其当代意义/张品端//上饶师范学院学报,2012.05

书院精神作为"为己之学"的内涵及其现代价值——以朱熹《白鹿洞书院学规》为例/黄建华,王德荣//上饶师范学院学报,2012.05

论圃隐郑梦周的儒学思想/李甦平//儒教文化研究(韩国·国际版)第17辑,2012.02

朱舜水实学思想及其对日本社会的影响/李甦平//朱舜水书信展暨学术研讨会论文集,2012.03

论牧隐李穑的儒学思想/李甦平//韩国研究论丛(第24辑),社会科学文献出版社,2012.08

朱子学在韩国高丽时代的传播与发展/李甦平//哲学与时代——朱子学国际学术研讨会论文集,华东师范大学出版社,2012.09

朱子科举经济学初探/方旭东//中国儒学(第7辑),中国社会科学出版社,2012.09

宋儒对儒家实学的复兴与建构——基于排佛、批佛视角的考察/李承贵//江苏行政学院学报,2012.01

陈淳的经学思想及其影响研究——以《礼》《易》二经为中心/王志阳、周璇璇、陈曦//乐山师范学院学报,2012.10

朱熹《中庸章句·第三十三章》对"不显之德"的阐释/乐爱国//儒教文化研究(国际版),韩国成均馆大学,2012.08

朱子学的全球化意义/李明辉//朱子文化,2012.02

"宋学"与"理学"小议/冯兵//朱子文化,2012.02

科学向传统回眸:试论朱熹对终极问题的几点探索/吴吉民//朱子文化,2012.02

朱熹"体"之三义及其身体意味/林玮//朱子文化,2012.02

朱熹道德修养论及其借鉴意义/刘志平//朱子文化,2012.02

朱熹论"极高明而道中庸"/乐爱国//朱子文化,2012.3

是"国宝"还是伪帖?——朱熹《赠门人彦忠、彦孝同榜登第诗册》考析/方彦寿//朱子文化,2012.3

执中:儒家道统学说中的文化之根/吴吉民//朱子文化,2012.3

朱子学的历史行程/苏正道//朱子文化,2012.3

钱穆朱子学研究的基本特色/赖功欧//朱子文化,2012.3

朱熹对"四书"的创造性解读——以《大学章句》为例/乐爱国//朱子文化,2012.04

百年来的朱子学研究/苏正道//朱子

文化,2012.05

论朱子诚信思想与现代诚信教育/陈琳//朱子文化,2012.05

朱子学在瑞典的传播与影响/程利田//朱子文化,2012.05

《朱子语类》词汇与物质精神文化研究/徐时仪//朱子文化,2012.05

朱熹道德观对当代思想政治工作的借鉴与启示 /方彦寿 吴吉民//朱子文化,2012.06

朱熹的德刑观与宋明道德教化的特征/魏义霞//朱子文化,2012.06

2011—2012 年台湾朱子学研究相关资料

藤井伦明

一、研讨会

[1] 第三届宋代学术国际研讨会

会议时间:2011 年 6 月 3 日至 4 日

会议地点:国立嘉义大学会议厅

主办单位:国立嘉义大学中国文学系

[2] 德行与运气:德行理论与中国哲学国际研讨会

会议时间:2011 年 6 月 4 日

会议地点:东吴大学国际会议厅

主办单位:东吴大学哲学系、“中央“研究院文哲所、华梵大学哲学系

[3] 东亚儒学的当代诠释国际学术研讨会

会议时间:2011 年 8 月 5 日至 7 日

会议地点:“国立中央大学”文学院国际会议厅

主办单位:“国立中央大学”文学院儒学研究中心

[4] 2011 两岸四地朱子学论坛:全球化时代视野中的朱子学及其新意义

会议时间:2011 年 10 月 8 日至 9 日

会议地点:台北市国际会议中心(信义路五段 1 号)

主办单位:世界朱氏联合会、台湾朱氏宗亲文教基金会、台湾朱子学研究学会

[5] 2012 年“跨文化视域下的儒家伦常”国际学术研讨会

会议时间:2012 年 3 月 16 日至 17 日

会议地点:国家图书馆

主办单位:国立台湾师范大学国际与侨教学院、国家图书馆汉学研究中心

[6] “宋代文学与思想”国际研讨会

会议时间:2012 年 12 月 18 日至 20 日

会议地点:国立清华大学人文社会学院会议厅

主办单位:国立清华大学中国文学系

二、演　讲

[1] “国立中央大学”文学院儒学研究中心

主讲人:林月惠教授(“中央研究院”文哲研究所)

讲题:从宋明理学的“性情论”考察刘蕺山对“喜怒哀乐”的诠释

日期:2011 年 5 月 24 日(二)下午 2:00—4:00

地点:“国立中央大学”文学院 415 室

[2] “国立中央大学”文学院儒学研究中心

主讲人:白彤东教授(上海复旦大学哲学系)

讲题:儒家权利观

日期:2011 年 4 月 29 日(星期五)上午 10:00—12:00

地点:“国立中央大学”文学院 415 室

[3] 主讲人:刘静贞教授(国立成功大学历史系)

讲题:吕祖谦的感情世界——宋代礼法与情性观察之一例

日期：2012 年 11 月 22 日（星期四）下午 2：00—4：00

地点：国立台湾师范大学历史系

［4］国立台湾师范大学国文学系

主讲人：陈荣灼教授（加拿大 Brock University）

讲题：朱子"心统性情"新解

日期：2012 年 12 月 18 日（星期二）下午 2：10—4：00

地点：国立台湾师范大学国文学系语言视听室

三、专 著

［1］杨儒宾：《异议的意义：近世东亚的反理学思潮》，台大出版中心，2012 年 12 月。

［2］藤井伦明：《朱熹思想结构探索：以"理"为考察中心》，台大出版中心，2011 年 2 月。

［3］井上克人、黄俊杰、陶德民编：《朱子学と近世・近代の東アジア》(Cheng-Zhu school and East Asia in the Early Modern and the Modern period)，国立台湾大学出版中心，2012 年 3 月。

四、硕博士论文

［1］《许衡对朱子学的传承与发展》东吴大学/中国文学系/2011/博士研究生：李蕙如，指导教授：刘文起

［2］《道、道统与躬行——黄震理学思想研究》国立清华大学/中国文学系/2011/硕士研究生：李庆辉，指导教授：祝平次

五、单篇论文

［1］杜保瑞：《对王阳明批评朱熹的理论反省》，《国立台湾大学哲学论评》44，2012.10，第 33～72 页。

［2］林远泽：《克己复礼为仁——论儒家实践理性类型学的后习俗责任伦理学重构》，《清华学报》42：3，2012.09，第 401～442 页。

［3］姜龙翔：《朱子由〈四书〉所建构之〈诗经〉学基础思维探源》，《新竹教育大学人文社会学报》5：2，2012.09，第 1～49 页。

［4］胡元玲：《朱子学中的干道精神》，《鹅湖》38：2＝446，2012.08，第 30～44 页。

［5］陈振崑：《论朱子"心统性情"的"心"是"本心"还是"气心"?》，《华梵人文学报》18，2012.07，第 1～20 页。

［6］吴思远：《共襄盛会谈朱子，学人齐聚凤凰城——"朱子经学及其在东亚的流传与发展"国际学术研讨会综述》，《中国文哲研究通讯》22：2＝86，2012.06，第 109～113 页。

［7］陈逢源：《从理学到经学——蔡方鹿教授〈中国经学与宋明理学研究〉评介》，《中国文哲研究通讯》22：2＝86，2012.06，第 157～172 页。

［8］郑丞良：《百年论定——试论黄榦〈朱子行状〉的书写与朱熹历史形象的形塑》，《汉学研究》30：2＝69，2012.06，第 131～164 页。

［9］赖柯助：《论朱子与孟子对"良心"概念的了解》，《当代儒学研究》12，2012.06，第 215、217～248 页。

［10］杨雅妃：《朱熹论诗中"气象"之义理视角试探——以〈朱子语类〉论诗为考察范围》，《逢甲人文社会学报》24，2012.06，第 69～86 页。

［11］陈逢源：《道南与湖湘——朱熹〈四书章句集注〉义理进程分析》，《东华汉学》15，2012.06，第 89～129 页。

［12］蔡家和：《王船山对朱子〈孟子・浩然章〉诠释之批评——以〈读孟子大全说〉为据》，《当代儒学研究》12，2012.06，第 151、153～178 页。

［13］姜龙翔:《朱子命蔡沈编修〈书集传〉考》,《汉学研究》30:2＝69,2012.06,第99～130页。

［14］李甦平:《论圃隐郑梦周的儒学思想》,《儒教文化研究》17,2012.02,第21～33页。

［15］徐仪明:《朱子学研究的新开拓——杨燕〈朱子语类〉经学思想研究》述评》,《鹅湖》37:7＝439,2012.01,第56～59页。

［16］许宗兴、李光泰:《朱子哲学之定位》,《华梵人文学报》16,2011.07,第1～30页。

［17］林维杰:《越儒黎贵惇〈芸台类语〉中的朱子学线索》,《当代儒学研究》10,2011.06,第145、147～170页。

［18］藤井伦明:《被遗忘的汉学者:近代日本崎门朱子学者内田周平学思探析》,《中正大学中文学术年刊》2011:1＝17,2011.06,第53～81页。

［19］许华峰:《两种〈晦庵先生朱文公语录〉残本对朱子学研究的价值》,《国文学报》49,2011.06,第31～64页。

［20］李唯嘉:《新儒家的传承与开展——杨祖汉教授谈哲学思辨对道德实践的功用》,《国文天地》26:8＝308,2011.01,第90～94页。

［21］郭维茹:《〈朱子语类〉中无主语"被"字句》,《台大中文学报》37,2012.06,第175～220页。

［22］蔡九龙:《论〈述朱质疑〉对"朱陆异同"的评析效力》,《政治大学学报》27,2012.01,第75～115页。

（作者单位:台湾师范大学东亚学系）

2011—2012 年韩国朱子学研究资料汇编

[韩]姜真硕　林明熙

一、 朱 子 学

[1] 이동희(李東熙), 주자학신연구 (朱子學新研究), 문사철(文史哲), 2012

[2] 홍성민(洪性敏), 朱子 哲學에서 灑落의 의미 (朱子哲學中的灑落之義), 한국동양철학회 (韓國東洋哲學會), 2011

[3] 김문식 (金文植), 조선본 『주자어류』의 간행과 활용 (朝鮮本《朱子語類》的刊行與活用), 단국사학회 (壇國史學會), 2011

[4] 정상봉 (鄭相峯), 주자형이상학의 심층구조 (朱子形而上學的深層構造), 한국철학사연구회 (韓國哲學史研究會), 2012

[5] 이규필(李奎泌),『주자대전』 주석서와 『주자대전차의문목표보』(《朱子大全》的註釋書與《朱子大全箚疑問目標補》), 대동한문학회(大同韓文學會), 2011

[6] 이승환(李承煥), 주자의 '횡설'과 '수설' (《朱子之橫說與豎說》), 한국동양철학회 (韓國東洋哲學會), 2012

[7] 전홍석(全洪奭), 조선조 주자학, 이기심성론의 한국 유학적 전개 양상 (朝鮮朱子學、理氣心性論之韓國儒學 的展開), 한국문명교류연구소 (韓國文明交流研究所), 2011

[8] 서근식(Seo Geun Sik), 朱子의 中和說 변천과정과 '敬'工夫論 (朱子之中和說的變遷過程與敬工夫論), 동양고전학회(東洋古典學會), 2012

[9] 임옥균(林玉均), 이토 진사이의 《맹자》해석 (伊藤仁齋的《孟子》解釋 — 以與朱熹的比較爲中心), 동양철학연구회 (東洋哲學研究會), 2011

[10] 이승연(李承姸), 조선에 있어서 주자 종법 사상의 계승과 변용 (朝鮮朱子宗法思想的繼承與變用), 한국국학진흥원 (韓國國學盡興會), 2011

[11] 주광호(朱光鎬), 주자와 우암의 미발설 비교 연구 (朱子與尤庵未發說的比較研究), 고려대학교 철학연구소 (高麗大學哲學研究所), 2011

[12] 정호훈 (鄭豪薰), 조선후기 『주자봉사(朱子封事)』의 간행과 활용(朝鮮後期《朱子封事》的刊行與活用), 한국사상사학회 (韓國思想史學會), 2011

[13] 임옥균(林玉均), 주자학과

일본 고학파 （朱子學與日本高學派），성균관대학교 출판부（成均館大學校出版部），2012

[14] 전병욱(田炳郁)， 주자와 다산의 미발설과 수양론적 특징（朱子和茶山的未發說與其修養論 ）， 고려대학교 철학연구소（高麗大學哲學研究所），2012

[15] 홍성민(洪性敏) ， 朱子 未發 晚年說에 대한 재검토（朱子未發晚年說的再探求）， 대한철학회（大漢哲學會），2011

[16] 방인 (Bang In)， 정약용의 「주자본의발미」 연구 （丁若鏞《朱子本義發微》研究）， 다산학술문화재단（茶山學術文化財團），2011

[17] 선병삼(宣炳三) ， 주자와 왕양명의 체용론 비교 연구（朱子與王陽明之體用論研究），한국동양철학회（韓國東洋哲學會），2012

[18] 서대원(Seo dae won)， 주자역학평(朱子易學評議)，한국동양철학회（韓國東洋哲學會），2012

[19] 임옥균(林 玉 均)， 이토 진사이의 『 논어 』 해석 （伊藤仁齋對《論語》的解釋），동양철학연구회（東洋哲學研究會），2012

[20]신태수（申泰秀） ， 『 주자어류 』 <독서법>에 나타난 활간론 （《朱子語類》讀書法的活看論 ），한민족어문학회（韓民族語文學會），2012

[21] 박길수 (朴吉洙)， 주회 인심도심론의 심성론적 함의 （朱熹人心道心論的心性論含義）， 고려대학교 철학연구소（高麗大學哲學研究所），2012

[22] 노영실(盧映實)， 주회의 귀신론에 비추어 본 교사의 역할（朱熹鬼神論的角度下考察教師的地位 ），한국도덕교육학회（韓國道德教育學會），2011

[23] 황갑연(黃甲淵) ， 화엄과 주회의 異同을 통해서 본 儒佛의 交涉 （華嚴之法界觀與朱熹之理氣論的異同問題），한국양명학회(韓國陽明學會)， 2011

[24] 김한상 (金漢相)， 주회 성리학의 형이상학적 특색과 현대 철학 （朱熹性理學之形而上學的特點與現代哲學），범한철학회（汎韓哲學會），2011

[25] 정대영 （鄭大寧）， 佛敎 觀點에서 본 茶山의 朱熹 批判 研究（佛教觀點的角度考察茶山對朱熹的批判 ），고려대학교 한국학연구소 （韓國學研究所），2012

[26] 황금중 공과 사에 대한 주회의 인식과 공공성 교육（朱熹對公私的理解與公共教育），한국교육사상연구회(韓國教育思想研究會)，2012

[27] 황갑연(黃甲淵) ， 주회철학의 리기(理氣) 개념 설명 （朱熹哲學之理氣概念），한국중국학회（韓國中國學會），2011

[28] 이태형 (李 泰 衡), 주희사의 내용과 풍격 소고 (朱子詞 的 內 容 與 風 格 研 究) 순천향대인문과학연구소, (順天 大學校 人文科學研究所), 2011

[29] 張品端, 이황의 주희 리학 理學에 대한 계승과 발전 (李滉對朱熹理 學的繼承及其發展), 한국국학진흥원 (韓 國國學盡興會), 2011

[30] 김승영(金承永), 주희의 불교비판과 미발수행법 (朱熹對佛家的批 評與未發修養論), 한국양명학회(韓 國 陽明學會), 2011

[31] 김광민(金廣珉), 주희 공부론의 구조 (朱熹工夫論之 結 構) 한국도덕교육학회, (韓國道德教育學會), 2011

[32] 이동욱(李東旭), 주희와 육구연의 아호사 논쟁에 나타난 교육철학 연구 (朱熹與陸九淵之鵝湖論證 的教育哲學研究), 한국양명학회 (韓 國 陽明學會), 2012

[33] 이승종 주회와 율곡의 사유에 대한 현대적 접근 (對於朱熹與栗 谷思想的現代性研究), 경북대학교 동서사상연구소 (慶北大東西思想研究所), 2012

[34] 최천식 (崔 天 植), 주희의 복괘설 (朱熹之復卦說) 철학연구회 (哲學研究會), 2011

[35] 정해왕(丁海王) , 朱熹의 三綱領.八條目의 의미와 문제 (朱熹之三 綱領與八條目的意義與問題), 부산대학교 한국민족문화연구소(釜 山大學韓國民族文化研究所), 2012

[36] 黎昕 , 주자사상의 조선반도 전파와 영향에 대한 고찰 (試論朱子思想 在 朝 鮮 半 島 的 傳 播 與 影 響), 한국국학진흥원 (韓國國學盡興會), 2011

[37] 이동희 (李東熙), 켄 윌버 시각에서 본 양명학과 주자학 (以 Ken Wilber 的觀點來看陽明學與朱子學 》, 한국양명학회(韓國陽明學會), 2011

[38] 윤용남(尹用男), 주자 성론의 구조적 이해 (朱子性說之 構造的 理解), 한국유교학회(韓國儒教學會), 2012

[39]당윤희(唐 潤 熙) , 《 사서주자이동조변 》 의 조선으로의 전래와 영향에 대한 일고(《四書朱子異同 條辨》在朝鮮的傳來與影響), 중국어문학회 (中國語文學會), 2012

[40] 신춘호(申春浩), 주자 공부론에서 함양(涵養)의 의미 (朱子工夫 論之涵養之義), 한국도덕교육학회 (韓國 道德教育學會), 2011

[41] 해광우(解光宇), 주자와 퇴계의 심학心學에 대한 평가 및 그 의의 (對朱子和退溪之心學的評價及其意 義), 한국국학진흥원 (韓國國學盡興會), 2011

[42] 려흔(黎昕) , 주자사상의 조선 전파와 영향에 관한 시론 (朱子思想在朝鮮的傳播與影響), 한국국학진흥원 (韓國國學盡興會), 2011

[43] 이상익 (李相益) , 주자기질지성론의 양면성과 퇴,율성리학 (朱子之氣質之性論的兩面性與退、栗的性理學), 동양철학연구회 (東洋哲學研究會), 2011

[44] 임헌규(林憲圭) , 유교 심신관계론에 대한 일고찰 (儒家之身心關係論的研究), 경북대학교 퇴계연구소 (退溪研究所), 2012

[45] 김재경(金載京) , 성리학에서 "형식"의 문제 -주자 성리학을 중심으로- (性理學中的"形式"問題—以朱子中心), 동양철학연구회 (東洋哲學研究會), 2011

[46] 임려(林麗), ≪朱子語類≫中的 "V 得 Ca" 狀態述補結構小考 (주자어류에서의 V 得 Ca 상황적술보구조연구), 중국어문연구회 (中國語文研究會), 2011

[47] 신태수(申泰秀) , 『주자어류(朱子語類)』 <독서법(讀書法)>의 층위(層位)와 그 구성주의적(構成主義的) 성격(性格), 경북대학교 영남문화연구원 (嶺南文化研究院), 2012

[48] 송봉구(Song Bong Gu) , 주자의 거경과 해월의 수심정기비교연구 (朱子之居敬與海月之守心正氣的比較研究), 충남대학교 유학연구소 (儒學研究所), 2011

[49] 전현희(Cheon Hyun Hee), 주자의 인심도심설 (朱子的人心道心之說), 한국철학사연구회 (韓國哲學史研究會), 2011

[50] 진원 (Jin Won), 소학 저술이전 시기 주자의 소학론 (朱子之小學論), 퇴계학연구원 (退溪研究院), 2012

[51] 송인창 (宋寅昌) , 주자의 복서역학에 대한 연구 (朱子之卜筮易學的研究), 한국동서철학회 (東西哲學會), 2011

[52] 한재훈 (韓在壎) , 주자의 "신민" 해석과 "도통론"의 함수관계 (朱子對新民的解說與道統論的關係), 한국공자학회 (韓國孔子學會), 2012

[53] 안영탁(安營擢), 『중용장구』에 나타난 주자의 귀신론에 관한 연구 (《中庸章句》中的朱子鬼神論研究), 부경대학교 인문사회과학연구소 (釜慶大人文社會科學研究所), 2011

二、退 溪 学

[1] 장윤수 (張閏洙), 퇴계철학에 있어서 理의 능동성 이론과 그 연원 (退溪哲學中理之能動性與其淵源), 경북대학교 퇴계연구소 (慶北大學退溪研究所), 2012

[2] 장품단(張品端), 이황의 주희 리학理學에 대한 계승과 발전(李滉對朱熹理學的繼承與發展), 한국국학진흥원(韓國國學盡興會), 2011

[3] 이인철(李仁哲), 군자유종의 교육적 함의 (君子有終的教育含義), 퇴계학부산연구원 (退溪學釜山研究院), 2011

[4] 주광호(朱光鎬), 퇴계 사칠설의 일상 언어적 이해와 INUS 조건 (退溪四七說之日常語言的理解與 INUS 條件), 고려대학교 철학연구소 (高麗大學哲學研究所), 2012

[5] 박동진 (朴東鎭), 독서교육을위한 개념도 활용 방안 ―퇴계<소학도>를 중심으로 (讀書教育之概念圖的活用辦案―以退溪《小學圖》爲中心), 퇴계학부산연구원 (退溪學釜山研究院), 2012

[6] 김세서리아(Kim, Seseoria), 퇴계의 심성론을 통한 한국적 여성주체 형성 이론의 가능성 (退溪心性論的角度下考察韓國女性主體理論的形成), 성균관대학교유교문화연구소(儒家文化研究所), 2012

[7] 이승환 (李承煥), 퇴계의"횡설"과 고봉의 "수설" (退溪之橫說與高峰之堅說), 퇴계학연구원 (退溪學研究院), 2012

[8]김병권(金秉權), 퇴계의자통해(自通解) 학습 연구 (退溪自通解學習研究), 퇴계학부산연구원 (退溪學釜山研究院), 2011

[9]박문현(Park Moon Hyun), 進溪朴在馨の「海東續小學」と退溪の教育思想, 퇴계학부산연구원 (退溪學釜山研究院), 2011

[10] 김병권(金秉權) , <천연대>에 표현한 퇴계(退溪)의 즐거움 연구(研究)(《天淵臺》中的退溪所謂的"樂"研究), 퇴계학부산연구원 (退溪學釜山研究院), 2012

[11] 김진철(金鎭喆), 퇴계의 「논어석의」에 대한 일고 (退溪《論語釋義》研究), 한민족문화학회 (韓民族文化學會), 2012

[12] 윤재환(尹載煥), 朝鮮 後期 近畿 南人 學脈 小考, 단국대국어국문학과(檀國大學校 國語國文學科), 2011

[13] 정병석 (鄭炳碩), 퇴계 철학에 나타난 자연발(自然發)의 의미(退溪哲學之自然發的涵義), 영남대학교 민족문화연구소(嶺南大民族文化研究所), 2012

[14] 정순우 (丁淳佑), 퇴계와 남명을 통해서 본 ``선비`` 두 유형(退溪 與 南冥 之 "士" 兩 種 類 型), 남명학연구원 (南冥學研究院), 2012

[15] 이상익 (李相益), 율곡학파(栗谷學派)의 퇴계학(退溪學) 비판 (栗谷學派對退溪學的批判), 퇴계학연구원(退溪學研究院), 2011

[16] 이정화 (李貞和), 소수서원 관련 시문에 나타난 퇴계(退溪)의 선비정신 연구 (有關紹修書院的詩文中的 退溪"士"精神), 한국공자학회(韓國孔子學會), 2012

[17] 김성윤 (金成潤), 언행록을 통해 본 선비의 행동양식과 그 정치사회적 의미 (言行錄裡面的士之形態及其政治社會的意義), 대구사학회(大邱史學會), 2011

[18] 조기호 (GiHo Jo), 이황 이발기수기발이승학설의 이해와 응용(李滉之理發氣隨氣發理乘說的理解與應用),

경북대학교 퇴계연구소 (慶北大學退溪研究所), 2011

[19] 반오석(Ban O-suk), 퇴계와 남명의 山水觀과 書院立地에 관한 考察 (退溪與南冥之山水觀與書院位置的研究), 한국민족사상학회 (韓國民族思想學會), 2011

[20] 임중호 (林 重 鎬), 퇴계이황의 법사상시론 (退溪之法思想試論), 중앙법학회 (中央法學會), 2011

[21] 이효걸(李 孝 杰), 의상의 『법계도』와 퇴계의 『성학십도』에 나타난 사고 유사성 (義湘《法界圖》與退溪《聖學十圖》的關聯性), 불교학연구회 (佛教學研究會), 2011

[22] 김인철 (金仁喆), 퇴계(退溪)와 성호(星湖)의 이학사상(易學思想)에 대한 삼양(參量) (退溪與星湖之易學思想研究), 경북대학교 퇴계연구소 (慶北大學退溪研究所), 2011

[23] 추제협(秋制協), 星湖 李瀷의 窮理涵養功夫와 退溪學 (李瀷的窮理涵養功夫與退溪學), 계명대학교 한국학연구소 (明大學韓國學研究院), 2011

[24] 조봉 (趙 峰), 자임(自任)하려는 의지와 진퇴(進退)의 의리(義理) -퇴계 서신에 체현된 선비 정신 (退溪書信中的士精神), 퇴계학연구원 (退溪學研究院), 2011

[25] 전병욱(田 炳 郁), 임은

정복심의 「사서장도」와 퇴계의 『성학십도』(林隱之《四書章圖》與退溪之《聖學十圖》), 퇴계학연구원 (退溪學研究院), 2012

[26] 김언종 (金彦鍾), 정다산의 퇴계관 (鄭茶山之退溪觀), 다산학술문화재단 (茶山學術文化財團), 2011

[27] 정순우(丁淳佑), 퇴계 주리철학의 공공公共적 성격(退溪主理哲學的公共性), 계명대학교 한국학연구원 (啓明大學韓國學研究院), 2012

[28] 권상우 (權相佑), 퇴계의 마음치료와 도덕교육 (退溪之心理治療與道德教育), 경북대학교 퇴계연구소 (慶北大退溪研究所), 2012

[29] 김건태 (金建泰), 이황(李滉)의 가산경영과 치산이재 (李滉之家産經營與治産理財), 퇴계학연구원 (退溪學研究院), 2011

[30] 조지형(趙志衡), 퇴계 『논어석의』의 편찬 의도와 성격 (退溪《論語釋義》的編輯意圖與特點), 한국국학진흥원 (韓國國學盡興會), 2011

[31] 이선경(李善慶), 퇴계학파의 『역학계몽』 이해 (退溪學派之《易學啓蒙》研究), 한국양명학회(韓國陽明學會), 2011

[32] 문석윤 (文錫胤), 퇴계(退溪)의 「성학십도(聖學十圖)」 수정(修正)에 관한 연구 (退溪修正《聖學十圖》研究), 퇴계학연구원 (退溪學研究院), 2011

[33] 서근식 (Seo Geun Sik), 퇴계의 사단칠정론과 율곡의 인심도심론에 담긴 정치철학적 의미 (退溪四端七情論與栗谷人心道心論之政治哲學的意義), 한국철학사연구회 (韓國哲學史研究會), 2012

[34] 서근식 (Seo Geun Sik), 퇴계이황의 『계몽전의)』에 대한 체계적 연구 (退溪《啓蒙傳疑》研究), 온지학회 (溫知學會), 2012

[35] 최병덕 (崔炳悳), 선조대 초 퇴계 이황의 정치적 위상과 정치구상(宣祖代退溪的政治地位與政治理想), 동아시아국제정치학회 (東亞國際政治學會), 2012

[36] 강경현 (姜卿顯), 퇴계(退溪) 이황(李滉)의 「天命圖」에 대한 분석 (退溪《天命圈》研究), 퇴계학연구원 (退溪學研究院), 2012

[37] 김미영(金美榮), 퇴계 예설을 통해본 예禮의 기본이념 (退溪禮說之禮的基本意義), 한국국학진흥원 (韓國國學盡興會), 2011

[38] 김승태(金承泰), 李滉의 '理尊的' 理發에 따른 性善觀 (李滉理尊的理發說之性善觀), 새한철학회(新韓哲學會), 2011

[39] 조장연 （趙壯衍），퇴계와 다산의 역학적 변용과 동질성 （退溪與茶山之易學的變用與相同點），경북대학교 퇴계연구소 （慶北大退溪學研究說），2011

[40] 김부찬 （Kim Boo Chan），퇴계의 경(敬)사상에 있어서 몸의 문제 （退溪敬思想之"身"問題），충남대학교 유학연구소 （儒學研究所），2011

[41] 이인철（李仁哲），퇴계 고종기(考終記)의 교육적 함의 （退溪考終記之教育學的涵義），한국교육철학회 （韓國教育哲學會），2011

[42] 이상하 （李相夏），『주자서절요』가 조선조에 끼친 영향 （《朱子書節要》在朝鮮的影響），퇴계학연구원 （退溪學研究院），2012

[43] 김구슬 （Kim Koo Seul），퇴계의 현대성 （退溪的現代性問題），한국동서비교문학학회（韓國東西比較文學學會），2011

[44] 김낙진（金洛眞），퇴계 이황의 성리학과 도덕교육론 （退溪心理學與道德教育論），한국초등도덕교육학회 （韓國初等道德教育學會），2011

[45] 남재주（南在珠），退溪의 折衷的 論禮 관점 （退溪之折衷的論禮），동양한문학회 （東洋韓文學會），2011

[46] 장창환(張昌煥)，퇴계철학에서 리발의 본체론적 함의（退溪哲學之理髮本體論的涵義），한국공자학회 （韓國孔子學會），2011

[47] 허남진（許南進），거경(居敬)과궁리(窮理) （居敬與窮理），인제대학교 인간환경미래연구원 （人間環境未來研究院），2011

[48] 이수환(李樹奐) ，영남지역 퇴계문인의 서원건립과 교육활동（嶺南地區退溪門人建立書院與教育活動），한국국학진흥원 （韓國國學盡興會），2011

[49] 손종호 （Son Jong Ho），이황의 시가문학과 영성（李滉詩歌文學與靈性），충남대학교 인문과학연구소 （忠南大人文科學研究所），2011

[50] 김우형(金祐瑩)，성리학의 지각론적 성격과 이황·이이 철학의 재해석（性理學之知覺論與李滉李珥哲學的再探），한국교육현상해석학회 （韓國教育現象解釋學會），2011

[51] 김승태(金祐瑩)，互發의 관점으로 본 이황 철학의 가치관 이해 （退溪互發說的價值觀研究），대동철학회(大同哲學會)，2011

[52] 정도원(鄭壽源) ，16-17 세기 퇴계학파의 內聖學과 外王으로의 전개 （16-17 世紀退溪學派之內聖學與外王的展開） 한국유교학회（韓國儒學學會），2012

三、栗 谷 学

[1] 김경호(金璟鎬), 율곡학파의 학맥과 학풍(栗谷學派與學風)충남대학교 유학연구소(忠南大學 儒學硏究所), 2011

[2] 주용성(朱容成), 栗谷 李珥와 重峯 趙憲의 改革論 比較 (李珥與重峯之改革論比較), 간재학회(艮齋學會), 2012

[3] 김현수 (金賢壽), 기호예학(畿湖禮學), 의 형성(形成)과 학풍(學風), 충남대학교 유학연구소(忠南大學 儒學硏究所), 2011

[4] 김문준 (金文俊), 한국 지성의 전통과 율곡 이이 (韓國知性的傳統與栗谷), 한국철학사연구회(韓國哲學史研究會), 2012

[5] 정호훈(鄭豪薰), 16·7 세기 栗谷學派의 형성과 활동 (16-7 世紀栗谷學派的形成與活動), 한국사학회(韓國史學會), 2011

[6] 김세정 (金世貞), 율곡학의 심학적 계승과 변용(栗谷學之心學的繼承與變通), 율곡학회 (栗谷學會), 2011

[7] 나대용 (羅大龍), 근기(近畿) 퇴계학파의 율곡철학비판 (近畿退溪學派對栗谷的批判), 퇴계학연구원(退溪學研究院), 2011

[8] 곽신환(郭信煥), 牛溪와 栗谷 李珥 (牛溪與栗谷), 牛溪文化財團, 2011

[9] 김현수 (金賢壽), 율곡이이의 예론과 철학적 배경 (栗谷之禮論與哲學背景), 동양철학연구회(東洋哲學研究會), 2011

[10] 홍원식(洪元植) , 栗谷學과 實學의 차별성에 관한 연구 (栗谷學與實學的區別性研究), 계명대학교 한국학연구소(啓明大學校 韓國學研究所), 2011

[11] 김경호 (金璟鎬), 조선후기 율곡교육사상의 전승과 변용 (朝鮮後期栗谷教育思想的傳統與變用), 율곡연구원(栗谷研究院), 2011

[12] 유연석 (柳然晢), 우암송시열의 율곡 심성론 이해 (尤庵宋時烈對栗谷心性論的理解), 율곡연구원(栗谷研究院), 2011

[13] 리기용 (Lee Ki Yong), 율곡학파의 리기론 (栗谷學的理氣論), 율곡연구원(栗谷研究院), 2011

[14] 곽신환 (郭信煥), 율곡 이이의 ㅅ강절 역학 이해(栗谷對邵康節易學的理解), 동양철학연구회(東洋哲學研究會), 2011

[15] 박영식(朴映植), 栗谷 李珥의 更張論에 대하여 (栗谷之更長論), 동국대학교 동서사상연구소(東國大學校 東西思想研究所) , 2011

[16] 황의동(黃義東), 율곡(栗谷)과 중봉(重峰)의 도학정신(栗谷與重峰的道學精神), 충남대학교 유학연구소(忠南大學校 儒學研究所) , 2012

[17] 유성선(兪成善), 栗谷의 華夷論 研究 (栗谷之華夷論研究), 강원대학교 인문과학연구소(江原大學校 人文科學研究所) , 2012

[18] 이정철 (李廷喆), 이이의 경세론(經世論)의 성립과 그 정치적 배경 (栗谷經世論的成立與政治背景), 고려대학교 역사연구소(高麗大學校 歷史研究所) , 2012

[19] 장세호 (張世浩), 사계(沙溪)의 율곡설(栗谷說) 비판적 수용 (沙溪對栗谷說的批判的接受), 한국사상문화학회(韓國思想文化學會), 2011

[20] 신창호 (Shin Chang Ho), 율곡 교육론의 구조와 성격 (栗谷教育論的結構與性格) , 한서대학교동양고전연구소(韓瑞大學校 東洋古典研究所), 2012

[21] 유성선(兪成善), 栗谷의 華夷論 認識과 그 展望 (栗谷之華夷論及其展望), 한중인문학회(韓中人文學會) , 2011

[22] 유원기(兪原基) , 율곡의 심성론에 대한 새로운 분석 (栗谷心性論研究), 한국양명학회(韓國陽明學會) , 2011

[23] 김인규(金仁圭), 조선 후기 노론 학맥의 분화와 그 세계관 (朝鮮後期老論學派的分化及其世界觀), 율곡연구원(栗谷研究院) , 2011

[24] 이승환(李承煥), 우계의 '횡설'과 율곡의 '수설'(尤庵的橫說與栗谷的堅說), 한국유교학회(韓國儒教學會) , 2012

（作者单位：韩国外国语大学校）

2011—2012 年日本朱子学研究资料汇编

陈晓杰

一、论文索引

[1] 辻井义辉:《朱熹哲学における心と気の流れをめぐる問題－気質論と心性論との橋梁－》,《白山中国学》17 号,白山中国学会,2011 年 1 月。

[2] 吾妻重二:《朱熹の釈奠儀礼改革について——東アジアの視点へ》,《東アジア文化交渉研究》第 4 期,2011 年 3 月,第 3－10 页。

[3] 辻井义辉:《朱熹の気質論－感じ、思考し、運動するメカニズム－》,《東洋大学大学院紀要》47 号,东洋大学大学院,2011 年 3 月。

[4] 辻井义辉:《朱熹気質論における"心"の位置と役割》,《東洋学研究》48 号,东洋学研究所,2011 年 3 月。

[5] 市来津由彦:《朱熹の四書注釈における"解説"的言辞の特質とその形成》,《東洋古典学研究》第 32 期,2011 年 10 月,第 25－47 页。

[6] 木津祐子:《〈朱子語類〉"有"構文における"存在"義》,《東京大学中国語中国文学研究室紀要》14 号,2011 年 11 月,第 63－88 页)

[7] 辻井义辉:《朱熹哲学における"知覚"論》,《白山中国学》18 号,白山中国学会,2012 年 1 月。

[8] 小路口聡 :《朱熹の「慎独」の思想》,《東洋大学中国哲学文学科紀要》第 20 号,2012 年,第 35－83 页。

[9] 马渊昌也:《宋明期儒学における静坐の役割及び三教合一思想の興起につ

いて》,《言语・文化・社会》第 10 号,2012 年 3 月,第 87－117 页。

[10] 辻井义辉:《朱熹哲学における心の様態観》,《東洋大学大学院紀要》48 号,东洋大学大学院,2012 年 3 月。

[11] 堀池信夫:《〈中国自然神学論〉の鬼神－ライプニッツの朱子解釈－》,《東洋研究》第 184 号,2012 年 7 月,第 1－26 页。

[12] 辻井义辉:《朱熹哲学における"主宰"論——関係性と主体的責任をめぐる問い》,《日本中国学会報》第 4 集,2012 年 10 月,第 150－170 页。

[13] 牛尾弘孝:《朱子学における静坐・居敬の解釈をめぐって（補編）》,《中国哲学論集》37、38 合并号,九州大学中国哲学研究会,2012 年 12 月,第 58－82 页。

[14] 中嶋隆藏:《朱子の静坐観とその周辺》,原文刊载于《东洋古典学研究》第 25 集,后收录于《静坐》,研文出版,2011 年。(14－16 的论文初出均早于 2011 年,但作为论文集或者著作的出版年月均在 2011－2012 年之间,故列出以供读者参考。)

[15] 井川义次:《若きライプニッツと朱子の邂逅 ：シュピツェル〈中国文芸論〉をめぐって》,堀池信夫编《知のユーラシア》收录,明治书院,2011 年 7 月。

[16] 中岛隆博:《小人がもし閒居しなければ——朱熹の思想》,原文刊载于宫本久雄等编《公共哲学の古典と将来》,东

京大学出版会,2005 年;后收录于个人论文集《共生のプラクシス——国家と宗教》,东京大学出版会,2011 年 10 月。

二、朱子学相关著作目录

［1］高梨良夫:《エマソンの思想の形成と展開－朱子の教義との比較的考察－》,金星堂,2011 年 4 月。

［2］吾妻重二、朴元在 編著:《朱子家礼と東アジアの文化交渉》,汲古书院,2012 年 3 月。

［3］陶德民、黄俊杰、井上克人编:《朱子学と近世・近代の東アジア》,台湾大学出版社,2012 年 3 月。

［4］吉田公平:《中国近世の心学思想》,研文出版,2012 年。

［5］小仓纪藏:《入门 朱子学と陽明学》,筑摩书房,2012 年 12 月。

（作者单位:日本关西大学文学研究科）

图书在版编目(CIP)数据

朱子学年鉴. 2011～2012/朱子学会编. —厦门:厦门大学出版社,2013.7
ISBN 978-7-5615-4721-2

Ⅰ.①朱… Ⅱ.①朱… Ⅲ.①朱熹(1130～1200)-理学-文集 Ⅳ.①B244.75-53

中国版本图书馆 CIP 数据核字(2013)第 180900 号

厦门大学出版社出版发行

(地址:厦门市软件园二期望海路 39 号 邮编:361008)

http://www.xmupress.com

xmup @ xmupress.com

厦门集大印刷厂印刷

2013 年 7 月第 1 版 2013 年 7 月第 1 次印刷

开本:787×1092 1/16 印张:21.25 插页:2

字数:500 千字 印数:1～1 500 册

定价:60.00 元

本书如有印装质量问题请直接寄承印厂调换